D1720083

Heike Johanna Mierau

Kaiser und Papst im Mittelalter

Heike Johanna Mierau

KAISER UND PAPST
im Mittelalter

2010
BÖHLAU VERLAG KÖLN WEIMAR WIEN

Bibliografische Information der Deutschen Nationalbibliothek:
Die Deutsche Nationalbibliothek verzeichnet diese Publikation in der
Deutschen Nationalbibliografie; detaillierte bibliografische Daten sind
im Internet über http://dnb.d-nb.de abrufbar.

Umschlagabbildung:
Mater ecclesiae (Keresztény Múzeum, Esztergom, Ungarn, Inv. Nr. 56.545)

© 2010 by Böhlau Verlag GmbH & Cie, Köln Weimar Wien
Ursulaplatz 1, D-50668 Köln, www.boehlau.de

Satz: Wissenschaftlicher Bücherdienst, Köln
Druck und Bindung: General Druckerei, H-Szeged
Gedruckt auf chlor- und säurefreiem Papier
Printed in Hungary

ISBN 978-3-412-20551-5

Inhalt

Anhang

Gewaltenteilung als Prinzip

Das Spannungsverhältnis zwischen konkurrierenden, aufeinander bezogenen Gewalten beeinflusst das europäische Politik- und Rechtsverständnis nachhaltig. Die Trennung von Legislative, Judikative und Exekutive gehört zu den systemerhaltenden Grundfesten des modernen Europa. Diese Aufteilung der Kompetenzen mit klaren Zuständigkeitsbereichen gilt als Errungenschaft der Neuzeit. Die konkrete Ausgestaltung dieses Verfassungsprinzips beruhte auf der Erfahrung mit der anders gelagerten, aber in ihrer Funktionalität vergleichbaren Dualität von Kaiser und Papst seit der Spätantike. Mehr als monarchische, oligarchische oder demokratische Muster, die auf unterschiedliche Weise an der Optimierung von Macht interessiert sind, dienen auf Gewaltenteilung ausgerichtete Verfassungskonzepte der Optimierung der gegenseitigen Kontrolle und einem allseits anerkannten Gemeinwohl. Macht kann nicht absolut werden, wenn sie bewusst unter gleichzeitig wirkenden Mächtigen aufgeteilt wird, die nicht mit klar definierten Grenzen nebeneinander, sondern zusammen die Gesellschaft führen sollen. In diesem Sinne wird das Verhältnis von Kaiser und Papst mit diesem Buch in die Geschichte der Gewaltenteilung eingeordnet.

Die Bipolarität der kaiserlichen und päpstlichen Gewalt lässt sich entgegen den bisherigen Einschätzungen als vormoderne Aufteilung von sich bewusst gegenseitig beschränkenden *regimina* zur Herstellung gesellschaftlicher Ordnung innerhalb der Christenheit begreifen und kann auf diese Weise als Teil der Entstehungsgeschichte moderner Staatlichkeit gewertet werden. Die absolutistischen, die konstitutionell monarchischen und selbst die national-demokratischen Historiker kamen bislang zu einer Negativbeurteilung, weil die Vermischung von Einflusssphären allen diesen auf Macht und nicht auf Machtregulierung ausgelegten Systemen nicht konform schien. Vor dem Hintergrund dieser Tradition und bedingt durch die Reaktionen der in ihrer Macht regulierten Handelnden verbreitet sich noch in der gegenwärtigen Öffentlichkeit der Bundesrepublik Deutschland und anderswo Unbehagen, wenn Entscheidungen der Regierenden an Verfassungsgerichten scheitern. Dieses im Sinne der Gesellschaft klug in moderne Verfassungen aufgenommene Korrektiv kann als das an die Gegenwart angepasste Pendant zur konkurrierenden Lenkungsgewalt von Kaiser und Papst oder Staat und Kirche innerhalb der auf Gewaltenteilung ausgerichteten vormodernen Weltordnung gedeutet werden. Das Recht hat als rationale Entscheidungskompetenz über das Richtige (oder zumindest über das den Gesetzen Entsprechende) die Religion abgelöst, die in der Vormoderne zur Kontrolle der weltlichen Macht Ordnungsgarantien nach dem christlichen Weltverständnis gab, dabei aber selbst an die allgemein bekannten Rechtsregeln und christlichen Werte gebunden blieb und ihrerseits korrigiert werden konnte, wenn sie dieses Fundament der Gesellschaft verließ. Das Verfahren beim Ringen um den rechten Weg, das bewusst mehrere Instanzen kennt, die Kompetenzen beanspruchen und ihre Stimme mit Erfolg einbringen können, ist nicht in der Neuzeit geboren, sondern fußt auf einer in der Spätantike formulierten Gewaltenteilung, in der sich *sacerdotium* und *imperium* in gegenseitiger Kontrolle bei der Ordnungsbildung im Christentum ergänzten. Die Gesellschaft der Vormoderne war auf religiöse Transzendenz ausgerichtet, so dass eine klerikale Begrenzung weltlich-politischer Macht geeigneter schien als eine juristische, mit der beide Seiten zur Durchsetzung ihrer Position operieren mussten. Die Ausprägungen dieser Gewaltenteilung in den Vordergrund zu rücken, die in der Traditionsbildung allzu oft hinter nationalen Machtegoismen oder amtskirchlichen Heilsbegrenzungen verborgen wurden, beabsichtigt dieses den Kaisern und Päpsten des Mittelalters gewidmete Buch.

Warum eine Geschichte der Kaiser und Päpste?

Wenn die Geschichte des christlichen Abendlandes von Konstantin dem Großen bis zur Reformation mit Blick auf das spannungsbeladene Wechselverhältnis zwischen Kaisern und Päpsten dargestellt wird, so ist dies inspiriert von der im Spätmittelalter beliebtesten Form der Vergangenheitssicht, der Papst-Kaiser-Chronistik[1]. Die Geschichte der Welt wurde im lateinischen Okzident vom beginnenden 13. bis zum Ende des 15. Jahrhunderts, also über drei Jahrhunderte lang, mehrheitlich als Geschichte der Päpste und Kaiser verstanden, die prinzipiell als gleichberechtigte Leitung der Christenheit angesehen wurden. Die Umbrüche der Reformationszeit und der Aufklärung mit ihren papstskeptischen Haltungen und die Ausbildung des Absolutismus, dem Machtbegrenzung in der Perspektive der Regierenden als Schwäche und nicht mit Blick auf die Gesellschaft als Stärke erscheint, sind die wichtigsten Gründe dafür, dass es bis zum Beginn des 21. Jahrhunderts keine moderne Studie unternommen hat, die Kaiser und Päpste zum Leitthema einer übergreifenden Mittelalterdarstellung zu machen. Dies geschah nicht deshalb, weil die Geschichte der Päpste und Kaiser uninteressant schien[2]. Die Sach- und Handbücher, die Überblicksdarstellungen und auch die Spezialmonographien zeugen von einem regen Interesse an den Gegenständen, doch gehörte es zu den ungeschriebenen Regeln moderner Geschichtsbetrachtung, die beiden Gewalten soweit wie möglich voneinander zu separieren. Bände wie „Das Kaisertum im Mittelalter", „Die deutschen Herrscher des Mittelalters" oder „Geschichte des Papsttum" zeugen von der strikten Trennung zwischen *imperium* und *sacerdotium*, die in den Köpfen moderner Historiker gezogen wurde, um bei der historischen Darstellung für jedes

Jahrhundert neu an der Verquickung der beiden politischen und religiösen Spitzen der Christenheit zu scheitern. Jüngere Gesamtdarstellungen zur Geschichte des Mittelalters bemühen sich nicht speziell um das bipolare System.

Die Forschung erarbeitete die Papstgeschichte oder die Geschichte der Kaiser, setzte nationale Kategorien als übergeordnet an und marginalisierte die Idee der christlichen Universalität mit bipolarer Ausrichtung. Man schrieb trotzdem in zentralen Fragen Papst-Kaiser- oder Kaiser-Papstgeschichte wider Willen, denn alle werden quellenbezogen immer wieder auf den Dualismus zurückverwiesen, dem nach Ansicht der mittelalterlichen Zeitgenossen die oberste Lenkung der Christenheit in sich kontrollierender Wechselseitigkeit zugewiesen schien. Allein für die Konflikte des Investiturstreits und des beginnenden 14. Jahrhunderts wurde in Forschungsdarstellungen das Gegeneinander als Leitmotiv des zeitgenössischen Handelns wahrgenommen[3]. Aber auch diese Betrachtungen bleiben der Idee optimaler Machtgenerierung verbunden, die Machtreduktion in Bindung an das auch für die Herrschenden geltende Recht nicht als Gewinn für die Gesellschaft verbuchte. Nur auf der Ebene der national verstandenen Königsherrschaften wurde in den letzten Jahrzehnten durch Betonung der konsensualen Herrschaft ein davon befreites Geschichtsbild vorgelegt, das die Religionsfrage im Sinne säkularer Geschichtstradition zu umgehen suchte. Die Kohärenz religiös-sakraler und weltlicher Aktionsbereiche schien in einer Moderne, die sich einer strikten Trennung von Staat und Kirche verpflichtet sieht, nicht sinnstiftend und der Tradition wert.

Bei einer unvoreingenommenen Sicht auf die Quellen mehren sich die Zweifel, ob sich die Geschichte des christlichen Abendlandes wirklich in diese Trennung pressen lässt. Eine unabhängige Darstellung, die eine Geschichte der Päpste ohne die Kaiser oder eine Geschichte der Kaiser ohne die Päpste konstruieren will, ist auf der Grundlage der überlieferten Zeugnisse mit ihrem Veto-Recht für die Vergangenheitsbeschreibung nicht zu erzielen. Eine moderne Geschichtsschreibung, die beide Spitzen aus dem Horizont verbannt und die zugrundeliegende kirchliche wie weltliche Rechtsordnung ignoriert, entfernt sich aus dem Verfassungsgebäude des christlichen *imperium Romanum* der Vormoderne. Anders als seit der Reformation üblich, wird im Folgenden keine Separierung von Papstgeschichte und Kaisergeschichte vorgenommen, sondern der Schritt unternommen, beide Gewalten als Teil *einer* Geschichte zu verstehen, die nicht notgedrungen zwei konkurrierende Herrscher ertrug, sondern in der die Bipolarität zur Sicherung der christlichen Weltordnung diente, indem die Machtbegrenzung und wechselseitige Korrektur als wichtige Komponenten einer gerechten Gesellschaft institutionalisiert wurden[4].

Innerhalb der bipolaren Ausrichtung der christlichen Gesellschaft der Vormoderne haben sich im Lauf der Zeit die Gewichtungen der Einflussnahmen und Akzeptanz verschoben, doch ließ sich zu keinem Zeitpunkt zwischen Konstantin und der Reformation einer der beiden Führungsteile des bipolaren Gefüges völlig exkludieren. Auf entsprechende Versuche wurde von der christlichen Gesellschaft mit Protest oder Ignorieren reagiert. Aus der Tradition heraus, aber auch mit Blick auf das Ende der Geschichte waren Kaiser und Papst, waren Weltlich-Politisches und Religiöses in der Christenheit aneinander gekettet. Innerhalb der auf der Grundlage des Rechts operierenden christlichen Gesellschaft ließ sich dieses Band lockern, aber nicht lösen, es ließ sich anders legen, aber nicht durchschneiden. Die Durchsetzung des Christentums in der Zeit Konstantins hatte die Maximen vorgegeben, in denen sich „Kirche" und „Staat" zu einer Entwicklungsgemeinschaft vereinten.

Die konkrete Entwicklungsgeschichte war nicht homogen, sondern ein Spannungsverhältnis zwischen den beiden Polen, das selbst Krisenzeiten aushielt. Die Anpassung an die sich ständig verändernde Situation im politischen Machtgefüge der europäischen Regenten des Mittelalters hat die grundsätzlichen, historisch gewachsenen Gemeinsamkeiten nicht überwunden, sondern in der Tradition jeweils zeitgemäß erneuert. Das Weltbild der Vormoderne war durchtränkt von der Vorstellung, dass päpstliche und kaiserliche Würde zueinander in Beziehung stehen, ohne sich voneinander abkoppeln zu können. Auch wenn die Auffassungen über die Ausgestaltung des Christentums sowie die konkreten Ziele der beiden Seiten im Alltag divergierten, waren sie doch zu einer möglichst positiven Beeinflussung der Lebensbedingungen für die Christenheit aufgerufen, die entsprechend der christlichen Lehre Diesseits und Jenseits gleichermaßen berücksichtigte.

Die Kirche(n) und ihre Glieder waren seit der Zeit Konstantins ebenso mit „staatlichen" Funktionen ausgestattet wie „Staat" und „Staatsträger" mit sakralen Funktionen und Fähigkeiten. Diese Vorstellungen wurden in zentralen Texten der Spätantike formuliert, deren Weiterleben im Mittelalter durch eine Vielzahl von Abschriften und eigenen Verarbeitungen offensichtlich ist. Die Wechselfälle der Rezeptionsgeschichte zeigen einen interpretierbaren Deutungswandel, der früh einsetzte. Emanzipatorisches Vergessenwollen stand in den Jahrhunderten zwischen Konstantin und Martin Luther neben erzwungen konstruierter Kontinuität. Wenn die Geschichte der politischen Ideen in ihrer ausdifferenzierten Rückbezogenheit auf die Spätantike nicht aus der Darstellung der Realpolitik des Mittelalters herausgefiltert wird, erschließen sich die Verfahrensregeln im jeweiligen Alltag dem modernen Betrachter. Eine moderne Rückprojektion, die Einflussnahmen und Wechselwirkungen im Handeln von Kaiser und Papst durch Separierung kaschiert, scheint nicht adäquat, denn mit der Auftrennung von Kirche und Staat vollzogen die meisten Staaten erst in der Moderne eine Ablösung vom historisch gewachsenen Miteinander, das schon in der Antike bestand. Politik und Religion waren sowohl im jüdischen wie im heidnisch-antiken Denken und Handeln untrennbar miteinander verbunden. Der Kaiser des *imperium Romanum* musste in Sorge für seine Politik den Willen der Götter beachten, der alttestamentliche Machthaber war Priester und König zugleich.

Das Christentum adaptierte zwangsläufig diese Vorstellungen, als es den Alten Bund erneuerte. Jesus war *rex et sacerdos* zugleich. Auf dem Weg von den Christenverfolgungen zur europaweit anerkannten Staatsreligion gewöhnte man sich an die Idee von der Transpersonalität der Christusnachfolge in zwei getrennten, aber auf einander bezogenen Führungsebenen der Christenheit. Einfach schien das mit Blick auf die weltliche Spitze. Das Kaisertum, das die Realität der frühen Christen bestimmt hatte, wurde durch das Wort des Apostels „Gebt dem Kaiser, was des Kaisers ist, und Gott, was Gottes ist"[5] in die Heilsgeschichte integriert. Das Matthäus-Evangelium bestätigte, dass Paulus und Petrus ihre Tributpflichtigkeit anerkannt hatten. Auf das Papsttum als geistliche Spitze konnten sich die frühen Schriften noch nicht beziehen. Erst in historischer Entwicklung sollte es seine Stellung erlangen. Anfangs standen im Christentum vielmehr mehrere Konzepte für die Organisationsstrukturen des religiösen Teils nebeneinander, von denen das Prinzip der Nachfolge nur eines war. Die erhöhte Kompetenz Einzelner in allen Fragen der christlichen Gemeinde bezog sich aber zunächst weitgehend gleichberechtigt auf alle Apostel. Sie wurde aber schon durch die Aussagen der biblischen Texte besonders in Petrus verkörpert. Mit Hinweis auf Petrus beanspruchten die römischen Bischöfe früh die Legitimation zur Definition aller Fragen der Kirche. Ferner hatte das Prinzip der internationalen Gemeinschaft Gewicht, die an Pfingsten gemeinsam den Hl. Geist empfangen hatte. Es blieb daneben wirksam und erhielt in den Synoden als Zusammenkünften eine organisatorische Form mit Regelungskompetenz insbesondere bei Streitfällen. Schließlich konnte man sich auf das Prinzip der Regionalisierung berufen, bei dem Christus anwesend ist, wo immer man seiner gedachte. Während die Seite des *imperium* also mit festgefügten Maximen auftrat, fehlte dem *sacerdotium* anfangs nicht nur die Legitimität innerhalb der Gesamtgesellschaft, sondern auch eine interne Verbindlichkeit.

Mit zunehmender Ausbreitung wurde dies als Problem für die öffentliche Ordnung verstanden, weil zahlreiche Bestimmungen der christlichen Religion derart substantiell alle Lebensbereiche tangieren sowie Werte und Verhaltensregeln schaffen, dass es weder dem *imperium* noch der *res publica* egal sein konnte, wes Glaubens die Bewohner waren. Die unbefriedigende Antwort bildeten die Christenverfolgungen, die ihren Zweck allerdings nicht erfüllten, wie hart die Restriktionen auch sein mochten. In der Zeit der Legalisierung trat das synodale Prinzip in den Vordergrund, doch war das Verfahren mühsam und führte zu oft zu unklaren Entscheidungen, als dass es zur effizienten Gewaltenkontrolle innerhalb einer Dualität von „Kirche" und „Staat" praktikabel oder gar nützlich schien. Schon bald sollten die Traditionen zu Silvester und Konstantin dem ersten der möglichen Prinzipien ein gesteigertes Gewicht geben, das sich langfristig durchsetzte. Die Synoden begleiteten oft den Dualismus von Kaiser und Papst. In Zeiten absoluten Stillstands des bipolaren Diskurses konnten Synoden ausschlaggebend werden. Die Folgen der Verkettung von „Kirche" und „Staat" waren für die gesamte Christenheit im Weltreich spürbar und festigten die Vorstellung von der nutzbringenden Symbiose weltlicher und religiöser Lenkungsgewalt, die sich in Kaiser und Papst konkretisierte. Selbst ohne amtierende Päpste und Kaiser blieben Papsttum und Kaisertum erhalten, sie warteten gewissermaßen auf den nächsten mit göttlichem Willen eingesetzten Protagonisten im heilsgeschichtlichen Ablauf.

Schwerpunktsetzungen

Das ideenstiftende Prinzip der Papst-Kaiser-Chroniken wird im Folgenden nicht eins zu eins übernommen, sondern unter Ablösung von der formalen Ausgestaltung fortentwickelt. Es wird keine lückenlose Reihung aller Päpste und Kaiser angestrebt, die akribisch die Amtszeiten nach Jahren, Monaten und Tagen notiert. Die Chronisten des hohen und späten Mittelalters zählten die Amtsinhaber der Reihe nach durch und sorgten sich sehr über die Gültigkeit der Erhebungen. Da die Formen, mit denen bestimmt wurde, wer sich Papst und wer Kaiser nennen darf, historischem Wandel unterlagen, dies aber Einfluss auf das Verhältnis der beiden Gewalten zueinander hatte, wird auch in diesem Buch in allen Kapiteln besonderes Augenmerk auf Papstwahl und Kaiserkrönung gelegt. Die akribische Buchführung, die keinen Kaiser oder Papst auslassen darf, wird aber nicht imitiert. Es wird auch keine Kontinuität der Papst-Kaiser-Geschichte seit Christi Geburt konstruiert, die zweifelhaften Vorstehern der römischen Gemeinde die Papstwürde zuschreibt, die noch gar nicht entwickelt war. Aber es wird aus den Papst-Kaiser-Chroniken die Botschaft hergeleitet, dass die Geschichte des Mittelalters aus der Bipolarität der Lenkung im als fortbestehend gedachten *imperium Romanum* heraus adäquat dargestellt werden kann. Die Entscheidungen und Handlungen gaben allen die maßgebliche Orientierung innerhalb der Heilsgeschichte. Die für das christliche *imperium Romanum* zentralen Entscheidungen konnten nur im Konsens zwischen Papst und Kaiser Akzeptanz und Wirkkraft finden. Wenn nur die eine oder die andere Spitze allein Veränderungen vornehmen wollte, die nicht alle überzeugten, oder sich gar die alleinige Führungsposition anmaßte, so bestand ein Korrektiv, das getragen von der christlichen Bevölkerung des Reiches einschreiten und Missstände beheben konnte.

Das Buch ist auf die europäische Christenheit der Vormoderne ausgelegt, weil sie innerhalb der vormodernen Diskussionen nicht zuletzt wegen ihrer Kontinuität am stimmgewaltigsten war. Die Bipolarität zeigt sich aber auch bei den Aktionen von Päpsten und Kaisern im Heiligen Land und im Kontakt mit der nichtchristianisierten Weltbevölkerung in Afrika und Asien sowie im islamischen Einflussbereich, die in die Darstellung einfließen, wenn sie das Handeln der beiden Spitzen intensiv bestimmten.

Der erste Teil des Buches widmet sich in chronologischer Folge den wesentlichen Entwicklungsstufen des bipolaren Mit- und Gegeneinanders. Der Beginn ist mit dem Eintreten des Christentums in das *imperium Romanum* unter Konstantin gesetzt, das die bisherigen Verfolgungen beendete und zugleich mit der Verlagerung der kaiserlichen Regierungszentrale nach Konstantinopel für wesentliche Veränderungen sorgte, die den Ausbau Roms als Sitz der Päpste begünstigte. Zentrale Punkte markieren die Ausbildung des päpstlichen Primats und die Loslösung des lateinischen Westens vom griechischen Osten, die sich nicht nur politisch, sondern sogar in erster Linie im Religiösen vollzog. Die Etablierung des westlichen Kaisertums wird im Wechselspiel weltlicher und geistlicher Ordnungsanprüche thematisiert. Unter Bezugnahme auf die politische Theorie und die Heilsgeschichte wurde es nicht als nachgeordnetes Machtsystem verstanden, sondern mit Blick auf die *translatio imperii*-Vorstellungen als die direkte Fortführung des antiken und byzantinischen Kaisertums unter den Karolingern und Ottonen aufgefasst[6]. Der Investiturstreit wird in die Kette der bipolaren Macht- und Rangspiele eingeordnet, die juristischen Schachzüge Friedrichs II. ebenso berücksichtigt wie die Verkrampfungen, die zwischen Ludwig dem Bayern und Johannes XXII. den Alltag prägten und die Einheit in Gefahr brachten. Der Einfluss der Idee vom *imperium Romanum*, das mit bipolarer Spitze einmütig geführt werden sollte, blieb trotz allem lebendig und konnte wieder mit Leben gefüllt werden, wie die Herrschaft Karls IV. seit der Mitte des 14. Jahrhunderts offenbart. Die Neuausrichtung des Reiches auf seine konstantinischen Wurzeln hin prägte schließlich unter Ausdifferenzierung der Verfassungsorgane wie der Systeme zur Ordnungssicherung das 15. Jahrhundert. Die Reichsreform war keine Reform der Kirche oder des Reiches, sondern bezog Kirche und Reich so stark aufeinander, dass ein Erfolg nur in der gemeinsamen Erneuerung zu erzielen war. Noch das Verfahren gegen Martin Luther war von der Idee gemeinschaftlicher Obsorge von Papst und Kaiser für die Christenheit geleitet.

Im zweiten Teil des Buches wird das Wechselverhältnis zwischen Päpsten und Kaisern nicht chronologisch, sondern an zentralen Diskussionspunkten analysiert. Die Blickrichtung orientiert sich an den Wahrnehmungen und Beurteilungen der bipolaren Spitze in der sich fortentwickelnden Gegenwart des *imperium Romanum*. Den Einstieg bildet ein Kapitel über die Rechtstradition der bipolaren Weltordnung für das vormoderne Europa, wie sie sich in den zentralen Rechtsbüchern und in juristischen Kommentierungen präsentiert. Die politik-theoretischen Äußerungen, die sowohl von Kaiser und Päpsten als auch von Gelehrten beigetragen wurden, um das Bild der doppelten Lenkung in der Christenheit legitimierend zu festigten, werden in Auswahl diskutiert. Nicht zu leugnen sind die Versuche, das bipolare Gleichgewicht entweder zu Gunsten der Päpste oder der Kaiser zu modifizieren. In der politischen Theorie wurden Argumente in die Waagschale geworfen, die nicht selten ausgehend von konkreten Zwistigkeiten Abgrenzungen von der Zwei-Gewalten-Lehre vornahmen. Verfechter der päpstlichen Hierokratie standen neben kaisertreuen Agenten, die Legitimierungstraktate verfassten. In diesem Kontext steht auch die Frage im Raum, was das Kaisertum eigentlich vom Königtum unterschied und wie auf das Königtum bezogene Legitimationsmuster die Bipolarität untergraben konnten.

Der Widerstreit in der doppelten Christusnachfolge spiegelt sich nicht nur in Theorien, sondern in der Symbolik wider. Die moderne Forschung hat die Bedeutung dieses Kommunikationsmittels innerhalb der christlichen Gesellschaft vor Augen gestellt und je für sich Papstsymbole und Symbole von Kaisern und Königen betrachtet. Die wechselseitige Bezogenheit ergibt sich aus der Anlehnung an antike Muster, die Weltherrschaft und Superiorität im Sinne der christlichen Lehre zum Ausdruck bringen. Die Ritualsprache ist von Zusammenwirken und Wechselseitigkeit gekennzeichnet. Die Handlungsräume der doppelten Führung mit Blick auf die Welt und die christliche Bevölkerung im Ganzen sowie in den sich ausbildenden nationalen Strukturen werden am Ende kurz angerissen. Kritische Stimmen stehen hier neben Erwartungshaltungen, die sich aus der historischen Tradition vom Miteinander speisten.

Der Ausblick am Ende bewertet die zentralen Aspekte des bipolaren Mit- und Gegeneinanders noch einmal summarisch. Die bisherigen Säkularisationstheorien, die einen Anfang der Ablösung europäischer Herrschaft aus dem Sakralen mit der Zeit des sog. Investiturstreit sehen wollten, werden am sich wandelnden Verhältnis von „Kirche" und „Staat", von Religion und Politik, von Kaiser und Papst geprüft und im weiter gefassten Betrachtungsrahmen, der von Konstantin bis zur Reformation führt, in Zweifel gezogen. Die vormoderne Gewaltenteilung zwischen Kaiser und Papst lässt sich nicht in die zwei Felder „säkular" und „religiös" aufspalten, weil der Gewinn, den die christliche Gesellschaft durch die Erfahrungen mit dem Ringen um Rang-, Rechts- und Heilsansprüche erworben hat, aus einer doppelten Verantwortung beider Gewalten für die gesamte Gesellschaft resultierte. Gleichzeitig wird das Paradigma des Nationalen in seiner Beschränktheit für die Beschreibung vormoderner Geschichte problematisiert.

Politik im Spannungsverhältnis
von Kaiser und Papst

Konstantin und Silvester: Staatliche Religionsaufsicht und spätere Fiktionalisierungen

Neue Toleranz gegenüber dem Christentum

Das Christentum trat mit dem Gesetz des Galerius (293/306–311) von 311 und dem Toleranzedikt, das Konstantin (306-7/324–337) zusammen mit Licinius (308–324) im Jahr 313 verkündete, als legaler Religionsverband in das *imperium Romanum* ein[1]. Zuvor hatte es im Untergrund so stark an Bedeutung gewonnen, dass ein bloßes Ignorieren ebenso unrealistisch schien wie der Versuch, es mit Christenverfolgungen und Verboten zu unterdrücken. Die moderne Forschung hat darüber gestritten, ob der von Konstantin nach dem Sieg an der Milvischen Brücke 312 wesentlich vorangetriebene Wandel aus einer religiös motivierten Entscheidung entsprang oder sich darin bloß Opportunismus gegenüber einem Faktor zeigte, der trotz zahlreicher Verfolgungen und erheblicher Einschränkungen nicht auszumerzen gewesen war[2]. Eine derartige Gewissensprüfung scheint kein angemessener Zugang zum Handeln eines Staatsmanns, der öffentlich als Eigeninteresse bekennen mochte, was von öffentlichem Interesse war. Die klare Bezugnahme der christlichen Schriften auf das Kaisertum und die Assimilierung seit dem 2. Jahrhundert erleichterten eine Tolerierung der christlichen Religion, die zunächst neben anderen stand und ihren heilsgeschichtlichen Totalitätsanspruch in das Pantheon eingliedern musste. Konstantin integrierte durch sein Handeln alte Kultgewohnheiten und zwei monotheistische Religionen, bei denen das jüngere Christentum unter scharfer Abgrenzung aus dem älteren Judentum herausgetreten war.

Die Sakraltopographie der neuen Hauptstadt Konstantinopel bildet dieses Mixtum im Sinne der öffentlichen Ordnung ab. Einerseits entstanden christliche Kirchen, andererseits wurden die alten Tempel weiter benutzt und sogar zwei pagane Heiligtümer für Tyche und Rhea, also für die Schutzgottheiten von Rom und Byzanz, neu hinzugefügt. Konstantins Religionspolitik war nicht auf eine Reduzierung im Sinne des Monotheismus aus, sondern setzte auf die Integrationskraft des vom Kaiser verordneten Nebeneinanders. Erst am Ende löste Konstantin sein Leben förmlich aus dem Spagat zwischen zukunftsorientierter Staatsräson und traditionsverhafteter Ordnungswahrung. Kurz vor seinem Tod nahm er die christliche

Taufe an, wie dies seinerzeit viele Christen taten, um durch die Sündenlöschung in der Taufe gereinigt ins Jenseits zu gehen. Auch für den Taufakt bleibt offen, ob der Druck der Bischöfe oder eine Bekehrung den größeren Ausschlag gaben. Die geschaffenen Fakten, nicht die Motivationen veränderten die Welt.

Konstantin hat die Vorstellungen vom Gottesgnadentum, die im Christentum maßgeblich geprägt worden waren, für sich und seine Herrschaft nutzbar gemacht. In einem Brief an den hohen christlichen Beamten Ablabius († 338) erklärte der Kaiser, Gott habe ihm durch seinen Befehl vom Himmel her alles Irdische zur Lenkung anvertraut[3]. In der Rede „*ad coetum sanctorum*", die von der jüngeren Forschung dem Trierer Aufenthalt des Kaisers in der Osterwoche 314 zugewiesen wird, sah sich Konstantin in der Verpflichtung für das Christentum, weil der Untergang der paganen Kulte und die Christianisierung der Oikumene das von Gott intendierte Ziel der Geschichte seien[4]. Eusebius († um 339/40) berichtet von einem Brief Konstantins an den persischen König, mit dem er den „Bruder im Herrscheramte" von der Nützlichkeit des Christentums unterrichtete. Die Universalität christlicher Lehre und die Vorstellung von der Weltgemeinschaft gingen hier Hand in Hand. Konstantin sah sich, so sind Hinweise zu deuten, als direkten Nachfolger Christi, vielleicht sogar als dessen Personifikation. Die spätantiken Chronisten waren sich einig, mit Konstantin den Beginn der Kirchengeschichte zu schreiben. Sie setzten nicht nur einfach die bis 324 reichende „*Historia ecclesiastica*" Eusebs fort, sondern starteten ihre Vergangenheitsbeschreibung mit der kompletten Regierungszeit Konstantins. Die Angst, in der Verfolgung für den Glauben sterben zu müssen, war durch die Hoffnung auf ein christliches *imperium Romanum* abgelöst worden.

Diese Neuerungen waren durch christliche Staatstheoretiker vorbereitet worden. Laktanz († nach 317) hat mit seinen „*Institutiones Divinae*" Einfluss auf den Kaiser genommen. Spätestens 314, als Konstantin sich brieflich an die in Arles versammelten Bischöfe wandte[5], lag dem Kaiser dieses Lehrbuch vor. Ihm folgend hielt der Kaiser fortan das Christentum für eine Stärkung der *romanitas* und nützlich für das Reich. Dieser Bezug bot Argumente gegen die Tetrarchie und für eine Wiederaufrichtung des augusteischen Kaisertums, bei dem alle Fäden in einer Hand zusammenliefen und ein Kaiser für die Gesamtheit des *imperium Romanum* die alleinige Verantwortung trug. Laktanz prophezeite die Rückkehr der „Goldenen Zeiten", wenn sich die christliche Grundüberzeugung durchsetzen könne[6]. Der Rückgriff auf Augustus (42 v. Chr.–14) lehrte zudem, dass die Vergöttlichung des Kaisers, die bei Diokletian so zwingend die Einheit des *imperium Romanum* zum Ausdruck bringen musste, kein ursprünglicher Bestandteil des Kaisertums gewesen war. Mit dem Abstand von mehreren Generationen sollte Ambrosius von Mailand († 397) formulieren, dass die kluge Helena († um 337), Konstantins Mutter, das Kreuz am Kopf der Könige angebracht habe, als sie das Diadem ihres Sohnes mit einem Kreuz schmückte, damit das Kreuz Christi an den Königen angebetet würde (*ut Christi crux in regibus adoretur*)[7]. Die Kreuzverehrung löste den Widerspruch zwischen Kaiserkult und Christentum auf.

Der Kaiser, Konzilien und der Bischof von Rom

Bei der Suche nach konkreten Zeugnissen für das Zusammentreffen und das gemeinsame Agieren von Konstantin mit dem Bischof von Rom, der noch nicht als „der Papst" angesprochen werden kann, ist ernüchternd festzustellen, dass zeitgenössische Darstellungen weitgehend fehlen. Traditionsverlust kann in diesem Fall nicht ausgeschlossen werden, sei es, dass die zum Primat strebenden Päpste die Tradition in Rom bestimmten und vernichteten, was seine Relevanz verloren hatte, oder dass die Zerstörungen Roms in den folgenden Jahrhunderten die Vernichtung der Dokumente bedingten. Noch immer lässt sich der Versuch Konstantins erkennen, den Bischof von Rom mit der Schaffung innerkirchlicher Einheit zu betrauen. Melchiades (311–314) berief 313 eine Synode nach Rom, blieb aber bei den streitenden Parteien ohne ausreichende Akzeptanz, um erfolgreich eine Einheit vermitteln zu können. Erfolgversprechender schienen die Vorstöße des Kaisers selbst, christliche Versammlungen zum Forum staatsintegrierender Maßnahmen zu machen. Unsere Kenntnisse darüber sind besser, weil im ganzen *imperium Romanum* viele unterschiedliche Träger der Überlieferung einbezogen waren, doch erstaunt auch hier, welche Verluste über die Jahrhunderte zu verzeichnen sind.

Der Kaiser hat mit der Einberufung von Konzilien die Initiative ergriffen, um Verbindlichkeiten im Miteinander von „Staat" und „Kirche" zu finden, vor allem aber auch um den internen Glaubensstreit zu entscheiden, der nach antiker Vorstellung verheerende Auswirkungen auf die öffentliche Ordnung nehmen konnte. Nach der Überwindung seines Mitkaisers Licinius (308–324), welche die Einheit im politischen Gefüge gebracht hatte, sollte 325 in Nicaea der Sieg (*nike*) Konstantins auch die Einheit der christlichen Kirche herbeiführen, von der sich die Arianer mit eigenen dogmatischen Ansichten getrennt hatten. Ihr Anführer Arius sah Jesus Christus nicht als gottgleich (*homoousios*), sondern nur als gottähnlich (*homoiousios*) an. Verhandelt wurde auch über die Donatisten, die Sakramente nicht anerkannten, wenn sie von zeitweise abgefallenen Priestern gespendet worden waren. Die Problemlage der Verfolgungszeit warf einen Schatten auf die Gegenwart. Ein Jahrzehnt nach dem Ende der Verfolgungen konnten sich unter dem Schutz des Kaisers alle Christen erstmals an einem Ort ihrer selbst versichern. Zahlreiche Stellen im Neuen Testament, insbesondere in den Briefen des Apostels Paulus an die Epheser, die Korinther und Philipper, beschworen die Einheit[8], die als doppeltes Ziel über der Versammlung stand. Zwar hatte bereits das 2. Jahrhundert einzelne

Synoden gekannt und waren 313 in Rom sowie 314 in Arles die Bischöfe in einer Ratmännerversammlung (*consilium*) zusammengetreten, aber erst das Treffen im heutigen Iznik in der Türkei, wo sich die bithynische Sommerresidenz des Kaisers befand, machte den epochalen Wandel und die neuen Möglichkeiten in der Gemeinschaft erfahrbar, die in dieser Zeit allenfalls 10 bis 15 Prozent der Gesamtgesellschaft umfasste. Die überlieferten Teilnehmerzahlen, die über die Resonanz der kaiserlichen Initiative Auskunft gaben, wurden früh mit Blick auf biblische Vorbilder idealisiert, doch muss an der damit verklausuliert ausgedrückten hohen Beteiligung nicht gezweifelt werden. Der Bischof von Rom fehlte nachweislich im illustren Kreis der Kirchenmänner, die unter dem Vorsitz des Kaisers bei Achtung der kaiserlichen Ansichten zu einer einheitlichen Lehre finden wollten.

Die alte Idee, dass der römische Kaiser zugleich auch *pontifex maximus*, also oberster Priester war, hatte sich in die religionspolitischen Erwartungen an Konstantin eingenistet. Bei einem Scheitern der Einheitsbemühungen drohte nicht nur die göttliche Strafe, sondern auch der Spott der übrigen Kultgemeinschaften. Das Unternehmen musste gelingen. Die Bischöfe als Vorsteher der Christengemeinden wurden deshalb unter Konstantins Führung zu einer neuen Elite des Reiches, die den Kontakt der Provinzen zum Kaiser verstärkte. Obwohl der Bischof von Rom nicht anwesend war, wurden seine Vorrechte synodal bestätigt, die sich allerdings noch nicht auf die Gesamtheit aller Kirchen des Reiches oder gar auf die Weltkirche bezogen, sondern territorial auf Italien beschränkt blieben. Kaiser und Papst waren nicht zusammengekommen, aber der Kaiser übernahm zusammen mit der Gemeinschaft der Bischöfe Verantwortung für die Stellung des höchsten christlichen Seelsorgers in der Kaiserstadt, welche die Geschichte des *imperium Romanum* verkörperte. Dies war aber nicht der eigentliche und schon gar nicht der wichtigste Anlass der Versammlung. Der Streit der Bischöfe in Glaubensfragen dominierte das Treffen. Er ließ sich im direkten Miteinander nur für kurze Zeit, aber nicht auf Dauer schlichten, so dass über die arianische Lehre in den nächsten Jahrhunderten immer wieder gestritten wurde. Die spätere Tradition wollte sogar wissen, dass Konstantin selbst dieser Form den Vorzug gegeben habe und von Arianern getauft worden sei[9]. Die Kaiser nach ihm wechselten in der Folgezeit mehrfach ihre Haltung, zahlreiche *gentes* schlossen sich nach ihrer Christianisierung dem in Rom als häretisch verurteilten arianischen Glaubenszweig an. Gerade wegen dieser bleibenden Relevanz wurde das Konzil von Nicaea immer wieder zum erneuerten Grundkonsens für ein auf Einheit zielendes Christentum herangezogen. Die Versammlung stellte bis in die Neuzeit hinein einen wichtigen Überlieferungsbereich dar, der die *memoria* auch an den römischen Kaiser und die frühere Verbundenheit von Ost- und Westkirche wach hielt. Das von allen beständig gesprochene Glaubensbekenntnis wurde nicht nur mit diesem Konzil, sondern auch mit dem Namen Konstantins verknüpft.

In der kirchenrechtlichen Tradition wurde Nicaea zur wegweisenden Synode. Die Nachrichten über das Konzil von Nicaea standen durch ihre Rezeption im Mittelalter so stark im allgemeinen Bewusstsein, dass einseitige Wiedergaben über die Abläufe, wie sie durch Überbetonung des päpstlichen Einflusses etwa im *„Liber pontificalis"* vorliegen[10], keine allgemeine Verbreitung fanden. Auch aufgrund der Zahl der verfügbaren Abschriften waren die Schilderungen von Eusebius in den Übersetzungen von Hieronymus († 419/20) und Rufin († 410) in stärkerem Maße identitätsstiftend und legitimationsbildend[11]. Einfluss erlangte auch die Darstellung in Cassiodors († um 580) *„Historia Ecclesiastica Tripartita"* mit ihrer Schilderung der Synode von Sardika (Sofia), die als wesentliche Transformationsstelle für den Wissenstransfer über das Konzil von Nicaea zwischen Ost und West anzusehen ist[12]. Cassiodor war keine tote alte Tradition, sondern wurde noch im Spätmittelalter häufig kopiert. Die Erblast der Traditionen zum Konzil von Nicaea lag in einer starken Stellung des weltlichen Herrschers, dessen organisatorische Initiative ebenso belegt war wie die unangefochtene Geltung der vom ihm vorgenommenen Setzungen.

Die Kirchenpolitik Konstantins

Konstantin ist als *episcopus episcoporum* auf dem Kaiserthron nicht nur auf den gesamtkirchlichen Treffen mit Repräsentanten der Christen zusammengekommen, sondern pflegte auch sonst Kontakt und übte wie bei anderen religiösen Gruppierungen mit Sektenbeauftragten Kontrolle aus. Die Vorstellung vom Wirken des Teufels bei Häretikern entstammt kaiserlicher Rhetorik. Gegen diese Wirrungen vorzugehen, sah er als seine kaiserliche Pflicht an. Die aktive Politik erforderte Ratgeber. Der Bischof von Rom stand schon wegen der räumlichen Distanz im Alltag dafür nicht zur Verfügung. Die lebendigen griechischen Gemeinden dominierten das Feld über die Jahrzehnte der Regierungszeit. Schon 314 hatte der Kaiser, folgt man neuen Forschungen zur einzigen von Konstantin überlieferten Rede, am Karfreitag in Trier den Kontakt zu den Christen gesucht. Zwei Jahre später genügte die briefliche Drohung, sich selbst um den Streit zu kümmern, um die Donatisten in Karthago auf den rechten Weg zu bringen. Konstantin sah sich als *iudex* (Richter) auch in Glaubensfragen. Notfalls konnte er auf die Rechtstatbestände der *seditio* (Zwietracht) oder des *tumultus* (Aufruhr) zurückgreifen, ohne sich auf die schwierigen theologisch-philosophischen Fragen einlassen zu müssen. Dann wurde „das Schwert" in den Dienst der Kirche genommen, also Todesurteile vollstreckt. Konstantin fasste Beschlüsse mit direkter Wirkung für die Kirche. Er privilegierte den Klerus und sicherte Besitzrechte zu[13]. Mit der *manumissio in ecclesia*, der Sklavenfreilassung durch Kleriker im Angesicht der Christengemeinde beim Gottesdienst, wurde der Bischof nicht nur zur Instanz in der zivilen Gemeinde, sondern er konnte zahlreiche persönliche Bindungen zu den aus der Sklaverei Befreiten aufbauen. Die Bischöfe konnten ferner als Schiedsrichter im Streit staatliche Aufgaben der Rechtssicherung übernehmen. Damit stärkte Konstantin die Vorsteher der christlichen Gemeinden. Die Ordnung der Kirchenstrukturen, die in dieser Zeit fixiert wurde, legte die Basis für die kontinuierliche Geschichte der Bistümer, die wie in Trier bis in die heutige Gegenwart reichen kann. Das Sonntagsgesetz ließ die städtischen Geschäfte am Tag des Herrn ruhen, während die Bauern weiterhin die Felder bestellen durften. Fragen des christlichen Ostertermins wurden zum Thema der kaiserlichen Religionspolitik, weil ein gemeinsam gültiger Festkalender die Einheitlichkeit der Lebensabläufe garantierte.

Daneben erhielten Maßnahmen Einfluss auf die Entwicklung der Kirche im christlich werdenden *imperium Romanum* und auf das bipolare Verhältnis von Kaiser und Papst, die zunächst einmal unabhängig von religiösen und kirchenpolitischen Erwägungen waren. Die Verlegung des Kaisersitzes von Rom nach Byzanz gehört dazu, auch wenn die Maßnahme später religiös begründet wurde. Die einen sahen darin die Abgrenzung von den alten Kulten, die anderen glaubten daran, dass der Bischof von Rom und seine Kirche auf diese Weise geehrt werden sollten. In der strategisch günstig gelegenen Stadt am Bosporus, in deren Nähe Konstantin seinen Sieg gegen Licinius errungen hatte und die zu Ehren des Kaisers den Namen Konstantinopel erhielt, konnte er die zur Sicherung des Reiches notwendigen Maßnahmen besser koordinieren als im alten Mittelpunkt des römischen Weltreiches. Die Selbstdarstellung gelang beim Neuanfang besser als in alten, vorgegebenen Bahnen einer fast tausendjährigen Stadt. Rom und die Römer fühlten sich zurückgesetzt und kompensierten den Mangel an Repräsentanz durch eine Überhöhung des zu Bewahrenden, die Glorifizierung der Stadt und endlich auch durch die Identifizierung mit der Bischofsherrschaft in der Nachfolge Petri[14]. Konstantin selbst ließ Roma-Constantinopolis-Münzen prägen, die eine bipolare Reichsstruktur feierten, ohne allerdings eine doppelte Lenkung von Papst und Kaiser zu kennen.

Die lebendigen Spuren der kaiserlichen Vergangenheit waren in der Gegenwart Roms für jedermann sichtbar. Der Lateran hatte als Sitz des antiken Kaisertums gedient und wurde seit der Zeit Konstantins von den Bischöfen von Rom benutzt, weil die Übersiedlung Konstantins von Rom nach Konstantinopel die pragmatische Umnutzung einer nicht mehr den Zeitbedürfnissen entsprechenden Palastanlage sinnvoll machte. Dieses Nachrücken am Ort der Macht hatte Folgen für die Legitimation der päpstlichen Stellung in den späteren Jahrhunderten. Es griffe aber zu kurz, die Handlungen des Kaisers nur auf die beiden Hauptstädte, das alte und das neue Rom zu fokussieren. Alle Teile, die zu seiner Zeit zum *imperium Romanum* gehörten, weisen die Spuren des kraftvollen Neubeginns auf. Die von Konstantin selbst in Rom, Konstantinopel, Jerusalem und in Bethlehem, aber auch in Trier und anderswo im Reich in Auftrag gegebenen Kirchenbauten waren ein imposantes Beispiel seiner Religionspolitik für die Nachwelt. Zentrale Orte des Christentums hatten ihre Gestalt durch den Kaiser erhalten, die als zu Stein gewordene Obhut für das Christentum dienten. Das enorme Bauprogramm trug dem rasanten Zuwachs an Gläubigen Rechnung, der in Folge der Tolerierung zu verzeichnen war. Neue, größere Versammlungszentren waren dringend erforderlich. Diese Gotteshäuser zeugten noch nach Jahrhunderten von dem Schub, der in der ersten Hälfte des 4. Jahrhunderts durch das *imperium Romanum* gegangen war. Die Erinnerung vor Ort haftete am kaiserlichen Bauherrn, wenn sie nicht durch Katastrophen gebrochen oder durch bewussten Neubau in den Hintergrund gestellt wurde. Die Geschichte der Erneuerungen von Konstantin-Basiliken in der Neuzeit lässt sich deshalb als Geschichte einer Ablösung von Konstantin begreifen. Während die Konstantin-Statuen nach dem Tod des Herrschers ihre Funktion und damit auch vielfach ihre Sichtbarkeit verloren, blieb der Konstantinbogen in Rom ein Erinnerungsort von zeitlicher Dauer. Ihm fehlt, da er von den Römern nach dem Sieg an der Milvischen Brücke für den Kaiser gestiftet wurde, ein eindeutiger Bezug auf das Christentum, aber er verband die Memoria an Konstantin mit der Stadt Rom wie das Reiterdenkmal auf dem Kapitol, das heute als Marc Aurel-Standbild erkannt ist, in dem das Mittelalter aber Konstantin abgebildet sah. Der Konstantin-Bogen ist der prächtigste von den drei in Rom erhaltenen Triumphbögen, die Karl den Großen wie den Staufer Friedrich II. zu ähnlichen Repräsentationsbauten anregten. Spolien wurden in das Bauwerk für Konstantin übernommen, darunter Kaiserbilder Hadrians, deren Kopf umgemeißelt wurde. Kaiser Hadrian (117–138) erscheint in der christlichen Tradition als Sieger über die Juden und als Gesetzgeber, so dass sich Konstantin und seine Nachfolger mit ihm identifizieren konnten.

Traditionsbildungen über das Verhältnis von Kaiser und Papst in der Zeit Konstantins

Die quellenbezogene Geschichtswissenschaft kann nur wenige Zeugnisse für einen direkten Kontakt zwischen Konstantin und die in seiner Regierungszeit amtierenden Bischöfe von Rom Marcellus (306/7–308), Euseb (310), Melchiades (311–314), Silvester I. (314–335), Markus (336) und Julius (337–352) vorweisen[15]. Gemäß mittelalterlicher Sicht erhielt die Geschichte von Kaiser und Papst in der Zeit Konstantins dennoch wesentliche Impulse. Dabei spielte es in den nachfolgenden Jahrhunderten kaum eine Rolle, wie sich das Verhältnis zwischen dem nach Konstantinopel strebenden Kaiser und den Bischöfen von Rom tatsächlich gestaltet hatte. Viel wichtiger wurde für das spannungsreiche Wechselverhältnis, was als geschehen imaginiert und der Tradition eingeschrieben wurde. Wie unklar die Verhältnisse in der Anfangsphase des christlich werdenden *imperium Romanum* noch waren, zeigt nicht zuletzt die Problematik bei der Kontinuitätsbildung. Man trat später mit den eigenen Erwartungen an die Geschichte heran und gestaltete sie im Rahmen der eigenen Vorstellungswelt. Ein erster Schritt lag in der Konzentration auf das Verhältnis zwischen Konstantin und Silvester. Die anderen Bischöfe von Rom, die zur Zeit Konstantins lebten, standen im Schatten dieser in der Tradition symbiotisch gezeichneten Zweisamkeit. Wenn von Konstantin-Rezeption und Silvestergedenken im weiteren Verlauf des Mittelalters die Rede ist, dann sind verschiedene Formen des Rezipierens zu unterscheiden. Alte, hergebrachte Konstantin- und Silvesterbilder blieben lebendig, auch wenn neue Formen der Bezugnahme im lebendigen Diskurs hinzutraten. Direkte Rückgriffe auf die Spätantike und indirekte Vermittlungsformen ergänzten einander. Seit der Zeit Konstantins, also seit dem 4. Jahrhundert, wurde immer wieder auf das Verhältnis von Kaiser und Papst rekurriert, doch nicht alle Erinnerungsformen waren in der gesamten Christenheit immer gleich wirksam. Aus diesem Grund scheint die einfache Frage nach Wahrheit und Falschheit der zu Geschichtsbildern geronnenen Informationen wenig hilfreich. Was jeweils für wahr oder falsch gehalten wurde, bedarf der Aufmerksamkeit. Die Urteile fielen im zeitlichen Wandel und auch bedingt durch die politischen Interessen der Rezipienten unterschiedlich aus. Einschätzungen müssen sowohl den Verbreitungsgrad als auch die Orte der mittelalterlichen Aufbewahrung reflektieren, ohne die weder die Spurensuche der antiken Zeugnisse noch die der mittelalterlichen Rezeptionsformen auskommen kann. Grundsätzlich aber stand die Auffassung im Vordergrund, dass Päpste und Kaiser am *exemplum* Konstantin-Silvester lernen konnten, eine Ausgewogenheit der Interessen anzustreben, der es gelang, den Nutzen des anderen zum eigenen Vorteil zu münzen.

Obwohl die befreienden Gesetze der Zeit des Melchiades entstammten und er als Bischof von Rom eine Synode in der Donatistenfrage einberief, wurden die Beziehungen zwischen Konstantin und Silvester historisiert. Abgesehen von wenigen Jahren hatten sie beide für zwei Jahrzehnte parallel die Lenkung der Christenheit inne. Für wie zentral und traditionsstiftend man diese Zeit ansah, lassen die verschiedenen Stufen der Imagination erkennen. Hier sind nicht alle vorzustellen, sondern nur diejenigen, denen eine hohe Wirksamkeit zukam. Den ersten Schritt machten die Zeitgenossen Eusebius und Laktanz, die das Bild von Konstantin bis in die Neuzeit hinein nachhaltig prägten. Der Traum des Kaisers vor der Schlacht gegen Maxentius, in dem ihm ein Kreuz am Himmel den Sieg prophezeite, wird dort als christliche Heilsbotschaft stilisiert. Der Kirchenvater Ambrosius erinnerte am Ende des 4. Jahrhunderts nicht nur an Helena, die Mutter des Kaisers, sondern auch an den Herrscher selbst[16].

Den dritten Schritt der das Abendland prägenden Imaginierungen ging der Kirchenvater Augustin († 430) bei seinem Lob für Konstantin im fünften Buch von „De civitate Dei", das der Frage gewidmet ist, warum Gott Rom groß gemacht hat[17]. Augustins Werk ist getragen von der Idee einer heilsgeschichtlichen Koinzidenz von imperium Romanum und Christentum. Konstantin, der drei Generationen zuvor gelebt hatte, wird durch seinen Kampf gegen die Donatisten charakterisiert und war dadurch ein Vorkämpfer gegen die Ketzer, die noch Augustin in seiner eigenen Zeit zu schaffen machten. Das Heilsbild des Kaisers entsprang der Argumentation gegen die Ketzer und war gepaart mit anderen Zeichen seiner gottgefälligen Herrschaft, etwa der langen Regierungszeit, den Siegen in den geführten Kriegen, der Niederwerfung von Tyrannen, des friedlichen Todes im Greisenalter und der erbrechtlichen Übertragung des Reiches an die eigenen Söhne[18]. Aus der Traditionsbildung des Augustus war abzulesen, dass die Rolle des Kaisers in der Kirche darin lag, alle ungelösten Probleme mit seiner zentralen Entscheidungsinstanz zum Guten zu wenden und den rechten Glauben zu garantieren.

Als nächster Schritt der Traditionsbildung ist auf die „Actus Silvestri" zu verweisen, die sich mit ihrer schwierigen Entstehungsgeschichte und der massenhaften Überlieferung einer adäquaten Aufarbeitung bislang entziehen. Vor der Erfassung scheint die Mittelalterforschung zurückzuschrecken, jedenfalls hat sie ihr keine Priorität gegeben[19]. Durch den liturgischen Kontext am Fest des Hl. Silvester und durch beständige Bezugnahmen von Seiten der Päpste war diesem Vergangenheitsbild hohe Wirksamkeit gesichert. Konstantin und mit ihm die weltliche Macht erscheinen als aussätzig und zum Tode geweiht, während Silvester und alle weiteren Nachfolger Petri in der Gestalt des guten Hirten mit der Taufe die lebensspendende Reinigung bringen. Die Taufe wird als Heilungsbad im Lateranpalast in Szene gesetzt, wo selbstverständlich noch kein Baptisterium zur Verfügung stand. Den Grundstein für die Lateranbasilika hat Konstantin erst im Anschluss gelegt. Die Dankbarkeit des Geretteten habe zur Förderung des Christentums und zur ehrwürdigen Referenz gegenüber Silvester geführt. Als fünfter Schritt der historisierenden Imaginierung ist auf die Papstgeschichte im „Liber pontificalis" zu verweisen, obwohl diese Papstchronik wie die Handschriftenüberlieferung zeigt, im Mittelalter keine zweite Bibel geworden ist. Erstaunlicherweise stehen im Bericht zu Silvester I. die Schenkungen Konstantins an die Kirchen Roms und sein großes Bauprogramm im Zentrum des Interesses.

Als Form der Traditionsbildung sei auch die Fälschung der „Konstantinischen Schenkung" gezählt[20]. Eine Wiederholung der diversen Datierungsdebatten samt Analyse der jüngst aus den Handschriften extrahierten Spuren der Fälscher ist an dieser Stelle nicht geboten. Wichtig für das bipolare Konzept scheint vielmehr, dass man in Rom sehr früh von dem Machwerk wusste, das die Rechte der Nachfolger Petri wider die bisherige Erfahrung stärkte. Trotzdem blieb die Benutzung bis zu Papst Innozenz III. am Ende des 12. Jahrhunderts recht moderat, weil sie sich nicht in das übrige Wissen um die Vergangenheit einfügte. Erst im Spätmittelalter war das Privileg dann in aller Munde und blieb selbst über den Fälschungsnachweis in der ersten Hälfte des 15. Jahrhunderts weiterhin in Gebrauch. Wegen der Uneindeutigkeit der Auslegung waren die Bezugnahmen aber nicht einmütig. Die Fokussierung der Konstantin-Silvester-Tradition auf die *„Konstantinische Schenkung"* entsprach nicht dem Wahrnehmungshorizont des Mittelalters. In der Mittelalterforschung sind hier in den letzten Jahrzehnten Blickverengungen nachweisbar, die der Korrektur bedürfen. Die kanonistische Tradition verstand die Nennung der *„Konstantinischen Schenkung"* als Zusatz zu Gratians eigenem Werk, was ihre Anfechtbarkeit erhöhte[21]. Das *„Decretum Gratiani"* in seiner Urform bot vielmehr andere Rückbezüge auf Konstantin, die heute nicht mehr im Bewusstsein sind, aber die Diskurse des Mittelalters lenkten. Unter dem Titel *ad secularia iudicia nullus clericus est pertrahendus* (Kein Kleriker soll vor ein weltliches Gericht gezogen werden) wird vermeldet, Konstantin habe auf dem Nicenum befunden, dass die Anwesenden von niemandem verurteilt werden könnten, weil dies allein dem Urteil Gottes vorbehalten sei (*Vos a nemine diiudicari potestis, quia ad dei iudicium solius reseruamini*)[22]. An anderer Stelle war zu finden, dass Konstantin Klerikern und Mönchen Immunität gewährt hatte[23]. Die Konversion Konstantins war Thema des Kirchenrechts, weil Konstantin die Erlaubnis gegeben habe, überall *per universum orbem* Christen taufen, Kirchen errichten und ihnen Güter zuteilen zu dürfen[24]. Konstantin war mit Rückgriff auf die Distinctio 11 der Garant dafür, dass *lex et ratio* gegenüber *usus et consuetudo* die höhere Kraft innehaben. Das Kirchenrecht bezeugte zusammen mit einer Nachricht in der Enzyklopädie des Isidor von Sevilla († 633), dass es vor den Zeiten Konstantins für die Bischöfe keine Erlaubnis gab, sich zu versammeln, also öffentlich nach Art eines Allgemeinen Konzils zusammenzukommen[25]. Die Bestimmungen des Nicenum waren deshalb so grundlegend, weil die Beschlüsse gänzlich eingehalten und befolgt werden mussten[26]. Diese Normsetzungen in Kirchenfragen aus kaiserlicher Kompetenz, die mit dem Namen Konstantin verbunden wurden, erkannten auch die Päpste an, obwohl sie eine Einschränkung ihrer Allmacht durch die konziliare Gesamtheit der Kirchenfürsten im Zusammenspiel mit dem Herrscher des *imperium Romanum* nicht grundsätzlich akzeptierten.

Ein weiteres Zeugnis der Traditionsbildung sei hervorgehoben, weil es die Zeitgenossen erregte und noch heute hohe Aufmerksamkeit bei der Beschreibung der bipolaren Ordnung im christlichen *imperium Romanum* erfährt. Diese relativ junge Visualisierung war geprägt vom Streit zwischen *imperium* und *sacerdotium* im 13. Jahrhundert: In der Kirche SS. Quattro Coronati in Rom, die früher zum Besitz des Trierer Reichsklosters St. Maximin gehört hatte und insofern Kaisernähe aufwies, wurden auf päpstlichen Auftrag hin Konstantin-Silvester-Fresken angebracht[27]. Nicht die Kirche selbst, sondern die Silvester-Kapelle im Vorhof, die nicht zur Klausur des Nonnenklosters gehörte, wurde zum Sinnträger päpstlichen Selbstverständnisses in der Nachfolge Silvesters I., der auf weißem Schimmel reitend und mit kaiserlichem Sonnenschirm behütet von Konstantin geführt wurde, der im Kaiserornat samt Krone den Marschalldienst übernahm. Ausführlich wurde im Bildprogramm zuvor gemäß den „Actus Silvestri" die Erkrankung des Kaisers, der Verzicht auf den Kindermord und die Heilung durch die Taufe vorgeführt. Ein kniefallender Kaiser legte vor Silvester und dem Bild der Apostel Petrus und Paulus die Hände im Gestus eines Lehnsmannes zusammen. Geheilt aus der Taufe gestiegen, hatte dieser im Kaisermantel, aber ohne Krone, die einer der Seinen im Arm hielt, dem Papst den kaiserlichen Schirm und eine neue, goldverzierte Kopfbedeckung überreicht, die der Papst sogleich aufsetzte.

Wie stark das Konstantinbild die spätmittelalterlichen Kaiser beeinflusst hat, muss betont werden, weil es in der älteren Forschung kaum wahrgenommen wurde. In der Rede des Genueser Erzbischofs Pileus († 1433) auf dem Konstanzer Konzil vor dem rex Romanorum Sigismund (1410/1433–1437) wurde Konstantin nicht nur als Vorbild, sondern als Maßstab evoziert[28]. Pileus verwies auf die Kreuzesvision Konstantins und seinen Sieg an der Milvischen Brücke. Ein Vixillum des Heiligen Kreuzes sei im Auftrag Konstantins mit der Beischrift Hoc est invisibile signum Dei vivi (Dies ist das unsichtbare Zeichen des lebendigen Gottes) versehen worden. Sigismund könne, so der Redner, würdig Konstantin genannt werden durch Nachahmung, Stellung und Tapferkeit. Konstantin war nicht mehr die Stütze eines Papsttums mit Weltherrschaft zumindest im Westen des imperium Romanum, sondern legitimierte das Handeln eines Königs, der sich in kaiserlicher Tradition um die Schlichtung von Streitigkeiten innerhalb der Kirche bemühte. Sigismund hatte Konstantin an Rang beim Wettstreit um den wichtigsten Platz überwunden, weil er der Kirche die Einheit zurückgab, die schismatische Päpste aufs Spiel gesetzt hatten. Der Streit der beiden Gewalten, imperium und sacerdotium, war schon zwei Jahrzehnte vor den Fälschungsnachweisen für die „Konstantinische Schenkung" durch Nikolaus von Kues († 1464) und Lorenzo Valla († 1457) auf eine neue Ebene transferiert worden. Die Fixierung der Interpretationen für das spätantike Kooperieren von „Staat" und „Kirche", von Kaiser und Papst, wurde durch den wissenschaftlichen Nachweis, dass die „Konstantinische Schenkung" eine Fälschung ist, nicht beendet. In Rom reagierte man mit einer Darstellung Konstantins in der Sala di Costantino und mit der Darstellung des Konzils von Nicaea in der Vatikanischen Bibliothek, die beide die Lenkungskraft des Papsttums durch das Geschichtsbild festigten. Papst Silvester I., der nachweislich nicht am Konzil teilnahm, ist in der

Bibliothek, dem Hort der Wahrheit, gemäß dem Usus der eigenen Zeit als Vorsitzender unter einem Baldachin zentral in der Mitte der beratenden Bischöfe abgebildet, während der antike Kaiser vor diesem erlauchten Kreis Platz genommen hat. Er befindet sich im Gespräch mit einer Einzelperson, hält mit der rechten Hand das Szepter und verweist mit der Linken in einem Zeigegestus auf die Versammlung, die er weder anblickt noch beeinflusst.

Das byzantinische Kaisertum und die Ansprüche der Bischöfe von Rom

Kaiserliche Machtdemonstrationen

Konstantins Sohn Konstantius (337–361) betrieb eine eigene Religionspolitik, indem er versuchte, den Widerstand gegen seine arianerfreundliche Politik gewaltsam zu brechen[29]. Der persönlich betroffene Athanasios († 373) berichtet davon in seiner Geschichte der Arianer. Den widerstrebenden Bischöfen auf der Mailänder Synode von 355 schmetterte Konstantius im Kreis von 300 Teilnehmern entgegen: „Was ich will, das muss als kaiserlicher Kanon gelten!" Die Verbannungen des Stimmführers Athanasios und von Papst Liberius (352–365) waren die Folge. Bischof Hosius von Cordoba († 357/58) erinnerte sogar an die Verfolgungen vor Konstantin, die ihn nicht zum Abschwören gebracht haben, um seinem Widerstand Ausdruck zu verleihen[30]. Das kaiserliche Urteil über Glaubensfragen ließ er nicht zu, die kaiserlichen Boten, die ihn bedrängten, hielt er für überflüssig. Mutig schrieb er dem Kaiser, dieser solle sein Seelenheil bedenken. Zwar habe ihm Gott die Kaisermacht in die Hand gegeben, den Bischöfen aber die Sache der Kirche anvertraut. Die Zwei-Gewalten-Lehre wird von Hosius schon in der Mitte des 4. Jahrhunderts als Maßstab für die Kompetenzen angesehen. Wenn der Kaiser sich dennoch in die Belange der Kirche einmische, so verstoße er gegen die göttlich gesetzte Ordnung. Das Papsttum war entsetzt über derartiges Herrschergebaren, aber weitgehend machtlos. Felix II. (355–358, † 365), der heute als Gegenpapst geführt wird, erklärte Kaiser Konstantius zum Ketzer, weshalb er abgesetzt und zum Märtyrer wurde. Das Christentum blieb fortan in der Spaltung um Einheit bemüht. Weder Katholiken noch Arianer vermochten sich mit ihren Glaubenslehren durchzusetzen. Im Westen des Reiches hatte Konstantius seinen Vetter Julianus (361–363) eingesetzt, der in der Kaiserfamilie christlich erzogen worden war, sich aber bewusst gegen das Christentum stellte und deshalb den Beinamen Apostata (der vom Glauben Abgefallene) trägt. Er sah sich als einen griechischen Intellektuellen und verfasste zahlreiche Schriften. Sein Heidentum praktizierte er mit Tieropfern, was nicht nur bei den Christen auf Kopfschütteln stieß. Zur Kaiserwürde aufgestiegen, erließ er Gesetze gegen das Christentum.

Der Primat des Bischofs von Rom

Die Päpste konnten sich in dieser Zeit selbst aus der Gemeinschaft der Bischöfe herausheben, weil sie mit Petrus (und Paulus) in der Christusnachfolge standen, wie die frühen Geschichtsschreiber des Papsttums vermittelten und die Künstler Roms zur Schau stellten[31]. Das Erbe der weltumspannenden Macht brachte der Gemeinde von Rom intensive Kontakte zu den anderen Kirchen des Reiches. Die Peterskirche bildete den Traditionsmittelpunkt der zur Mission ausgesandten Jünger Christi. Clemens († 101) als Petrusschüler und Nachfolger wurde im 5. Jahrhundert zum Kirchenpatron. Rom wurde erst in dieser Zeit völlig christianisiert, wobei die Vorbehalte der alten Politikeliten zu überwinden waren. Sie schwanden mit der Macht der Stadtrömer im *imperium Romanum*. Zeremoniell trat der Bischof von Rom, der sich mit Bezug auf Mt 23, 8 (*unus enim est pater vester, qui in caelis est* [einer nämlich ist euer Vater, der im Himmel ist]) jetzt *pater* oder *papa* nannte und den Titel des Pontifex führte, in die Fußstapfen der Kaiser, die Rom nicht mehr besuchten. Wie die höheren Funktionäre des Reiches fuhren die Bischöfe seit Damasus (366–384) mit einem Wagen durch die Straßen Roms. Der Titel *papa* war für die altchristlichen Bischöfe auch außerhalb Roms üblich. Eine exklusive Stellung im Kreise der Väter war daraus anfangs nicht herzuleiten. Bedrohungen für die Kirche Roms und die Stellung des Papstes kamen aber nicht nur von innen, sondern wegen des fehlenden Militärschutzes auch von außen. Im Jahre 410 wurde Rom von den Westgoten erobert. Arrangements mit den in Italien agierenden Königen prägten den Alltag in der Folgezeit. Die Besetzung des Papststuhls war nicht mehr frei von familiären Verflechtungen.

Die Einheit der Kirche fand immer wieder in Synoden und Konzilien Ausdruck, die nur mit kaiserlicher Obhut zum Erfolg werden konnten. Nach dem Vorbild des Nicenum wurden 382 in Konstantinopel, 431 in Ephesos und 451 in Chalkedon Beschlüsse der Gesamtkirche getroffen, die allgemein anerkannt wurden, weil die Kaiser dies in ihrem Herrschaftsbereich durchsetzten. Für die Ausbildung eines intellektuellen Christentums waren bedeutende Kollegen prägender als die römischen Bischöfe selbst. Neben Hosius von Cordoba († 357/58) und Athanasios von Alexandrien († 373) standen Hilarius von Poitiers († 367), Ambrosius von Mailand († 397), Augustinus von Hippo († 430) oder Johannes Chrysostomos († 407). Für die Rechtsordnung der Kirche spielte hingegen der Bischof von Rom eine besondere Rolle, weil er in Disziplinfragen als übergeordneter Richter akzeptiert wurde. Die Synode von Sardika (heute Sofia) 343 hatte dies bestätigt[32]. Die Gerichtskompetenz war von besonderer Bedeutung, weil der Klerus seit Konstantin weitgehend der staatlichen Gerichtsbarkeit entzogen war und in Rom eine Appellationsinstanz ohne kaiserliche Konkurrenz entstand. Nur Gerichtsfälle, in die ein römischer Bischof verwickelt war, wurden durch Beschluss der römischen Synode von 378 in die Kompetenz des Kaisers gelegt. Erst gut 100 Jahre später sollte dann der Grundsatz formuliert werden, dass Päpste von niemandem gerichtet werden dürfen. Seit 313 wurden immer wieder Bischöfe von Rom ausdrücklich vom Kaiser aufgefordert, als Schlichter in Streitfragen zwischen Bischöfen anderer Diözesen zu fungieren. Im Jahre 380 bestätigten die westlichen Kaiser Gratian (375–383) und Valentinian II. (383–392), dass der Glaube Roms als Richtschnur für die übrigen Christen dienen sollte. Kaiser Theodosius I. (379–395) schloss sich dem für das Ostreich an. Der Kampf über die Kompetenzen und den Rang von weltlicher und geistlicher Gewalt wurde in dieser Zeit nicht in Rom, sondern von Ambrosius von Mailand geführt. Er verweigerte Kaiser Theodosius die Teilnahme am Abendmahl, weil er in Thessalonike zum Schlächter geworden war, also gegen das Gebot „Du sollst nicht töten" verstoßen hatte. Ein von Ambrosius an den römischen Bischof Siricius (384–399) gerichtetes Synodalschreiben benutzt den Titel „papa", so dass die interne Hierarchie gewahrt blieb. Die Durchsetzung der römischen Stellung an der Spitze der Christenheit war künftig mit dieser Nomenklatur verbunden. Seit der römischen Synode von 378 war die Bezeichnung des römischen Bischofsstuhls als *sedes apostolica* etabliert. Die Ausübung der Bußgewalt blieb allerdings theoretisch, wenn sich Päpste wie Bonifaz I. (418–422) zwecks Unterstützung an den für den Westen zuständigen Mitkaiser wenden mussten, um überhaupt die eigene Stellung sichern zu können. Ihm kam schließlich zu Gute, dass sein Amtsrivale Eularius (418–419, † 423) gegen kaiserliche Anordnungen verstieß, was letztlich die Wiedereinsetzung Bonifaz' bedingte. Immer wieder sollten seither die Bischöfe von Rom die Unterstützung der Kaiser zur Durchsetzung des rechten Glaubens oder auch nur der römischen Positionen erbitten.

Konkurrenten des Bischofs von Rom

Eine Problemlage für das bipolare Zusammenspiel ergab sich aus der Herrschernähe des Patriarchen von Konstantinopel, der nicht nur das kaiserliche Zeremoniell im Alltag begleitete, sondern auch direkteren Zugang zum Ohr des Kaisers fand. Der enge Kontakt des Patriarchen von Konstantinopel zum Kaiser brachte aber nicht nur die Erhöhung der Ehre, sondern auch Probleme. Das Beispiel des Johannes Chrysostomos († 407) hat nur zu klar gezeigt, welche Gefahren für Leib und Leben damit verbunden waren, obwohl die Zeit der Christenverfolgungen lange überwunden schien. Johannes Chrysostomos mischte sich in die Definition des christlichen

Kaisertums ein, indem er das Bild eines christlichen Herrschers in Anlehnung an den *rex Jesus* zeichnete. Das Kaisertum wurde dabei mit dem Königtum verquickt. Aus diesem Grunde beziehen sich seine Schriften nicht auf den Kaiser, sondern den König, was als Teil seiner Loyalität zum *imperium Romanum* unter Bezugnahme auf die zentrale Stelle im Römerbrief 13,1 gewertet werden kann. Er brachte aber auch das Beispiel des Königs Usija aus dem Alten Testament, um das Verhältnis zwischen dem Herrscher und der Kirche zu definieren. König Usija drang in den Tempel ein, um selbst ein Rauchopfer darzubringen und wurde für die Anmaßung mit Aussatz bestraft[33]. Die Legende der „*Actus Silvestri*" über Konstantins Aussatz erhält durch diese Parallele eine bislang zu wenig beachtete Deutung.

Die Aufgabenverteilung von weltlicher Herrschaft und Priesteramt wurde von Johannes Chrysostomos jedenfalls strikt formuliert. Dem König sei das menschliche Leben anvertraut, dem Priester die Seelen, der König erlasse Steuerschulden, der Priester Sünden. Dass eine solche Trennung auch für den Kaiser galt, wurde nicht explizit ausgedrückt. Nach einem Aufstand in Antiochien predigte Johannes, um die Milde des Kaisers zu erlangen: Der Kaiser möge seinen Herrn darin verherrlichen, dass er seinen Mitknechten die Sünden erlässt, damit er auch ihn noch höher verherrliche und am Tage des Gerichts dieser seiner Menschenfreundlichkeit gedenke und ihm so einen sanften und freundlichen Blick schenke. Die Popularität, die Johannes Chrysostomos als Patriarch von Konstantinopel erlangte, blieb im Hofleben nicht ohne Argwohn. Johannes wurde denunziert und daraufhin verbannt. Den Strapazen ist der unliebsam gewordene Mann, dem eine freie, vom Kaiser unabhängige Kirche vorschwebte, wenig später erlegen. Innozenz I. (401–417), ein Albaner, hat Kaiser Arkadios (395–408) exkommuniziert, weil dieser zugestimmt habe, dass Johannes Chrysostomos durch Kaiserin Eudoxia († 404) von seinem Sitz gestoßen worden sei. Das Andenken an diese Vorfälle wurde nicht nur im griechischen Osten, sondern auch im Westen bewahrt[34].

Theoretisch wurde die Diskussion von Staat und Kirche von Augustin in der Schrift „*De civitate Dei*" (Über den Gottesstaat) durchdacht. Die irdischen Herrscher sollten den Dienern des himmlischen Reiches Hilfe leisten, um ihre Aufgaben erfüllen zu können. Augustinus lobte deshalb Konstantin euphorisch, der sich außerdem gegen die Häretiker gestellt hatte. Augustins Vorstellungen von den beiden Staaten, dem irdischen und dem himmlischen, sind geprägt davon, dass beide einstweilen ineinander vermengt sind. Die Existenz des *imperium Romanum* galt ihm als gottgewollt und für die Ausbildung des Christentums heilsgeschichtlich notwendig. Gerade weil Augustins Schriften im lateinischen Mittelalter über die Jahrhunderte hinweg bis zur Reformation omnipräsent blieben, wurde das *imperium Romanum* zum integralen Bestandteil des Christentums und vice versa. Ausdrücklich heißt es im 18. Buch von „*De civitate Dei*": „Tatsächlich wandert er (der

Gottesstaat) in dieser Welt niemals für sich allein, sondern wie von Anfang an so führen auch weiterhin im Menschengeschlecht beide zusammen in ihrem Verlauf den Wandel der Zeiten herbei"[35]. Rom galt Augustin als das abendländische Babylon, Frieden als das von allen anerkannte höchste Gut[36]. Die Päpste in Rom hatten dieser intellektuellen Staatstheorie, die das Kaisertum festigte, nicht viel entgegen zu setzen, aber die Gunst des Schicksals brachte die Eroberung der afrikanischen Bistümer und ließ Rom bestehen. Das Bündnis des Papstes mit dem Hunnenkönig Attila († 453) wurde lebensrettend. Allen späteren Historisierungen zum Trotz verschaffte aber die kaiserliche Militärmacht dem Pakt mehr Akzeptanz als die Autorität des Papstes. Auf sich allein gestellt, konnte er den Rom belagernden Vandalenkönig Geiserich († 477) nur vom Morden und Brandschatzen, nicht aber von Plünderungen abhalten.

Das neue päpstliche Selbstbewusstsein seit der Mitte des 5. Jahrhunderts

Papst Leo I. (440–461) nutzte die aus geschickter Diplomatie entstandenen Vorteile zur Festigung der Stellung Roms und des römischen Bischofs in der Weltkirche. Er formulierte, Gott habe den Kaisern ihre Macht hauptsächlich zum Schutz der Kirche gegeben. Gegen ältere Lehren, die eine Teilhabe aller Apostel und Bischöfe an der göttlichen Binde- und Lösegewalt vertreten hatten, separierte Leo I. den Hl. Petrus und wies ihm allein die Weitergabe episkopaler Gewalt zu. Die Hirtengewalt sei nicht gleichverteilt, vielmehr käme Petrus und seinen Nachfolgern in Rom die alleinige Vollgewalt, die *plenitudo potestatis* zu[37]. An Hilarius von Arles († 449) statuierte das Oberhaupt ein Exempel, weil er als Metropolit in seinem Sprengel Entscheidungen getroffen hatte, die Leo I. allein päpstlicher Kompetenz vorbehalten wollte. Die Degradierung zum einfachen Bischof war die Folge, die kaiserlicherseits bestätigt wurde. Für die Primatsvorstellungen wurde Leo I. zur Referenz. Als Stellvertreter Petri fungierten sie, so dass jedes Wort aus dem Munde des Papstes eigentlich von Petrus stamme. Jeder Nachfolger auf dem römischen Stuhl beanspruchte die gleiche Amtsvollmacht, wie sie einst Petrus selbst innegehabt hatte. Seit Leo I. wurde die Stellung auch römischrechtlich mit Hinweis auf das Erbrecht eingefordert. Das Selbstverständnis gipfelte in der Vorstellung, Vikar Christi für die gesamte Kirche zu sein. Gleichzeitig wurden die Paulusbriefe kommentiert und die Kompetenz zur Unterweisung der Völker als Aufgabe für die römischen Oberhirten formuliert.

Die römische Lehrhoheit wurde keineswegs von allen anerkannt, so dass in Rom und in der Gesamtkirche immer wieder Maßnahmen gegen Häretiker ergriffen werden mussten. Dabei erhofften sich die Päpste die Unterstützung der christlichen Kaiser in der Form, wie sie von Konstantin geleistet worden war. Die Durchsetzung des römischen Verständnisses sollte von Staats wegen betrieben werden. Zugleich wurde die kaiserliche Entscheidung bei strittigen Papstwahlen akzeptiert. Zur Festigung der römischen und auf Rom ausgerichteten Identität wurde das Fest Peter und Paul am 29. Juni instrumentalisiert. Leo I. sollte die beiden Apostel in einer Festpredigt mit Romulus und Remus gleichsetzen. Dies hatte Wirkung über den Tag hinaus. Im 8. Jahrhundert sah man Leo den Großen wie Silvester I. als Glaubenshüter und besonderen Förderer Roms an. Kaiser Markian (450–457) ließ in Chalkedon im Jahre 451 ein allgemeines Konzil der westlichen und östlichen Kirchen einberufen, das unter Aufsicht kaiserlicher Kommissäre die um den rechten Glauben lauthals streitenden Gottesmänner zur Einheit im Sinne Roms verpflichtete[38]. Eine Eingabe Papst Leos I. an das Konzil wurde mit den Worten: „Petrus hat durch Leo gesprochen" zum neuen Grundsatzprogramm. Das Konzil von Chalkedon hatte 451 dem neuen Rom die gleichen Ehrenrechte wie dem alten zugesprochen, weil es als Sitz des Kaisers geehrt ist, aber unmissverständlich klargestellt, dass die Stadt am Bosporus die zweite hinter der am Tiber sein solle. Der spätere Rangstreit schien vorprogrammiert. Aber diesmal hatte der Kaiser noch die Verantwortung für das römische Papsttum übernommen und im Sinne der Bipolarität seine Pflichten erfüllt. Seine Nachfolger pflichteten dem nicht grundsätzlich bei. Kaiser Leo I. (457–474) ließ sogar Rom säubern, wie die mittelalterlichen Chroniken tradierten. Von der Theorie einer Kooperation beider Spitzen zur Durchsetzung der rechten Lehre, zum Schutz der Heiligen und ihrer Kirche sowie der christlichen Gesellschaft entfernten sich beide Seiten so sehr, dass sie nur noch um die Definition der jeweiligen Kompetenzen rangen.

Für die hoch- und spätmittelalterliche Sicht auf das Verhältnis von Kaiser und Papst maßgeblich wurden Äußerungen, die Papst Gelasius (492–496) in einem Brief formulierte, der an den Kaiser gerichtet war[39]. Den Hintergrund für die Eingabe des Papstes beim Kaiser bildete das Akakianische Schisma, in dem die römische und griechische Kirche erstmals in Glaubensfragen auseinander traten. Das Schisma trägt den Namen nach dem Patriarchen Akakios von Konstantinopel (471–489), war aber wesentlich durch die Haltung Kaiser Zenos' (474–491) bedingt. Das Schisma währte bis 519, als der neu erhobene Kaiser Justin I. (518–527) seinen Vorgänger Zenos und den Patriarchen Akakios verurteilte. Christologische Streitigkeiten gaben den Ausschlag für den Dissens. Kaiser Zenos wandte sich 482 mit einem Edikt an die Christen Alexandriens, Ägyptens, Libyens und der Pentapolis, um die Einheit zwischen den Anhängern des Chalkedonense und den Monophysiten, die eine kreatürliche Natureinheit von Gott und Mensch in Christus sehen wollten, wiederherzustellen. Das als „Henotikon" bezeichnete Schreiben, in dem ein Ausgleich zwischen den Anhängern des Konzils von Chalkedon und den Monophysiten hergestellt werden sollte, war von Akakios beeinflusst und tangierte das Verhältnis zwischen Papst und Kaiser, weil das Chalkedonense nicht nur Ausdruck der abendländischen Orthodoxie war, sondern auch die Grundlage für die Lehraufsicht Roms über die ganze Kirche darstellte. Hier aber beanspruchte der Kaiser das Definitionsrecht für die Glaubenslehren. Ein Streit um die Besetzung des Bischofsstuhls von Alexandria, bei dem zwei Anhänger der verschiedenen Positionen konkurrierten, führte zur Benachrichtigung des römischen Bischofs. Papst Felix III. (483–492) schickte zunächst eine Delegation, die sich mit der kaiserlichen Position arrangierte. Doch der Papst pochte auf die Durchsetzung der eigenen Glaubenslehren und brach die Kirchengemeinschaft mit den Griechen ab. Akakios wurde laut Spruch des Heiligen Geistes und kraft apostolischer Autorität mit dem ewigen Anathem belegt[40], der Kaiser bald darauf belehrt, dass er ein Sohn der Kirche, aber kein Bischof sei. Er solle nicht ob der gottverliehenen Gnade des Kaisertums anmaßend werden und nicht über die vom Himmel gesetzten Grenzen der Ordnung hinausgreifen. Der Papst forderte vom Kaiser, in Glaubensfragen die kirchliche Autorität anzuerkennen und sich den Bischöfen unterzuordnen. Er solle nicht versuchen, über die Kirche mit Gesetzen zu herrschen. Auch in den Papstbriefen findet sich aber kein Zeugnis, wonach den höheren Geistlichen eine derartige „Heiligkeit" zukommt, dass die ganze Welt vor ihnen das Haupt neigt.

Felix' Nachfolger, Papst Gelasius, hat dann in gleicher Angelegenheit Kaiser Anastasius (491–518), der Anhänger des Monophysitismus war, brieflich ermahnt[41]. Nach einer höflichen Bitte um Entschuldigung, weil er durch genannte Mittelsmänner keine Briefe geschickt hatte, also die Diplomatie durch päpstliches Verschulden eine Zeit lang unterbrochen war, wird der Glauben (*pietas*) des Kaisers evoziert, damit er nicht die „Aufgabe der göttlichen Vernunft für *arrogantia* halten" möge. Fern sei es, so erbat der Papst vom römischen Princeps, dass er die seinen Sinnen berichtete Wahrheit für Unrecht halten möge. Das folgende Diktum wurde im Mittelalter vielfach wörtlich zitiert und verließ damit den brieflichen Kontext: „Zwei nämlich sind es, erhabener Kaiser, von denen diese Welt vornehmlich geleitet wird: die geheiligte Kraft des Ansehens der Bischöfe (*auctoritas sacrata*) und die herrscherliche Gewalt (*regalis potestas*)"[42]. Die nachfolgenden Erklärungen konnten nicht annähernd diese Berühmtheit erlangen, sie sind aber für das Verständnis der päpstlichen Sicht auf das Verhältnis der zwei Gewalten ebenso zentral. Die Kraft (*pondus*) der Bischöfe sei umso größer, als sie Rechenschaft ablegen in Göttlichem für die Könige der Menschen. Der Kaiser, der gemäß des Formulars als liebster Sohn angesprochen wird, solle nämlich wissen, dass er dennoch den Kirchenführern demütig den Nacken beugen und von ihnen die Gründe seines Heils erwarten möge, obwohl er dem Menschengeschlecht an Würde vorausgehe. Nach der Regel der Religion solle er sich in der Aufnahme der himmlischen Sakramente den Bischöfen unterwerfen, wie es den Verfügungen entspricht. Für die Einrichtung der öffentlichen Ordnung gehorchten die Kirchenführer den kaiserlichen Gesetzen, weil sie wüssten, dass das Reich dem Kaiser durch göttliche Fügung zugeteilt wurde. Die Bischöfe wollten nicht den Anschein erwecken, in weltlichen Angelegenheiten den getroffenen Entscheidungen zu widerstreben. Aus diesem Grund der Ordnung würde es sich auch für den Kaiser ziemen, den Geistlichen in ihren religiösen Entscheidungen zu folgen.

Die Mahnung setzte mit Hinweis auf die göttliche Fügung alle Mittel der Beeinflussung ein, blieb aber beim kaiserlichen Empfänger ungehört. Er modifizierte seine Haltung nicht. Inwieweit er die Bezeichnung seiner Herrschaft als *regalis* statt als *imperialis* als Affront empfand, wurde in den späteren Benutzungen nicht thematisiert, die sich der päpstlichen Meinung angeschlossen haben. In der Forschung versuchte man das Problem zu umgehen, indem *regalis* als herrschaftlich übersetzt wurde, weil beginnend mit Johannes Chrysostomos immer wieder Königtum und Kaiserherrschaft gleichgesetzt wurden, so dass im spätmittelalterlichen Deutsch ‚riche‘ ohne Unterschied verwendet wurde. Diplomatisch war das Terrain schon in der Zeit des Gelasius vermint, was wohl auch dem Papst nicht unbekannt blieb, der in einem anderen Schreiben das Prinzip der Nichteinmischung betonte. Mit Hinweis auf 2 Tim. 2,4 formulierte man in Rom: „Auch die christlichen Kaiser bedürfen für das ewige Leben der Bischöfe, und die Bischöfe sollen für den Ablauf der irdischen Dinge die kaiserlichen Anordnungen benutzen, damit das geistliche Amt von weltlichen Einflüssen frei bleibe und der Gottesdiener sich in keiner Weise in weltliche Dinge einmische"[43]. Zweierlei fällt hier auf: Einerseits wird die Vorrangstellung Roms in die Gemeinschaft aller Bischöfe eingegliedert und andererseits gleich zweifach die Ruhe vor dem weltlichen Geschäft betont. Die Ausrichtung der Kaiser auf die Bischöfe wurde nicht innerweltlich motiviert, sondern nur mit Blick auf das ewige Leben.

Mit Papst Anastasius II. (496–498) verband man in der späteren Tradition die Exkommunikation Kaiser Anastasius'[44]. Den langen Arm der weltlichen Macht bekam dann Anastasius' Nachfolger auf der Kathedra Petri, Symmachus (498–514), zu spüren. Seine Stellung war nicht gefestigt, weil gleich nach seiner Wahl im Schisma Laurentius (498–506) erhoben wurde, der einflussreiche Fürsprecher hatte. Symmachus sah sich sehr bald Anschuldigungen hinsichtlich seines Lebenswandels ausgesetzt und wurde aufgrund der Mehrheitsverhältnisse von einer Synode verurteilt, die nicht der ferne Kaiser, sondern der in Ravenna residierende Ostgotenkönig Theoderich († 526) einberufen hatte, um den Fall zu klären. Dies entsprach geltendem Recht. Verfehlungen waren in der christlichen Gemeinschaft zu strafen. Ließ sich eine übergeordnete Instanz innerhalb der Ämterhierarchie Verfehlungen zu Schulden kommen, so lag die Entscheidung bei der Synode. Dagegen setzte der angefeindete Papst eine Bestimmung, die angeblich schon aus der Zeit Silvesters I.

stammte: Niemand wird den ersten Sitz richten (*Nemo iudicabit primam sedem*)[45]. Für die weitere Geschichte des Dualismus von Kaiser und Papst war diese Fälschung von weitreichender Bedeutung. Die eigene Würde des Bischofs von Rom wurde zeitgleich rituell gefestigt, indem Prozessionen nach Art der kaiserlichen Aufmärsche gestaltet wurden. In der modernen Forschung wird dies als Folge der Verdrängung des letzten weströmischen Kaisers 476 gewertet[46]. Diese Veränderung war allerdings nicht in das römische Geschichtsbewusstsein eingeschrieben worden. Die Ausdifferenzierung der Herrschaftsstrukturen des Reiches, wie sie heute den Geschichtsbüchern zu entnehmen ist, wurde in Rom nicht aktiv wahrgenommen, weil es in der christlichen Herrschaftssoziologie, wie sie im 4. und 5. Jahrhundert formuliert worden war, nur einen Platz an der weltlichen Spitze gab.

Die Probleme, ein Urteil über die Rechtmäßigkeit der Wahl zu fällen, die mit Symmachus und Laurentius offenbar geworden waren, führten zu einem ersten Papstwahldekret, das auf der Synode von 499 in Rom beschlossen wurde. Es sah die Designation durch den amtierenden Papst vor. Die spätere Tradition wusste dann allerdings, dass bereits Papst Hilarius (461–468), ein Sarde, in der Mitte des 5. Jahrhunderts verfügt habe, dass kein Papst seinen Nachfolger bestimmen dürfe[47]. Die Bindung an das unliebsame Gesetz wurde dadurch aufgehoben. Zunächst aber war es als Synodalrecht gültiger Bestandteil der Verfassung des von Kaisern und Päpsten gelenkten Reiches. Die Glaubensstreitigkeiten zwischen Arianern und Katholiken verfestigten sich unterdessen. Da den Päpsten Machtmittel zur Durchsetzung der eigenen Position fehlten, musste selbst in Rom religiöse Toleranz geübt werden. Abweichende Lehren wurden zwar prinzipiell als Häresie gebrandmarkt, doch war gegenüber arianischen Kirchen für die römische Garnison eine politische Haltung gefragt. Der Ostgotenkönig Theoderich der Große († 526) wurde bei seinem Besuch in Rom feierlich von Senat und Klerus empfangen, als gäbe es keine Differenzen im Glauben. Schon Johannes I. (523–526) musste aber wieder die Grenzen des Spielraums gegen die arianischen Goten erkennen und ließ 526 dafür sogar sein Leben. Erst Gregor der Große (590–604) erzwang am Ende des 6. Jahrhunderts nach Jahrzehnten der Duldung die Katholisierung von S. Agata dei Goti.

Gemeinsame Lenkung der Christenheit im 6. Jahrhundert

Ein neues Kapitel im bipolaren Verhältnis von Papst und Kaiser wurde 518 in der Kaiserreihe mit der Gemeinschaftsherrschaft von Justin (518–527) und Justinian (527–565) aufgeschlagen. Im Streit um die rechte Lehre verurteilten die Kaiser die Monophysiten und nahmen diplomatische Beziehungen zum Bischof von Rom auf. Das Papsttum feierte den Triumph im lange geführten Streit gegen die östliche Lehre. Der Preis dafür war allerdings hoch. Das Kaisertum forderte für den offiziellen Wechsel der Ansichten ein Mitspracherecht in dogmatischen Fragen. Seit 527 restaurierte Justinian als Alleinherrscher die alte Kaisermacht und brachte die Gesetzgebung des Reiches auf ein einheitliches Niveau. Selbstverständlich nahm er alle Gesetze seiner Vorgänger, welche die Kirche betrafen, in seine Gesetzbücher auf. Der Kaiser regierte nicht nur im Staat, sondern regelte die Belange der Christenheit. Der Grundsatz *Ecclesia vivat lege Romana* (Die Kirche soll nach römischem Recht leben) war Privileg und Einschränkung zugleich. Was rechtens sein sollte, musste durch kaiserliche Gesetze in Kraft gesetzt werden. Die Dekrete der römischen Päpste hatten nur innerhalb der Kirche Geltung, betrafen aber nicht in nuce die gesamte Gesellschaft. Selbst wirksame Verbreitungsmechanismen jenseits der Synoden, die ihrerseits kaiserliche Bestätigung brauchten, fehlten bis ins Hochmittelalter. Umso wichtiger schien es, dass der Kaiser sich der Kirchenorganisation annahm.

Die kooperative Bipolarität von Kaiser und Papst wurde in der siebten Novelle Justinians von 535 zum Verfassungsrecht des Reiches: „Unter den Geschenken, die den Menschen aus göttlicher Gnade gewährt wurden, sind die größten das *sacerdotium* und das *imperium*"[48]. Die Aufgabenverteilung wurde klar in Göttliches und Weltliches geschieden. Wenn aber beide Teile ihre Pflichten erfüllen, dann entstünde nach göttlichem Plan ein Einklang. Der Kaiser hatte seinen Teil an der Einheit des christlichen *imperium Romanum*, das mit neuen Kirchenbauten ebenso geschmückt wie mit neuen Wehranlagen an den Rändern gesichert wurde. Dem Kaiser oblag die Ehrfurcht vor dem Bischofsamt, schrieb er an Epiphanios von Konstantinopel, den Bischöfen das immerwährende Beten. Eine weitere Novelle bestimmte die Würde der Kaiser: Gott habe sie den Menschen als beseeltes Gesetz hinabgeschickt[49]. In einem anderen Edikt, das an die fünf Patriarchen der Kirche erging, griff er nicht nur in die Lehrhoheit ein, um den rechten und unbefleckten Glauben durchzusetzen, sondern er erhoffte sich durch solches Tun im jenseitigen Leben Gnade vor Gott. Die Wahrung der Orthodoxie war für ihn ein Erfordernis der Staatswohlfahrt. Der Reichsapfel, den ein Kreuz krönte, wurde auf den Goldtalern des Kaisers zum Sinnbild für christliche Weltherrschaft. Beim von Justinian angestellten *quaestor sacri palatii* Junillus Africanus († ? 6. Jh.) wurde Exegese zum Dienstgeschäft, für das mit den „*Instituta Regularia Divini Legis*" sogar ein Handbuch bereitgestellt wurde[50].

In die schismatische Papstwahl von 530 mischte sich Justinian zu Gunsten von Bonifaz II. (530–532) ein, weil das Designationsdekret von 499 ihn gegen den beliebteren Dioskur (530) legitimierte. Der Kaiser stellte sich auf die Seite des Rechts. Dieses Gesetz zur Papsterhebung blieb aber so umstritten, dass Bonifaz selbst von dieser Form der Machtverlängerung Abstand nehmen musste. Bonifaz hat das schon ausgestellte Designationsschreiben für seinen Nachfolger selbst dem

Feuer übergeben. Sein Protegé Vigilius (537–555) sollte nach einer Wartezeit erneut durch die Intervention des an das Recht gebundenen Kaisers doch noch Papst werden. Zunächst übernahm jedoch Johannes II. (533–535) für anderthalb Jahre den Papststuhl. Der direkte Kontakt zwischen Papst und Kaiser wurde 535 durch den Gotenkönig Theodahad († 536) veranlasst, der den Thron usurpiert und Theoderichs Tochter Amalaswintha († 535) ermordet hatte. Papst Agapit I. (535–536), der Johannes II. gefolgt war, brach zu einer Legationsreise nach Konstantinopel auf, um den Kaiser zu bitten, von einer Invasion in Italien abzusehen. Der Kaiser allerdings sah seine Pflicht in der Wahrung christlicher Ordnung und strafte Theodahad. Ein Papst, der einem Usurpator das Wort redete, war für Justinian auf Dauer nicht akzeptabel, obwohl er ihn zunächst bei der Einsetzung eines orthodoxen Patriarchen in Konstantinopel mit der Weihehandlung betraut hatte. Der kaiserlichen Absetzungssentenz kam Agapits Tod zuvor. Bei der nun fälligen Neubesetzung des Papststuhls sollte dem Synodalrecht Wirkung verliehen werden, so dass Vigilius zur zweiten Spitze der Christenheit ernannt wurde. Die westliche Tradition betont die Gunst der Kaiserin Theodora, die hoffte, dass er als neuer Papst den Monophysitismus anerkennen würde[51]. Die Römer hatten auf gotische Intervention hin Silverius gewählt, den Sohn Papst Hormisdas'. Ein Kaiser, der seine Stellung in der Christenheit ernst nahm, konnte diese Hintansetzung seiner Verfügungen nicht zulassen. So sandte Justinian seinen erfahrenen Feldherrn Belisar nach Rom, um dort nicht nur die kaiserliche Position durchzusetzen, sondern die christliche Ordnung, wie sie in weltlichem und kirchlichem Recht festgeschrieben war. Anfangs versuchte der Beauftragte des Kaisers eine diplomatische Lösung zu finden. Aber der Papst und die ihn unterstützenden Römer betrieben ein Doppelspiel im Machtkampf zwischen den Goten und dem Kaiser. Dies hatte die Absetzung des Papstes zur Folge. Die in den Schlafgemächern Belisars vorgenommene Degradierung ist im *„Liber Pontificalis"* mit allen Details beschrieben[52]. Die Abnahme des Palliums, die Entkleidung und die Einweisung in den Mönchsstand durch kaiserliche Beamte standen als historische Erfahrung für die Nachwelt bereit.

Die gut fünf Jahre zurückliegende Designation des Vigilius kam 537 endlich zum Tragen. Von den militärischen Erfolgen des byzantinischen Heeres gegen die Ostgoten profitierten der Hl. Petrus und die Kirche Roms durch kaiserliche Bestimmung in der *„Pragmatischen Sanktion"*[53]. Als Justinian im Dreikapiteledikt den Monophysitismus begünstigte, wurde das Konzept der zwei Spitzen mit klar getrennten Kompetenzbereichen allerdings in Frage gestellt. Der Kaiser positionierte sich an die Spitze der Glaubensdefinition. Nach bisheriger Praxis hätte eine Synode die Entscheidung fällen müssen, die der Kaiser jetzt unter bloßer Zustimmung der Kirchenhäupter in Ost und West per Edikt verfügte. Papst Vigilius wurde nach Konstantinopel berufen und musste sich dort in das Kollegium der griechischen

Bischöfe einordnen. Der Papst als römische Lehrautorität wurde wegen seiner prinzipiell abweichenden Haltung in Konstantinopel festgesetzt und so daran gehindert, den Widerstand gegen die Neuerungen zu bündeln, welche die Geltungskraft des Chalkedonense partiell in Frage stellten. Vigilius gab schließlich nach, betonte aber gleichzeitig die übrigen Beschlüsse des Konzils von Chalkedon. Mit rituellen Bezügen auf Petrus und einer Flucht nach Chalkedon hielt er seine Lenkungsansprüche hoch, obwohl die Übermacht des Kaisers nur zu deutlich war, der sich 553/54 durch das 5. ökumenische Konzil von Konstantinopel des Rückhalts der griechischen Bischöfe versicherte. Die afrikanische Kirche hat Vigilius wegen seiner nachgiebigen Haltung exkommuniziert.

In Rom setzte der Kaiser 556 mit Pelagius I. (556–561) einen Nachfolger ein, der im Amt die westliche Position im Dreikapitelstreit hartnäckig verteidigte. Vigilius wurde huldvoll entlassen, starb aber auf dem Weg in seine Heimat. Schnell wurde Pelagius verdächtigt, daran Schuld gewesen zu sein, wogegen er sich mit einem Eid über Kreuz und Evangelium reinigte. Die Kooperation mit dem Kaiser machte ihn in der gesamten westlichen Kirche nicht zuletzt deshalb verdächtig, weil er wie ein Patriarch des Westens in die kaiserliche Reichskirche eingeordnet schien. Seither war jeder neue Anwärter auf die Kathedra Petri zur Einholung der kaiserlichen Bestätigung vor der Weihe zum Papst verpflichtet.

Die Definition des Papsttums durch Gregor den Großen

Papst Gregor der Große trat an der Wende vom 6. zum 7. Jahrhundert den Beweis an, dass die Lenkung der *ecclesia universalis* auch in Demut zum Erfolg führen konnte. Aus reicher und angesehener Familie stammend, hatte er sein Erbe für Klostergründungen aufgewendet. Nicht als *vicarius S. Petri* (Stellvertreter des Hl. Petrus), sondern als *servus servorum Dei* (Diener der Diener Gottes) schickte er seine Verlautbarungen in die Welt. Kein späterer Papst hat es gewagt, dieses Amtsverständnis zu modifizieren. Als Theologe hat Gregor seine Sicht auf die biblischen Texte in zahlreichen Schriften niedergelegt, die ihn zusammen mit Ambrosius, Hieronymus und Augustin in die Reihe der vorzüglichen Kirchenlehrer stellen. Er benutzte die lateinische Sprache, um mit seinen „Moralia in Hiob" die abendländische Morallehre zu begründen. Seine Mirakelerzählungen haben die Wirksamkeit von Wundern der lateinischen Rationalität eingeschrieben. Die menschliche Schwäche wurde nicht verdrängt, sondern thematisiert, was weite Anerkennung erfuhr. Die Aussendung des christlichen Glaubens wurde ihm zur Aufgabe im Sinne der christlichen Weltmission. Er legte sein Augenmerk auf die Angelsachsen, die im Bewusstsein, Teil des *imperium Romanum* zu sein, bis zum Ausgang des Mittelalters eine tiefe Rombindung pflegten. Kolumban, der als Missionar im Dienste Gregors agierte, adressierte einen Brief an Gregor überschwänglich an den „heiligen Herrn, unsern Vater in Christus, den Papst von Rom, der schönsten Zierde der Kirche, der hocherhabenen Blüte von ganz Europa", was nicht als bloß geographische Angabe zu verstehen ist, sondern eine Einheit zwischen Irland und Italien konstruierte, die als Kraft des Abendlandes gegenüber dem byzantinischen Reich großen Einfluss erhielt.

Als Gregor das Papsttum bekleidete, hatte Maurikios (Mauritius) (582–602) die Kaiserwürde inne. Maurikios, nach dem Urteil der späteren Chronisten der erste Grieche auf dem Kaiserthron[54], trat für die armenischen Christen ein, die von den Persern bedrängt wurden. Als Gregor zum Papst gewählt wurde, sandte der Kaiser eine Zustimmungsbekundung, doch gerieten die beiden Häupter bald in Streit. Als Feldherr hatte Maurikios das Reich gegen die Perser verteidigt. Bei den Kämpfen an der Ungarngrenze fehlte ihm der lange Atem. Im Westen versuchte er durch die Exarchate von Ravenna und Karthago die kaiserliche Macht zu stabilisieren. Das zeitgenössische Verständnis vom *imperium Romanum* tritt in seinem Testament von 596/97 vor Augen, in dem er vorsah, dass der älteste Sohn den Osten von Konstantinopel aus, der zweite in Rom den Westen und die übrigen die anderen Gebiete regieren solle. Auch wenn die Nachricht eines byzantinischen Chronisten über das Testament singulär ist und die moderne Forschung ein großes Fragezeichen über die Sachverhalte gesetzt hat[55], fügt sich der Inhalt in ein Herrschaftskonzept ein, das an der Wiederherstellung des alten römischen Glanzes interessiert war und die Kaiserherrschaft wieder stärker mit Rom verbinden wollte. Die kaiserliche Kompetenz in Glaubensfragen schöpfte Maurikios aus, als er den Anspruch des Patriarchen Johannes Nesteutes († 595) auf den Titel des ökumenischen Patriarchen unterstützte. Das zuvor gute Verhältnis zu Rom, dem die Durchsetzung des Bekenntnisses von Chalkedon in Armenien und Iberien ebenso zu verdanken war wie der Kampf gegen die Donatisten in Afrika, wurde dadurch nachhaltig gestört.

Als Rom gegen die vorrückenden Langobarden keine Hilfe des Exarchen erhielt, sondern selbst zu den Waffen greifen musste, hat sich Gregor der Große endgültig emotional gegen das kaiserliche Romverständnis gestellt. Diese Haltung brach unverhüllt hervor, als Maurikios 602 samt seiner Kinder von Usurpatoren ermordet wurde. Der asketische Mönchspapst äußerte Freude über die Untat an dem in eine Kirche geflohenen Weltherrscher. Der Usurpator, Kaiser Phokas (602–610), erhielt ein Glückwunschschreiben zum Regierungsantritt und ein Denkmal in Rom. Truppen, die Gregor befehligte, hatten derweil die Gebiete aus den weltlichen Herrschaftsverbünden erkämpft, die ins Patrimonium Petri eingehen sollten. Anders als andere byzantinische Kaiser ist Maurikios im Westen trotzdem in guter Erinnerung geblieben. In Magdeburg wurde die Memoria an den Hl. Mauritius mit der an Kaiser Maurikios verknüpft und in Italien erinnerte Ricobald von Ferrara

(† nicht vor 1318) unter seiner Herrschaft an die Langobardenabwehr. Das Papsttum konnte gefestigt in die Zukunft gehen. Papst Bonifaz IV. (608–615) erlangte von Kaiser Phokas das Vorrecht, dass die Kirche Roms das Haupt aller anderen Kirchen sei, als er dagegen protestierte, dass Konstantinopel sich diesen Titel zuschrieb. Das Pantheon wurde mit Zustimmung Kaiser Phokas' zur Kirche S. Maria in Rotunda geweiht und die Feste Allerheiligen und Allerseelen am 1. und 2. November eingeführt.

Bedrohungen von Innen und Außen

Die Perser blieben auch nach Maurikios und Phokas als ernstzunehmende Gegner fester Bestandteil der Geschichte des *imperium Romanum*. Im Jahre 614 raubten sie das von Helena gefundene „wahre" Kreuz in Jerusalem, das Kaiser Herakleios (610–641) 629 zurückeroberte und mit großem Triumph zurückbrachte. Während in der Zeit zuvor das Lateinische des römischen Imperiums weiterhin auch im Osten gepflegt wurde, tritt mit Herakleios eine Gräzisierung ein. Der Titel *imperator* wurde gegen den des *basileus* getauscht. Auch religiös zeigte sich Herakleios mit Bezug auf den Monotheletismus als Grieche. Das brachte Unruhe in die ohnehin von außen bedrängte Herrschaft. Die Päpste dieser Zeit, Deusdedit (615–618) und Bonifaz V. (619–625), blieben blass. Danach sind längere Sedisvakanzen zu verzeichnen, weil man die kaiserliche Bestätigung abwarten musste. Derweil gingen 616 Spanien und 619 Ägypten dem christlichen *imperium Romanum* verloren. Als Severinus (640) das Amt antrat, hatte der kaiserliche Stadtkommandant den Lateranpalast geplündert. Der Rechtsstaat funktionierte noch insoweit, dass der Exarch von Ravenna zur Untersuchung des Falls nach Rom eilte. Am Ende stand aber keine Gerechtigkeit für die Kirche, sondern die Aufteilung der geplünderten Güter unter Kaiser, Exarch und Plünderer. Der Exarch starb bald darauf an einem Blitzschlag, was als Gottesurteil gewertet wurde. Die von Severinus geforderte Anerkennung der kaiserlichen Ekthesis, die den Monotheletismus begünstigte, blieb ihm durch vorzeitigen Tod drei Monate nach der Weihe erspart. Die eigentlichen Gewinner dieser Störung im bipolaren Miteinander waren die Muslime.

Herakleios' Enkel Konstans II. (641–668) wurde vom Senat als Nachfolger auserkoren, als der Kaiser 641 mit einiger Verbitterung starb. Sein Sohn Heraklonas (641) wurde übergangen. Konstans teilte den Glauben seines Großvaters und brach mit Rom. Er wollte seine kaiserliche Sicht in Italien durchsetzen, wurde aber 668 in Sizilien ermordet. Ein Wendepunkt ist unter seinem Sohn Konstantin IV. (668–685) zu verzeichnen, der seinem Namen gerecht wurde und wieder zum römischen Bekenntnis zurückfand. Auf dem 6. ökumenischen Konzil von Konstantinopel hat er, kurz nachdem er die arabische Belagerung Konstantinopels abgewehrt hatte, den Monotheletismus verboten. Papst Vitalianus (657–672) schickte gemäß der Gewohnheit Gesandte zum Kaiser nach Konstantinopel, um über seine Erhebung zu berichten. Diese Boten wurden ehrenvoll aufgenommen und kamen mit Privilegien für die Römische Kirche und in Gold geschriebenen Evangelien, die mit kostbaren Gemmen geschmückt waren, zurück. Papst Leo II. (682–683) lehrte in seiner kurzen Amtszeit, dass ein Widersacher des Kaisers sich gegen Gott auflehne. Benedikt II. (684–685) wurde vom Kaiser zum Papst gemacht. Das Auf und Ab im Verhältnis zwischen Rom und den in Konstantinopel residierenden Kaisern erreichte mit dem zweiten Trullanum von 691, einer im gewölbten Sitzungssaal des Kaiserpalasts abgehaltenen Synode, bald darauf einen Tiefpunkt, weil etliche der beschlossenen Kanones eindeutig gegen römische Lehren verstießen. Kaiser Justinian II. (685–695, 705–711), der Konstantin IV. gefolgt war, stand hinter der religiösen Ablösung vom Westen. Das Papsttum begehrte dagegen auf und wurde durch Leontios (695–698) unterstützt, dem ein Staatsstreich glückte, bald aber wieder durch Justinian II. verdrängt werden konnte. Eine Schreckensperiode folgte, die im Innern Grauen und nach außen hohe Verluste für das *imperium Romanum* brachte. Papst Konstantin (708–715) wurde von Justinian II. nach Konstantinopel beordert, damit er am Tag des Herrn eine Messe in der Hagia Sophia feiere. Als Gegenleistung sollten die Privilegien der Römischen Kirche erneuert werden. Das Zusammenspiel der beiden Mächte hatte sich auf die Show reduziert und von seiner eigentlichen Zweckorientierung in der Lenkung und Verteidigung der Christenheit entfernt.

Dem Eindringen der Araber in das christliche *imperium Romanum* setzen erst Kaiser Leo III. (717–741) 717/18 in Konstantinopel und Karl Martell († 741) bei Tours und Poitiers 732 ein Ende. Das Papsttum, das eigentlich froh über die Entwicklungen an den Grenzen sein konnte, blickte besorgt auf die Maßnahmen des Kaisers in Italien. In Sizilien und Kalabrien führte Leo III. nicht nur eine Steuerreform durch, sondern er trennte diese Gebiete zugleich mit dem Illyricum von der Diözese Rom ab. Der Sprengel des Hl. Petrus wurde durch den Kaiser gemindert. Zuständig für die Gebiete wurde auf kaiserliche Verfügung hin der stärkste Konkurrent für die Nachfolger Petri, nämlich der Patriarch von Konstantinopel. Auch in theologischen Fragen konnten die östlichen Kirchen auf kaiserliche Unterstützung setzen. Im Jahre 730 wurde ein Bilderverbot vom Kaiser erlassen. Alle Kultbilder sollten vernichtet werden. Die zahlreichen Christusbilder in den Apsiden der römischen Kirchen waren direkt betroffen. Für die Bild- und Reliquienverehrung, die Rom zum attraktiven Zentrum der Christenheit gemacht hatte, war dies ein nicht hinnehmbarer Schlag. Protestnoten wurden verfasst und gleichzeitig die Festigung des westlichen Teils im immer stärker auseinander driftenden *imperium Romanum* angestrebt. Als hinderlich erwies sich, dass die Regenten der größten politischen

Einheit, die Merowinger, sich kaum mehr selbst um die Regierungsgeschäfte und den Krieg kümmerten, sondern alle Angelegenheiten an die karolingischen Hausmeier übertragen hatten, denen eine sakrale Legitimation für ihr Handeln fehlte. Als Kaiser Leo III. 741 starb, konnte sich der im gleichen Jahre erhobene Papst Zacharias (741–752) noch einmal als loyaler Diener des *imperium Romanum* sehen[56].

Die Realitäten im bipolaren Ordnungssystem waren bis in diese Zeit durch eine ehrfürchtige Haltung der Päpste gegenüber den Kaisern und ihren Verwaltungsorganen geprägt, wenn diese in Lehrfragen nicht provokativ die römischen Ansichten kritisierten. Dann beharrten sie unter Inkaufnahme von Nachteilen auf ihrem Standpunkt. Die Meldung der Sedisvakanz, vor allem aber der Wahl eines neuen Papstes erfolgte pflichtgemäß bis in die Mitte des 8. Jahrhunderts, wo die Weigerung mit einer neuen politischen Ausrichtung einher ging und die Schaffung des westlichen Kaisertums vorbereitete. Die Obsorge des Kaisers für den rechten Glauben spiegelt sich darin wider, dass der Papst vom 6. bis zum 8. Jahrhundert sein „*Credo*" an den Kaiser zur Prüfung nach Konstantinopel schicken musste. Die Weihe durfte erst erfolgen, wenn der Kaiser die Unbedenklichkeit bestätigt hatte. Immer seltener erwiesen sich die Kaiser aber als Beschützer der römischen Kirche und des Papstes. Der Bilderstreit wurde auch unter Kaiser Konstantin V. (741–775) weitergeführt und so mehrten sich die Gründe dafür, die bipolare Lenkung des Christentums neu zu organisieren. Die positive Dopplung, die sich in der gelebten Unterstützung Konstantins ebenso gezeigt hatte wie in Justinians Sicherung christlicher Weltstellung, sollte mit den Karolingern zumindest für den westlichen Teil des alten *imperium Romanum* wiederbelebt werden.

Das karolingische Kaisertum im Verbund mit den Päpsten

Die Kaiserkrönung Karls des Großen

Die Kooperation zwischen der weltlichen Herrschaft und den Päpsten wurde in der Karolingerzeit auf eine neue Ebene gehoben[57]. Die spätantike Tradition, in der das Kaisertum seine eigene Legitimation aus der kontinuierlichen Geschichte seit Augustus und die christliche Herrschaft aus dem Nicenum sowie der Taufe Konstantins ableiten konnte, wurde gebrochen, um einen zweiten Initiationsakt vollziehen zu können. Der Papst brach mit den oströmischen Herrschern, die ihrer Aufgabe als Schützer der Kirche und des römischen Papsttums nicht hinreichend nachkamen, und bestimmte in einem selbstbewussten Krönungsakt am 25. Dezember 800 Karl den Großen (768/800–814) zum neuen Kaiser. Dieser sollte kein Pendant zum oströmischen Herrscher sein, sondern löste ihn ab. Nur *ein* Kaiser sollte dem Reich vorstehen. Die Tetrarchie hatte zwar andere Muster gekannt, aber das christliche Kaisertum Konstantins war Vorbild für die einheitliche Regierungsspitze. Mit der Lehre von der *translatio imperii* wurde der Bruch legalisiert. Enge Kontakte zwischen dem ausersehenen neuen weltlichen Haupt und dem zu beschützenden Kirchenführer hatte es bereits vor dem Akt von 800 gegeben. Das heilbringende Zusammenwirken hatte Karl der Große selbst auf dem Grabstein für Papst Hadrian (772–795) gewissermaßen überzeitlich zum Ausdruck bringen lassen, dessen Inschrift von seinem Berater, dem hochgelehrten Angelsachsen Alkuin, formuliert wurde: *nomina iungo simul titulis, clarissime, nostra / Hadrianus Karolus rex ego tuque pater.* (Ich verbinde, Geehrtester, unsere Namen mit den Titeln / du bist Hadrian der Vater, ich Karl der König)[58]. Das Totengebet für den Papst sollte den Herrscher mit einschließen. Der König hatte sich seinen Platz in der Vorhalle des Petersdoms auf gleicher erhabener Höhe wie der Papst gesichert in einem Geschenk an den Toten, der das vornehm in schwarzen Marmor gehauene Programm nicht mehr kommentieren konnte. Das bewahrt über die Zeiten seine Kraft, jedenfalls so lange, wie die Besucher des Petersdoms selbständig lateinische Verse verstehen.

Karl hatte sich zuerst mit seinem Vater zusammen, dann mit enormer Durchsetzungskraft allein, für den Schutz der römischen Kirche und der Päpste eingesetzt. Er hatte die Rom bedrohenden Langobarden besiegt und ihren letzten König ins Kloster gezwungen. Er hatte sich für die Verbreitung gleichlautender Bibeltexte und gleicher Lebensformen für alle Christen seines Reiches stark gemacht sowie die Grenzen der Christenheit erweitert. Bislang aber war die Konsequenz daraus nicht gezogen worden. Das Kaisertum stand seit Jahrhunderten in der Obhut der Griechen, die ihr Reich in der Tradition eines Konstantin und Justinian das römische nannten. Wirren in Konstantinopel hatte es schon vielfältige gegeben, ohne dass ein Papst einen Angriff auf die kaiserliche Hoheit über die Christenheit gewagt hätte. Bedrohungen hatte Rom bei fehlender imperialer Unterstützung entweder selbst abgewehrt oder standhaft erduldet. Jetzt aber schien die Situation besonders bedrohlich. Noch im Spätmittelalter verbreitete sich das Wissen, dass eine 17-tägige Sonnenverdunklung mit der Blendung des Kaisers und seiner Söhne durch Kaiserin Irene (790, 797–802, † 803) einhergegangen sei[59]. Beim Versagen der Spitze schien die gesamte Welt, nicht nur ihre christliche Ordnung in Gefahr. Vor dem Hintergrund der Zwei-Lichter-Lehre der politischen Theorie war die Zuweisung von Sonne und Mond, von direkter mächtiger Lichtquelle und indirekter Reflexvorrichtung klar: Der Kaiser war die Sonne, nicht der Papst.

Realistisch betrachtet hatten die Neuerungen einen anderen Hintergrund. Das Machtgefüge von Kaiser und Papst war durch die Franken als dritte Kraft so in Schwingung geraten, dass sich die Schwerpunkte veränderten. Als auf Papst Leo III.

(795–816) 799 ein Attentat verübt wurde, das fehlschlug, ergriff er die Chance für den Wandel, weil sich ihm Alternativen zum byzantinischen Schutz boten. Er floh ins Frankenreich und organisierte von dort den Widerstand gegen seine Feinde. Nachdem der karolingische Herrscher den streitbaren Nachfolger Petri schützend wieder nach Rom geleitet hatte, selbst aber nicht in die Stadt einziehen durfte, sondern sein Quartier vor der Stadt nahm, wurde die Zäsur zwischen dem griechischen Osten und dem lateinischen Westen formal vollzogen. Die unversöhnlichen Positionen im Adoptianismusstreit hatten ein Jahrzehnt zuvor die Gräben vertieft, die seit den Primatsforderungen der römischen Päpste in der *ecclesia universalis* klafften[60]. Leo III. hatte schon 795 seine Wahl nicht mehr wie üblich nach Konstantinopel, sondern Karl dem Großen angezeigt. Der Papst als Initiator der Neuerung schaute am Weihnachtsfest des Jahres 800, welches das fünfte Jahr seiner umstrittenen Herrschaft beendete, viel klarer zurück als nach vorn und hat deshalb die Macht gestärkt, die ihm eine erneute Schmach zu Lebzeiten ersparen würde. Die Deutungsmuster hat er der Vergangenheit entlehnt, als er den wichtigsten Repräsentationsraum des Lateran, das Triklinium, für den Festakt ausschmücken ließ: die Aussendung der Apostel durch Christus stand im Zentrum[61]. Die Verbreitung des christlichen Glaubens in der Welt wurde gerahmt durch zwei Huldigungsszenen, die dem neuen Kaiser Verpflichtung und Auftrag zugleich sein sollten. Christus selbst übertrug links davon Petrus das Pallium, das die Würde des Papsttums kennzeichnende Schulterband, und Konstantin die Kaiserstandarte. Auf der rechten Seite erhielten in deutlicher Parallelität Leo III. selbst das Pallium und Karl die Fahnenlanze. Die Inschrift, die im Kreise der Kleriker kein unverstandenes Beiwerk darstellte, sprach eine Bitte aus: „Hl. Petrus, gibt Papst Leo das Leben und König Karl den Sieg". Die Angst um das eigene Leben war so gegenwärtig, dass die Bitte der Akklamationen der Kaiser- und Königslaudes *imperatori (regi) vita et victoria* (dem Kaiser [König] Leben und Sieg) auf die beiden Lenker des *imperium Romanum* aufgeteilt wurde, statt souverän das Amt und die weitere Amtsführung des Papstes zu bedenken. Die Einheit der beiden Lenker wurde durch das Spruchband verschweißt.

Die Entwicklung hatte aber schon länger darauf hingedeutet, dass Karl der Große als Schützer der Kirche und des Papstes gegenüber den anderen Königen hervorstach. Der Vergleich mit Konstantin trägt panegyrische Züge, dürfte aber aus der Perspektive Leos III. ernst gemeint gewesen sein. Die Intensität des gegenseitigen Umgangs und der Wahrnehmung entsprach auf jeden Fall dem antiken Vorbild, wie es sich in der christlichen Tradition ausgebildet hatte, und so lag auch der Schluss nahe, Karl in die Stellung Konstantins zu befördern. Da mochte aus dem Umfeld des Frankenkönigs ex post noch so sehr auf die Überraschung des Gekrönten verwiesen werden, eigentlich hatten die Realitäten die alte Nomenklatur schon längst überholt[62]. Wenn man eine in Köln überlieferte, singuläre Notiz ernst nimmt, hatte eine griechische Gesandtschaft dem Frankenkönig bereits Monate zuvor das *imperium* übertragen[63]. Karl der Große hatte jedenfalls den Rang des ersten weltlichen Regenten in der westlichen Kirche mit Tatkraft und Verhandlungsgeschick eingenommen und war, wenn das Erstaunen nicht völlig topisch war, allenfalls überrascht über die Ausgestaltung der Titelvergabe. Die römische Geschichte kannte andere Konzepte dafür, Kaiser zu werden. Die Krönung durch den Papst war bislang nicht etabliert. Die liturgische Einführung ins Amt war nach griechischer Vorstellung zudem erst der zweite Schritt, der im Rom des Jahres 6000 nach Schaffung der Welt (so die zeitgenössisch angewendete Jahreszählung) offenbar vor dem ersten getan wurde. Eine Altarlegung der Krone, welche dem künftigen Träger Sakralität gab, war offenbar unterblieben.

Bedenkt man die spätere Traditionskraft des Aktes, so muss verblüffen, wie wenig die Zeitgenossen daran teilnahmen und wie wenige Stimmen es für geboten hielten, der Nachwelt darüber zu berichten. Von einer etwaigen griechischen Zuweisung des Imperiums nahm man in den Zeitberichten überhaupt keine Kenntnis. Der Krönungsakt selbst war nicht in der Weise inszeniert worden, dass die Großen des Reiches und der Welt den Weg nach St. Peter säumten und dadurch schon die Tragweite der Neuerung symbolisch verkündeten. Die Deutungshoheit lag nicht bei stimmmächtigen unabhängigen Zeugen, sondern allein beim krönenden Papst und dem neu gekrönten Kaiser sowie den für sie agierenden Traditionswahrern. Auch bei ihnen stellt sich dem kritischen Leser die Frage, was eigentlich alles verschwiegen werden musste. Es sind nur vier Stimmen erhalten geblieben, die das Ereignis in seinem Ablauf näher beschreiben. Sie geben kein identisches Bild, sondern weichen sowohl in der Gewichtung der Einzelaktionen als auch in der Beurteilung voneinander ab. Papst und Kaiser scheinen sich nicht darüber verständigt zu haben, welches Bild sich die Öffentlichkeit machen sollte und wie das im doppelten Sinne entsetzte griechische Kaisertum einzubinden war. Zweifel daran, dass die Realität der Fakten sich gegen die vagen griechischen Kontinuitäts- und Superioritätsansprüche durchsetzen würde, hatte man offenbar nicht. Die Last, ein Konzept für die nächsten 700 Jahre vorgegeben zu haben, mussten die Zeitgenossen nicht verspüren, die zunächst nur der Vielzahl der historischen Muster für die Ausrufung eines Kaisers ein weiteres hinzugefügt hatten. Noch nicht einmal die Krönung selbst ist allen Zeugnissen zu entnehmen. Die wichtigen Lorscher Annalen tradieren sie nicht[64]. Karl und sein Umfeld verbanden mit dem Titel Kaiser und Augustus die exklusive Stellung der antiken Kaiserherrschaft und so wundert es nicht, dass die Reichsannalen die Akklamation des römischen Volkes und den Kniefall des Papstes vor dem neuen Kaiser vermelden. Die Vita Leos III. fokussiert das Interesse auf die Krone, die aus der Hand des Papstes an Karl übergeben wurde[65]. Gottes Geheiß und die Eingebung des Hl. Petrus, vor dessen Grab sich die Krönung abspielte, lenkten die

Stimmen des Volkes. Dass Karl der Große dem Hl. Petrus ein mit Edelsteinen besetztes Kreuz in Erinnerung an Helenas Kreuzauffindung übertragen hat, wird nur singulär berichtet[66]. Die Einkleidung in Purpur scheint nur in Zeugnissen auf, die fern von Rom entstanden, so dass unentschieden bleiben muss, ob das Erwartete zur historischen Nachricht wurde, oder das tatsächlich Geschehene nur wenigen berichtenswert schien.

Die Brisanz des Aktes kommt in keinem der auf die Durchsetzung der Neuerung zielenden Geschichtsbilder an die Oberfläche. Es bedarf genauer Informationen der römischen Ereignisse, um zu erkennen, dass der Koronator in seiner Legitimation zweifelhaft war. Zwar hatte er auf dem Konzil, das über die Vorwürfe gegen den angeklagten Inhaber der Kathedra Petri entscheiden sollte, am 23. Dezember in Anwesenheit des Franken- und Langobardenkönigs einen Reinigungseid geleistet[67]. Nach römischem Recht waren Streitfälle, in die der Papst selbst verwickelt ist, aber vor dem Kaiser zu führen. Dafür gab es eine höhere Akzeptanz als für den Spruch der Symmachianischen Fälschung, dass ein Papst überhaupt nicht gerichtet werden kann[68]. Obwohl Leo III. durch das Urteil der Synode wieder eingesetzt wurde, war er nur auf rechtlich umstrittene Weise am Weihnachtsmorgen von den Vorwürfen entlastet. Der Reinigungseid des Papstes konnte manchem, der die Anklagen gegen ihn kannte, als Rechtsbeugung und wider die göttliche Rechtsordnung gelten. Leos Gegner blieben stark und konnten das Doppelgespann von König und Papst durch ihre Macht in Rom und die Eingabe in Konstantinopel auch weiter in arge Bedrängnis bringen. Davor sollte und konnte die Kaiserkrönung bewahren. Als falsche Ankläger und Aufständische hatten Leos Gegner die von Gott gesetzte Ordnung gestört. Karl konnte nach der zeremoniellen Kaisererhebung am Folgetag wie ein Kaiser den Vorsitz einer Versammlung übernehmen, die zur Verurteilung der Papstankläger wegen *crimen maiestatis* schritt. Die Rangerhöhung veränderte nicht nur den Richter, sondern verschärfte die Klagepunkte bei der Verurteilung der Attentäter. Das vom Kaiser ausgesprochene Todesurteil wurde auf Bitten des Papstes abgemildert in eine Exilstrafe. Dafür muss nicht das Missfallen kaiserlicher Politik beim Papst als Grund angeführt werden[69], sondern allein das christliche Gebot „Du sollst nicht töten", das hinter zahlreichen Begnadigungen des Mittelalters stand. Den Akteuren war klar, dass Gott die rechte Strafe sowohl für Aufrührer als auch für einen unberechtigten Justizmord finden würde. Leos Gegner waren durch die praktizierte Lösung jedenfalls aus dem römischen Sozialgefüge extrahiert und konnten keine weiteren Anschläge planen. Karl war, wie ihm und seinen Anhängern nicht entgangen sein dürfte, in die innerrömische Taktik verstrickt, die selbstverständlich den christlichen Gesetzen gehorchte. Wenn man sich auf die Legitimationsstrategien bezog, die bei der Taufe durch unwürdige Priester Geltung hatten, konnte für den sakralen Akt der Krönung angeführt werden, dass letztlich nicht der

Koronator bedeutsam war, sondern die Koronation an sich das einzig Wesentliche und letztlich Gültige. Die Krönung von Gott erhalten zu haben, war dem neuen Kaiser und der imperialen Traditionsbildung jedenfalls entscheidend wichtig. Karls Überraschtheit, von der Einhard berichtet, entschuldigte ihn bei denen, die von einem gerechten König einen fairen Prozess mit offenem Ausgang erhofft haben mögen.

Die neue westliche Kaiserwürde

Urkunden stellte Karl seit der Kaiserkrönung mit dem Titel „erhabener Augustus, von Gott gekrönter und friedfertiger Kaiser, Lenker des römischen Reiches" aus, ohne fortan auf die Titel des Franken- und Langobardenkönigs zu verzichten[70]. So, nicht als korrupter Schacherer um die höchste Würde der Christenheit trat er den Menschen in seinem Reich in Zukunft entgegen. Kaiser der Römer nannte er sich nicht. Er zählte die Kaiserjahre, wie vorher die Königsjahre. Für die Mehrzahl der Zeitgenossen änderte sich wenig. Nur in Konstantinopel konnte man nicht kommentarlos zusehen. Vermeintlich wurde dort auf den Straßen und im Palast geredet, dass Pläne zu einer Verheiratung mit der griechischen Kaiserin Irene geschmiedet wurden. Bis heute lässt sich nicht entscheiden, wie ernst dieser Plan einer harmonischen Überführung der Kaiserwürde von Konstantinopel auf den Franken war. Letztlich verwarf man das Konstrukt einer weiblichen Legitimationsbrücke, die zuvor in Byzanz schon mehrfach den Weg in die unerwartete Zukunft gewiesen hatte. Irene wurde gestürzt und die Herrschaft an ihren Finanzminister Nikephorus (802–811) weitergegeben, der fast ein Jahrzehnt lang versuchte, das Neue im Ranggefüge der Christenheit zu ignorieren, das ihm seinen Platz streitig machen sollte. Die Realitäten des Westens konnten die tatsächliche Dualität des Kaisertums unbekümmert missachten, denn für Karl und seine Erben hatte die Übertragung des Kaisertums die Position verbessert, obwohl die Anerkennung durch den östlichen Teil auf sich warten ließ. Auf den Namen des Kaisers leisteten die Franken schon 802 einen Treueid, was seine Herrschaft jenseits der Rangerhöhung zementierte[71]. Die Selbstbindung des Christenvolkes an den Herrscher schuf eine bisher im Westen nicht gekannte Loyalität. Der byzantinische Kaiser hatte dort nicht nur seinen direkten Einfluss abgetreten, sondern auch seinen Rang eingebüßt. Im Jahre 804 musste der Papst sich zur Besprechung kirchlicher Fragen zu Karl dem Großen begeben[72]. 809 entschied eine Synode in Aachen unter Vorsitz des Kaisers, dass die Mönche am Ölberg weiterhin nach fränkischer Tradition das Glaubensbekenntnis mit „Filioque" sprechen dürfen[73]. Eigentlich war die Anfrage an den Papst gerichtet worden, der seine vom Kaiser abweichende Meinung an den Türen zur Confessio der Peterskirche in Silber verewigen ließ, als dort in seinem Auftrag das „*Credo*" in griechischer und lateinischer Sprache angeschrieben wurde.

Mit gewisser Verzögerung kam es schließlich 812 zur endgültigen Anerkennung Karls und Tolerierung der Titelführung als Kaiser und Lenker des römischen Reiches. Gesandte des griechischen Kaisers trafen in Aachen ein, die Geschenke übermittelten[74]. Das Kaisertum in Konstantinopel zog sich bedrängt durch die Bulgaren auf den östlichen Bereich zurück, ohne freilich den Anspruch aufzugeben, die eigentlichen Kaiser der Römer zu stellen. Das Doppelkaisertum war historische Wirklichkeit, und doch wurde die Idee einer bipolaren Weltherrschaft im christlichen *imperium Romanum* beibehalten. Im Horizont der Päpste hatte das Reich mit Karl dem Großen und seinen Nachfolgern einen neuen Konstantin, der für den Schutz der Päpste und aller katholischen Christen eintrat. Rom, so erfand man in dieser Zeit im Herrschaftsgebiet des westlichen Kaisers, war nicht nur von Konstantin mit Gebäuden und Gütern beschenkt worden, sondern hatte das westliche Kaisertum erhalten, über das es verfügen könnte. Die Verbreitung dieser Sicht, die in eine gefälschte Urkunde, die sog. „*Konstantinische Schenkung*", inseriert wurde, war durch die Dekretalensammlung Pseudoisidors, die viele Fälschungen enthält, recht umfassend, doch blieben die Folgen gering[75]. Die jeweils neue Bestätigung des Patrimonium Petri durch die neuen Herrscher war in der Lebenswelt wirksamer als der Bezug auf ein Dokument, das man in Rom nur in Abschriften, nicht original vorlegen konnte. Die Macht des Königs, der jetzt Kaiser war, garantierte die Anerkennung des Bestehenden. Nur die griechischen Herrschaftskomplexe im italienischen Stiefel bäumten sich auch nach dem Akt von 800 bei passender Gelegenheit immer wieder auf, doch zunächst war das neue Machtgefüge nicht zu revidieren.

Der Vorteil für das Papsttum war nicht nur territorialpolitisch, sondern manifestierte sich in der endgültigen Durchsetzung der Primatstellung, die zwar immer wieder von byzantinischen Kaisern bestätigt worden war, die aber durch die Patriarchen von Konstantinopel und selbst durch den Bischof von Ravenna wegen ihrer Stellung im byzantinischen Zeremoniell immer wieder real in Frage gestellt werden konnte. Gegen das Staatskirchentum des Ostens konnten sich die Päpste nun emanzipieren, auch wenn dies in letzter Konsequenz zur Aufgabe der Glaubenseinheit führte. Wie brüchig diese war, hatten schon die Konzilien von Nicaea (787) und Frankfurt (794) vor der Etablierung des westlichen Kaisertums zum Ausdruck gebracht. Diese Konstellation lässt verstehen, warum sich bald Stimmen fanden, welche die *translatio imperii* nicht mehr auf das Jahr 800 datierten, sondern bereits in die Zeit Papst Stephans II. (752–757) vorverlegten[76]. Als Fehler ist dies aus dem modernen Geschichtsverständnis herausradiert worden, ohne zu erkennen, wie diese Selbsteinlassung das Verständnis über das Wesen des Kaisertums und der Bipolarität christlicher Führung modifiziert. Die engen Bande zwischen dem neuen

Kaisergeschlecht und den Päpsten hatte Karls Vater, Pippin (751–768), geknüpft. Im Kontext der Absetzung des letzten Merowingerkönigs und der Königserhebung wurde die Pippinische Schenkung vollzogen, ohne dass die *„Konstantinische Schenkung"* als Textvorlage benutzt wurde[77]. Die Fälschung hat zu diesem Zeitpunkt anscheinend noch nicht vorgelegen. Die Bestätigung und Übertragung durch Pippin bildete die Grundlage des Patrimonium Petri. Der Begriff „Kirchenstaat" ist zwar in der Forschung eingebürgert, aber nicht quellengestützt. Karls Sohn Ludwig der Fromme (781/814–840) sollte das Patrimonium Petri im sog. *„Hludowicianum"* erneut bekräftigen[78], und auch die späteren Kaiser übernahmen die Schutzpflicht für das Territorium päpstlicher Macht.

Die Weitergabe der Kaiserwürde an Ludwig den Frommen und seine Erben

Ludwig der Fromme, dem nach dem Tod seiner Brüder Karlmann († 810), Pippin († 811) und Karl († 811) das gesamte Erbe seines Vaters zufallen sollte, wurde 813 nicht in Rom vom Papst, sondern in Aachen zum Kaiser deklariert[79]. Karl selbst fragte die in der Aachener Pfalz Versammelten, ob sie mit der Übertragung des Kaisertitels einverstanden seien. Am 11. September, dem nachfolgenden Sonntag, kam es dann in Anlehnung an das byzantinische Ritual zur Altarlegung der für Ludwig vorgesehenen Krone[80]. Ludwig wurde zum Mitkaiser erhoben und musste sich dem Vater eidlich zu Gehorsam verpflichten. Eine Belehrung über das richtige Herrscherhandeln ging dem Versprechen voraus. Über die Krönung divergieren die zeitgenössischen Berichte. Während Ludwig gemäß seiner von dem fränkischen Geistlichen Thegan verfassten Vita der Aufforderung des Vaters entsprechend die Krone selbst vom Altar nahm und aufs Haupt setzte, berichten die übrigen Quellen von der Krönung durch den Vater[81]. Nach dem Tod des Vaters wurde keine Neukrönung in Rom in Szene gesetzt, sondern der nächste neu erhobene Papst Stephan IV. (816–817) ins Frankenreich eingeladen. Das Treffen fand in Reims statt, wo gut dreihundert Jahre zuvor der Merowinger Chlodwig († 511) getauft worden war. Am Sonntag nach dem ersten Zusammentreffen empfingen Ludwig und seine Frau die Kaiserkrönung. Die mit Edelsteinen besetzte Krone, die Ludwig aufs Haupt gesetzt wurde, hatte der Papst mitgebracht. Es wird überliefert, dass es sich um die Konstantin-Krone gehandelt habe[82]. Die Zeremonie vor den Seinen hatte der Kaiser gewünscht und der höchste Bischof, dem sich Ludwig zuvor demütig büßend zu Füßen geworfen hatte, gab der Zeremonie ihren Glanz. Erinnerungen an den Akt von 800, der den Zeitgenossen als wenig geglückt erschienen war, vermieden beide Seiten. Das westliche Kaisertum sollte unter neuen Auspizien im Verbund mit dem Papsttum fortbestehen. Der Papst starb auf der Heimreise.

Ein Jahr später bemühte sich Ludwig bei dem nachfolgenden Papst Paschal I. (817–824) um eine Verständigung über die Stellung des Papsttums. Der Kaiser behielt sich die Kontrolle vor, gab aber sowohl das Recht, dass die Päpste Gerichtsbarkeit ausüben dürfen, als auch die Zustimmung zur kanonischen Wahl des Papstes. Eine Bindung jedes Neugewählten an den Herrscher war vorgesehen. Die Meldung der Papstwahl nach Konstantinopel hatte früher zu den Gepflogenheiten gehört[83]. Lange hatte man in Rom mit Blick auf die Weltstellung der Byzantiner auch ihre Zeitrechnung übernommen und beispielsweise die Papsturkunden nach den byzantinischen Herrscherjahren datiert. Dies alles war jetzt Vergangenheit. Die Bestätigung des Besitzes der römischen Kirche gehörte ebenfalls zum Punkteplan der einseitigen Vereinbarung, die keine Regelungen über die Nachfolge im Kaisertum traf. Hier bestimmte Ludwig allein und führte seinen ältesten Sohn Lothar (817/823–855) zur Kaiserwürde, so wie er selbst von seinem Vater erhöht worden war. Lothar übernahm auf Anweisung seines Vaters Italien und trat in Kontakt mit dem Papst, der ihn zur Kaiserkrönung am Osterfest 823 einlud[84]. Den Titel des Kaisers hatte er schon zuvor geführt.

Die Beziehung zwischen dem jungen Kaisersohn und Rom war eng und keineswegs einseitig. Sie brauchte Regeln, da die von den Päpsten mit den byzantinischen Kaisern selten geübte Praxis der gemeinsamen Aufsicht über Rom und die Welt nicht mehr adäquat schien. Über Jahrzehnte hatte es keine kontinuierliche Ausübung von althergebrachten und verbindlichen Ritualen gegeben. Der Aufenthalt Karls im Jahr 800 hatte bewusst mit dem Alten gebrochen, ohne dass die Neuerungen die Akteure mit Zufriedenheit erfüllt hätten. In der Regel agierten die Päpste allein in der ältesten Stadt des Reiches. Selbst die Stadtrömer reagierten auf die Kaiserbesuche mit der Erwartung kurzer Verweildauer. So hatte sich das bipolare System über Jahrhunderte eingestellt. Gegen kaiserliche Beamte hatten die Römer oft ihre Abneigung gezeigt. Ihnen schuldete man nicht Ehre, die der Person des Kaisers im Christentum selbstverständlich gebührte. Lothar I., der jetzt als Kaiser für Italien zuständig wurde, während sein Vater weiterhin das Frankenreich lenkte, brauchte Rechtsregeln zur Einflussnahme.

Die „Constitutio Romana" von 824

Die Ausgestaltung der Rechtssphären, die Papst und Kaiser im *imperium* einnehmen sollten, wurde im Zuge der Kaiserkrönung und -weihe Lothars I. verschriftlicht. In der „*Constitutio Romana*", die nur in wenigen Texten erhalten blieb und so nicht zum Allgemeinwissen in späterer Zeit werden konnte, legte der Kaiser die Eckdaten fest[85]. In neun Kapiteln bestimmte Lothar I. das Verhältnis zum Papsttum. Die Aufstellung beginnt mit der Sorge für die Sicherheit derjenigen, die unter dem speziellen Schutz von Papst und Kaiser stehen. Bei der Verletzung einer Person aus dem genannten Personenkreis konnte die Todesstrafe angewandt werden. Hingewiesen wird explizit auf die Witwen und auf namentlich genannte Personen. Dem folgt ein Verbot von Plünderungen der Kirchengüter zu Lebzeiten und nach dem Tod des Papstes. Hier garantierte der Kaiser den Bestand auch über die Amtswechsel hinweg. Die Würde des Papsttums wurde insbesondere hinsichtlich der Güter in den Vakanzen geschützt. Mit Bezug auf die alt eingebürgerte Tradition (*antiquitus fuit consuetudo*) wurde die Papstwahl durch die Römer bestätigt, die durch eine Bestimmung der heiligen Väter gewährt worden sei.

Um den kaiserlichen Einfluss auf die Durchsetzung des Rechts geht es im vierten Punkt, der die Bestellung zweier *missi* (eines päpstlichen und eines kaiserlichen) verfügt, die einmal jährlich Bericht über die Rechtmäßigkeit des Gerichts geben sollen. Für die Durchsetzung des Rechts wurde also eine sowohl dem Papst als auch dem Kaiser verpflichtete Kommission eingesetzt, die vor Ort Unregelmäßigkeiten kontrollierte und im Bedarfsfall ein schnelles kaiserliches Eingreifen ermöglichte. Wenn man Gerichts- und prinzipiell Rechtsfragen als wesentliches Instrument der Macht begreift, dann ist dieser Punkt für die Stellung von Papst und Kaiser sehr aussagekräftig. Der Bericht über Klagen soll zunächst an den Papst gehen, der einen Missus auswählt, um die Missstände sofort zu beheben, oder den Kaiser benachrichtigt, damit dieser korrigierend eingreifen kann. Auch der nächste Punkt betrifft das Recht. Das gesamte römische Volk sollte befragt werden, unter welchem Recht es leben wolle. Dies sollte dann gelten und allen bekannt gegeben werden. Wenn sich die *duces*, die Richter oder sonst jemand dagegen stelle, werden sie diesem selbst gewählten Recht durch Papst und Kaiser unterworfen. Ein zweites Mal tritt der Güterbesitz ins Blickfeld der Konstitution. Entfremdete Güter, egal ob sie mit oder ohne Zustimmung des Papstes aus dem Besitz ausgeschieden wurden, müssen zurückerstattet werden, worüber die kaiserlichen *missi* die Aufsicht erhalten. Raub soll im Herrschaftsgebiet von nun an unterbunden werden. Zuvor erfolgte Räubereien sollen geahndet werden. Alle Richter, die in Rom die Gerichthoheit ausüben, sollen beim Kaiser erscheinen, denn der Kaiser will ihre Zahl und ihre Namen kennen und sie persönlich ermahnen. Am Ende wird für jedermann der Gehorsam gegenüber dem Papst eingefordert.

Anschließend folgt der Text des Treueides, den ein päpstlicher Elekt dem Kaiser vor dem *missus* und dem Volk schwören musste. War das Gewicht von Einschränkung und Unterstützung in den neun Punkten weitgehend ausgeglichen, so ist hier eine klare Einbindung eines jeden neuen Papstes in das System der kaiserlichen Herrschaft intendiert. Die kaiserliche Kontrolle der Einhaltung von Vorschriften nahm den Päpsten die alleinige Verantwortung. Die Bestimmung hinsichtlich der Entfremdungen deutet aber bereits darauf hin, dass auch gegenüber den Päpsten selbst Misstrauen gehegt wurde. Der Eid schließlich, der auf Gott, die vier Evangelien, das „wahre" Kreuz und den Korpus des Apostels Petrus geschworen wurde, galt auf Lebenszeit. Nach Kräften und Verstand will der Schwörende, so das eingefügte Eidformular, Ludwig dem Frommen und Lothar treu (*fidelis*) sein ohne List und Heimtücke. Ohne diesen Eid solle in Zukunft kein Elekt zum Papst geweiht werden. Vorausgegangen war ein Mord an Anhängern der kaiserlichen Partei, der nicht bestraft werden konnte, weil der Täter vom Papst gedeckt worden war. Die christliche Ordnung war also durch Nachlässigkeit und Eigeninteressen gestört, so dass konkreter Handlungsbedarf entstanden war[86]. Die kaiserliche Seite hatte Grund, sich zur Wahrung des Rechts mehr Kompetenzen zu sichern und nicht zuletzt wegen der moralischen Unbedenklichkeit der Forderungen, die an das Recht gebunden blieben, konnte die Papstseite sich dem nicht begründet entziehen. Dieses Muster war in der Folgezeit eine Warnung, Verstöße gegen die Ordnung gar nicht erst zuzulassen, sondern selbst Maßnahmen für die Einhaltung des Rechts zu ergreifen.

Kooperationen auf neuer Grundlage

Mit Gregor IV. (827–844) kehrte nach mehreren Kurzpontifikaten erneut Ruhe in die geistliche Regierung. Mit der Zustimmung Ludwigs des Frommen führte er das Fest Allerheiligen am 1. November in der Francia und Germania ein, das die Römer seit Bonifaz IV. (608–615) feierten. Beide Spitzen einigten sich über Belange der Gläubigen und trieben die Vereinheitlichung des Ritus weiter voran. Wichtiger wurde die Kooperation der beiden obersten Lenker der Christenheit mit Blick auf die Sarazenenangriffe auf Italien, die schließlich Rom selbst bedrohten. Zentral für die doppelte Führung waren auch die Angriffe auf die Herrschaft Ludwigs des Frommen. Innenpolitische Querelen wurden als Grund dafür angegeben, dass der fromme Kaiser mit Zustimmung des Papstes und durch das Urteil von Bischöfen und Vornehmen die Kaiserwürde niederlegte[87]. Mit Zutun Gottes aber hatte der *populus* dafür gebüßt und ihn in die frühere Ehre wieder eingesetzt. Der Familienzwist überschattete die folgenden Jahre. Der Tod des Vaters erhöhte 840 die Unsicherheiten in der konkreten Gestaltung der Ordnung, obwohl Ludwig die Krone und das Schwert an Lothar übersandte. Zur Sicherung der Stabilität waren nicht mehr nur Eide zwischen Kaiser und Papst notwendig, sondern 842 mit den Straßburger Eiden zwischen den Brüdern, die das Erbe aufteilten[88]. Für die Geschichte des Kaisertums erwies sich das als zentraler Akt, weil der älteste Sohn als amtierender Kaiser fixierte, was auf jeden Fall in der direkten Verfügungsgewalt der obersten weltlichen Spitze stehen sollte: Aachen und Rom als die Zentralorte eines auf den Westen des alten *imperium Romanum* beschränkten Reiches. Die beiden Zentralorte waren wichtiger als die reale Unterwerfung des gesamten Reiches.

Wie zuvor wurde das Zwei-Kaiser-Prinzip innerhalb der gleichen Familie ange-strebt, das der Dynastie die Kontinuität garantierte, selbst wenn einem der beiden Kaiser etwas zustieß. Ludwig II. (840/850–875), der Sohn Lothars, wurde von Papst Sergius II. (844–847) in Rom kaiserlich empfangen, aber zunächst nur zum König gekrönt[89]. Zu Ostern 850 nahm Papst Leo IV. (847–855) dann die Rangerhöhung des Sohnes zum Mitkaiser vor. Der Titel *imperator Italiae* ist vor dem Hintergrund universaler Kaiserideen als Einschränkung verstanden worden. Dem Vater Lothar war eindeutig die universale Stellung zugewiesen, wohingegen Ludwig sich mit dem durch das „*Constitutum Constantini*" nur schwach legitimierten Italien begnügen musste. Im Kontakt zwischen Papst Leo IV. und den zeitgleich wirkenden Kaisern Lothar I. und Ludwig ist aufgefallen, dass die Herrscher als kaiserliche Fürsprecher, Intervenienten oder Vermittler hervortreten. Sie nahmen ihre Funktion wahr, sei es dass tatsächlich Vorschriften im Rechtsverfahren eingehalten wurden oder al-lein das Ansehen die Erfolgsaussichten verbesserte. Ihre Nennung wurde aber ganz offenbar als wichtig angesehen. Die Ideen eines starken Staatskirchentums wurden auch in Traktaten gefestigt. Mit dem Tod Lothars I. verblieb es beim Prinzip, dass das Kaisertum nicht geteilt werden sollte. Lothar II. (855/- –869) erhielt als zweit-geborener Sohn des Verstorbenen nur die Königskrone.

Nikolaus I. (858–867) trat als Papst an die Spitze. Er nutzte seine Entscheidungs-kompetenzen reichlich und förderte eine Zentralisierung auf Rom hin. Vor allem den Synoden als der alternativen Entscheidungshoheit innerhalb der Kirche wollte er ihre Selbständigkeit nehmen. Nur wenn die Beschlüsse dem Papst vorgelegt und dieser sie anerkannt habe, sollten sie Gültigkeit haben. Die Binde- und Lösegewalt nahm er auch gegenüber den Karolingern wahr. Lothar II. verstieß gegen das christ-liche Gebot der Einehe und wollte auch noch die Kinder aus der Friedelehe erbbe-rechtigt sehen. Deswegen verhandelte er mit den Erzbischöfen von Köln und Trier, die ins Einvernehmen traten[90]. Als dann mit synodaler Kraft Lothars rechtmäßige Frau Theutberga verstoßen und die Ehe mit Waldrada, der Mutter seiner Kinder, ge-schlossen werden sollte, verweigerte Nikolaus I. die Anerkennung. Die Erzbischöfe wurden wegen eindeutigem Verstoß gegen christliche Gebote exkommuniziert und Lothar zum Gehorsam gegenüber Papst und Kirchenrecht aufgefordert. Die Erzbi-schöfe empörten sich über die Einmischung. Schon hier, nicht erst im Spätmittel-alter, war die Durchsetzung der päpstlichen Bindegewalt nicht unumstritten. Mi-litärischen Drohgebärden, die Kaiser Ludwig II. für seinen Bruder unternahm, gab Nikolaus I. nicht nach, so dass sich der Kaiser dem Gebot des obersten geistlichen Hirten fügen musste. Schließlich hatte er dem neugewählten Papst und Richter sei-nes Bruders den Stratordienst gleich zweimal geleistet[91]. Der Präzedenzfall stärkte die päpstliche Stellung nicht nur für die nächsten Jahre. Der Kaiser ließ davon ab, dauerhaft für seinen Bruder Position zu ergreifen, zumal er selbst nur Töchter hatte, die keinen Vorteil aus dem freiwerdenden Erbe hätten ziehen können. Durch den Tod Nikolaus' I. 867 wurde eine erneute Untersuchung möglich, aber auch sein Nachfolger Hadrian II. bekräftigte die Unauflöslichkeit der Ehe[92]. So blieben Lothars Kinder vom Erbe ausgeschlossen. Erst seine Enkel und Urenkel begegnen wieder als Könige von Italien mit Eigeninteressen gegenüber Rom. Bei der Frage des Kaisertums hingegen setzten sich nun die jüngeren Geschwister Lothars I. durch.

Der westfränkische König Karl der Kahle (875–877) aus der Verbindung mit der Welfin Judith, der zu Lebzeiten Ludwigs schon Vorverträge mit den Päpsten geschlossen hatte, erhielt das Kaisertum, weil er Papst Johannes VIII. (872–882) mit Geschenken bestechen konnte, was seinen Bruder Ludwig II. (817- –876) zum Krieg gegen ihn aufbrachte[93]. Vor dem Hintergrund der Situation und des päpstlichen Anspruchdenkens, das sich aus dem Sitz auf der Kathedra Petri ableitete, mutet es sinnhaft an, dass Karl der Kahle einen in seinem Reich geschaffenen Thron mit nach Rom brachte, als er 875 wie sein namensgleicher Urahn am Weihnachtstag zum Kaiser gekrönt werden sollte. Johannes VIII. nahm den Heiligen Stuhl (*santa sede*) als Geschenk dennoch an. Die Zeit heilte den Makel der Herkunft, indem zunächst Legenden die Nutzung durch den Hl. Petrus bezeugten und seit dem 12. Jahrhundert ein Reliquienkult folgte. Erst im 17. Jahrhundert verschwand er hinter Berninis Barock-Kathedra. Der Papst hatte den jüngeren Bruder dem älteren bevorzugt. Rechtsmittel dagegen konnten bei keiner unabhängigen Instanz eingelegt werden. Ludwig II. musste sich geschlagen geben, doch sein Sohn Karl III. der Dicke (876/881–887) konnte später immerhin für ein Jahrzent das Erbe seines Großvaters verteidigen. Der Tod seiner Verwandten führte ihn zur Lenkung des Gesamtreiches, doch auch ihn schwächte Krankheit, so dass ihn der Sohn seines älteren Bruders, Arnulf von Kärnten (887/896–899), bezwang und die weltliche Spitze des Reiches für sich beanspruchte[94]. Die Nutznießer waren zunächst Wido (888/891–894) und Lambert von Spoleto (894–898), die ihre militärische Macht in Italien zur Kaiserkrönung führte. Lambert wurde nicht in Rom, sondern in Ravenna von Papst Formosus (891–896) zum Mitkaiser neben seinem Vater gekrönt[95]. Der Papst, der sich zuvor in Bulgarien um die Christianisierung bemüht hatte, sah sich in seinen Erwartungen getäuscht und bat wenig später Arnulf um Hilfe gegen die Tyrannei der schlechten Christen. Erst nach dem Tod Widos gelang es Arnulf 896, das erstrebte Kaisertum anzutreten[96]. Nur drei Jahre waren ihm an der Spitze gegeben. Der Papst hatte ihn ohne Konsens der Beteiligten neben einem gekrönten Kaiser mit der Würde ausgestattet, die prinzipiell zur obersten Lenkung der Christenheit befähigte. Auch der Treueid des Papstes gegenüber Arnulf konnte nicht darüber hinwegtäuschen, dass die Würde zum Spielball nicht uneigennütziger Päpste geworden war. Formosus büßte seinen Wankelmut im Jenseits. Der von Lambert eingesetzte Papst Stephan VI. (896–897) hielt über den exhumierten Vorgänger auf der Synode von 897 Gericht, ließ ihn degradieren, zerstückeln und in den Tiber werfen. Diese Entscheidung wurde nach der Ermordung Stephans kassiert[97].

Trotz der Wirren in Rom strebten die Nachfahren Kaiser Ludwigs des Frommen nicht zuletzt mit Blick auf die Macht in Italien weiter nach der höchsten weltlichen Würde der Christenheit. Doch dies glückte nur über die weibliche Linie. Im 19. und 20. Jahrhundert wurde aufgrund der eigenen nationalen Denkkategorien meist überhaupt nicht auf die zwei folgenden in Italien wirkenden Nachfolger des Augustus (42v.–14) erinnert. In den mittelalterlichen Universalchroniken wurde dagegen ohne nationale Vorbehalte in ganz Europa an Kaiser Berengar (888/915–924) gedacht, der von 915 bis zu seiner Ermordung 924 an der Spitze des Reiches stand[98]. Ein zeitgenössisches Lobgedicht betonte seine Liebe zur Antike und die Rezeption antiker Vorbilder. Berengar war durch seine Mutter Gisela († nach 874) ein Enkel Kaiser Ludwigs des Frommen. Seine Erhebung zum Kaiser durch Papst Johannes X. (914–928, † 929) stellte also keine Schwächung der Karolingerherrschaft dar, wie im nationalen Eifer und durch Reduktion des Forschungsinteresses auf die „Männer, die Geschichte machen" formuliert wurde. Die weibliche Linie war zumal in der Bedrängungssituation Legitimationsgrund genug.

Das ottonische Kaisertum und die Dominanz über die Päpste

Konkurrierende Ansprüche auf das Königtum Italien

Das Kaisertum hatte in der Auflösung des Karolingerreiches einen Teil seines Glanzes verloren[99]. Nach 896 war sogar die Einheit der Franken und Italiener zerborsten. Von einem Weltreich war das *imperium Romanum* in der Realität weit entfernt. Die Bedrohungen durch Normannen, Sarazenen und Ungarn zeigten die Unfähigkeit, koordinierten Widerstand zu leisten, obwohl der Bedarf dafür nur zu groß war. Wenn ein Herrscher an die alte Machtstellung des Kaisertums anknüpfen wollte, dann musste er das Reich an den Außengrenzen sichern und im Innern für Frieden sorgen. In der dynastischen Erbfolge war diese enorme Aufgabe nicht zu lösen. Schon Berengar I., der Enkel Ludwigs des Frommen, war damit völlig überfordert gewesen und letztlich aufgrund interner Zwistigkeiten keines natürlichen Todes gestorben, sondern durch die Waffen seiner Rivalen. Seine Gegner konnten zwar als illegitime Karolingernachfahren die Königsherrschaft in Italien übernehmen, doch für eine päpstliche Übertragung des Kaisertums fehlte es an substanziellem Kirchenschutz.

Berengars Enkel, Berengar II. (950–961, †966), versuchte, sich durch die Verheiratung mit der Nichte König Hugos von Italien († 948) die Anwartschaft auf das

Königtum, vielleicht sogar das Kaisertum zu sichern. Nur mit der Hilfe der nördlich der Alpen agierenden Ottonen konnte er sich dem Argwohn seines Schwiegervaters erwehren. Auch nach dem Tod Hugos blieb er nur Vormund und Verweser seines Neffen Lothar († 950). Der Schlüssel zu einer Konsolidierung der Macht in Norditalien und damit der Weg zur Fortsetzung des Kaisertums lag nach dem plötzlichen Tod Lothars bei der jungen Königswitwe Adelheid († 999). Berengar II. wollte sie ausschalten, doch sie entfloh seinem Gewahrsam und suchte bei Otto I. (936/962–973) Schutz, der sie als Gemahlin auserkor. Der seit 936 im Ostfrankenreich regierende Otto war als Sohn König Heinrichs (919/- –936) durch die Designation seines Vaters und die Inthronisation in Aachen zum König geworden, was ostentativ die Anknüpfung an die karolingische Tradition und ihre Machtansprüche signalisiert hatte.

Die bestehenden Probleme der Übergangszeit waren aber geblieben. Die Unsicherheiten an der Ostgrenze zu den Slaven und Ungarn wurden begleitet von inneren Krisen, da die Herzöge den Aufstand probten. Mit Militärmacht und politischem Geschick hatte der junge König seinen Rang behauptet. Im Jahre 951 nahm er zusammen mit der Braut Adelheid gewissermaßen als Mitgift die italienische Königswürde ohne formalen Erhebungsakt an und zwang Berengar dazu, sich seiner Übermacht zu beugen[100]. Als Lehensmann wurde er in das Machtsystem des Sachsen eingegliedert. Dauernder Frieden war damit noch nicht hergestellt, denn Berengar II. und sein Sohn Wido († 965) lenkten ihr Engagement nach Süden und kamen mit dem Papst in Konflikt, der die Integrität des Patrimonium Petri in Gefahr sah. Im Jahr 961 folgte Otto dem Hilferuf Papst Johannes' XII. (955–964) und zahlreicher anderer gegen Berengar, der seine Lehnsabhängigkeit gegenüber dem sächsischen König ignorierte. Ottos Aktionen bewirkten, dass Berengar II. nach anfänglichem Widerstand die Königsstadt Pavia fluchtartig verlassen musste[101].

Das selbstbewusste Kaisertum Ottos des Großen

Otto konnte das Königreich Italien in seinem Einflussbereich sichern und erhielt 962 die Kaiserkrone aus den Händen des Papstes[102], die er sich nach sächsischer Beurteilung schon Jahre zuvor gegen die Ungarn auf dem Schlachtfeld verdient hatte[103]. Allein mit der Akklamation durch die eigenen Soldaten war im 10. Jahrhundert trotz der historischen Vorbilder aus der Antike aber kein Kaisertum mehr zu begründen. Erst das Zusammenspiel von Königsherrschaft und Schutz des Patrimonium Petri legitimierte eine Erneuerung des Kaisertums hinreichend. Der Eid, den Otto I. Papst Johannes XII. vor der Krönung geleistet haben dürfte, lässt die Erwartungen an einen guten Kaiser erkennen: „Im Namen Christi verspreche, gelobe und versichere ich, Kaiser N., vor Gott und dem heiligen Apostel Petrus, dass ich Schützer und Schirmer dieser Heiligen Römischen Kirche sein werde, in all ihren Nöten, soweit mir göttliche Hilfe zuteil wird, nach meinem Wissen und Können"[104]. Otto garantierte der Kirche Roms und den Päpsten nach bestem Vermögen Schutz, verzichtete auf Gerichtskompetenzen ohne Zustimmung des Papstes und veranlasste keine eigenmächtigen Regelungen. Er bemühte sich um die Rückstellung des Patrimonium Petri und verpflichtete auch eventuell eingesetzte Vikare zur Stärkung der Besitzungen des Hl. Petrus. Die Sachsen waren durch ihren Kampf für das Papsttum zusammen mit ihrem Herrscher im Rang erhöht, hatten dafür aber zahlreiche Pflichten übernommen.

Schon im Mittelalter wurde diese Krönung an mancher Stelle als erneute *translatio imperii* verstanden, denn die vielfältigen Bindeglieder zwischen Karl dem Großen und dem großwerdenden Otto wurden als zu schwach angesehen, um gewachsene Kontinuitäten zu stilisieren[105]. Dennoch stellte sich Otto I. sogleich in das Kaisertum älterer Prägung. Die Schrifttradition und das Wissen seiner in Norditalien geprägten, aus Burgund stammenden jungen Gattin halfen dem sächsischen Kaiser dabei, ein Kaisertum jenseits der päpstlichen Erwartungshaltungen anzustreben. *Consors imperii* war der Adelheid vom Gatten und von den Zeitgenossen nicht unbegründet verliehene Titel[106]. In der Messe für den Kaiser wurde im Gebet gewünscht: „Verleihe Deinem Knecht, unserem Kaiser die Gabe, den Triumph Deiner Kraft weise zu nutzen."[107] Knapp zwei Wochen nach dem rituellen Krönungsakt des Paares in Rom bestätigte Otto I. in einer als Prunkausfertigung, also mit Goldtinte auf Purpurgrund, hergestellten Urkunde die Schenkungen der Karolinger[108]. Die Anknüpfung an die Formensprache des östlichen *imperium Romanum* war unverkennbar und sollte auch für seine Nachkommen Programm werden. Der Besitz des Hl. Petrus wurde gefestigt, zugleich aber auch die Papstwahl in die Hände von Klerus und Volk von Rom gelegt und gemäß der *„Constitutio Romana"* ein Treueschwur des neuen Papstes gegenüber dem Kaiser vor der Weihe zum Papst mit kaiserlicher Souveränität eingefordert[109]. Der Papst verlor dadurch seine Sonderstellung gegenüber den Erzbischöfen des ottonischen Reiches nicht, weil er im Miteinander von Papst und Kaiser das einzige Kirchenhaupt blieb, das auf eine wechselseitige Eidesbindung verweisen konnte[110]. Die Gegenseitigkeit der Machtsicherung spielte in der Anfangszeit zwischen Otto I. und Johannes XII. eine große Rolle. Der Papst, der mit bürgerlichem Namen in Anlehnung an die antike Kaisertradition Octavianus hieß und Sohn des mächtigen Alleinherrschers Alberich von Spoleto (932–954) war, machte sich zum Verkünder des ottonischen Kaisertums, indem er Klerus und Volk in Sachsen, Gallien, Germanien und Bayern die Erhebung Ottos zum Kaiser mitteilte und dies mit den Kämpfen gegen die Heiden begründete[111]. Das Schreiben zeigt eine Übernahme der sächsischen Kaiserposition, die den Sieg auf dem Lechfeld 955 gegen die noch nicht zum Christentum übergetretenen Ungarn als Legitimation imperialen Anspruchs geltend machte, doch sollte diese Annäherung nicht auf Dauer gelten, wie schon die folgenden Monate zeigten.

Offenbar hatte der Kaiser zu sehr darauf vertraut, dass die Päpste des Schutzes bedurften und seine Stellung gegenüber dem Römer, der weltliche und geistliche Führung über die Stadt Rom in einer Person vereinigte, überreizt. Die italienischen Widersacher gegen die zentrale Macht hatten im bipolaren Konzept mit dem neuen Kaiser einen neuen Angriffspunkt. Das Mächtegleichgewicht musste sich neu einstellen, es war nicht durch eine Urkunde festzulegen. Den ins Exarchat geflohenen Berengar II. konnte Otto immerhin in Gefangenschaft nehmen und nach Bamberg ins Exil schicken, wo er 966 starb und ein königliches Begräbnis erhielt[112]. Noch das moderne Geschichtsbild wird im Sinne Ottos durch den Diplomaten und Bischof Liutprand von Cremona († wohl 972) geprägt, der Berengar II. als einen aus dem Amt gedrängten Usurpator darstellt[113]. Als problematischer erwies sich, dass der Papst das Spiel auf dem Brett der Macht deutlich besser beherrschte als der Schlachtensieger. Das kirchliche Oberhaupt konnte in Italien aus alten Feindschaften neue Allianzen schmieden und den sich überschätzenden Neurömer Otto so unter Zugzwang bringen. Da half es wenig, dass der Kaiser sich legitimiert durch historische *exempla* zum Herrn über das Papsttum aufschwang, eine Synode instrumentalisierte, um den alten Papst abzusetzen, und schließlich mit Leo VIII. (963–965) einen eigenen Papst wählen ließ[114]. Das Papsttum wurde dadurch nicht in Frage gestellt, sondern hatte in der Vorstellung Ottos innerhalb der bipolaren Aufgabenverteilung als universal anerkannte Größe im Sinne der Christenheit zu fungieren. Dazu mussten die Nachfolger Petri in der Gegenwart auch vor den christlichen Moralerwartungen bestehen können. Missbrauchten sie ihr Amt, und Johannes XII. wurden neben Eidbruch auch sexuelle Verfehlungen und Apostasie vorgeworfen, so bedurfte es eines klaren imperialen Korrektivs. Nicht nur die Kaiser waren von den Päpsten auf dem Weg zur Tugend zu ermahnen, sondern auch Kaiser hatten ihre Verantwortung für die gute Führung der Christenheit. Das Seelenheil der Gemeinschaft durfte nicht durch das Abirren der Hirten in Gefahr gebracht werden.

Gegen diese Position opponierend hielten die Römer am Anspruch über die Definition der Papstmacht fest und förderten weniger wegen der persönlichen Qualitäten als aus Prinzip den vom Kaiser drangsalierten Koronator des Vorjahres. Otto ging militärisch gegen diese antikaiserliche Opposition vor. Wer in der Stadt der Märtyrer seine Position mit einem Blutvergießen durchsetzte, stellte sich als friedenstiftender Augustus selbst in Frage. Die Italienzüge mussten aber den realen Beweis dafür erbringen, dass der Kaiser sein Kaisertum ernst nahm und die Krönung nicht nur als Schauspiel oder religiöse Aufgabe verstand. Johannes XII. überlebte seine Wiedereinsetzung nur ungefähr ein Jahr. Böse Zungen behaupteten, er sei verstorben, als er gerade einen Ehebruch beging[115]. Dem Kaiser aber trat spürbar entgegen, dass delegierte Herrschaft im Auftrag eines ideellen *imperium Romanum* von den italienischen Herrschaftszentren bevorzugt wurde. Kontrolle und der Anspruch der Kaiser, selbst die oberste Instanz der Gerechtigkeit zu sein, fanden gemäß der Parteiungen und ihrer widerstrebenden Interessen grundsätzlich ein geteiltes Echo; nicht selten lenkten sie bei allen Einheimischen den Argwohn auf die fremde Kraft. Je mehr ein Kaiser versuchte, allen gerecht zu werden oder übergeordnete Vorstellungen von Gerechtigkeit umzusetzen, und je weniger er über die Akzeptanz der Parteiinteressen wusste, desto größer war die Gefahr, trotz einem hohen eigenen Engagement zu scheitern. Die Erhebung vom Grafen zum Herzog oder gar die Einsetzung als Reichsvikar waren hingegen ein beliebtes Mittel, die eigene imperiale Repräsentanz zu stärken und die Reichstraditionen zu pflegen. Otto musste diese Erfahrungen zurück nach Sachsen tragen, konnte zugleich aber den von den Widersachern gewählten Benedikt V. (964, † 965/6) nach Hamburg ins Exil schicken[116]. Seine mittelalterlichen Nachfolger lernten dann im Norden Italiens zu oft ihre Lektionen, ohne den Glanz des Kaisertums ähnlich programmatisch vermehren zu können. Die seit der Spätantike geübte Bipolarität der Ausrichtungen verlangte in Rom ein ständiges Taktieren und im Gebiet zwischen den Alpen und dem Papstsitz Rom ein dem ständigen Wandel der lokalen Verhältnisse angepasstes politisches Feingefühl.

Der Ausbau des Weltkaisertums in antiker Nachfolge

Otto der Große nahm diese Befindlichkeiten vermutlich aus Unkenntnis nicht ernst, sondern strebte stattdessen mit kurzzeitigem Erfolg zur machtpolitischen Durchsetzung seiner Ansprüche auf Weltherrschaft. Er setzte 967 die Kaiserherrschaft seines Sohnes Otto II. (961/967–983) durch, womit die Übergabe des Erreichten an die nächste Generation schon vor seinem Tod sichergestellt werden konnte[117]. Die Zeitgenossen bejubelten die hocherfreuliche Vereinigung der beiden Kaiser mit dem Papst. Die Wahl des 25. Dezember für die Krönungszeremonie verband das Kaisertum erneut demonstrativ mit der Heilsgeschichte. Im Süden Italiens griff Otto in die byzantinischen Einflussgebiete ein und suchte im Ausgleich sein Geschlecht durch eine Heiratsbindung zum byzantinischen Kaiserhof aufzuwerten. Dies gelang nicht in vollem Umfang. Obwohl die Braut nicht in Purpur geboren war, der Vermittler Liutprand von Cremona den Dünkel der griechischen Machteliten beklagte und manchem am ottonischen Hof der Prunk fremd blieb, der mit der Hochzeit zwischen Otto II. und Theophanu († 991) 972 sowohl in Sachsen als auch im lateinischen Kaiserreich einzog, war dies für die Wiederannäherung der lateinischen und griechischen Teile des alten *imperium Romanum* trotzdem von entscheidender Bedeutung. Der Glanz griechischer Hofkunst konnte nach Westen strahlen. Das Kaisertum stellte sich erneut in Rom dar, denn die Hochzeit wurde dort gefeiert und mit der Krönung der neuen Kaiserin in St. Peter verbunden[118]. War ihre Schwiegermutter Adelheid († 999) zusammen mit ihrem Gatten gekrönt worden, zog Theophanu die Aufmerksamkeit ganz allein auf sich. Sie war der Quell einer neuen Verschmelzung von Ost und West, einer *renovatio imperii*, die nicht nur alte Ansprüche wach hielt, sondern den Boden für ein selbstbewusstes Kaisertum in Anlehnung an die Antike weiter kultivierte. Das Papsttum, das am Anfang des Jahrhunderts unter die Dominanz des römischen Stadtadels geraten war, wurde zum zeremoniellen Steigbügelhalter des ottonischen Kaisertums. Für kurze Zeit garantierte es lediglich den heilsbringenden Rahmen, ohne selbst Konturen in die bipolare Weltordnung einbringen zu können. Ein wenig später in Sachsen arbeitender Chronist sah nicht zu unrecht goldene Zeiten anbrechen, auch wenn der Kardinal Cesare Baronio († 1607) am Ende des 16. Jahrhunderts die Zeit als *saeculum obscurum* (dunkles Zeitalter) abwerten wollte[119]. Rom wurde zum Mittelpunkt des Kaisertums, auch wenn der Architekt und Bauherr des erneuerten *imperium Romanum* des 10. Jahrhunderts am Ende lieber in der Heimat sterben und nicht bei den Märtyrern in Rom, sondern im zur *nova Roma* ausgestatteten Magdeburg begraben werden wollte. Mit Blick auf die Vorstellungen vom Jüngsten Gericht war dies eine mutige Entscheidung. Für den eigenen Nachruhm sollte die Wahl sich als klug erweisen.

Der Argwohn der anderen Herrschaften war die selbstverständliche Folge eines derartigen Machtzuwachses in der Frist nur eines Menschenalters. Dem Kaisersohn und seiner schwangeren Gattin trachtete 978 in Aachen mit dem westfränkischen König Lothar († 986) ein Erbe Karls des Großen nach dem Leben[120]. Nur die Flucht nach Köln rettete die sächsische Dynastie vor diesem Rachezug, den die Ausübung der Kaiserherrschaft im Hennegau und in Brabant provoziert hatte. Die Positionen des Vaters konnten Sohn und Schwiegertochter auch in Süditalien nicht verwirklichen, als die Verteidigung des christlichen Reiches gegen die Sarazenen auf dem Schlachtfeld scheiterte. Beflügelt durch diese Gesamtsituation griffen die Slaven an der Nordostgrenze an und verzeichneten Gewinne. Die Heidenmission erlitt einen herben Rückschlag. Es war schließlich keine Machtdemonstration, sondern ein Akt der Sorge, dass Otto III. (983/996–1002), der aus Aachen gerettete Spross des ottonischen Stammes, im Sommer 983 dreijährig zum König gewählt wurde[121]. Ideal und Realitäten ließen sich nicht mehr wie unter Otto dem Großen harmonisieren, sondern drifteten auseinander. Letztlich fehlte nach Ansicht der Zeit auch die Gnade Gottes, denn schon im Dezember desselben Jahres starb Otto II. in Rom im Alter von nur 28 Jahren[122]. Die Gleichrangigkeit mit den Päpsten wurde im Begräbnisort mehr gesucht als durch das eigene Leben untermauert: Otto II. wurde als einziger mittelalterlicher Kaiser im Petersdom beigesetzt. Der Traum vom antik-ottonisch-christlichen Kaisertum, dem die Päpste dienten, hätte ein jehes Ende genommen, wenn nicht zwei gekrönte Kaiserinnen, Adelheid und Theophanu, die Obsorge für das königliche Kind übernommen hätten. Sogar der männliche Titel *imperator Dei gratia* wurde von Theophanu gebraucht, als sie Regierungsgeschäfte erledigte[123]. Die Mütter und Frauen der Kaiser hatten in der Antike und auch in Byzanz selbst in der Zeit Karls des Großen ihren Platz in der bipolaren Welt eingenommen. Sowohl Adelheid als auch Theophanu waren aus einem Holz geschnitzt, das die Erbschaft Ottos III. sichern konnte. Adelheid, die Burgundertochter im Kaiserinnengewand, wurde 1097 heilig gesprochen und noch zwei Jahrhunderte später im Naumburger Dom ganz selbstverständlich mit Zepter und Krone dargestellt.

Die Interimsherrschaft der Kaisergattinnen endete, als Otto III. elf Jahre nach dem Tod seines Vaters die ottonische Weltherrschaftspolitik fortsetzte[124], was erneut in einer Ehe mit einer griechischen Prinzessin hätte münden sollen. Den Schutz für das Papsttum konnte er 996 unter Beweis stellen, als er einem erneuten Hilferuf folgte. In Rom angekommen, besetzte er den mittlerweile vakant gewordenen Papstthron nach eigenem Gutdünken mit seinem Vetter Brun neu. Dieser nahm den Namen Gregor (V., 996–999) an und krönte Otto III. sogleich zum Kaiser. Die bipolare Spitze war dynastisch vereint, was nie zuvor erreicht worden war. Als Gregor 999 starb, wurde mit Silvester II. (999–1003) ein Mathematiker auf den Stuhl Petri befördert, der zuvor Ottos Lehrer gewesen war. Die Forschung war lange Zeit davon überzeugt, dass Gerbert von Aurillac, als er den Namen annahm, den der Bekehrer Konstantins getragen hatte, in historischer Kontinuität handelte. Auch wenn sich das Muster nicht nahtlos vom 4. Jahrhundert in die Jahrtausendwende transplantieren ließ[125], blieb der Ansporn für beide, für Papst und Kaiser, das Christentum und das *imperium Romanum* nach göttlicher Weisung zu führen. Rom sollte die Bühne dafür bieten, doch die Römer sahen sich dadurch zu sehr ihrer eigenen Regie beraubt. Sie pochten auf ihr verbrieftes Recht, den Papst wählen zu dürfen und nahmen den Regelverstoß des Jünglings von hoher Geburt nicht kampflos hin. Erneut ließ sich die Klärung der Positionen nur mit Blutvergießen erreichen. Der installierte Gegenpapst, Johannes XVI. (997–998, † 1001), wurde verstümmelt und in Schande durch Rom getrieben. Die selbstbewussten Römer sahen keine Wiederkehr des *imperium*, sondern nur deutsche Barbarei und einen aus Frankreich stammenden Magier, den sie nur schwer als Papst anerkannten. Erstmals im christlichen *imperium Romanum* wurde ein Kaiserpalast in Rom gebaut. Die lange vor Ottos Geburt gefälschte sog. *„Konstantinische Schenkung"* hatte formuliert, dass dem Papst die Stadt Rom übergeben worden sei. Der Sitz der Apostel sollte nicht durch Regierungsgeschäfte beunruhigt werden. Otto III. ließ sich davon nicht beirren. Sein historisches Verständnis setzte das Kaisertum und Rom in engste Beziehung, was bauliche Maßnahmen erforderte, um in Stein zur Realität zu werden. Dies blieb Episode und verschwand aus dem Stadtbild, so dass heute nicht mehr völlig sicher ist, ob das Projekt tatsächlich auf dem Palatin realisiert wurde oder anderswo in der Heiligen Stadt. Die alten Kaiserbauten auf dem Palatin waren seit dem 8. Jahrhundert dem Verfall übergeben worden, aber das Wissen um die ehemalige Funktion dürfte die Planungen für die Zukunft gelenkt haben. Zeitgleich mit der baulichen Erneuerung des antiken Kaisertums entstanden Herrscherbilder, die den Kaiser in göttliche Sphären rückten. Die Krönung des Herrschers durch Gott wurde ins Bildprogramm aufgenommen.

Die dienende Nähe des Kaisers zu Christus und Petrus wurde zwecks eigener Rangerhöhung in den Herrschertitel integriert, wo Otto III. als *servus Jesu Christi* oder als *servus Apostolorum* auftrat[126]. Der Machtanspruch dehnte sich nicht mehr nur auf das Reich Karls des Großen, sondern auch nach Osten aus. Polen und Ungarn wurden als christliche Königreiche in das bipolare System integriert und orientierten sich nicht nur am Papst, sondern auch am Kaiser. In Gnesen verband sich der Stolz über Missionierung und Aufbau einer eigenen Kirchenorganisation mit dem kaiserlichen Zeremoniell[127]. In Aachen wurde mit der Öffnung der Gruft des verehrten Vorgängers Karl neue Tradition gestiftet[128]. Nur in einer Abschrift von 1339 hat sich ein Text erhalten, der als Urkunde Ottos III. gestaltet ist und Rom zum Haupt der Welt erklärt[129]. Er passt in die Zeit, wo er das Interesse eines Kopisten fand, fast besser als in die Jahre um die erste Jahrtausendwende. Von der Forschung wird das Stück bislang mit Hinweis auf die Verfasserschaft des Asketen Romuald von Camaldoli († 1027) vor generellem Fälschungsverdacht behütet. In diesem Text ist zu lesen, dass die römische Kirche Mutter aller Kirchen sei. Leichtfertigkeit und Ignoranz der Päpste hätten ihren Glanz getrübt. Verschleuderung und Misswirtschaft wird den Päpsten ebenso vorgeworfen wie der Raub der Güter des Hl. Petrus. Sie gäben die Schuld dem Reich und beanspruchten doch nur zu Unrecht, was des Reiches sei. Unter Verweis auf die Fälschung der „*Konstantinischen Schenkung*", der für die Zeit Ottos III. sehr fremd wirkt, wurde aus eigener Kaisermacht das Patrimonium Petri neu konstituiert. Die prinzipiell gleichrangige Stellung von Kaiser und Papst im bipolaren Machtgefüge war für beide Seiten ein Versuchsterrain zur Schaffung eigener Superiorität.

Der frühe und kinderlose Tod Ottos III. folgte bald darauf und mehrte Zweifel, ob das antikisierende Gebaren des griechisch-lateinischen Kaisers wirklich die Gnade Gottes gefunden hatte. Otto hatte für die Bipolarität der Macht mit Blick auf die Geschichte Rom als Schauplatz ausgewählt, ohne die historisch gewordenen Realitäten gegen die alten Ruhmestaten auszuwiegen. Die mächtige Familie der Crescentier bäumte sich dagegen auf und obwohl Otto seine Macht mit der Hinrichtung

Crescentius' II. († 998) und der Misshandlung des von ihm eingesetzten Papstes Johannes XVI. (997–998, † 1001) demonstrierte[130], schwächte ihn der Zwist. Nur friedlich durchgesetzte Lenkung der Welt konnte die Position eines Kaisers stärken. Kritik kam deshalb nicht nur aus Rom, sondern auch von den eigenen Getreuen nördlich der Alpen, die wie Brun von Querfurt († 1009), der Hofkaplan und spätere Ungarn- und Preußenmissionar, die Rompolitik beklagten, weil sie mit dem Blut der Landsleute bezahlt würde[131]. Als alter Heidenkönig erscheint Otto III. dabei, der zwecklos im altersmorschen Rom agierte. Nichtsdestotrotz wurde der Herrscher am Ostersonntag in Aachen eingedenk der Auferstehung Christi beigesetzt.

Das salische König- und Kaisertum im Streit mit Rom

Königliche Kaisertraditionen fern von Rom

Bald nach Otto III. hatte auch *sein* Papst Silvester II. im Mai 1003 das diesseitige Leben beschlossen[132]. Der binnen Monatsfrist gewählte Nachfolger Johannes XVII. (1003) verstarb noch vor Ablauf des Jahres und konnte die Lücke der weltlichen Macht nicht durch eigenes Handeln füllen. Nach der Rückbesinnung auf die strahlend helle Antike trat vielmehr die Düsternis und Realität der stadtrömischen und territorialen Klüngel hervor. In Rom tauchte die mächtige Familie der Crescentier wieder auf und bestimmte erneut die Papstbesetzungen wie vor den Ottonen[133]. Der durch sie ins Amt gekommene Johannes XVIII. (1003/4–1009) konnte fünf Jahre an der Spitze walten. Noch vor seinem Amtsantritt war im Juni 1002 aus der Wahl der Fürsten mit Heinrich II. (1002/1014–1024), als Urenkel Heinrichs I. zuvor Herzog von Bayern, ein neuer König hervorgegangen, der bald auch die Krone der Langobarden trug. Der dynastische Bruch hatte nicht den Anspruch der Deutschen auf die globale Herrschaft im Reich geknickt. Die imperiale Macht wurde diesseits der Alpen zur Schau gestellt, obwohl eine Erhöhung zum Kaiser auf sich warten ließ. Weder Johannes XVIII. noch sein Nachfolger Sergius IV. (1009–1012) riefen den Herrscher nach Rom. Man arrangierte sich lieber mit Arduin von Ivrea († 1015), der seit 1002 als italienischer König regierte, obwohl ihn eine römische Synode 999 im Beisein von Papst und Kaiser wegen Bischofsmord verurteilt und seine Güter an die Kirchen gegeben hatte[134]. Sein Wiedererstarken konnte das militärische Vorgehen Heinrichs in Norditalien 1004 nicht verhindern.

Beschränkt auf das Eigene wurde in Bamberg ein Zentrum geschaffen, das im Bewusstsein die antiken Traditionen am Leben hielt. Der Akt widersetzte sich den Ansprüchen Roms, bei der Organisation der Kirche die Verantwortung zu tragen. Eine Synode in Frankfurt, an der acht Erzbischöfe und 27 Bischöfe teilnahmen, urkundete im Sinne Heinrichs, der um seine Kinderlosigkeit wissend Gott zu seinem Erben einsetzen wollte[135]. Über die notwendige Verminderung des Bistums Würzburg wurde vor dem Erzbischof von Mainz, nicht beim Papst verhandelt. Erst die Übertragung an Rom ließ Bamberg anschließend zum Fokus der bipolaren Bemühungen werden. In der Bamberger Bibliothek stand schon bald in fein geschriebenen Handschriften die alte Würde des Kaisertums vor Augen, ohne dass sie sich in Rom an den widrigen Alltagsgeschäften der Kompromisse verschleißen musste. Frutolf, Mönch und Priester im Kloster Michelsberg († 1103), organisierte in Bamberg die Heilsgeschichte neu. Auf der Grundlage reicher historiographischer Vorlagen wurde die Chronologie des Heils von der Schöpfung bis zum Jahr 1099 mit größtmöglicher Exaktheit und unter Lösung von Widersprüchen annalistisch dokumentiert. Die Heiligen Roms wurden nach Bamberg transferiert, dessen Dom am Hochaltar den Aposteln Petrus und Paulus geweiht war, aber auch Silvester, Gregor, Laurentius, Vitus, Maria, den Erzengel Michael und den Hl. Georg beherbergte.

Das Reich wurde als Konglomerat von Kirche und christlicher Herrschaft verstanden. Es war zum Haus Gottes (*domus Dei*) geworden, als dessen Verwalter (*dispensator*) sich Heinrich sah[136]. Nicht allein den Schutz der Kirche und die Erweiterung des christianisierten Gebietes, sondern die Obsorge für das Gesamte wollte Heinrich mit Blick auf das alttestamentarische Königtum und das Diktum des Hl. Paulus im Römerbrief 13,1–2 übernehmen. Die eigenen Bistümer wurden aufgewertet und weniger auf das römische Zentrum geschaut, weil die Günstlingswirtschaft der führenden Familien dort selbst in drei glanzvollen Generationen ottonischer Einflussnahme nicht hatte vertrieben werden können. In großer Anstrengung wurden die Bischofskirchen nördlich der Alpen erneuert in dem Geist, der in Bamberg geschult worden war. Die Kaderschmiede schuf ein Bewusstsein vom Zusammenspiel von Welt und Kirche unter der Leitung des Königs. Die Herrscher nutzten mit den Bischofskirchen fortan die Vorzüge eines Strukturelements, das zwar nicht frei von familiären Interessen, aber doch ohne Erbansprüche war. Schon Konstantin hatte nachweislich die Zusammenarbeit mit den Bischöfen als Muster zur Herstellung von Ordnung im Reich geprägt. Die ältere Forschung hat über Jahrzehnte vom *ottonisch-salischen* Reichskirchen*system* gesprochen, und obwohl der Systembegriff zu Recht kritisiert wurde, ist das Ineinander der Kompetenzen in dieser Zeit als die zentrale Säule der christlichen Gesellschaft in den Teilen des Reiches anzusehen, die von der Konstantinischen Kooperation noch unberührt geblieben waren.

Der Herrscher galt als Gesalbter des Herrn und seine Lenkungsfunktion war nicht auf das Schwert beschränkt, sondern reichte an den Altar heran. Die Herstellung von Gerechtigkeit und die Schaffung von Frieden im Reich oblagen dem Verwalter Gottes. Dazu wurde von Burchard von Worms († 1025) aus dem Kreise der

Reichsbischöfe eine neue Rechtssammlung, die „*Decretorum libri*" oder einfach das „*Decretum*", bereitgestellt[137], das heute als Kirchenrecht gilt, aber als Gesetzbuch des Hauses Gottes im oben beschriebenen Sinn anzusehen ist. Auch in den weiteren Jahrhunderten sollten die Kirchenrechtsbücher immer die gesamte Gesellschaft im Auge haben und gewissermaßen als Verfassung für das Reich, die christlichen Völker und die Kirche Geltung beanspruchen können. Der von der Forschung diagnostizierte Mangel einer weltlichen Verfassung für das Reich erklärt sich so einfacher als mit dem üblichen Hinweis auf die Schriftlosigkeit in einer Zeit feinster Buchproduktion[138].

Nach zehnjähriger Herrschaft ergab sich dann für Heinrich II. im Jahre 1012 durch den Streit der Römer um die Besetzung der Kathedra Petri eine Gelegenheit, imperiale Pläne umzusetzen. Arduin von Ivrea konnte jetzt durch Heinrich und seine Männer ausgeschaltet werden. Papst Benedikt VIII. (1012–1024), der sich gegen den Gegenpapst Gregor VI. (1012) durchzusetzen vermochte, krönte Heinrich und seine später als heilig verehrte Gattin Kunigunde († 1033) am 14. Februar 1014 und symbolisierte dabei, dass er die christliche Weltherrschaft vergab[139]. Der Herrscher erhielt den mit einem Kreuz besetzten Reichsapfel als Symbol für die Erde. In dieser Form hatte bereits Justinian seine christliche Weltherrschaft ausgedrückt. Heinrich hatte sich in den Jahren davor als Beschützer der Kirchen erwiesen und konnte dem Papst nun auch den Schutz der römischen Kirche zusichern. Die zweite Instanz in der westlichen Kirche neben dem Papst, Abt Odilo von Cluny († 1048), nannte ihn den Klügsten der Könige und strahlenden Kaiser[140], was vergessen ließ, dass König Robert II. von Frankreich († 1031) bei Treffen mit Heinrich auf die Gleichrangigkeit Wert gelegt hatte[141].

Die lange Wartezeit vor dem Eintritt ins Kaisertum hatte der von allen Christen gerühmte Heinrich klug genutzt. Die Bipolarität wurde tragfähig, ohne noch den Druck der stadtrömischen Enge aushalten zu müssen. Benedikt VIII. reiste 1020 nach Bamberg, in das neue geistige Zentrum des „zum Haus Gottes" gewordenen Reichs. Der Bamberger Dom wurde als Kirche päpstlichen Gottesdienstes kurzzeitig zur liturgischen Mitte. Wie nah Kaiser und Papst in diesen Tagen aneinander rückten, zeigt nicht nur das „*Heinricianum*", eine Erneuerung der Schutzurkunden seiner Vorgänger für die römische Kirche, sondern auch die Übergabe des Klosters Fulda an den Papst. Das bonifatianische Zentrum der Christianisierung ging ins Patrimonium Petri ein. In Rom wurde seither das „*Credo*" mit dem „*Filioque*" während jeder Sonn- und Feiertagsmesse gebetet, so wie es von Spanien ausgehend in Gallien und nördlich der Alpen bereits üblich gewesen war[142]. Der Kaiser probierte derweil antike Formen imperialen Glanzes aus. Gold als kaiserliches Metall wurde jetzt auch nördlich der Alpen in die Kanzlei getragen, um damit die urkundlichen Verfügungen des Herrschers schmückend zu bekräftigen.

Die synodale Kooperation von Kaiser und Papst

Wie Heinrich und Benedikt die Bipolarität der Reichs- und Kirchenführung verstanden, lässt sich aus den Akten der Synode von Pavia 1022 erkennen[143]. Die Schriftüberlieferung des Textes setzt wohl aufgrund von Überlieferungsverlusten erst spät ein. Durch die Anwesenheit der Synodalteilnehmer wurde im Mündlichen eine sofortige Verbreitung garantiert und massenhafte Schriftlichkeit vermieden. Zuerst sprach der Papst, der in einer Vorrede seine eigene Schuld am Niedergang der Kirche eingestand und zur Umkehr mahnte. Könige und Kaiser seien Christus gefolgt und hätten der Kirche reiche Patrimonien geschenkt, die aber von den Lenkern der Kirche selbst fortgerafft und zum Eigennutz für ihre Kinder entfremdet worden seien. So sei die Kirche durch Leichtsinn und Verwegenheit zur Ärmsten der Armen gemacht worden. Die Besoldung der Kleriker wird ausdrücklich beklagt. Weitere Themen waren die Ehen von Klerikern und Bischöfen sowie die Mischehen zwischen Kirchenhörigen und Freien und die Geschäftsfähigkeit von Klerikern. Sieben Maßnahmen werden dagegen vom Papst auf der Synode getroffen. Die Kirche wird dabei als die „Mutter des Staates" bezeichnet. Dieses Dokument sollte nach dem ausdrücklichen Willen des Papstes von Heinrich bestätigt, bekräftigt und in die Reihe der weltlichen Gesetze aufgenommen werden, damit es überall Geltung habe und öffentlich danach geurteilt werde. Die Kaiserherrschaft Heinrichs wurde in der Datierungsformel der durch Papst- und Bischofsunterschriften bekräftigen Ausfertigung ausdrücklich genannt. Dem folgte eine Erwiderung des Kaisers. Er könne ihm, dem er durch Gott alles schulde, nichts abschlagen, insbesondere weil er Gerechtes erbitten würde und ihn zu gemeinsamer, heiliger Sorge aufrufe, die ihn nicht nur an der Mühe, sondern auch an der Seligkeit teilhaben ließe, die daraus erwüchse. Was die päpstliche Paternität fordere, wolle er als Sohn gerne bestätigen zur Rettung der Kirche. Zusammen mit den Senatoren und den Dienern und Freunden des Staates bekräftige er das Beschlossene und nehme es ins weltliche Recht auf. Es folgen die gleichen sieben Oberpunkte, die aber andere Erläuterungstexte als in der päpstlichen Version aufweisen. Im ersten Punkt wird auf die Regeln des Gesetzes Kaiser Justinians Bezug genommen, die eine Übergabe von Klerikern an die Kurie fordern, die gegen die Gebote verstoßen[144]. Im sechsten Punkt wird ausdrücklich die Gerichtshoheit des Kaisers betont. Wenn Richter oder Notare Urkunden für Unfreie ausstellen, sollen sie die rechte Hand verlieren, weil sie gegen die Kirche geschrieben hat. Im letzten Punkt wird die Acht als Strafe angedroht. Auch dieser Teil trägt in Analogie zum päpstlichen Teil die Unterschriften von Kaiser, zwei Markgrafen und einem Pfalzgrafen, ist aber nicht datiert.

Das *imperium Romanum* hatte seine Repräsentanz in den alten Kernbereichen erneuert, aber war noch kein Rechtsraum mit funktionierender Binnenstruktur im

Sinne Justinians. Auch war es als wiedererstarkendes Weltreich noch nicht satis-faktionsfähig. Aus Apulien kam deshalb nicht nur ein kostbarer Sternenmantel, sondern auch die Aufforderung, in Süditalien die Reichsmacht wieder zur Geltung zu bringen[145]. Heinrich II. nahm die Herausforderung an, konnte aber den Titel des Augustus (Mehrer des Reiches) nicht mit dauerhaft wirkenden militärischen Siegen rechtfertigen, bevor er 1024 starb. Wieder einmal wurde die Kontinuität gleichzeitig sowohl in der Kaiser- als auch in der Papstreihe gebrochen, denn auch Benedikt VIII. schied 1024 aus dem Leben[146]. Die von Heinrich II. in den zwanzig Jahren Herrschaft erreichte Festigung nach innen war aber sehr tragfähig und kam seinen Nachfolgern zu Gute.

Die fortwährende Erneuerung des Reiches

Sogleich nach dem Tod des kinderlosen Heinrich wurde der Salier Konrad II. (1024/1027–1039) zum König gewählt[147]. Die Krone der Langobarden wurde ihm zwei Jahre später übertragen[148] und zu Ostern 1027 feierte man in Rom ein neues Kaiserpaar[149]. Die Bedeutung des Aktes wurde durch die Anwesenheit von zwei Königen offenbar. Sowohl Knut von Dänemark und England († 1035) als auch Rudolf III. von Burgund († 1032) begleiteten die Rangerhöhung[150]. Nicht zufällig wurde Konrad von Papst Johannes XIX. (1024–1032) als *divus augustus* angespro-chen, so wie es für die spätantiken Kaiser üblich gewesen war. Das Wissen um das antike Kaisertum war von Rom und Bamberg ausgehend so sehr in die Köpfe der zum Reich gehörenden Zeitgenossen eingepflanzt worden, dass wenn auch nicht in Bezug auf die schöne Literatur, wohl aber politiktheoretisch von einer aus der Antike gespeisten *renovatio* zu sprechen ist. Die Kooperation zum byzantinischen Kaiserhaus suchte der neue Kaiser Roms mit einer Gesandtschaft, die eigentlich zur Brautwerbung für seinen Sohn Heinrich gedacht war[151]. Man wusste im Westen zu wenig über die dynastische Situation im Osten, denn es war keine gebärfähige Kai-sertochter verfügbar. So wurde man mit Reliquien vom Hl. Kreuz entschädigt, die das Kaisertum im Sinne Konstantins aufwerteten. Im Dom von Aquileia wurde das Kaiserpaar samt Sohn in demütiger Anbetung vor der in einer Mandorla thronenden Maria abgebildet[152]. Dergestalt wurde die göttliche Herrschaft eines Kaisers in den nächsten Jahrhunderten vorgestellt. Die unter Heinrich begonnene Annäherung an das Königreich Burgund, die 1006 zu einem Erbvertrag mit dem kinderlosen Rudolf III. geführt hatte, wurde 1033 mit der Krönung Konrads zum burgundi-schen König abgeschlossen[153]. Die göttliche Ordnung hob mit dem Kaisertum die untergeordneten Reiche nicht auf, sie blieben so sehr eigenständige Einheiten, dass die Formalakte der Thronbesteigung selbst für den Kaiser notwendig waren. Diese Situation mag vielleicht auch das oft kolportierte Missverständnis über die Stellung von Papst und Kaiser im bipolaren Ordnungssystem aufdecken. Kaiserherrschaft und Papsttum bedeuteten kein Hineinregieren in die untergeordneten Stufen der christlichen Organisation, sondern stellten nur die Garantie her, dass bei Vergehen der Machtträger eine übergeordnete Instanz anerkanntermaßen eingreifen durfte. Wenn die Könige, Erzbischöfe und Bischöfe die *christianitas* klug und zum Nutzen der Gemeinschaft führten, bestand für die beiden Spitzen des Reiches kein Anlass, die Zügel zu fassen. Ihre Aufgabe war nicht vorrangig die eigene Herrschaft, sondern die Kontrolle und Disziplinierung der Herrschenden.

Die Funktion kontrollierender Machtregulierung und Gerechtigkeitswahrung war noch für die Päpste, nicht aber mehr für die Kaiser mit dem Sitz in Rom verbunden. Konrad selbst verweilte nur zwecks Kaiserkrönung in der Stadt. Die Erinnerungen an diesen Aufenthalt mussten neben dem Festakt auch die anschließenden blutigen Kämpfe und die den Römern auferlegte Bußprozession verarbeiten. Konrad erwies sich als christlicher Herrscher, der die Schandstrafe der Todesstrafe vorzog. *Caput mundi*, Haupt der Welt, war nach diesen Tagen nicht mehr die geschichtsträchtige Tiberstadt, die ihre Stellung verwirkt hatte, sondern der Kaiser selbst. Wipo († nach 1046), der Biograf des Kaisers, sollte dies sogar bewusst formulieren[154]. Was in Konrads Umfeld propagiert wurde, fand in der *christianitas* durch ein Kaisersiegel Verbreitung, dem als Umschrift die alte Romidee eingraviert war: „Rom, das Haupt der Welt, regiert die Zügel des Erdkreises" (*Roma caput mundi regit orbis frena rotundi*). Alles was der Herrscher damit bekräftigte, hatte die Macht Roms im Rücken. Diese aus der Antike abgeleitete Legitimation wurde auch christlich gefestigt. Die Hl. Lanze, mit dem Nagel vom Kreuz eine bedeutende Christusreliquie, wurde aufgewertet durch ein Prunkkreuz, das als Behältnis für sie dienen sollte[155]. Das Reichskreuz war auf der Vorderseite im Stile der Gemmenkreuze mit Gemmen und Edelsteinen besetzt. Das war nicht nur Schmuck, sondern mit Blick auf die Theorien, die Edelsteinen reale Wirkkraft zuwiesen, ein Schutzschild für das christliche Reich[156]. Die Hinterseite diente zur Vergewisserung der christlichen Lehre: Eingraviert wurden im Mittelpunkt das Lamm Gottes als Symbol für Christus, die Apostel und die vier Evangelisten. Selbst die Krone, das Zeichen des Kaisertums, wurde auf den neuen Herrscher gemünzt, indem ein Bügel zugefügt wurde mit einer aus Perlen gesetzten Inschrift: „Konrad durch Gottes Gnade Kaiser der Römer". Als Teil in der Kette der Kaiser nahm Konrad für sich einen Sonderplatz in Anspruch. Die *translatio* auf die Deutschen wurde erst jetzt zur allgemein wahrgenommenen Realität. In Speyer wurde seit 1030 ein Kirchenbau von römischen Dimensionen errichtet, der zum neuen Zentrum des auf die Deutschen übertragenen Kaisertums werden sollte[157]. Die Vorbilder der Geschichte wurden in die eigene Gegenwart getragen, was das Ansehen steigerte und einfacher schien, als die geschichtsträchtigen Orte und Bauten mit dem eigenen Geist zu füllen. Dafür hätte jedenfalls in Rom Blut vergossen werden müssen, was den christlichen Geboten und der Vorstellung von Frieden im *imperium Romanum* widersprach.

Weniger zimperlich war der Herrscher bei der Durchsetzung seiner Ansprüche in Richtung Polen und Böhmen[158]. Auch dies war aber zumindest partiell mit Mission verbunden. Bamberg wurde jetzt der Vorposten für die Durchdringung der heidnischen Slaven mit der christlichen Lehre. Wenig erfolgreich gestaltete sich Konrads Vorgehen gegen die lombardischen Städte in den Jahren 1037–1038[159]. Das Kaisertum war dort keine unangefochtene Ordnungsmacht mehr, sondern musste zusehen, wie Fahnenwagen an die siegreichen Städter als Symbol ihrer Freiheit gegeben wurden. Ein Jahr später starb der Kaiser, ohne eine Lösung der bestehenden Konflikte zu seinen Gunsten erreicht zu haben. Gelungen war ihm, über dessen Herkunft so viele Legenden ranken, aber die dynastische Weitergabe seines Königtums an den Sohn Heinrich, der als Heinrich III. (1039/1046–1056) die Stellung des Herrschers in der Kirche noch weiter ausbauen sollte. Nach Osten hin griff er mit harter Hand durch und erreichte mit Siegen von 1041 gegen Brestislav I. von Böhmen († 1055) und 1044 über die Ungarn eine nicht vom Kaisertum abhängige Unterordnung, sondern eine Lehnsbindung gegenüber dem *rex Romanorum*. In Rom, wo die Adelsparteien in der Zeit der romfernen Kaiserpolitik Konrads die Besetzung des Papststuhls unter sich ausgemacht hatten, war es 1044 zur Vertreibung des seit 1032 amtierenden Benedikt IX. (1032–1044, 1045, 1047–1048, † 1055) gekommen, doch konnte sein Widersacher Silvester III. (1045–1046, † 1063) sich nicht halten[160]. Benedikt trat erneut an, gab aber schließlich am 1. Mai 1045 auf. An seiner Stelle wurde Gregor VI. (1045–1046) gewählt, so dass zur gleichen Zeit drei Männer lebten, die das eigentlich auf Lebenszeit vergebene Amt angetreten hatten. Die Kirchen Roms waren in Lethargie gefallen. Neubauten oder Erneuerungen, die früher mit der Mehrung der Würde Roms verbunden gewesen waren, sind kaum zu verzeichnen. Die Korrespondenz der Päpste sank auf ein Minimum herab. Konrad II., der *divus augustus*, hatte die bipolare Weltordnung in eine Schieflage zugunsten der weltlichen Macht gebracht. Sein Nachfolger sah darin keinen göttlichen Plan. Nach den Siegen gegen Böhmen und Ungarn wandte sich Heinrich III. dieser Problemlage zu.

Mit dem üblichen Mittel während eines Schismas, der Synode, nahm Heinrich III. das Heft im Sinne der tradierten Ordnungsvorstellungen in die Hand und erreichte nicht nur die förmliche Absetzung der drei lebenden Päpste[161], sondern auch die Besetzung des höchsten Amtes in der Kirche mit einem Bamberger, der als Clemens II. (1046–1047) nach Rom ging und immerhin 10 Monate amtierte[162]. Am ersten Weihnachtstag, einen Tag nach seiner Wahl zum Papst, belohnte er den Mann, der ihn nach Rom gebracht hatte, mit der Kaiserkrone. Schon im Januar wurde auf einer römischen Synode die Reform im Sinne einer bipolaren Lenkung der Kirche in Gang gesetzt. Ein Mainzer Pontifikale brachte neue Formen der Liturgie in die erste Kirche des Reiches und wurde dort bald wie ein Eigenprodukt weiter benutzt[163]. Clemens' früher Tod verhinderte allerdings die Ausbildung von größeren Plänen. Nach seinem Tod wurde in einem kurzen Zwischenspiel Benedikt zum Papst ernannt, der sich nach der Absetzung in die Albaner Berge zurückgezogen hatte. Nach wenigen Monaten wurde er allerdings erneut verjagt. Darauf folgte Damasus II. (1047–1048), der als Bischof Poppo von Brixen in der Gunst des Kaisers gestanden hatte. Auch ihm war keine lange Amtszeit beschieden, so dass sich der Kaiser wenig später zum dritten Mal als Papstmacher aufschwingen konnte. Bruno von Toul wurde als Leo IX. (1049–1054) zum Reformer der römischen Kirche und sorgte für eine engere Bindung zwischen den Kirchen des Reiches und dem Heiligen Stuhl[164]. Er schaffte zudem den Ausgleich mit dem römischen Stadtadel und konnte das Papsttum als moralische Instanz aus dem familiären römischen „Stellengeschiebe" herauslösen. Die Stringenz seines Denkens und Handelns führte die ungelösten Probleme eines Weltpapsttums vor Augen. König Heinrich I. von Frankreich († 1060) rief zum Boykott der von Leo nach Reims einberufenen Synode auf. Er wollte nicht, dass der Papst die Bischöfe seines Königreichs an sinnträchtigem Ort unter seiner Führung versammelte. Als Kaiser konnte Heinrich III. auf derart kleinliche Machtdemonstrationen verzichten, so dass ein Mainzer Synodaltreffen unter päpstlicher Leitung zum Höhepunkt für das Reich und den Papst werden konnte.

In Süditalien wurden die Grenzen der Zusammenarbeit deutlich. Der Papst erhielt im verzweifelten Kampf gegen die Normannen keinen kaiserlichen Schutz. Die Eigenheiten der griechischen Kirche, die etwa beim „*Credo*" vom Zusatz „Filioque" unberührt geblieben war[165], fielen stärker als zuvor ins Gewicht und brachten im Sterbejahr Leos 1054 den Bruch mit der Ostkirche[166]. Wie selbstverständlich die Verbindung zwischen West und Ost aber noch schien, zeigt eine Fälschung für die Osnabrücker Kirche, die in dieser Zeit auf den Namen Karls des Großen (768/800–814) hergestellt wurde[167]. Karl bestätigte dem Bischof die Befreiung von jedem Königsdienst außer der Übernahme der Gesandtschaft im Falle der Verehelichung von Kindern des römischen Kaisers mit dem König der Griechen. Osnabrück übernahm gemäß der Fälschung im Gegenzug die Verpflichtung, griechische und lateinische Schulen zu unterhalten. Heinrich setzte Viktor II. (1055–1057) ein, ohne zu ahnen, dass seine eigene Lebenszeit fast abgelaufen war. Die im Juni 1055 in Florenz gemeinsam abgehaltene Synode war der Auftakt für eine neue Weltpolitik, denn unter neuen Vorzeichen nahm der Kaiser den Kampf gegen die Normannen in Süditalien auf. Das taktische Spiel, das Viktor II. vor seiner Papstwahl als Bischof Gebhard von Eichstätt betrieben hatte, schien von Erfolg gekrönt.

Gregor VII. und Heinrich IV. im Streit

Unerwartet und ohne eine stabile Nachfolge starb Kaiser Heinrich III. im Jahr 1056. Sein Sohn Heinrich IV. (1056/1084–1105, †1106), der Erbe des Reiches, war gerade sechs Jahre alt[168]. Diese Zeit der Krise konnte anfangs nicht durch ein starkes Papsttum kompensiert werden, denn die Inhaber der nächsten Jahre blieben selten ein Jahr lang im Amt. Die Unzufriedenheit im Reich und in der Kirche stieg, obwohl die gekrönte Kaiserin Agnes († 1077) aus dem Hause Poitou nach dem Vorbild der ottonischen Kaiserinnen die Geschäfte führte. Die von ihr bevorzugten Allianzen riefen mächtige Widersacher auf den Plan, die ihr den Sohn, der als Pfand ihrer Herrschaft angesehen wurde, raubten. Erzbischof Anno von Köln († 1075) brachte 1062, also sechs Jahre nach dem Tod Heinrichs III., zusammen mit anderen Großen des Reiches den noch unmündigen König in seine Gewalt[169]. Der Staatsstreich von Kaiserswerth, wie der Akt nach dem Schauplatz, heute ein Ortsteil von Düsseldorf, benannt wird, bündelte die Kritik an der Regierung seiner Mutter, die sich 1061 bei der Papstwahl auf die Seite der Reformgegner geschlagen hatte. Dass sie wie ihr Mann die freiwerdenden Bistümer im Reich besetzte, schien den immer lauter nach Reform rufenden Kirchenmännern unerträglich[170]. Letztlich blieb ihr nur der Rückzug. Heinrich IV., der bereits im Juli 1054 noch zu Lebzeiten seines Vaters ordiniert worden war, lernte in diesen Jahren, dass hohe Reformrhetorik meist nur die Eigeninteressen ummäntelte und keineswegs die Wiederherstellung der gestörten Ordnung im *imperium Romanum* förderte. Nicht die Einheit des Reiches oder die Reinheit der Kirche, sondern politisches Kalkül und persönliche Interessen erkannte er früh als Motive seiner neuen Vormünder. Machtinstinkt, Argwohn und Skepsis wurden ihm in dieser Zeit gelehrt, obwohl seine spätere Regierung eher Kompromissfähigkeit und Ausgleichsgeschick bedurft hätte. Wie sehr die Unruhe weniger Jahre das *imperium Romanum* schwächen und die Bipolarität der letzten Jahrhunderte an den Rand der Funktionsfähigkeit bringen konnte, erstaunte sogar die Zeitgenossen. In der Zeit zwischen 1056 bzw. 1073 und 1084 war die doppelte Spitze gemeinsamer Obsorge für das *imperium Romanum* außer Kraft gesetzt. Über das Verhältnis der beiden Gewalten wurde umso mehr gestritten. Politische Schriften wurden zum Kampfmittel[171]. Die Einheit oder auch nur das friedliche Nebeneinander zweier gleichberechtigter Lenker erschien als unlösbare Aufgabe.

Das Kaisertum blieb derweil vakant, obwohl spätere Historiographen von einer entscheidenden Auseinandersetzung zwischen Papst und Kaiser sprechen sollten. Heinrich hatte 1065 mit der Schwertumgürtung zu Ostern seine Königsherrschaft angetreten. Die Durchsetzung seiner Interessen fiel anfangs selbst im Königtum sehr schwer. Unruhe herrschte an vielen Orten, und das Streben nach territorialer Autonomie führte zur Abgrenzung gegenüber dem Herrscher. Sogar über einen Mordanschlag auf den König wird berichtet[172]. Den Sieg des Königs an der Unstrut 1073/75 über die Sachsen begleitete ein Aufstand der Kölner Bürger gegen Erzbischof Anno. Hinzu trat der Streit um die Besetzung des Erzbistums Mailand. Auf dem Papstthron hatte sich nach anfänglichen Schwierigkeiten Anselm von Lucca als Alexander II. (1061–1073) etabliert. Als Heinrich 1062 gekidnappt wurde, hatte er so sehr mit der Durchsetzung der eigenen Position zu schaffen, dass er sich nicht in die zunehmend als deutsch empfundenen Angelegenheiten einmischte. Agnes hatte sich für den im Schisma gegen Alexander II. erhobenen Honorius II. (1061–1064, † 1071/72) ausgesprochen, was die Spannungen nicht verringerte.

Nach Alexanders Tod trat, nicht gemäß den neuen Richtlinien[173] zur Papstwahl, sondern im Tumult erhoben, ein Reformer auf den Plan, der klare Vorstellungen von der päpstlichen Stellung in der Welt mitbrachte. Kaum ein Papst des Mittelalters ist heute noch so vielen Europäern bekannt wie Gregor VII. (1073–1085), der schon als Hildebrand den Rückbezug der kirchlichen Institutionen auf die christliche Lehre eingefordert hatte und die zentrale Organisation unter einer durchsetzungsfähigen Leitung optimieren wollte. Ein 1074 verfasster Brief, der im Register Gregors VII. überliefert ist, ohne dass die Autorschaft des Papstes unbestritten wäre, richtet sich an König Heinrich mit einem Plan für die erneuerte Kooperation von weltlicher und geistlicher Herrschaft[174]. Gregor, so der Text, sieht es als seine Aufgabe, an der Spitze eines Heeres ins Hl. Land zu ziehen, während Heinrich die Kirche leiten solle. Mit Blick auf die seit der Spätantike gepflegte Aufgabenverteilung zwischen weltlicher und geistlicher Macht mutet das Konzept, das keine Erhöhung Heinrichs zum Kaiser vorsah, wie eine Satire an. Die Realitäten ließen das Gedankenspiel schnell veralten. Es wurde durch ein neues ersetzt, was die Bipolarität völlig zugunsten einer päpstlichen Welthoheit aufheben sollte. Das als „*Dictatus papae*" bezeichnete Grundsatzpapier von 1075 prägte das neuzeitliche Bild vom Papsttum und vom Streit zwischen Papst- und Kaisertum, obwohl die Zeitgenossen es nicht wagten, damit an die Öffentlichkeit zu treten[175]. Im schon genannten Register blieben die Ideen unter Verschluss, weil die Revolution des *imperium Romanum* im Sinne dieses Konzepts ihre eigenen Kinder geschluckt hätte. Als Geheimplan aber legte es dennoch einen Schatten auf den Glanz des Reiches und zeichnete voraus, welche Ansprüche in den nächsten Jahrhunderten durchgesetzt werden sollten. Der Vorrang und die Vorrechte der römischen Kirche und des Papstes stehen noch auf dem Boden des Hergebrachten, denn seit der Zeit der byzantinischen Kaiser hatte es Bestätigungen dieser Stellung gegeben. Die Ansprüche griffen aber darüber hinaus. So wurde die römische Kirche als eine göttliche Stiftung angesprochen, die niemals geirrt habe und niemals irren werde. Die Durchsetzung des Rechts sollte in Rom konzentriert werden, wozu die Bestimmung diente, dass derjenige, der an

Rom appelliert, also seinen Rechtsstreit vor das päpstliche Gericht bringt, von niemandem verurteilt werden dürfe. Dem Papst wurde die Kompetenz zugesprochen, eine Synode als *generalis* zu bezeichnen und ihr damit allgemeine Gültigkeit zu verschaffen, selbst wenn sie nicht repräsentativ für alle Teile der Christenheit stand. Die Autonomie der Einzelkirchen in der jahrhundertealten Kirchenorganisation sollte durch das päpstliche Recht, Bischöfe absetzen zu können, eingeschränkt werden. Wie beim antiken Kaiser üblich, sollten alle Fürsten die Füße des Papstes zu küssen haben. Nur der Papst dürfe sich der kaiserlichen Insignien bedienen. Seine Überordnung gegenüber dem Kaiser ergibt sich zudem aus dem Recht, Kaiser abzusetzen und die Untertanen vom Treueid zu lösen. Der sakrale Charakter des Königtums wurde nicht mehr anerkannt. Dagegen wurde die Amtsheiligkeit der Päpste mit Bezug auf Petrus aus Mt. 16, 18–19 abgeleitet. Die Bibelstelle besagt, dass Petrus die Schlüssel zum Himmelreich habe.

Aus einem nur temporär bedeutsamen Streit um die Besetzung des Erzbistums Mailand war eine Systemkrise geworden, die gleich zwei Legitimationen kaiserlichen Handelns auf einmal in Gefahr brachte. Zum einen wurde die antike Tradition des auch in Glaubensfragen kompetenten Herrschers in Zweifel gezogen, zum anderen die gelebte Bipolarität christlicher Führung in eine päpstliche Hierokratie uminterpretiert. Nach dem geheimen Positionspapier des Papstes wurden die Stimmen immer lauter, die den Kaiser nur als Marschall des Papstes und königliche Herrschaft nicht mehr als Davidnachfolge begreifen wollten. Die konkreten Schritte der Eskalation mussten zwangsläufig folgen. Im Januar 1076 wurde auf der Synode von Worms, am Stammplatz der Salier, Gregor VII. von Heinrich IV. und den deutschen Bischöfen für abgesetzt erklärt[176]. Es bedurfte in der Vorstellung der Akteure nicht mehr des Kaisertums, um einen solchen Schritt zu vollziehen. Als Gegenreaktion wurden Erzbischof Siegfried von Mainz († 1084) als Spitze der deutschen Bischöfe und Heinrich IV. auf der folgenden Fastensynode in der als Konstantinbasilika bezeichneten Laterankirche von Gregor VII. gebannt[177]. Im Oktober 1076 erklärten Heinrichs Gegner auf dem Fürstentag zu Tribur, dass der König abzusetzen sei[178], falls die von Gregor als Antwort ausgesprochene Exkommunikation nicht in Jahresfrist gelöst wird. Die Christen drängten ihre Herrscher in die alten Konstellationen, die über Jahrhunderte hinweg ein Gleichgewicht der Macht, wechselseitige Kontrolle und Frieden gebracht hatten. Das Kirchenrecht als Verfassung der *domus Dei* sollte eingehalten werden. Insofern gab es für den König keine Alternative zum Bußgang nach Canossa, denn für ein eigenes Heilssystem fehlten ihm bei der Rechtslage die Argumente. Das Verfahren folgte den im *„Ordo Romanus"* festgelegten Prinzipien und trägt zugleich Züge einer weltlichen Unterwerfung[179]. Die Zeitgenossen waren sich bewusst, dass König Heinrich nicht der erste weltliche Herrscher war, der die Kirchenbuße auf sich nehmen musste. Erst spätere Verklärung sollte die Geschichte der byzantinischen Phase übersehen und im nationalen Taumel unerhörtes päpstliches Vorgehen brandmarken[180]. Folgerichtig begab sich Heinrich unter widrigen Umständen nach Italien, tat Buße im Angesicht des Papstes und leistete schließlich den Eid, der die Doppelspitze wieder vereinte, dem Papst aber die Richtungskompetenz zuwies. Indizien lassen sich dahin deuten, dass ein Frieden ausgehandelt wurde, der aber bald wieder in Vergessenheit geriet[181]. Streitigkeiten wollte der Herrscher in Zukunft nach dem Rat des Papstes entscheiden[182], was wohl nicht prinzipiell die Aufgabe eigener Handlungsfähigkeit bedeutete, die im bipolaren Konzept als störend empfunden wurde. Der Schutz des Papstes wurde in alter Tradition garantiert. Trotz dieser Annäherung zwischen Papst und König wurde wenig später im März 1077 in Forchheim mit Rudolf von Rheinfelden ein Gegenkönig gewählt[183]. Die Fürsten waren zur eigenständigen dritten Kraft im System von *regnum* und *sacerdotium* geworden, die Bemühungen um Deeskalation zunichte machen konnte. Durch seine Ehe mit der Tochter Heinrichs III., Mathilde († 1060), war der Gegenkönig zwei Jahrzehnte zuvor zum Schwager Heinrichs IV. geworden. Nach dem frühen Tod seiner Frau spürte er weiterhin Verantwortung für das Reich. Der Bürgerkrieg war die Folge, den am Ende Heinrich militärisch gewann.

Canossa war keine Wende zu einem neuen Herrschertum hin, sondern wurde auf der Grundlage von zeitgenössischer Königskritik erst in der Neuzeit zur Entzweiung der Einheit in der Christenheit stilisiert[184]. Der Friede, den der König mit dem Papst geschlossen hatte, war hingegen nicht auf Dauer zu wahren. Im Jahre 1080 kam es zur zweiten Exkommunikation, auf die Heinrich diesmal mit Kampf antwortete. Der Romzug bewirkte, da die Stadt sich und den Papst verteidigte, den Bau einer Zeltstadt vor den Toren. Man richtete sich auf Dauer ein und installierte sogar eine neue „Kurie". Akzeptiert wurde jedoch das Charisma des rechten Ortes, denn erst nach Öffnung der belagerten Stadt fand zu Ostern 1084 die Kaiserkrönung durch Gegenpapst Clemens III. (1080–1100) statt. Gregor VII. musste von der Engelsburg, in die er sich geflüchtet hatte, seinen Feind beobachten. Obwohl die Zeremonie oberflächlich gesehen nach den Regeln vollzogen wurde, und trotz der Publizistik, die im Sinne des Kaisers betrieben wurde, war das Ergebnis ein zweifelhaftes Kaisertum. Auch der Tod Gregors, der 1085 in Salerno zu Grabe getragen wurde, änderte daran nichts. Wie sollte ein Mann, der sich mehrfach gegen die Gesetze der Kirche gestellt hatte und nur mühsam wieder auf den rechten Weg zu bringen war, die Christenheit lenken? Noch nicht einmal sein eigener Sohn Konrad hatte ihm dies zugetraut. Dabei war er mit Blick auf das dynastisch gebundene Kaisertum mit der Tochter des Grafen Roger von Sizilien († 1111) vermählt worden. Er sagte sich vom Vater los, als dieser 1080 die Einheit des Reiches gefährdete. Auch Heinrichs zweiter Sohn, Heinrich V., erst 1086 geboren und ebenfalls im Sinne des

Weltreiches mit Mathilde, der Tochter des englischen Königs, vermählt, sollte es nicht auf Dauer an der Seite seines Vaters aushalten.

Eine schwierige Erbschaft: Zur Regierung Heinrichs V.

Heinrich V. (1098.1106/1111–1125) war 1098 in Mainz zum König gewählt und 1099 in Aachen gekrönt worden, weil sein älterer Bruder durch den Dienst für den Papst seine Stellung im Urteil der Fürsten verwirkt hatte. Dabei hatte Konrad richtig erkannt, dass das Schisma nicht zur Schwächung, sondern zur Stärkung der päpstlichen Stellung geführt hatte. In der Notlage besannen sich die Nachfolger Petri auf wirksame Mittel zur Bewahrung ihrer in der Tradition seit der Spätantike gewachsenen Führungsposition, auch wenn kaiserliche Päpste ihnen zur gleichen Zeit den Rang streitig machen wollten. Unter Urban II. (1088–1099) wurde nicht nur zu einem Kreuzzug nach Jerusalem aufgerufen, sondern die Verwaltung der Papstkirche modernisiert. Der Begriff der römischen Kurie erscheint am Beginn des 12. Jahrhunderts erstmals[185]. Mit einer Neustrukturierung des Kanzleiwesens wurde der diplomatische Verkehr professionalisiert und das Finanzwesen nach den neuesten Methoden strukturiert, die Urban als Prior in Cluny kennen gelernt hatte. Seither mehrten sich die Kritiken an der Raffgier Roms, die letztendlich das bipolare System ins Wanken bringen sollte[186]. Die wirtschaftliche Unabhängigkeit stärkte zunächst aber die Handlungsfreiheit der Päpste.

Zum revoltierenden Sohn und Papstverächter haben Heinrich V. unter Einfluss des Abtes Berengoz von St. Maximin in Trier, dessen Schriften unten näher betrachtet werden, vor allem die Zeitumstände gemacht. Als er 1105 an die Spitze der deutschen Fürstenverschwörung trat, war er von den Vorstellungen guter christlicher Herrschaft geleitet. Aus diesem Grund wurde er vom Papst anerkannt. Die Übergabe der Herrschaftszeichen des Kaisers erfolgte durch den Vater selbst, der später den Zwang betonen sollte, dem er unterlegen hat, während sein Sohn die Freiwilligkeit des Aktes tradieren ließ[187]. Mit der Huldigung durch die Fürsten in Mainz wurde der Akt gewissermaßen besiegelt. Die Lösung der schwelenden Investiturfrage sollte möglichst schnell erreicht werden, zumal Heinrich V. von Trier aus auf eine Kaiserherrschaft in der Nachfolge Konstantins vorbereitet wurde[188]. Anfangs war der Konsens das leitende Ziel. Die ihn umgebenden Bischöfe entsprachen den Vorgaben des Reformgeistes. Im Frühjahr 1106 brachte eine Synode in der Nähe von Parma aber die Unterschiede der Positionen ins Bewusstsein. Dem generellen Verbot der Laieninvestitur stand die Investitur der Bischöfe als *ius regni* entgegen. Auf dem 1. Italienzug 1110/1111 kam dann ans Tageslicht, dass alle Bemühungen der Unterhändler ins Leere laufen mussten. Dabei schien es zunächst so, als hätten die beiden Spitzen der Christenheit einen gangbaren Weg aus dem Investiturdilemma gefunden.

Für Sonntag, den 12. Februar 1111, war die Kaiserkrönung anberaumt worden. Zuvor hatte Papst Paschal II. (1099–1118) in der Peterskirche die Konditionen der Einigung bekannt gegeben[189]. Diese sahen einen Verzicht auf die Investitur unter Rückerstattung der an die Bischöfe gegebenen Reichsgüter vor. Mit der langatmigen Begründung, die Bischöfe und Äbte wären so sehr in weltliche Geschäfte verwickelt, dass ihnen für ihre Seelsorgeraufgaben keine Zeit bliebe, und mit dem Hinweis, die simonistischen Missstände bei der Amtseinsetzung sprächen gegen die Gebote der Kirche, befahl der Papst die Regalien an Herrscher und Reich zurückzugeben. Die Trennung von geistlicher und weltlicher Führung, wie sie mit Papsttum und Kaisertum bekannt war, sollte auch für die unteren Ebenen der Kirche, insbesondere für die Bistümer gelten. Ohne weltliche Aufgaben bestand kein Grund mehr für eine Einsetzung von Bischöfen durch den König. In der Tradition des Reiches, die im Bewusstsein behielt, dass die Kirche erst durch Konstantin in den Genuss weltlicher Besitzungen als Verwaltungshoheit gekommen war, erscheint der Plan weniger abwegig als bei kurzfristiger Sicht auf die Entwicklungen seit der Ottonenzeit. Die Suche nach neuen Verwaltungsformen für die an Bischöfe ausgegebenen Regalien hätte das Reich nicht überfordert, sondern lediglich in einer Form säkularisiert wie schon in der Spätantike üblich. Der Kaiseranwärter, der zur Stärkung seiner eigenen Position immer wieder imperiale Legitimationsstrategien der christlichen Spätantike anwandte, mochte dies als die plausibelste Lösung befürworten. Die Wendung, die diese Einigung gegen die Macht der Bischöfe enthielt, schien den in St. Peter anwesenden Feiergästen unerträglich. Ihnen sollte eine Beschränkung auf die reine Seelsorge verordnet werden, während der Papst als Verwalter der vom Reich erhaltenen Güter auch in weltliche Geschäfte involviert bleiben sollte. Der Protest war so groß, dass die Zeremonie abgebrochen werden musste.

Der brüskierte *rex Romanorum* sah die Kirche handlungsunfähig und reformunwillig. Seine Antwort lag in der Festsetzung von Papst und Kardinälen, die mit ihren Entscheidungen keine Zustimmung hatten erlangen können, aber auch die Beibehaltung des Status quo ablehnten. So war kein Friede für das *imperium Romanum* zu schaffen, was ein rigoroses Vorgehen des Beinahe-Kaisers zu rechtfertigen schien. Die Stellung des Kaisers brauchte eine vom Papst unabhängige Legitimation, weshalb seit der Zeit Heinrichs V. die Beschäftigung mit dem antiken Kaiserrecht intensiviert und als Grundlage für neue Staatstheorien benutzt wurde[190]. Neben dieser juristischen Argumentation förderte Heinrich die Vorstellungen von der kaiserlichen Teilhabe am Heil, wie sie mit der Auffindung des „wahren" Kreuzes im Auftrag Konstantins grundgelegt worden war. Die Kaiser hatten ihren eigenen, von päpstlicher Obhut unabhängigen Beitrag zum Heil der kreuzverehrenden Kirche geleistet. So gestärkt, glaubte Heinrich die Regelung der Investiturfrage diktieren zu dürfen: Der in Beugehaft genommene Papst Paschal II. sicherte ihm in der als Privileg bezeichneten Urkunde vom 12. April 1111 die Investitur der Bischöfe mit Ring und Stab nach der kanonischen Wahl, aber vor der Weihe zu[191]. Auf dieser erzwungenen Grundlage empfing Heinrich einige Tage nach Ostern endlich die Kaiserkorne, wobei den Zeitgenossen der verpasste Ostertermin als Indikator dafür dienen konnte, dass keine neue friedliche Einheit konstituiert worden war. Wenig später, Heinrich hatte Italien nach der für ihn unwürdigen Romerfahrung wieder verlassen, wurde das Privileg von einer Lateransynode widerrufen. Wenn dies in seinem Sinne war, konnte ein Papst sogar die höhere Rechtskraft einer synodalen Entscheidung akzeptieren. Wegen der Gewaltanwendung wurde Heinrich nicht sogleich, sondern erst auf der Synode von Vienne exkommuniziert.

Was zum Höhepunkt imperialer Konstantin-Tradition hätte werden sollen, war im Desaster geendet. Die Großen des Reiches wandten sich von Heinrich V. ab. Ob sie enttäuscht über den ausgebliebenen Machtzuwachs, den sie sich zulasten der Bischöfe erhofft haben dürften, schockiert über das schmähliche Scheitern der geplanten Kaiserkrönung im Februar oder indigniert über die erzwungene Krönung und den nachfolgenden Widerruf in der Investiturfrage waren, ist kaum zu beantworten. Die Addition aller drei Aspekte signalisierte den fortbestehenden Zwist zwischen den beiden höchsten Gewalten, die eigentlich in friedlicher Kooperation der Christenheit und Gott dienen sollten. Trotzdem gelang es dem frisch gekrönten Kaiser, Eheverhandlungen mit dem englischen König zu einem positiven Ende zu führen, und das selbstbewusste Auftreten hatte offenbar auch Mathilde von Tuszien († 1115), der mächtigsten Dame des Reiches, imponiert, die ihm und dem Reich ihr Erbe vermachte[192]. Die Römer unterstützten ihn, als es darum ging, seine Gemahlin Mathilde von England († 1167) der Tradition gemäß in Rom zur Kaiserin krönen zu lassen. Paschalis II., der nach den Ereignissen von 1111 versuchte, das Papsttum durch Kooperation mit den Normannen zu stärken, konnte dies nicht verhindern. Nach seinem Tod befolgte Heinrich ein universales Reichskonzept, denn als Gegenpapst zu Gelasius II. (1118–1119) wurde unter Rechtsberatung aus Bologna Gregor VIII. (Mauritius) (1118–1121, † nach 1137) gewählt, der als Cluniazenser zum Erzbischof von Braga aufgestiegen war. Die mit dem Namen verbundenen Ansprüche konnte keiner der beiden Päpste in gelebte Gegenwart umsetzen. Vielmehr sollten die letzten Jahre Heinrichs V. von Papst Calixt II. (1119–1124) bestimmt werden. Im Jahre 1122 gelang mit dem Wormser Konkordat endlich auch eine Einigung über die Investiturfrage[193]. Der Vertrag in zwei Urkunden regelte das Investiturrecht regional unterschiedlich. Der Einstieg in die Aufsplitterung des Reiches in verschiedene Einflusssphären erkaufte eine Bevorzugung des Königs bei der Besetzung deutscher Bischofsstühle. Heinrich V. verzichtete auf die Investitur der Bischöfe mit den Lehnssymbolen von Ring und Stab. Die Wahl jedoch sollte im „Deutschen Reich" (*regnum Teutonicum*) in Gegenwart des

Herrschers stattfinden. Schon Gregor VII. hatte versucht, aus dem *rex Romanorum* und legitimen Gegenspieler der Päpste einen *rex Teutonicorum* zu machen. Kaiser Heinrich V. nahm geschwächt durch die unzähligen Konflikte nördlich der Alpen und immer noch auf die Geburt eines Thronerben wartend hin, dass sein direkter Einfluss auf die Bistumsbesetzungen Norditaliens und Burgunds ausgeschaltet wurde. Die Fürsten hatten zuvor erklärt: „Der Herr Kaiser soll dem Apostolischen Stuhl gehorchen."[194] Ein ausgedehntes Investiturrecht wurde wie in England und Frankreich an die Königswürde geknüpft und aus den kaiserlichen Rechten herausgelöst. Der Preis des Reiches für das Seelenheil, das sich Heinrich ausdrücklich als Gegenleistung ausbedungen hat, war hoch. Der Vertrag, der zunächst nur den amtierenden Herrscher binden sollte, wurde in der Folgezeit zum Fixpunkt der bipolaren Machtverteilung.

Das staufische Kaisertum und der Versuch des Ausgleichs

Ein Neuanfang in sächsischer Tradition

Das Erbe des kinderlos gebliebenen Heinrich V. war für die Position des universal agierenden und eines die Führungsstellung neben den Päpsten behauptenden Kaisertums zweischneidig[195]. Einerseits lag die Liste der aus der Antike stammenden Ansprüche auf dem Tisch, andererseits war die von Papst und Kaiser gelenkte europäische Christenheit durch die Investiturprivilegien gespalten. Der Bruch der dynastischen Linie eröffnete jedoch neue Chancen. Den Fürsten, die sich zu Gunsten der Päpste eingeschaltet hatten, oblag es, die wichtige Personalfrage zu entscheiden. Schon den Zeitgenossen war die Bedeutung bewusst, weshalb eine genaue Beschreibung der Wahlvorgänge angefertigt wurde[196]. Nicht die beste weltliche Führung des Reiches, sondern das allgemeine friedliche Einvernehmen stand im Vordergrund der Interessen. Gegen Herzog Friedrich II. von Schwaben († 1147) und Markgraf Leopold III. von Österreich († 1136) ging Graf Lothar von Süpplingenburg in Sachsen (1125/1133–1137) erfolgreich aus dem Auswahlprozess hervor[197]. Lothar hatte zunächst im Auftrag Heinrichs V. Sachsen befrieden können, war dann aber zu einem der härtesten Gegner des Saliers nördlich der Alpen avanciert. Nach seiner Krönung zeigte Lothar III. dem Papst seine Wahl als vertrauensbildende Maßnahme an. Dieser bestätigte die Erhebung und formulierte damit den Anspruch auf ein Prüfungs- und Approbationsrecht. Für die Durchsetzung seiner Stellung gegen den Staufer Konrad (1127.1138/- –1152), der zum Gegenkönig gewählt worden war, zahlte sich diese sofortige Kontaktnahme nicht aus, denn die Exkommunikation, die der Papst gegen Konrad aussprach, hatte in der Realität keine

Konsequenzen. Vielmehr besetzte dieser Speyer und konnte aus diesem symbolbeladenen Ort nicht vertrieben werden. So gestärkt konnte der Gegenkönig nach Italien ziehen und sich zum König der Langobarden krönen lassen. Erst hier konnte das geistliche Schwert zugunsten Lothars wirken, denn der Mailänder Erzbischof, der die Krönung vollzogen hatte, war mit dem Ausschluss aus der Kirche in die Knie zu zwingen. Ohne seine Hilfe sank Konrads Stern. Lothar sah zunächst keine Veranlassung, auf eine schnelle Erhebung zum Kaiser zu drängen. Erst als sich nach dem Tod Honorius' II. (1124–1130) die römischen Parteien nicht auf einen Papst einigten, griff er ein, um ein Schisma zu unterbinden. Im Konsens mit den Reichsbischöfen förderte er mit Innozenz II. (1130–1143) einen Mann, der bei den Römern weniger Rückhalt hatte als in der europäischen Christenheit. Bernhard von Clairvaux († 1153) nutzte seine Reputation, um Innozenz zu stützen. Sein Rivale Anakletus II. (1130–1138) fand in Rom und im Patrimonium Petri, in Mailand und in Süditalien Zustimmung.

Die problematischen Machtverhältnisse lassen sich aber daran ablesen, dass ein erstes Zusammentreffen zwischen Lothar und Papst Innozenz II. auf einem Hoftag in Lüttich erfolgte. Die Beschreibung des Kontaktes stammt von Suger von St. Denis († 1151), der den französischen König über die Vorgänge unterrichtete[198]. Der Autor war der Initiator der papstfreundlichen Haltung des französischen Königtums. Ihn für einen unabhängigen Zeugen zu halten, wäre naiv. Eine alternative zeitgenössische Berichterstattung fehlt, so dass die Nachrichten über den ausgedehnten Stratordienst des Herrschers in Relation zu Lothars Forderungen nach dem Investiturrecht für die deutschen Bischöfe gesetzt werden sollten. Dass Lothar III. seine Forderungen nicht durchzusetzen vermochte, scheint bedingt durch die negative Haltung des Papstfreundes Bernhard, der darin einen Angriff des zu emotionalen Königs erblicken wollte. Letztlich waren es aber nicht Bernhard und der französische König, sondern Lothar, der den heimatlosen Papst nach Rom führte. Der gerechte Lohn, den Lothar sich als Schutzherr des Papstes erhoffte, war die Krönung zum Kaiser, die aufgrund der Wirren in Rom nicht im Angesicht des Apostels Petrus, sondern im Lateran stattfand. Der alte Kaisersitz, den Konstantin Silvester und den Päpsten überlassen hatte, wurde zum Schauplatz des bipolaren Initiationsrituals.

Die Sakralität des Kaisers war in der Symbolsprache der Zeit an dem Akt abzulesen, mit dem Lothar die Mathildischen Güter als Lehen empfing[199]. Der symbolisch übergebene Ring war nämlich kein Zeichen weltlicher, sondern geistlicher Bindung. Die tatsächliche Einweisung in die Güter wurde an Lothars Schwiegersohn vollzogen, der auch die obligatorische Eidesverpflichtung übernahm. Interessanterweise erst nach dem Tod Lothars wurde der Akt in einem Kunstwerk historisiert, das vom Papst in Auftrag gegeben wurde. Ob die Realität dargestellt wurde oder der Papst künstlerisch kompensieren ließ, dass Lothar sich zwar für die alten Kaiserbesitzungen, nicht aber für St. Peter als Legitimationszentrum des Papsttums eingesetzt hatte, sei hier gegen die bisherige Forschung offengelassen, die der päpstlichen Interpretation gefolgt ist. Ein Hauptziel der Verhandlungen konnte Lothar nicht erreichen. Die Investiturfrage verblieb aufgrund der Beratungen Erzbischof Norberts von Magdeburg († 1134) auf dem Stand, der im Wormser Konkordat fixiert worden war. Die Verhandlungen über diesen Punkt haben aber die nördlichen Metropoliten gestärkt. Vor der Kaiserkrönung wurden Erzbischof Adalbero von Hamburg-Bremen die nordischen Bistümer inklusive Lund unterstellt. Noch 1103 war eine Intervention gegen die Errichtung der Metropole Lund gescheitert. Es ging um keine Kleinigkeiten, sondern um die Ausrichtung der nordeuropäischen Christenheit. Mit dem Kompromiss wurde ferner die Stärkung des Magdeburger Erzbischofs erkauft, der zum Primas über die polnischen Bistümer erhoben wurde.

Das Kaisertum schien Lothar in den folgenden Jahren eher ein nützlicher Titel beim Ausbau seiner Macht im Norden und Osten denn Schutzauftrag für Rom und den Papst zu sein. Er verließ Rom, ohne die Peterskirche zu betreten und scherte sich nicht darum, dass sein Koronator den Angriffen der Römer nicht gewachsen war. Erst drei Jahre später richtete er erneut den Blick nach Süden. König Roger II. von Sizilien († 1154) sollte in die Schranken gewiesen werden, wobei es zu einer echten Kooperation zwischen den beiden Spitzen des Reiches kam. Beide führten ein Heer nach Süditalien. Der Papst wurde von Lothars Schwiegersohn Heinrich dem Stolzen († 1139) unterstützt, was nicht zuletzt in Viterbo zum Streit führte. Erfolge führten zum Zurückweichen Rogers. Die Heere des Papstes und des Kaisers gelangten bis Bari. Die Belehnung des Herzogs von Apulien nahmen beide zusammen vor. Keiner von beiden sollte sich als alleiniger Lehnsherr aufspielen dürfen. Mit Wibald von Stablo († 1158) wurde ein enger Vertrauter des Kaisers zum Abt von Montecassino[200]. Die kaiserliche Oberaufsicht über das Kloster musste dem Papst ein Dorn im Auge sein, auch wenn sie aufgrund der kurzen Anwesenheitsdauer Wibalds von nur knapp 50 Tagen eher demonstrativ zu nennen ist und kein echtes Korrektiv für päpstliche Eigeninteressen in Süditalien entstand. Zur Schwächung des Papstes von Lothars Gnaden kam hinzu, dass dem Kaiser an der Verdrängung Anaklets II. aus Rom nicht gelegen war. Mögen die Unterwerfungsakte der französischen und päpstlichen Darstellungen auch die Tradition beeinflussen, dem unvoreingenommenen Betrachter öffnet sich schnell die Einsicht, dass der durch einen Überraschungscoup, nicht durch korrekte Wahl ins Amt gekommene Innozenz II. nicht der unangefochtene Nachfolger Petri und damit gleichberechtigte geistliche Spitze im bipolaren Kräfteverhältnis war.

Erst durch den Tod Lothars III. im Dezember 1137 und den Tod Anaklets II. im Januar 1138 stabilisierte sich sein Papsttum. Zur Stützung ließ er auf dem Laterankonzil von 1139 das Schisma für beendet erklären. Päpstliche Oberhoheit über Rom, die Kirchen und das Reich, wie er sie mit der Forderung, alle *causae maiores* entscheiden zu müssen, beanspruchte, konnte er aber auch danach nicht erlangen. Im wieder aufgeflammten Streit gegen Roger II. geriet er in Gefangenschaft und die Bürger Roms erkannten seine Herrschaft nicht mehr an. Nur fern von Rom hatte er, den aufgrund seiner früheren Legatentätigkeit viele persönlich kannten, noch Rückhalt. So stellt Innozenz II. in der Geschichte der Zwei Gewalten ein Lehrstück dar für die historische Macht eines langen Lebens und geeigneter Traditionsbildung nach dem Tod der Konkurrenten. Lothar hingegen konnte, da ihm kein Sohn als Thronfolger geboren worden war, das Bild der Zukunft nicht beeinflussen. Seinem Schwiegersohn Heinrich dem Stolzen war dazu nicht die Kraft gegeben, nachdem klar schien, dass der Papst aufgrund seiner Erfahrungen mit ihm gegen eine Einweisung in die Königswürde votieren würde. Sein Konkurrent Konrad erschien den Fürsten des Reiches nun als geeigneter König. Für ihn gab es keinen Grund, die *memoria* Lothars zu pflegen.

Staufische Machtkonzepte I

Die Herrschaftsinteressen König Konrads III. zielten weniger auf Rom, wo der Senat in Anlehnung an antike Vorstellungen selbst den Päpsten zu schaffen machte, als auf das Heilige Land und das griechische Kaisertum. Die Kaiserwürde blieb dem in Aachen von einem päpstlichen Gesandten gesalbten Konrad ebenso wie die Sohnesnachfolge verwehrt[201]. Dennoch zeigt seine Herrschaft, welche Vorstellungen von kaiserlichen Pflichten und Interessen im 12. Jahrhundert Wirkkraft entfalteten. Die Gegnerschaft Heinrichs des Stolzen († 1139) war nach anfänglichen Kämpfen durch verfrühten Tod erloschen. Sein Sohn Heinrich der Löwe († 1195) konnte aber von der mächtigen Großmutter, Kaiserin Richenza, als Herzog von Sachsen durchgesetzt werden. Auch sonst blieb Konrad mit welfischen Angelegenheiten befasst. Der Fall von Edessa 1144 jedoch ließ kleinräumiges Territorialgeschiebe in den Hintergrund treten. Papst Eugen III. (1145–1153) nahm seine Führungsposition zum Schutz der Christenheit wahr und rief zum Kreuzzug auf[202]. Frankreich galt wie unter Urban II. als erster Ansprechpartner[203]. Konrad konnte sich der Verpflichtung aber mit Blick auf sein Amt und auf die Anwartschaft für das Kaisertum nicht entziehen. Zunächst schien es ihm und seinen Ratgebern geboten, das byzantinische Kaisertum an die eigene Familie zu binden[204]. Anfang 1146 heiratete, da Konrad keine Tochter hatte, seine Schwägerin den byzantinischen Kaiser Manuel Komnenos (1143–1180). Nach Auskunft der *„Vita Bernhardi"* überzeugte Bernhard von Clairvaux († 1153) den Regenten davon, das Kreuz zu nehmen[205]. Bernhard hatte klare Vorstellungen von den Pflichten der christlichen Herrschaft und war im Anschluss an das Weihnachtsfest 1146 stimmgewaltig genug, um sich mit seinen Erwartungen Gehör zu verschaffen. Dass Konrads mächtigster innerer Gegner, Welf VI. († 1191), wenige Tage zuvor dasselbe getan hatte, dürfte trotz der räumlichen Distanz die Überzeugungskraft erhöht haben. Die Idee des Kaisers als Bewahrer und Schützer des Kreuzes war in den Jahrzehnten zuvor von Trier aus neu belebt worden[206].

Papst Eugen III. musste erfahren, dass dem zum Kaisertum bestimmten *rex Romanorum* das Kreuz und der Schutz der Christenheit wichtiger waren als die Wirkungsstätte Petri. Rom blieb in der Hand des Senats und der Papst musste seinen Führungsanspruch in Viterbo, wohin er geflüchtet war, ohne direkte Hilfe des Apostels verteidigen. Erbost reagierte er auf die Kooperation eines eloquenten Reformabtes mit den Herrschern des Abendlandes, ohne den Lauf der Dinge auf Rom und die Kathedra Petri richten zu können. Vielmehr konnte Heinrich der Löwe mit der Idee eines Kreuzzuges gegen die heidnischen Slaven Anerkennung finden. Konrad hingegen zog, wie versprochen, zu den Christus-Stätten. Die erste Station war Byzanz. Den Rat Kaiser Manuels über die beste Route schlug Konrad aus, brachte deshalb seine Truppen in größte Gefahr und reiste dann, durch eigene Erfahrung klüger, doch per Schiff nach Jerusalem. Die Reste der westlichen Heere vereinigten sich dort, blieben aber gegen die Militärmacht der Muslime ohne Erfolge. Konrad setzte dem hoffnungslosen Unternehmen schnell ein Ende. Bald darauf sollte auch der französische König umkehren, der auf eigenen Wegen dem Aufruf gefolgt war. Auf dem Rückweg verabredete Konrad mit dem griechischen Kaiser eine Gemeinschaftsaktion gegen die süditalienischen Normannen[207]. Eugen III. nutzte ein an Konrad gerichtetes Trostschreiben zum negativen Ausgang des Kreuzzuges, um seine Erwartungen hinsichtlich der Eroberung Roms zu formulieren[208]. Gleichzeitig erinnerte er an die Verpflichtungen des Herrschers gegen seine Mutter, die Heilige Römische Kirche. Welf VI. organisierte derweil in Sizilien den Widerstand gegen einen Kaiseranwärter, der nicht zum Schutz der Christenheit fähig gewesen war. Konrad schnürte in dieser Konstellation das Band zum griechischen Kaiser enger. Sein Sohn Heinrich-Berengar (1147/- –1150) wurde Maria Komnena († 1182), die aus der byzantinischen Kaiserfamilie stammte, in der Ehe verbunden. Heinrich der Löwe nutzte zeitgleich die Chance, das kaiserliche Erbe seines Großvaters und die Ansprüche seines Vaters zu behaupten. Konrad konnte den widerstreitenden Verpflichtungen nicht gerecht werden. Dem für Herbst 1152 geplanten Romzug kam in Bamberg der Tod zuvor, der gut ein Jahr früher bereits seinen ältesten Sohn Heinrich-Berengar aus dem Leben gerissen hatte.

Kritischer Beobachter des glück- und konzeptionslosen Konrad war Bischof Otto von Freising († 1158). Im Prolog zum vierten Buch seiner Weltchronik, das mit Konstantin und dem Ende der Christenverfolgungen beginnt, verfasste er ein sehr ausführliches Statement zur Stellung der beiden Gewalten[209]. Gott habe dem Kaiser „die Liebe eingegeben, mit der er Gottes Staat durch viele Ehrungen erhöhen und mit reichen Mitteln ausstatten sollte", heißt es einführend. Dann wird über den Streit der Gelehrten berichtet, der hinsichtlich der Rechte des Königtums und des Priestertums geführt wurde. Kernfrage bildete für den Bischof von Freising, der selbst reiche Güter verwaltete, ob dem Priestertum irdische Herrlichkeit und weltlicher Besitz zustehen. Polemisch zitiert er die Haltung der Gegner, die keine Vermischung von Welt und Kirche wünschten, um dann festzustellen, Gott wolle die Kirche durch Regalien ehren.

Staufische Machtkonzepte II

Mit der Wahl zum *rex Romanorum* am 9. März 1152 trat der Staufer Friedrich I., ein Verwandter Ottos von Freising, in dieses bipolare Spannungsfeld ein, das nicht mehr nur Papst und Kaiser, sondern grundsätzlich weltliche und geistliche Führung betraf. Als Sohn Judiths von Bayern († 1130/31) schien er als Friedensstifter im Reich bestens geeignet, weil er die staufische Tradition seines Onkels und die welfischen Ansprüche zu vereinigen schien. Das Reich, das Friedrich regieren sollte, hatte so viele ungelöste Probleme wie kaum je zuvor. Anders als bei seinem Onkel Konrad erhielt der Ausgleich mit dem Papst hohe Priorität. Die Gleichwertigkeit päpstlicher und königlicher Gewalt, insbesondere der des *rex Romanorum*, prägte Friedrichs Verständnis am Anfang, wie seine Wahlanzeige an Papst Eugen III. offenbart[210]. In der Passage über Konrads Tod wurde aus dem Karfreitagsgebet des „*Missale Romanum*" für den Kaiser zitiert: der, in „dessen Hand die Gewalten aller sind und die Rechte aller Reiche" habe Konrad abberufen. Mit Bezug auf den Brief Papst Gelasius' I. an Kaiser Anastasius verkündete der Staufer: „Denn da es ja zwei sind, von denen die Welt wesentlich geleitet wird, nämlich die heilige Macht der Bischöfe und die königliche Amtsgewalt, sind Wir bereit, demütig im Gehorsam allen Priestern Christi gegenüber den Nacken zu beugen"[211]. Hier wurde Politik mit Zitaten gemacht. Niemand solle es wagen, die Regeln der Väter und die Beschlüsse der hochheiligen Konzilien zu verletzen. Über sein in Aachen geleistetes Versprechen zu Ehre und Liebe gegenüber dem Papst und zum Schutz für die Römische Kirche hatte er zuvor berichtet.

Unabhängig davon war der gleichlautende Bericht des in Aachen anwesenden päpstlichen Legaten eingegangen, was den Papst mit Hoffnung erfüllte, dass die von Konrad gegebenen Versprechen jetzt durch seinen Neffen eingelöst würden. Trotz dieser prinzipiellen Unterordnung waren schon die beiderseitigen Verhandlungen des Jahres 1153 geprägt von der Frage nach dem grundsätzlichen Verhältnis zwischen Papst und Kaiser, das Konrad ganz beiseite geschoben hatte. Das diplomatische Geschäft zwischen dem neu gewählten *rex Romanorum* und dem amtierenden Papst Eugen III. war überschattet von der Restaurationspolitik des griechischen Kaisers Manuel I. Komnenos (1143–1180) in Italien, die Konrad angeregt hatte. Der Inhalt des von Papst und *rex Romanorum* 1153 geschlossenen Vertrages von Konstanz konzentrierte sich darauf und bekräftigte, dass zwischen *regnum* und *sacerdotium* Friede und Eintracht herrschen solle in unauflöslicher Liebe[212]. Als Widerspruch zum Verhandelten mag man die Tatsache werten, dass Friedrich sich in dem Schreiben nicht mit seinem Titel als König der Römer begnügt, sondern sich *imperator* nannte und dadurch die Krönung von 1155 vorwegnahm. Für das Übereinkommen wurde das Walten Gottes (*auctore deo*) in Anspruch genommen. Allerdings überließen die beiden Spitzen des Reiches Vermittlern das Aushandeln des Vertrages, den kein Papst-Kaiser-Treffen begleitete. Gegenseitige Sicherheit sollten Schwurleistungen bringen, die auf beiden Seiten durch Beauftragte vollzogen wurden. Der Kaiser versprach, dass er keinen Waffenstillstand mit den Römern oder Roger von Sizilien ohne Zustimmung des Papstes schließen werde, er vielmehr dafür arbeiten wolle, dass sich die Römer dem Papst unterwerfen. Der Papst sicherte im Gegenzug zu, dass er Friedrich als liebsten Sohn des Hl. Petrus ehren und ihn zum Kaiser krönen werde, wenn er „zur Vollgewalt seiner Krone in Rom eintrifft"[213]. Unter Einsatz der päpstlichen Jurisdiktionsgewalt, also mit der Exkommunikation, wolle er Hilfe zur Wahrung, Mehrung und Erweiterung der Ehre des Reiches leisten.

In der Tradition Heinrichs V. nutzte Friedrich weniger das Kampfschwert als die Waffen der Justiz zur Durchsetzung seiner Position, was sich schon bei seinem ersten Besuch in Bologna manifestierte, als er für die jungen Universitäten Rechte verbriefte und dies in den *„Codex Justinianus"* inserieren ließ, als ob ihm schon kaiserliche Rechtssetzung zustünde[214]. Im Dezember 1154 musste Friedrich dann bereits mit Eugens Nachfolger Hadrian IV. (1154–1159) verhandeln. In imperialem Selbstbewusstsein zeigte er sich unwillig, den Stratordienst zu leisten und reduzierte die Ehrerbietung auf wenige Meter[215]. Eine nördlich der Alpen aufgezeichnete Beschreibung der Kaiserkrönung in Rom setzt mit Friedrichs Eintritt in die Leostadt ein. Der König sei vom Papst empfangen worden. Den Beginn der Zeremonie markierte die Messfeier des Papstes. Der König habe dann in der notwendigen Weihehandlung die Krone des Reiches empfangen. Die Sicherheitseide, die auch Friedrich in S. Maria in Turri geleistet hat, erscheinen nicht in dieser gelenkten Traditionsbildung[216]. Mehr Wert legte der Chronist auf die Reaktion der Anwesenden, die er als freudig beschreibt, wobei ausdrücklich die Lobpreisung Gottes für das so glorreiche Tun einfließt. Die Akteure waren Papst und Kaiser, aber sie handelten nach dem Plan Gottes, dem das eigentliche Lob gebührte. Die herausgehobene Stellung wurde dann beim Auszug aus der Kirche visuell im Zeremoniell umgesetzt.

Friedrich I. saß mit der Krone auf dem Haupt auf dem Pferd, während alle anderen ihn zu Fuß begleiteten. Der Papst aber verblieb im Palast. Er hatte seine Rolle erfüllt und konnte auf kein Unterwerfungsritual des neuen Kaisers hoffen.

Die Römer, die sich in den Jahrzehnten zuvor auf die senatorische Stärke zurückbesonnen und Friedrich 1152/53 sogar die Kaiserkrone vergeblich angeboten hatten[217], ließen sich von diesem Pomp nicht blenden. Als Friedrich ins Zeltlager zurückkehrte, standen ihm römische Truppen entgegen, die nur mit Hilfe Heinrichs des Löwen militärisch bezwungen werden konnten. Das Selbstbewusstsein, mit dem Friedrich I. sein Amt angetreten hatte, verschließ sich schnell in den italienischen Machtspielen. Auf ein Abenteuer in Süditalien ließ er sich gar nicht erst ein. Der mächtige König Wilhelm I. von Sizilien († 1166), der die byzantinischen Angriffe überwunden hatte, übernahm das Königreich Sizilien, das Herzogtum Apulien und das Fürstentum Capua vom Papst unter der Bedingung, dass Sizilien vom päpstlichen Einfluss ausgenommen wurde. Weder sollte das sonst übliche Appellationsrecht an den Papst gelten, noch päpstliche Legaten Zugang erhalten.

Friedrich kümmerte sich in dieser Zeit um die theoretische Begründung der staufischen Herrschaft. Mit Rainald von Dassel († 1167) als Kanzler konnte er sich auf einen Mann verlassen, dem die Idee des *imperium* geheiligt schien und dies in den Urkunden des Herrschers verkündete. An die Fürsten des Reiches gerichtet betonte Friedrich in den Titelformulierungen dieses Kanzlers die göttliche Gnade, die ihm die Regierung Roms und des Erdkreises übertragen habe, woraus die Sorge für das *sacrum imperium* und den göttlichen Staat erwachse[218]. Kaiserherrschaft wurde klar von Königsherrschaft unterschieden und stand in der antiken Tradition. Die Gleichrangigkeit mit dem Papst schien selbstverständlich, weshalb es auf dem Hoftag von Besançon 1157 zum Eklat kommen musste, als päpstliche Gesandte einen Brief überbrachten, in dem der Papst bekannte, die Kaiserkrönung nicht zu bedauern, sondern zu weiteren *beneficia* bereit zu sein[219]. Rainald von Dassel übersetzte das zweideutige Wort nicht mit „Wohltat", sondern mit „Lehen". Das Missverständnis war provoziert, denn Friedrichs papstunabhängige Kaiserdefinition sollte relativiert und ein Keil zwischen ihn und den Reichsepiskopat getrieben werden. Die unterschiedlichen Auffassungen vom Kaisertum belasteten die Beziehungen zwischen den beiden Spitzen des Reiches für die nächsten zwanzig Jahre. Erschwert wurde die Einigung durch die zwiespältige Wahl der Kardinäle nach dem Tod Hadrians IV., die Alexander III. (1159–1181) und Viktor IV. (1159–1164) im Schisma erhoben, was im Tumult um den Papstmantel endete[220]. Friedrich verhielt sich anfangs neutral, obwohl mit Alexander einer der päpstlichen Legaten des Hoftages von Besançon Anspruch auf den Papstthron erhob. Erst als die Synode von Pavia 1160 sich gegen Alexander ausgesprochen hatte[221], förderte der Kaiser Viktor IV., dem in Konkurrenz zu Alexander noch Paschal III. (1164–1168), Calixt III.

(1168–1178 resig., † nach 1080) und Innozenz III. (1179–1180 gefangen) folgten. Norditalien fiel in Bürgerkrieg, zumal Mailand sich der kaiserlichen Politik widersetzte und mit Waffengewalt rigide niedergezwungen wurde.

Der Frieden von Venedig und die Absetzung Heinrichs des Löwen

Am Ende der jahrzehntelangen Kämpfe um Norditalien knieten nicht mehr die Völker vor dem Kaiser, dessen Krone mit dem Kreuz geschmückt war, sondern er selbst wurde zum fußfallenden Bittsteller. Der erste Akt vollzog sich Anfang 1176 in Chiavenna, als der Kaiser vor Heinrich dem Löwen auf die Knie fiel, um in höchster militärischer Not die Unterstützung seines Verwandten zu erbitten, der viel zu sehr selbst von Kaiserherrlichkeit träumte, als dass er sich von dieser peinlichen Verkehrung der gottgewollten Ordnung hätte beeindrucken lassen[222]. Heinrich der Löwe verweigerte die Heerfolge und löste damit den zweiten Untergebungsakt aus. Bei den Verhandlungen von 1177 wurde um die Einheit gefeilscht wie um Sachwerte. Der 1153 *auctore Deo* gefundene Frieden zwischen den beiden Gewalten war über die Jahrzehnte des Schismas ramponiert. In der Anrede des Dokuments erscheint der Papst als in Christus ehrwürdiger Vater und höchster und allgemeiner Pontifex der Heiligen Römischen Kirche. Friedrich entbietet ihm als von Gottes Gnaden Kaiser der Römer und allzeit *augustus* (Mehrer des Reiches) den schuldigen Gehorsam und die Zuneigung der Sohnesliebe[223]. Weil die kaiserliche Würde vom König der Könige auf Erden dazu eingesetzt wurde, dass sich der ganze Erdkreis durch ihr Wirken wachsendem Frieden erfreue, will der Herrscher, der sich als von Gott auf dem Thron des Römischen Reiches eingesetzt nennt, diesen sehr gewissenhaft hegen und sehr leidenschaftlich bewahren.

Friedrich, der schon als König seine imperiale Stellung betont hatte, beurkundete nicht nur seinen Frieden mit der Römischen Kirche, sondern leistete vor der europäischen Christenheit den Stratordienst, den er bislang zu umgehen gesucht hatte[224]. Im Jahre 1177 wurde der Ausgleich mit Alexander III. in Venedig unter den Augen des Hl. Markus in Szene gesetzt. Aus dem Unterwerfungsakt konnte nur deshalb ein politisches Schauspiel werden, weil das Kaisertum noch immer als Erbe aus der Antike verstanden wurde. Es ging nicht um die Würde an sich, sondern nur um ihre nicht geeigneten Amtsträger, wenn Johannes von Salisbury († 1180) provokant fragte, wer eigentlich die Deutschen zu Herren der Welt gemacht habe[225]. Gottesgnadentum, göttliche Fügung der Wahl und Krönung wurden hier karikiert, nachdem das Unvermögen zum Ausgleich erwiesen war. Heinrich der Löwe aber musste erfahren, dass die Brüskierung des Herrn der Welt zwar dessen Rang im bipolaren Gleichgewicht schmälerte, aber nicht die eigene Aufwertung mit sich brachte. Dem Recht des Reiches entsprechend verlor er in den folgenden Jahren seine Herzogtümer[226]. Seine Kinder büßten die Hoffnung auf das Erbe ein. Der Kaiser war Herr in seinem *imperium* geblieben und konnte sich jetzt der Sicherung des Christentums zuwenden. Nach der Vernichtung der Christen durch Saladin († 1193) bei Hattin schien dies dringend geboten, obwohl die Erinnerungen an das Desaster Konrads III. noch lebendig waren. Auch Papst Gregor VIII. (1187) setzte sich in seiner nur zweimonatigen Amtszeit vehement dafür ein. Ganz Europa rüstete zur Befreiung des Heiligen Landes. Der Kaiser führte ein Heer an, doch ereilte ihn der Tod schon auf dem Weg zu den Stätten der Evangelien. Insgesamt waren die Ergebnisse ernüchternd.

Die Ausbildung der päpstlichen Weltmachtstellung

Die Päpste hatten in der Zeit Friedrichs I. in harten Auseinandersetzungen ihre politische Kraft im bipolaren *imperium* gegen ein antikisierendes Heilskaisertum verteidigt. Das 3. Laterankonzil von 1179 festigte die Stellung und schuf zugleich Sicherheit für das Prozedere der Papstwahl. Das Einsetzungszeremoniell wurde in seiner Bedeutung gemindert, dafür aber die Verwendung der Tiara durch die Päpste vermehrt. Die Papstkirchen wurden kaiserlich mit Porphyr ausgestattet, die *„Konstantinische Schenkung"* in der Vorhalle des Lateran visualisiert und die päpstliche Privatkapelle analog zum Tempel in Jerusalem *sancta sanctorum* genannt[227]. Schon Innozenz II. (1130–1143) hatte sich in einem kaiserlichen Sarkophag bestatten lassen, Anastasius IV. (1153–1154) wählte dann sogar den der Kaiserin Helena († um 337). In der Zeit, welche die Konstantin-Tradition der Kaiser überhöhte, war dies ein politischer Akt. Die Päpste beließen es aber nicht bei der Symbolsprache. Das Ansinnen Friedrichs I., seinen Sohn Heinrich (1169/1191–1197) zu seinen Lebzeiten zum Kaiser krönen zu lassen, wurde von Lucius III. (1181–1185) abgelehnt. Clemens III. (1187–1191) formulierte in einer Dekretale, dass Kritik am Papsttum ein schweres Vergehen sei. Wesentlich für die Weltmachtsansprüche des 13. Jahrhunderts wurde die Idee, dass auch die päpstliche Spitze zur Gestaltung der Staatenwelt im christlichen *imperium Romanum* berechtigt war. Das normannische Königreich in Süditalien, die Krone Aragon und das neu errichtete Königreich Portugal wurden der Lehnshoheit bzw. dem Schutz des Papstes unterstellt. Dänemark, Polen und Ungarn zahlten den Peterspfennig. In der Nachfolge Konstantins konnten nicht nur die Kaiser oder Papst und Kaiser gemeinsam neue Königreiche ausrufen, sondern auch der Papst für sich allein regionale Emanzipationsbewegungen zum eigenen Nutzen fördern. Ein Eingriff in das bestehende politische System widersprach zwar ohne gewichtige Gründe eigentlich der göttlichen Ordnung, ruhmreich hingegen war die Umgestaltung offenbar, wenn sie mit der Mehrung der Römischen Kirche einherging. So förderten die Päpste den Ausbau ihrer Kompetenzen an den Rändern. Unter Ablösung von Konstantinopel hatte Stefan Nemanja († 1196) das Serbische Reich begründet; Stefan II. († 1227) erhielt 1196 die Königskrone vom Papst und provozierte dadurch, dass sein Bruder Sava († 1235) die serbisch-orthodoxe Nationalkirche gründete. Die Bindung zu Rom war also nicht unangefochten, aber sie signalisierte die staatsrechtlichen Kompetenzen des Papstes, dem mit Heinrich VI. seit 1191 durchaus ein Kaiser zur Seite stand. Die Gründung des 2. Bulgarischen Reiches wurde 1203/04 von Papst Innozenz III. mit der Erhebung zum Königreich gefestigt. Dieser Juristenpapst führte die Papstkirche zur Höhe ihrer Macht. Er gehörte den Klüngeln der Stadt Rom nicht an, sondern war nach Leistungsprinzip als Grafensohn aus Segni mit 30 Jahren zum Kardinal erhoben worden. Bei seiner Ausbildung in Rom sowie an den Universitäten Paris und Bologna wurden in einem Doppelstudium Theologie und Jurisprudenz verbunden. Dies sollte zukunftsweisend sein. Drei Themenbereiche interessierten ihn besonders: Kaisertum, Konstantinopel und Konzil. Zugleich fixierte sich sein Handeln auf die *Plenitudo potestatis* des Papsttums, die *plena et libera administratio* und die Einheit der *res publica christiana*.

Im weltlichen Bereich hatte Innozenz III. frühzeitig die Bedeutung der Papstmacht gegenüber allen anderen Mächten gefestigt. Der amtierende Papst sah wie seine Vorgänger die staufische Territorialpolitik in Italien als Bedrohung für die päpstliche Machtstellung. Die Päpste hatten es bis dato verstanden, die süditalienischen Machthaber und die „Deutschen" Kaiser bzw. Anwärter auf das Kaisertum gegeneinander auszuspielen. Dies war durch die Heiratspolitik Heinrichs VI. unterbunden worden, die ihm nach dem Tod Tankrets († 1194) die Krone von Sizilien eingebracht hatte. Aus dieser Zeit wusste Innozenz III. nur zu gut, dass eine starke staufische Herrschaft, die sowohl als Kaisermacht Norditalien als auch das Königreich Sizilien bestimmte, nur zu Lasten der päpstlichen Interessen gehen konnte. Durch göttliche Fügung ergaben sich Möglichkeiten, dies zu verhindern. Die Nachfolge Heinrichs VI. konnte auch drei Jahre nach seinem Tod nicht einmütig geregelt werden. Zwar war sein spät geborener Sohn Friedrich II. (1212/1220–1245/1250) schon im Dezember 1196 zum deutschen König gewählt worden, der Plan Heinrichs, das deutsche Reich und das Normannenreich zu vereinen (*Unio regni ad imperium*)[228], war aber am Widerstand der deutschen Fürsten gescheitert. Im Herbst 1197 sah es so aus, als würde dem Reich eine Vormundschaftsregierung bevorstehen, aber die Konstellationen wandelten sich schnell. Friedrichs Mutter Konstanze († 1198) war dem normannischen Sizilien verhaftet geblieben und hatte auf die Reichsgebiete nördlich der Alpen keinen wirklichen Einfluss. Sizilien lag ihr am Herzen, nicht die unkultivierten Regionen, in denen die Fürsten keinen starken König wünschten. Ihre Maßnahmen betrafen deshalb auch zunächst nur Sizilien: Dort ließ sie ihren Sohn zum König krönen und von Papst Innozenz III. mit Sizilien belehnen, der freilich in Italien territoriale Eigeninteressen vertrat. Dies kam zum Tragen, als Konstanze im November 1198 verstarb. Innozenz III. wurde zum Vormund für den verwaisten und ob dynastischer Begebenheiten und familieninterner Rivalitäten verwandtenlosen Knaben. Die Rekuperationen Innozenz' III. ließen das Gebiet des Kirchenstaates wachsen: fast doppelt so groß war jetzt der Machtbereich des Papstes. Das Reich war in Italien zu schwach, um auch ohne einen starken Regenten aus sich selbst heraus zu bestehen. Machtausübung erforderte Ansehen und Anwesenheit. Für das „Kind von Pulle", wie Friedrich II. später genannt wurde, bestand gar nicht die Möglichkeit, einzugreifen. Schwer genug war es, das eigene Leben zu bewahren, um die geerbten Ansprüche überhaupt je behaupten zu können.

Die Lösung von der dynastischen Nachfolge in König- und Kaisertum

Nördlich der Alpen traten die Fürsten auf den Plan, weil sie offenbar schon zu dieser Zeit die Sicherung des Reiches in kaiserloser Zeit als ihre Aufgabe verstanden. Die Vormundschaft des Papstes konnten sie nach dem Ringen zwischen Papst- und Kaisertum im 11. und 12. Jahrhundert nicht akzeptieren. Friedrich II. fiel deshalb als Kandidat für die Krone aus, obwohl er formal schon König war. Die Fürsten traten zusammen, um die Geschicke des Reiches zu lenken, doch Parteiinteressen überwogen. Kein Gemeinsinn formte einen Kompromiss. Das Ergebnis war eine gespaltene Wahl, in der üblichen Terminologie als „Doppelwahl" bezeichnet[229]. Die Anhänger der Staufer im transalpinen Deutschland sahen schnell ein, dass sie sich auf Friedrich nicht stützen konnten, dessen Herkunft gerüchteweise sogar angezweifelt wurde. Ein anderer Staufer sollte, ob generell oder bis zur Volljährigkeit Friedrichs, die Krone erhalten. Der Bruder Heinrichs VI., Philipp von Schwaben (1198/- –1208), war ein geeigneter Kandidat, zumal er gerade die Tochter des byzantinischen Kaisers Isaak II. Angelos († nach 1204) geheiratet hatte, die als Witwe König Rogers III. von Sizilien († 1193) für die südliche Hälfte des Reiches stand. Die Vormundschaft für den legitimen Erben wurde offiziell so auffällig beteuert, dass man dies als Ablenkungsmanöver werten kann. Heinrich VI. hatte den Bruder, der eigentlich zunächst für die geistliche Laufbahn bestimmt gewesen war, 1195 mit dem Herzogtum Tuszien und den mathildischen Gütern belehnt und dann die vornehme Verehelichung eingefädelt. Philipp von Schwaben sah sich als Sachwalter und ließ sich in Thüringen, fern der legitimen Plätze, von den Anhängern der Staufer zum König wählen.

Der Erzbischof von Köln, Adolf von Altena († 1220), dessen Position nicht nur durch die geistliche Stellung herausragend war, sondern der auch zu den politischen Gewinnern des 12. Jahrhunderts zu rechnen ist, sah sich ebenfalls als Königsmacher und betrieb die Wahl des jungen Welfen Otto (1198/1209–1218). Otto IV. wurde am 12. Juli 1198 in Aachen als König gekrönt. Sein Vater Heinrich der Löwe († 1195) hatte den Machtkampf gegen Friedrich I. Barbarossa verloren. Als er 1175 oder 1176 geboren wurde, war dies freilich noch nicht absehbar. Auch dass Otto als Drittgeborener ins Zentrum der Macht rücken würde, war nicht kalkulierbar. Sein älterer Bruder trug den Namen des Vaters (Heinrich) und war nach alter Sitte dazu bestimmt, das Geschlecht zu repräsentieren sowie die zentralen Positionen zu übernehmen. Otto IV. hatte, nachdem seinem Vater 1180 die Herzogtümer Sachsen und Bayern abgesprochen worden waren, eine Erziehung am englischen Hof bei Richard Löwenherz († 1199) erfahren und war 1196 mit der Grafschaft Poitou belehnt worden, was ihm den Titel des Herzogs von Aquitanien eingebracht hatte. Er hatte Erfahrungen in verschiedenen Regionen der Christenheit gesammelt und konnte zum Wohle des Reiches erfolgversprechende Allianzen knüpfen. Die missliche Lage, die durch den Hochmut seines Vaters verschuldet war, hatte ihn dazu gezwungen, fern der eigenen Wurzeln zu agieren. Bei gewandelten Grundvoraussetzungen konnte er jetzt auf eine Rückgewinnung des verlorenen Erbanspruchs hoffen und zugleich die Früchte der Übergangzeit nutzen. Doch diese Qualifikationen kamen nur zum Tragen, weil der ältere Bruder Heinrich zum entscheidenden Zeitpunkt auf Kreuzfahrt im Heiligen Land war. In der krisenhaften Konkurrenzsituation musste schnell gehandelt werden.

Innozenz III. auf der Höhe der Macht

Otto IV. war auch die erste Wahl des Papstes, denn er hatte keine Position in Italien, die der päpstlichen Konkurrenz machen konnte. Die Einmischung in die Wahlfrage wurde rechtlich legitimiert: Der Papst habe das Recht, die Eignung eines Kandidaten für die Kaiserkrone zu prüfen, der erst nach der Approbation rechtmäßig im Amt sei. Die in Konkurrenz Gewählten rangen daraufhin um die päpstliche Anerkennung. Die Klage des Salzburger Erzbischofs, des Abtes von Salem und des Markgrafen von der Ostmark, die in Rom für die staufische Partei Protest gegen die Begünstigung Ottos IV. erhoben hatten, wurde schriftlich beantwortet. Überliefert ist das nach dem Beginn als *„Venerabilem"* bezeichnete Stück nicht im Original, sondern im *„Registrum super negotio imperii"* (Vat. Archiv Reg.Vat. 6), das der Papst als thematisches Dossier angelegt hatte[230]. Auch wenn sich die deutsche Forschung über Jahrhunderte weigerte, diesen Text als entscheidendes Reichsrecht anzuerkennen, zeigt die Benutzung im Spätmittelalter, dass vor der Reformation an einer substantiellen päpstlichen Definition der Fürstenrechte bei der Königswahl kein Zweifel bestand[231]. Insofern war der Text in vielen staatsrechtlichen Schriften präsent, wohin er aus den Kirchenrechtssammlungen übernommen wurde. Das

Stück beginnt nicht mit dem üblichen päpstlichen Formular, sondern setzt gleich bei der Narratio ein, wie dies in Registern üblich ist. Innozenz III. habe Herzog Berthold von Zähringen († 1218) den Empfang des Protestschreibens bestätigt und die durch seinen Legaten verkündete Anerkennung Ottos IV. verteidigt. Neben der Bestätigung des fürstlichen Rechts zur Königswahl finden sich Ausführungen über die Translationstheorie. Trotz dieser Klarstellung unterblieb eine wirkliche Lösung, die gar nicht im Interesse des Papstes zu liegen schien, denn er beanspruchte, Vikar für die weltlichen Teile des Reiches zu sein, solange ein anerkannter Herrscher fehlte.

Die nachfolgende militärische Auseinandersetzung zwischen den Kontrahenten um das Königtum ging 1206 zugunsten Philipps aus, so dass nun auch der Papst die Situation anerkannte. Da Philipp am 21. Juni 1208 in Bamberg ermordet wurde, zerschlugen sich die erhofften Allianzen. Dieser Skandal konstituierte ein nicht zu revidierendes Faktum: von den streitenden Thronanwärtern war im Sommer 1208 nur mehr Otto IV. am Leben. Er verlobte sich mit Beatrix († 1212), der vater- und schutzlos gewordenen Tochter Philipps. Die Ministerialen Philipps unterstützten das Projekt, und so wurde Otto am 11. November 1208 erneut zum König gewählt. Im Jahre darauf verzichtete Otto im Vertrag zu Speyer gegenüber dem Papst auf alle im Wormser Konkordat genannten Rechte und erkannte die päpstlichen Rekuperationen in Italien an[232]. Damit stand der Kaiserkrönung durch Innozenz III. in Rom nichts mehr im Wege. Am Ziel angekommen, kündige Kaiser Otto jedoch den Vertrag von Speyer auf und wurde 1210 gebannt. Zeitgleich stilisierte sich Innozenz III. in Anknüpfung an die Politik seiner Vorgänger als weltliches Oberhaupt der europäischen *regna*. Er belehnte den herangewachsenen Friedrich mit Sizilien ebenso wie den aragonesischen König. Andreas II. von Ungarn († 1235) wurde durch Vermittlung Innozenz' III. König, Johann I. Ohneland († 1216) nahm England vom Papst als Lehen an und in Osteuropa wurden die Beziehungen weiter gefestigt.

Am Ende seiner Amtszeit sollte das IV. Laterankonzil den Machtzuwachs des Papsttums ebenso zur Schau stellen wie die Einheit der Kirche[233]. Die Ladung ging an alle Teile der *ecclesia*, auch nach Byzanz. Zur Vorbereitung wurde eine Gravamina-Sammlung angeregt, wovon sich aber keine Zeugnisse erhalten haben. Das Ergebnis der Beratungen bildeten 71 Konstitutionen, die als persönliches Werk Innozenz' III. anzusehen sind, über die keine Abstimmung vorgenommen wurde. Zu den Besuchern des Konzils zählten circa 400 Bischöfe, 800 Äbte und Vertreter der politischen Machthaber. Die Bischöfe stammten aus der römischen Provinz (46), dem Orient (24), Deutschland (21), Frankreich (43), England (15), Schottland (4), von der iberischen Halbinsel (23), aus der Provence (23), aus Ungarn (11), Sardinien (10), Istrien (10), Oberitalien (19), Süditalien (50) und Zypern (2). Die

Unterstellung der Erzbischöfe unter den Primat, die Verdammung pantheistischer Lehren und der Weltendtheorien des Joachim von Fiore († 1202) sowie Abstimmungsarten bei kirchlichen Wahlen waren die internen Belange. Das Hauptthema stellte der Kreuzzug dar, den Innozenz zur Wiedergewinnung des Heiligen Landes führen wollte. Die Präsenz der östlichen Bischöfe der lateinischen Kirche ist dafür ein Indikator. Wichtig war das Konzil auch für das bipolare Verhältnis, denn unter den politischen Themen war die endgültige Verwerfung Ottos IV. und die Bestätigung Friedrichs II. das wichtigste. Der Papst hatte zwar allein gehandelt, wollte sich aber durch den Konsens der Gesamtkirche absichern. Schließlich bedurften Absetzungen in einer auf gottgewollter Herrschaftsübernahme fixierten Gesellschaft einer besonderen Legitimation. Unzweifelhaft aber hatte Innozenz III. auf dem Weltkonzil die Rolle eingenommen, die Konstantin auf dem Nicenum ausgefüllt hatte[234].

Die Absetzung Friedrichs II.

Ein Kreuzzugsgelübde und seine Folgen

Der am Weihnachtstag 1194 in Jesi geborene Staufer Friedrich II. war beim Tod seiner Eltern zu jung, um die Dynastie bruchlos fortführen zu können[235]. Aber er war sich früh seiner Stellung bewusst und drängte an die Macht im Reich. Mit Unterstützung Innozenz' III. (1198–1216) trat er zunächst sein sizilianisches Erbe an, wofür er auf den deutschen Königstitel verzichten musste. Im Streit zwischen Philipp (1198/- –1208) und Otto IV. trat er nicht auf. Erst als Otto IV. demonstriert wurde, dass er sein Herrschaftssystem auf päpstliches Eis gebaut hatte, kam das kaiserliche Erbe für Friedrich in greifbare Nähe. Im September 1212 wurde er erneut zum römischen König gewählt und zunächst am falschen Ort, nämlich in Mainz gekrönt. In Aachen trat er 1215 bei der erneuten Krönung am rechten Ort in die Fußstapfen der staufischen Herrscher. Er sah in dieser Krönung die Verpflichtung zum christlichen Herrschertum und verband seine rituelle Statusveränderung mit dem Gelöbnis für einen Kreuzzug[236]. Dieses Versprechen war schicksalhaft für sein Leben. Das Gelöbnis war freilich immer nur das rechtstheoretisch beste, nie das einzige Argument gegen einen Weltherrscher, der das Kaisertum im Sinne der Bipolarität selbstbewusst neben die *plena potestas* des Papsttums stellte, diese vielleicht sogar auf Rang zwei verweisen wollte.

Das Verhältnis zwischen den beiden Gewalten war gespannt, weil die beiden Spitzen unterschiedliche Vorstellungen von den Aufgaben, der Stellung und den Kompetenzen des jeweils anderen hatten. Friedrich akzeptierte zunächst die Territorialansprüche des Papstes und sicherte Innozenz III. 1213 in der Goldbulle von Eger die Herrschaft in Mittelitalien zu[237]. Zudem garantierte er freie Bischofswahlen und verzichtete auf das Spolienrecht. Er beteuerte, das Königreich Sizilien nicht mit dem Reich vereinen zu wollen, sondern die Trennung zu bewahren, weshalb er seinen Sohn Heinrich (VII.) (1222/- –1235, †1242) zum *rex Romanorum* erheben ließ. In der Tat blieb die deutsche Heimat seiner Vorfahren für ihn selbst *cura posterior*. Was ihm von den nördlichen Teilen des Reiches als Versäumnis zugeschrieben wurde, war Teil der bipolaren Abmachung, die Friedrich II. einhielt. Im Sinne des Papsttums wurde die Leitung von Papst und Kaiser immer stärker in regional definierte Zonen eingeteilt, für die jeder von beiden im Wesentlichen freie Hand erhielt. Die Heiratsverbindungen Friedrichs zur iberischen Halbinsel, zu den Kreuzfahrerstaaten und später nach England lassen erkennen, welche Prioritäten der machtbewusste Regent selbst setzte. Der Zugang zur Kaiserwürde war das Bedeutsame an der Erhebung zum *rex Romanorum*, nicht die Ausübung von staufischen Herrschaftsrechten in einem Land, das trotz der jahrhundertelangen kulturellen Aufholjagd mit dem byzantinischen Glanz Süditaliens nicht konkurrieren konnte.

Gerade weil Friedrich II. die Gebiete nördlich der Alpen fremd geblieben waren, konnten die Fürsten zu den lachenden Dritten im Rangstreit zwischen Papst und Kaiser werden. Die eigene Stellung als weltlicher Lenker des *imperium Romanum* ließ sich am besten durch die dynastische Absicherung mit einer Wahl seines Sohnes Heinrich (VII.) zum König vorführen[238]. Anders als die geistliche Spitze, die im Papsttum immer wieder neu ausgegeben wurde, bestand für die Kaiser die Möglichkeit, Kontinuität zu schaffen und langfristige Pläne zu verwirklichen. Innozenz III. sah in der Erblichkeit des Reichs folgerichtig eine Gefahr für seine eigene Machtexpansion und hatte die Fürsten angestachelt, derartigen Vorwegnahmen sowohl der Kaiserkrönung als auch ihrer eigenen Nachfolgeentscheidung nicht zuzustimmen[239]. Die Fürsten übernahmen diese für sie selbst günstige Einmischung des Papstes in die weltlichen Geschicke gern und traten derart gestärkt in Verhandlungen mit dem Kaiseranwärter ein. Friedrich II. erkaufte schließlich die Erhebung seines Sohnes zum König in einem Vertrag mit den geistlichen Fürsten, der sog. „*Confoederatio cum principibus ecclesiasticis*“, vom 26. April 1220[240], der dem Kaisertum und dem Reich teuer zu stehen kam. Er nutzte die Kompetenz zur Änderung des Reichsrechts und gewährte den Fürsten Vergünstigungen, die bislang nicht üblich waren. Friedrich konnte gerade wegen der Abmachung mit dem Papsttum, sich nicht selbst nördlich der Alpen zu engagieren, eine Form der auf das Mittelmeer konzentrierten Weltherrschaft anstreben, die nicht nur ihn groß, sondern auch die Fürsten größer machte. Zunächst hatten davon die Erzbischöfe und Bischöfe profitiert. Das Weltkaisertum und die Anpassung an die moderne, auf Stadtkultur aufbauende Gesellschaftsentwicklung gingen zu Lasten der Territorialherren, die sich mit einer rechtlichen Selbstverpflichtung des Kaisers zusichern ließen, dass ihre Rechte nicht weiter geschmälert würden. In den Jahren 1231/1232 folgte mit dem „*Statutum in favorem principum*" eine Kompetenzerweiterung für die weltlichen Fürsten[241]. Vertrauen war geschaffen worden, auf dem gute Herrschaft beruht. Nach dem Tod Friedrichs sollten die Fürsten aber gerade dieses Schreiben verwenden, um die eigene Stellung gegen die späteren Könige und Kaiser auszubauen.

Zunächst war es aber politisch erfolgreich, dass Friedrich II. nach der Kaiserkrönung durch Papst Honorius III. (1216–1227), den Nachfolger Innozenz' III., am 22. November 1220 vorrangig in globaleren Zusammenhängen dachte. Das Kaisertum der eigenen Zeit stand nach Sicht des Staufers in direkter Folge des Caesarentums römischer Herrscher, wobei die Bezugnahme auf Konstantin, der seit Karl dem Großen als christlicher Kaiser eine besondere Vorbildfunktion für die westlichen Herrscher einnahm, ergänzt wurde durch die Hinwendung zu Caesar und insbesondere zu Octavianus Augustus, also zum Kaiser der Weihnachtsgeschichte. Latent vorhanden war die Bezugnahme auf dieses von der Kirche unabhängige Kaisertum auch bei seinen Vorgängern gewesen, denn nicht Konstantin, sondern Caesar oder Octavianus Augustus wurden seit dem 12. Jahrhundert als erste Kaiser gezählt[242]. Letzterem wurde eine besondere Rolle im Heilsgeschehen zugewiesen. Die Frage der Kontinuität war für die Zeitgenossen des 13. Jahrhunderts klar beantwortet. Die Interessen des Kaisertums, das sich in dieser Tradition sah, lagen eher in Jerusalem als in Rom, wo der Stadtklüngel eine kaum zu überwindende eigene Größe darstellte. Die beharrliche Kreuzzugsvorbereitung Innozenz' III.[243] ließ es im bipolaren Kräftespiel politisch ratsam erscheinen, sich auf diesem Feld zu engagieren. Hier musste sich ein Kaiser bewähren, hier musste er seine Kräfte einsetzen, wenn er vor Gott, dem Papst und der Welt als guter Herrscher erscheinen wollte. Die frühen byzantinischen Kaiser legten dafür Zeugnis ab. In der jüngsten Vergangenheit hatten die christlichen Könige Europas ihre Stellung im *imperium Romanum* durch ein Engagement im Heiligen Land aufgewertet. Die Unterstützung der Papstkirche und der Heidenkampf mussten nicht, wie noch bei Konrad III. (1138/- -1152), zur Reibefläche der beiden Gewalten werden, sondern ließen sich verbinden. Dies bedeutete für Friedrich II., dass es nicht nur ruhmreich, sondern in erster Linie politisch klug war, sich ebenfalls im seit 1204 bestehenden lateinischen Kaiserreich und in den Kreuzfahrerstaaten zu engagieren. Sein Großvater Friedrich I. Barbarossa (1152/1155–1190) war ihm leuchtendes Vorbild, auch wenn dieser tragischerweise nicht im Heiligen Land angekommen war. Die Widrigkeiten eines derartigen Unternehmens hatte auch sein Vater zu spüren bekommen. Dennoch war die Verpflichtung größer als die Sorge, und so hatte Friedrich 1215 in Aachen freiwillig den Kreuzzug gelobt. Da er diesen schwierigen Kampf nicht als König unter Königen, sondern in der Tradition seiner Familie als Kaiser ausfechten wollte, bekamen die Verhandlungen über die Kaiserkrönung Vorrang. Sie sollte ihn „zum größten unter den Fürsten des Erdkreises machen", wie von dem englischen Chronisten Matthew Paris († 1259) formuliert und international anerkannt wurde[244].

Die Zeit nach der Kaiserkrönung und der Königskrönung seines Sohnes wurde von Alltagsgeschäften aufgefressen, die allerdings den Anspruch auf Weltherrschaft nicht leugneten. Im Jahre 1226 wurde in der Goldbulle von Rimini das heidnische Preußenland als Teil der *„monarchia imperii"* aufgefasst[245]. Selbst wenn sich daran, wegen der übrigen Sorgen für die Christenheit, kein zielgerichtetes Herrschaftshandeln im Rahmen einer weitgespannten Konzeption zur Erschließung des Ostseeraums anschloss, war doch mit der Delegation des Raumes an den Deutschen Orden die kaiserliche Obsorge im Sinne des Christentums für alle Teile der Welt zum Ausdruck gebracht worden. Das Kreuzzugsgelübde absorbierte mit den Planungen und den Erklärungen für das Hinauszögern die Aufmerksamkeit des Staufers. Honorius III. blickte mit gewisser Nachsicht auf das Handeln des Kaisers. In der europäischen Gesellschaft stieß der im Zuge des IV. Laterankonzils propagierte Kreuzzug allgemein auf Skepsis. So konnte der Kaiser auf Verständnis hoffen, wenn er die Planungen und Vorbereitungen ohne ausreichendes Engagement nur an der Oberfläche betrieb und immer wieder gerechte Gründe (*iustae causae*) vorbrachte, die den Aufschub kirchenrechtlich rechtfertigten. Als Friedrich II. 1227 den begonnenen Kreuzzug im Hafen von Brindisi absagte, weil eine Seuche ausgebrochen war, griff der neu gewählte Papst Gregor IX. (1227–1241) nicht zuletzt mit Blick auf sein eigenes Seelenheil ein und exkommunizierte den Kaiser[246]. In der Position des Papstes hatte er über die Einhaltung der Gelübde zu wachen. Da das Kaisertum durch Friedrich in den voraufgegangenen Jahren an Ansehen gewonnen hatte, gab es mit Blick auf die päpstlichen Machtansprüche auch sonst Anlass, die Kehrseiten des Herrscherhandelns zu beleuchten, was aber kaum so weit gereicht habe dürfte, dass sich Gregor Friedrichs Unterwerfung oder sogar Vernichtung zum Ziel gesetzt hätte[247]. Zu Beginn der Auseinandersetzung ging es um Fakten und um Anklagepunkte, die kirchenrechtlich einsichtig schienen. Die Strafe bei Nichteinhaltung des Gelübdes war allseits anerkannt. Dennoch ging Friedrich zum Angriff über. Unter dem Hinweis, die Kirchenvertreter trübten seine *fama*, reagierte Friedrich II. mit der Wiedereinziehung der Schenkungen an die Kirche. Die Rechtmäßigkeit der Exkommunikation wurde sachlich zurückgewiesen, und ins Feld geführt, dass der Papst nur Hass gegen ihn verbreite. Hier sollten nicht nur Vorurteile gegen den Papst geschürt, sondern die Rechtmäßigkeit der von ihm verhängten Exkommunikation in Frage gestellt werden. Hass als Motiv machte das gefällte Urteil ungültig.

Derweil nahm Friedrich 1228 als Exkommunizierter ohne päpstliche Zustimmung das Kreuz und brach mit seinen Anhängern zum 5. Kreuzzug auf. Die päpstliche Partei reagierte 1228 mit dem Papstbrief „*Illorum superbia*" an Podestà und Volk von Genua, in dem über Friedrichs Vorgehen im Heiligen Land berichtet wurde[248]. Friedrich II. hatte Gesandte zum Papst geschickt, die den Sachstand vermittelt hatten und den Frieden zwischen Kaiser und Papst vorbereiten sollten. An die Ernsthaftigkeit der Friedensbemühungen glaubte der Papst nicht. Gregor IX. stand in Zugzwang, denn das Urteil Gottes, das sich nach Meinung der Zeitgenossen in Siegen manifestierte, schien für Friedrich zu sprechen. Der exkommunizierte Kaiser, seit 1226 Ehemann der Isabella von Brienne († 1228), der Erbin des Königreichs Jerusalem, trat seine Herrschaft an den Stätten Jesu an. Ob er sich die Königskrone selbst aufs Haupt setzte, wie die antistaufische Propaganda wissen wollte, bleibt unsicher[249]. Jedenfalls agierte er in der Grabeskirche im Ornat des Königs von Jerusalem und kam wenig später siegreich ins Abendland zurück. So gestärkt fand er eine konziliante Lösung im Streit mit dem Papst, die immerhin fast 10 Jahre trug. 1230 wurde der Frieden von San Germano (heute Cassino) geschlossen, der den Kaiser auch offiziell vom Bann löste[250]. In der Hauptkirche der Stadt, also im sakralen Raum, versicherte der Kaiser, den Anweisungen des Papstes Folge leisten zu wollen.

Die zweite Phase des Machtkampfs zwischen Kaiser und Papst

In Italien konkurrierten die Interessen von Papst und Kaiser auch weiterhin zu sehr, als dass eine friedliche Lenkung der Christenheit auf Dauer hätte realisiert werden können. Insbesondere im Süden trafen mit Machtfragen auch Wirtschaftsinteressen aufeinander, im Norden nutzte Mailand den wachsenden Unfrieden zwischen Kaiser und Papst zum Ausbau seiner eigenen Position. Im Jahre 1239 nahm Gregor IX. die zweite Exkommunikation Friedrichs II. vor[251]. Die Rechtspositionen gingen hin und her, Einheit war nicht zu erzielen. Die Waffen wurden zur Hilfe genommen, aber die Machtunterschiede waren zu gering für einen eindeutigen Ausgang. Das kirchenrechtliche Verfahren, das der Exkommunikation rechtmäßig folgte, schritt voran, obwohl mit dem Tod Gregors IX. 1242 neue Dynamik in die Auseinandersetzungen kam. Am Ende berief Papst Innozenz IV. (1243–1254) dann aber doch ein Konzil zur Klärung der Fragen nach Lyon ein, weil die bilateralen Verhandlungen ergebnislos geblieben waren. Er nutzte ein altbekanntes Instrument zur Konfliktbeilegung in Streitfällen, aber er sah darin nur die Bühne für seine päpstlichen Entscheidungen, kein unabhängiges Gericht im Streit zwischen Kaiser und Papst. Besser als in Rom konnte in Lyon das Christentum gegen einen unbotmäßigen Kaiser verteidigt werden, als der Friedrich ob der Vorwürfe, er sei eher Muslim denn Christ, in päpstlicher Sicht erschien. In Pamphleten der päpstlichen Seite wurde Friedrich zur Bestie und zum Antichrist stilisiert. Obwohl Friedrich II. sich bemüht hatte, alle Anfahrtswege zu sperren, folgten 150 Bischöfe der Aufforderung zum Konzil. Die Einladung machte deutlich, dass auch andere Fragen drängten[252]. Die *deformatio* des Klerus und der Laien, die Sarazenen, das Schisma mit den Griechen und die Wildheit der Tataren standen neben der Verfolgung der Kirche (*persecutio*) durch Friedrich II. Der Begriff erinnerte bewusst an die Zeiten vor Konstantin, auf die Friedrich sich selbst immer für sein Kaisertum bezogen hatte.

Friedrich II. beharrte auf dem Konfrontationskurs, weil er sich im Recht sah, wie es die Rechtsgelehrten definierten, und sich selbst als Weltherrscher verstand[253], der nicht nur über Christen, sondern über das Römische Reich mit allen seinen Teilen regierte. Es kam ihm, der sich immer alles hatte erkämpfen müssen, nicht in den Sinn einzulenken. Das Ergebnis der Machtprobe zwischen *imperium* und *sacerdotium* war der Entzug des Kaisertums auf dem Konzil von Lyon in einem Urteilsspruch, den ein ganzes Bündel von Vergehen legitimierte[254]. Die Degradierung wurde zur päpstlichen Bulle geformt und in die christliche Welt versandt. Die Begründung für das Vorgehen ist der Arenga zu entnehmen: Ruhe und Frieden sollten für die heilige Kirche und das christliche Volk wiederhergestellt werden, nachdem Friedensangebote ausgeschlagen worden seien. Der Gegenseite verhärte das Herz wie ein Pharao und verstopfte die Ohren wie die Natter (Ps 57,5). Ein 1244 durch Mittler abgelegter Eid, sich zu fügen, sei von Friedrich nicht gehalten worden. Als Grund für das Handeln nennt der Papst das Argument, dass er andernfalls Christus schwer beleidigen würde.

Das Gerichtsverfahren gegen den Kaiser genügt den formalen Vorgaben des christlichen Rechtsstaats. Verhandelt wurde über vier schwere Untaten, nämlich Eidbruch, Bruch des Friedens mit der Kirche, Gefangennahme von Reisenden auf dem Weg zum Konzil (darunter Kardinäle, Prälaten und Kleriker) sowie Häresieverdacht. Der Rest sollte mit Schweigen übergangen werden. Alle Punkte wurden gerichtsfest untermauert: Eide seien schon in Sizilien gebrochen worden, als er noch nicht Kaiser war, aber auch danach. Beamte wurden gezwungen, die Exkommunikation nicht zu beachten. Der Bezug auf Mt. 16, 19: „was immer du auf Erden binden wirst, wird auch im Himmel gebunden sein, was immer Du auf Erden lösen wirst, wird auch im Himmel gelöst sein" gab der päpstlichen Position Kraft. Eingeschoben wurde der Hinweis auf Verfremdung von Kirchengut, etwa in der Mark Ancona, im Dukat von Rom, in Benevent, der Toskana und der Lombardei. Damit habe Friedrich der Kirche den Gehorsam aufgekündigt und den Frieden verletzt. Zur Schändung von Kreuzen, Kelchen und liturgischem Gerät sei es gekommen. Als Beispiele für Reisebehinderungen wird auf die Bischöfe von Porto und Palestina verwiesen. Mit Recht sei darüber hinaus gegen ihn der Verdacht der Häresie entstanden, denn er habe, nachdem er sich den Bannspruch zugezogen hatte, die Schlüsselgewalt der Kirche verachtet. Außerdem sei er in verabscheuenswürdiger Freundschaft mit den Sarazenen verbunden, habe ihnen häufig Geschenke gesandt und solche von den Sarazenen empfangen. Der sarazenischen Sitte gemäß habe er seine Gattinnen von Eunuchen bewachen lassen. Er habe zugelassen, dass der Name Mohammeds im Haus des Herrn verkündigt wurde. Dass Friedrich II. das päpstliche Lehen Sizilien tyrannisch verwaltet habe, wird über den Anklagenkatalog hinaus noch angeführt, bevor der Urteilsspruch erging, den der Papst mit den Brüdern und dem als heilig bezeichneten Konzil beraten hat.

Damit Friedrich nicht mehr herrsche und regiere, wurde verboten, dass jemand ihm als Kaiser oder König gehorche oder auf ihn höre. Alle, die das tun, verfallen *ipso facto*, also ohne Prozess, dem Kirchenbann. Jene aber, denen im Reich die Wahl des Kaisers zusteht, sollten frei einen Nachfolger wählen. Die Neuausgabe Siziliens als Lehen wurde angekündigt. Der Papst löste die Treueide, welche die Vasallen Friedrich geleistet hatten. Das Urteil war gesprochen und wurde von den europäischen Königen akzeptiert, von denen ein Großteil in Lehns- oder Schutzbindung zum Papst stand. Der Machtausbau der Päpste durch die Erhebung von Königen und die Aufnahme von politischen und religiösen Einheiten in den Schutz des Hl. Petrus zahlte sich jetzt aus. Die politisch geformten Loyalitäten kamen auf der Synode zum Tragen und mussten nicht durch rationale Gerechtigkeitsargumente umworben werden. Die unabhängig gebliebenen Kräfte wurden in den Strudel der allgemeinen Stimmung hineingezogen und tolerierten das Tun des Papstes. Der Widerstand des Abgeurteilten, wie intelligent und berechtigt er auch vorgetragen sein mochte, blieb ohne Erfolg. Friedrich versuchte vergeblich, die Rechtsposition noch einmal darzulegen und mit Waffen das Recht zu erstreiten[255]. Mehrheiten konnte er damit nicht mehr erringen. Die Fürsten des Reiches, die zur Wahl des Königs berechtigt waren und sich jetzt mit Bezug auf die Antike *principes, qui circa hoc Romani senatus locum accepimus* (Fürsten, die wir in dieser Sache den Platz des römischen Senats eingenommen haben) nannten, trafen sich und wählten 1246 den Landgrafen von Thüringen, Heinrich Raspe (1246/- –1247), den Sohn des Landgrafen Hermann von Thüringen, der Philipp, Otto und Friedrich gewählt hatte. Der baldige Tod machte schon 1248 eine Neuwahl notwendig. Jetzt setzte sich Wilhelm von Holland (1248/- –1256) in der Gunst der Staufergegner durch. Beide Könige erzielten nur begrenzt Erfolge, weil die immer noch vorhandene Anhängerschaft Friedrichs sie nicht akzeptierte. Am 13. Dezember 1250 starb der Kaiser, den viele mit dem erwarteten Antichrist gleichgesetzt hatten, dessen Tod aber erst für 1260 prophezeit worden war[256].

Gestaltungsabsichten für die Zukunft staufischer Herrschaft

Im Tod Friedrichs II. sah man in der älteren Forschung die Schnittstelle zwischen der ruhmreichen Reichsgeschichte und dem territorialen Chaos des Spätmittelalters. In der Sicht auf die Geschichte des Mittelalters bedeutete der Abgang Kaiser Friedrichs II. einen tiefen, vielleicht den tiefsten Einschnitt überhaupt. Mit ihm verließ, so wurde am Beginn des 20. Jahrhunderts fokussiert auf deutsche Kaisergröße formuliert, die Bühne des europäischen Geschehens die letzte Persönlichkeit, welche die Idee des mittelalterlichen Kaisertums in ihrer ganzen Größe und Erhabenheit noch einmal in sich verkörpert hatte. Als Europäer dürfen wir diese Ansicht heute als zeitbezogen zurückweisen, denn die Zeit der großen Kaiser war einerseits noch nicht vorbei und andererseits war das Kaisertum schon bis 1250 nicht nur eindeutig „deutsch" und „mittelalterlich", sondern bestand gerade bei den deutschen Herrschern als lebendige Idee in der Nachfolge von Augustus und Konstantin als Weltkaisertum fort. Die sich wandelnden Vorstellungen von der Bedeutung des Todes eines abgesetzten Kaisers in der heutigen Gegenwart lassen die Frage entstehen, wie man die Situation um 1250 im *sacrum imperium Romanum* empfand und welche Pläne für die Zukunft es gab. Die Antwort darauf kann nicht eingleisig im Sinne der päpstlichen Planungen ausfallen, denn die Christenheit hatte zwar seit 1245 nur noch eine legitime Spitze, war dafür aber mehr denn je in zwei unversöhnliche Parteien geteilt. Es gab im Streit zwischen Friedrich und der Kurie nur pro oder contra, was nicht heißt, dass nicht einige Fürsten in Italien bei veränderter Opportunität die Seiten wechselten. Die Unterschiedlichkeit der Auffassungen zeigt sich schon in der Periodisierung. Je nachdem, zu welcher Partei man gehörte, datierte der Neubeginn in das Jahr 1245, das diejenigen wählten, die sich zur Absetzung bekannten, oder auf den Dezember 1250, was die Staufer befürworteten. Viele verbanden in Neutralität oder Verwunderung über den Zustand des Reiches beide Daten mit einem „oder"[257]. Der Neuanfang der Papstseite wurde als wenig schwungvoll mit zwei kaum geeigneten Neukönigen bereits kurz charakterisiert. Auch nach Friedrichs Tod stand ihnen immer noch der einst gerühmte Weltkaiser entgegen. Wie er sich selbst in der problematischen Situation die Zukunft vorgestellt hat, lässt sich aus einem Dokument erkennen, das unter der Bezeichnung „Staatstestament"[258] von einem zweiten, dem sog. Privattestament unterschieden wird. Letzteres wurde von der älteren Forschung als Stilübung bezeichnet, heute aber in die Interessensphäre der über die weibliche Linie verwandten Aragonesen eingeordnet[259]. Durch die Reduktion des Forschungshorizonts auf das politische System der eigenen Zeit wurden die Zeugnisse der europäischen Geschichte verkannt.

Im Staatstestament, das unter den Augen des Erzbischofs von Palermo und des illegitim geborenen Sohnes Manfred († 1266) entstand, erscheint Friedrich als durch die Gnade göttlicher Güte Kaiser der Römer, allzeit Augustus, König von Jerusalem und Sizilien. Der Testierende betonte seine geistige Gesundheit, was für die Rechtsgültigkeit von Testamenten wichtig war, sowie seine Verantwortung für das eigene Seelenheil, das Kaiserreich und seine Königreiche. Sein Sohn Konrad (1237, 1250/- –1254) solle als König der Römer und Erbe des Königreichs Jerusalem auch das Erbe im Imperium erhalten sowie alle wie auch immer erworbenen Güter in Sizilien. Der auf das eigene Geschlecht blickende Machthaber klärte im Anschluss daran nicht etwaige Details, sondern bestimmte auch die Nachfolgeregelung nach dem Tod seines Sohnes, zumindest insofern dieser kinderlos bleiben sollte. Dies entsprach dem Usus, erhielt seine besondere Bedeutung aber dadurch, dass sich bei dem 22jährigen auch nach knapp vierjähriger Ehe mit Elisabeth von Bayern († 1273) noch kein Nachwuchs eingestellt hatte. Der aus Friedrichs Ehe mit Isabella von England († 1241) entsprossene Carl-Otto (Heinrich) († 1253/54) sollte dann zum Zuge kommen. Sollte dieser wiederum kinderlos bleiben, (was tatsächlich eintrat), so stand mit Manfred, dem aus der Ehe mit der zuvor langjährigen Konkubine Blanca Lancia († ? 1234/35) entstammenden letzten Sohn, ein weiterer Erbe zur Verfügung, der 1250 immerhin schon Vater einer kleinen Tochter war, was seine Zeugungsfähigkeit bewies und Hoffnung auf die Zukunft geben konnte. In zweiter Ehe wurden dann tatsächlich Söhne geboren.

Die Größe des Reiches, die Friedrich selbst zur Delegation von Herrschaft und Verantwortung gezwungen hatte, wurde im Testament einkalkuliert. Wenn nämlich Konrad in Deutschland oder sonst im Reich unabkömmlich sei, so solle Manfred in Italien und insbesondere in Sizilien die Statthalterschaft übernehmen. Sonst sollte er alles so verfügen können, wie Friedrich selbst es getan hatte. Nur einzelne Sondervermögen wurden explizit ausgeklammert: Die Kinder des 1235 abgesetzten ältesten Sohnes Heinrich, der 1242 im Gefängnis seines Vaters gestorben war, wurden nicht völlig übergangen. Die Schuld des Vaters lastete zwar auf den Söhnen, aber ihre Funktion in der *stirps regia* blieb bewusst. Der Enkel Friedrich († 1251), der um 1230 geboren war, sollte die Herzogtümer Österreich und Steiermark erhalten, wobei die lehnrechtliche Bindung an den Onkel gewahrt bleiben sollte. Zudem wurden ihm für den Lebensunterhalt 10 000 Goldunzen zugewiesen. Sohn Heinrich, der ja im Wartestand verblieb, erhielt nach Bestimmung Konrads entweder das Königreich Arelat oder das Königreich Jerusalem; er bekam zum Lebensunterhalt das Zehnfache von dem, was Friedrich zugedacht war. Die Templer erhielten ihre Güter zurück, ebenso Kirchen und Klöster ihre gewohnten Rechte und Freiheiten. Die Menschen Siziliens sollten frei und steuerfrei leben, Grafen, Barone und Ritter Siziliens als Lehnsträger Rechte und Gerechtsame erhalten, wie es zur Zeit seines Onkels der Fall gewesen war.

Obwohl die päpstlichen Truppen nach 1245 manchen Erfolg errungen hatten, blieb Friedrich II. von der Rechtmäßigkeit seines Handelns überzeugt. Seine Erben und er planten so weiter, wie es ohne die Absetzung rechtens gewesen wäre. Nach mittelalterlicher Auffassung hatte nun aber auch Gott gegen ihn Stellung bezogen, denn das Fieber, was zur Testamentsaufzeichnung bewogen hatte, besserte sich nicht. Zynisch mögen seine Erben das Diktum des zuletzt starrköpfigen Vaters und Großvaters empfunden haben. Schließlich stand zwischen den Zeilen, was Friedrich selbst erfahren hatte und später zum Sinnspruch geformt werden sollte: „Was Du ererbst von Deinen Vätern, erwirb es, um es zu besitzen". Ohne Kampf war das Skizzierte nicht in die Realität umzusetzen. Die Erben scheuten diese Auseinandersetzungen nicht.

Das Papsttum als Spitze von Reich und Christenheit?

Die Pläne des Papsttums

Der wichtigste Gegner der Erben Friedrichs war Papst Innozenz IV. (1243–1254), dessen Spruch nicht nur den Kaiser, sondern die gesamte Familie verdammt hatte[260]. Mit Blick auf Sizilien, das er als Lehen neu ausgeben wollte, hat er auf bestehender Rechtsgrundlage die Interessen des Hl. Petrus wahrgenommen. Anfangs aber fand der Papst trotz seines weithin anerkannten Sieges über den missliebigen Kaiser gar keinen Interessenten, der sich der fast unlösbaren Aufgabe annehmen wollte, gegen den noch lebenden Staufer in Sizilien den Kampf zu führen. Mit Blick auf das Reich war die Situation anders gelagert. Die Entfremdung zwischen Weltherrscher und Wahlgremium begünstige einen forcierten Neubeginn unter dem Schutz päpstlicher Rechtsprechung. Mit Heinrich Raspe, der bereits seit 1242 als Verweser des Reiches nördlich der Alpen fungiert hatte, und den ihn begünstigenden Königswählern spürten die Erben Friedrichs II. direkte Konkurrenz, die nicht einfach mundtot gemacht werden konnte[261]. Selbst der baldige Tod des neuen Anführers brachte keinen Umschwung[262]. Sofort stand der zum König erhobene Wilhelm von Holland (1248/- –1256) als Widerpart bereit, der aber nur im eigenen Einflussbereich, nicht im gesamten *regnum* und schon gar nicht südlich der Alpen regieren konnte[263]. Dort nutzten die Päpste in den folgenden Jahrzehnten ihre Rechte am Reich durch das sog. päpstliche Vikariat. Die Lage blieb in einer gespannten Ruheposition. Der Papst lehnte Verhandlungen mit der Begründung ab, Konrads Friedensbemühungen seien fingiert. Im Jahre 1251 fand vielmehr eine Unterredung zwischen Wilhelm von Holland und dem Papst statt, bei der Wilhelm den Stratordienst leistete. Am fortbestehenden Einfluss der Staufer konnte dies bis zum Tod Konradins (†1268) ebenso wenig etwas ändern wie die Nachwahl im Frühjahr des nächsten Jahres. Mit Ottokar von Böhmen († 1278) erwuchs im Südosten des Reiches ein neuer Widerstandsherd, der sich weniger um die Einheit unter dem fernen König als um die Ausbreitung eigener Territorialgewalt bemühte. Die Erfolge gaben ihm Recht, machten ihn aber nicht beliebt. Wilhelm blieb im Schatten der geistlichen Spitze und zählte selbst die Bestätigung durch den Papst neben Wahl und Krönung zu den zentralen Schritten der Königserhebung. Im Machtvakuum verstrich die Zeit bis zu seinem Tod 1256.

Die Doppelwahl von 1257

Mit Blick auf das gesamte Reich ist ein Mangel verspürt worden: *vacante imperio* oder *vacatio imperii* (als das Reich unbesetzt war, Vakanz des Reiches) benennen Historiographen, die die Epoche miterlebten, den Zeitraum seit 1245 bzw. 1250[264], der in der deutschen Forschung mit dem falschen Namen „Interregnum" bezeichnet wird. Weil auch der nächste Wahlakt im Jahre 1257 keine schlüssigen Alternativen hervorbrachte, verharrte man entweder in abwartender Haltung oder nahm die notwendigen Geschäfte einfach selbst in die Hand. Die nach Wilhelm von Holland folgende Zeit bezeichneten Chronisten als *scisma*. Richard von Cornwall (1257/- –1272), der zweite Sohn des englischen Königs Johann Ohneland († 1216), und Alfons X. von Kastilien (1257/- –1284), der Sohn der mit dem König von Kastilien-Leon verheirateten Beatrix von Schwaben († 1235), waren in Zwietracht gewählt worden (*in discordia electi*)[265]. Die Fürsten des Reiches waren von der Hoffnung getragen, dass der Streit mit einer globalen Lösung zu beenden sei, gerieten dabei aber über den richtigen Weg in Disput. Die Sorge um die eigene Macht und das Grundgesetz des Reiches, dass die Spitzen von Kaiser und Papst durch Wahl, nicht allein durch Geburt bestimmt werden sollten, verhinderten die einmütige Öffnung des Throns für einen wirklich mächtigen Mann aus den Reihen der christlichen Regenten. Das politische Denken der Wahlfürsten hatte den Erfordernissen der Zeit nicht schrittgehalten, weil sie von den internationalen Transfers der kaiserlichen Weltherrschaft abgekoppelt worden waren, die Friedrich II. von Italien aus organisiert hatte.

Dem Desaster eines wegen mangelnder Kooperation mit der geistlichen Spitze abgesetzten Kaisers folgte ein bewusstes Übersehen der für die Aufgabe hinreichend kompetenten Persönlichkeiten, wie sie mit König Ottokar von Böhmen und dem französischen König Ludwig dem Heiligen († 1270) gleich zweifach zur Verfügung standen, die sich jeder für sich in der Sprache des Christentums für die Spitzenstellung empfahlen. Die deutschen Reichsfürsten nutzten unter Duldung der geistlichen Spitze, die sich gegen Ottokar von Böhmen sogar explizit aussprach, lieber die Abwesenheit eines machtvollen Königs für die eigene Territorialpolitik. Die Territorien wurden „Staaten im Staate". Die Entwicklung, die sich nicht vergleichbar der Spätantike in der Ausbildung von Unterkönigtümern manifestierte, aber die Verlagerung von Herrschaftsrechten auf die Territorialfürsten brachte, fußte auf den beiden Fürstengesetzen von 1220 und 1231, die Friedrich II. zur Sicherung seiner dynastischen Interessen und aufgrund der verfehlten Politik seines Sohnes Heinrich erlassen hatte[266]. Richard von Cornwall und Alfons X. von Kastilien waren Realisten genug, sich nicht in diese Entwicklungen einzumischen, sondern auf übergeordneter Ebene der Verpflichtung für die Christenheit nachzukommen. Alfons X., der Weise, der als Sohn Ferdinands III. des Heiligen († 1252) die Eroberungen von Cordoba, Murcia, Jean und Sevilla in seiner Jugend miterlebt hatte, wusste besser als die deutschen Fürsten, welche Aufgaben auf die weltliche Spitze des Reiches warteten. Statt eines eigenen iberischen Kaisertums strebte er in staufischer Familientradition die Nachfolge Konstantins an. Doch sein Handeln blieb eingeschränkt durch die Doppelwahl, die auch Richard von Cornwall in die Anwartschaft auf die Kaiserkrone gebracht hatte. Bevor die Königsfrage nicht geklärt war, konnte den Regeln des Reiches gemäß die Augustus-Nachfolge nicht angetreten werden.

Richard, der die Belehnung mit dem Königsreich Sizilien 1252 ausgeschlagen hatte, wusste als Neffe des Kreuzfahrers Richard Löwenherz († 1199) und durch eigene Palästina-Erfahrung in den Jahren 1240/41 ebenfalls um die zentralen Aufgaben der nun übernommenen Würde, die nicht durch kleinmütige Verwaltungs- und Repräsentationstätigkeit im Land der Königswähler hintangestellt werden durften. Als Vetter Kaiser Ottos IV. und Schwager Friedrichs II. sah er das *sacrum imperium Romanum* aus anderer Perspektive als diejenigen, die am Himmelfahrtstag 1257 seine Krönung in Aachen vornahmen[267]. Die Aufrufe Papst Alexanders IV. (1254–1261) zur Befreiung des Heiligen Landes bestärkten ihn. Aber auch Richard konnte mit seiner Politik 1261 nur die Senatorenwürde in Rom erlangen, nicht die Kaiserkrone. Im Mai war Papst Alexander IV. gestorben, was die Gespräche über die Anerkennung der Königswürde und die Erhebung zum Kaisertum wieder von vorn beginnen ließ.

Erst im Jahre 1263 nahm der aus dem Umfeld Ludwigs des Heiligen stammende neugewählte Papst, Urban IV. (1261–1264), endlich zur zwiespältigen Wahl Stellung[268]. Er bot Vermittlung an, konnte aber trotz wortreicher Bemühungen bis zu seinem Tod im Oktober 1264 keine Klärung herbeiführen. Sein in Sachen der Doppelwahl entsandtes Schreiben ist einem Konzept verpflichtet, in dem weltliches und geistliches *regimen* sich gegenseitig ergänzen. Er definierte das Verhältnis der zwei Gewalten, das ihm tangiert schien. Wie es am Himmel zwei Lichter gäbe, so würden Priestertum und Kaisertum auf der Erde Licht geben. Gott habe die Ämter von beiden so geschieden, dass deren Amtsverschiedenheit sie nicht mit irgendwelcher Gegensätzlichkeit trenne, „sondern bei der Ausübung der übertragenen Lenkung (*regimen*) sie aufgrund ihrer Amtspflicht in der Einmütigkeit der Entscheidungen einträchtig macht und beider ohne Zweifel nützliche Eintracht, durch ihre wechselseitige Beschirmung untereinander geschützt und durch ihr ge-

genseitiges Begünstigen gefördert, das Werk der Gerechtigkeit freiwillig schafft, indem sie Frieden der Welt gebiert, Ruhe einführt und Eintracht nährt". Doch der Feind des Menschengeschlechtes sei voll Neid gegenüber dem Wachsen der beiden Gewalten. Ohne das Zusammenspiel der beiden Gewalten gäbe es mehr Sünden, mehr Häresien, Mord und Totschlag. Man habe lange gewartet in der Hoffnung auf eine Entscheidung zwischen beiden Anwärtern. Nach Gewohnheitsrecht gab es andere Regeln zur Klärung der Legitimationsfrage als nur den päpstlichen Entscheid. Genannt werden die Durchsetzung mit Gewalt und die Entscheidung des Pfalzgrafen. Unter Alexander IV. sei eine schiedsrichterliche Lösung durch die Kandidaten ausdrücklich abgelehnt worden. Dies habe man in Rom respektiert. Jetzt aber habe man die Boten der Parteien gehört und deren Parteistandpunkte sorgsam verzeichnet. Eingeschlossen in den Text ist eine Wahlordnung für die sieben Kurfürsten, die aus Gewohnheitsrecht (*consuetudo*) Fristen zur Neuwahl kennt. Die Konfliktbeilegung sollte jetzt vor dem Papst stattfinden. Im Sinne der Zwei-Gewalten-Ordnung griff der Papst ein, weil dies für die Eintracht des Reiches notwendig schien. Die Folgen für den Erdkreis und die Kirche waren zu groß, die Gefahren für die Seelen zu offensichtlich. Die Einhaltung der Verfahrensschritte brauchte hingegen mehr Zeit, als dem Reich gut tat. Auch die Unionsverhandlungen mit dem byzantinischen Kaiser Michael VIII. Palaiologos († 1281/82), die der Kaiserfrage eine neue Richtung hätten geben können, scheiterten. Papst Urban starb, bevor es zu Unterredungen für die Einheit gekommen war.

Schnell folgte Papst Clemens IV. (1265–1268), der zuvor zum Rat des französischen Königs gehört hatte und sich in der verfahrenen Situation des Doppelkönigtums, die bei Bindung an die Verfassung keine Hoffnung auf die Kaiserkrone für seinen Förderer ließ, mehr für Sizilien als für die weltliche Spitze des Imperiums interessierte. Nach seinem Tod lag die Frage der westlichen Königs- und Kaiserherrschaft auf Eis, weil bis 1271 kein Papst erhoben wurde. Die westliche Christenheit war gänzlich ohne Führung und lernte, dass die europäischen Könige und Erzbischöfe auf sich allein gestellt durchaus dazu in der Lage waren, die christliche Gesellschaft aufrecht zu erhalten. Aber das war nicht die Ordnung, wie sie nach Lehre der Kirchenväter von Gott zu Beginn der Heilszeit eingerichtet worden war. Man sah also neuen Handlungsbedarf und wählte zunächst im Herbst 1271 mit Gregor X. (1271–1276) einen neuen Papst.

Die Wahl König Rudolfs von Habsburg

Als 1272 Richard von Cornwall starb, wurde zur Neuwahl des *rex Romanum* geschritten. Dass Alfons von Kastilien noch bis 1284 lebte, spielte für die Entwicklung auf dem deutschen Thron keine Rolle. Die Verhandlungen für die Neuwahl waren schwierig. Die Anwärter waren prominent: einerseits der französische König Philipp III. († 1285), den sein Onkel Karl von Anjou († 1285) ins Spiel brachte, und andererseits Ottokar von Böhmen († 1278). Die Kurfürsten lehnten noch immer einen starken König ab und schauten sich nach weiteren Möglichkeiten um. Dem Papst dauerte dies zu lange, so dass er Anfang August die Frist einschärfte. Sollte der Stuhl des deutschen Königs danach noch vakant sein, würde er zusammen mit den Kardinälen einen König bestimmen. Diese Form des Eingreifens war bei der Besetzung geistlicher Ämter bekannt. Die Provinzialität des Denkens hatte sich bei den Kurfürsten, die jetzt als Wähler auftraten, nicht gewandelt, gerade deshalb musste ein Votum des Papstes vermieden werden. Ein Weltherrscher, der kaiserliche Rechte nutzen konnte, um den Fürsten Dienst im Sinne der Christenheit zu verordnen, war offenbar nicht gewünscht. Die Fehlkonstruktion des Gremiums, das sich erst in dieser Zeit mit klarer Definition der Berechtigten aus dem Kreis der Gesamtheit aller Fürsten herausgeschält hatte, gab dieser Haltung Vorschub, zumal die Erzbischöfe, deren weltliche Rechte Friedrich II. erweitert hatte, durch die Bestimmungen des IV. Laterankonzils von 1215 stärker in die kirchliche Hierarchie eingebunden, d. h. dem Papst untergeordnet worden waren. Die Beschränkung der Mitglieder auf ein geographisch sehr kleines Gebiet minimierte den Horizont für weltpolitische Fragen. Die Kriterien für die Auswahl waren fortan nicht von der Sorge um die Christenheit, sondern um den eigenen Einflussbereich und Geldbeutel bestimmt.

Bei den Verhandlungen kamen mehrere Namen ins Gespräch. Letztlich aber einigte man sich auf einen 55-jährigen Mann, der als Graf im Elsass begütert, zunächst im Umfeld Friedrichs II. zu finden gewesen war und im Rahmen der kurialen Exkommunikationsbestimmungen immer zur staufischen Partei gezählt hatte. Das Wahldekret der Kurfürsten, das nach dem 24. Oktober ausgefertigt wurde[269], beginnt mit einer Reihe von Bibelzitaten, welche die Problemlage in düsteren Farben zeichnen: Das Land läge kläglich und jämmerlich bis heute, so beginnt der Text gemäß Jesaja 33, 9. Der Bau des Römischen Reiches sei durch den Feind des Friedens, die alte Schlange, bedroht. Nachdem in den Herzen der Menschen das Feuer des Hasses entbrannt sei, ginge der Friede zugrunde. Schon lange sei das Reich verwaist. Damit es nicht länger kopflos bliebe, sei zu Frankfurt über die Einsetzung eines neuen Königs verhandelt worden. Man rief den heiligen Geist an, wie dies bei Wahlen im Mittelalter üblich war. Die Stimmen waren nicht gleich schwer, sondern entsprachen dem Gewicht der Personen, die sie abgaben. Die Christlichkeit des Wahlaktes von 1273 war bereits in der Zeitklage zu Beginn zum Ausdruck gekommen. Die Formulierungen, in denen die Hoffnung auf Besserung zum Ausdruck kam, apostrophierten das Vertrauen in die göttliche Lenkung. Man betonte die Formgerechtigkeit der Wahlhandlung, um spätere Zweifel an der Rechtmäßigkeit des Aktes gleich im Vorfeld auszuräumen. Alle hätten in gemeinsamer Übereinstimmung die Augen auf den erlauchten Mann, Herrn Rudolf (1273/- –1291), gerichtet und ihn dann auf Eingebung des Allerhöchsten einstimmig, einmütig und einträchtig zum Römischen König und künftigen Kaiser gewählt. Da diese Wahl nun ohne Zweifel kanonisch, will sagen vom Himmel gelenkt durchgeführt war, sei der Gewählte in der Unermesslichkeit unsäglichen Jubels nach Aachen als dem Thron prächtig geleitet worden. Die Schar aller Edlen habe Beifall geklatscht. Die begleitende Volksmenge erhob, um von ganzem Herzen Dank zu sagen, zu einem himmlischen Lobgesang. In Aachen selbst sei der neuerwählte König an solchem Tage vom Kölner Erzbischof, dem es seit alter Zeit zusteht, den Königen die Wohltat der Weihe zu spenden, auf dem Thron Karls des Großen gekrönt und mit dem Öl hochheiliger Salbung gesalbt worden. Für die Diskussion über das Reich und seinen ersten Leiter sind zwei Formulierungen interessant: so wurde hier der Römische König und zukünftige Kaiser gewählt. Man beanspruchte für sich die Kaiserdesignation, sah in dem Akt aber noch nicht die Kaiserwahl. Man verknüpfte im Bericht die Wahl in Frankfurt am 1. Oktober und die Weihe in Aachen am 23. Oktober sehr eng: das zwischen beiden Akten etwas mehr als 3 Wochen vergangen waren, ist dem Bericht nicht mehr zu entnehmen. Das Dekret ist als Empfehlungsschreiben an den Papst zu deuten, der in Zukunft nach jeder Wahl schriftlich unterrichtet wurde.

Die Präsentation Rudolfs von Habsburg ließ offenbar Nachfragen erwarten, da er keineswegs zu den allseits bekannten Persönlichkeiten zählte. Vielmehr hatte ein Außenseiter das Rennen gemacht. Das Wahldekret trug dem Rechnung, indem es den neuen König kennzeichnet[270]: er sei in treuem Glauben katholisch, ein inniger Freund der Kirchen, Aufrechterhalter und Verehrer der Gerechtigkeit (*iusticie cultor*), ausgezeichnet im Rat, strahlend in frommer Tüchtigkeit, mächtig wegen seiner eigenen Hausmacht und gestützt auf Verwandtschaft mit vielen Mächtigen, er sei *deo, ut firmiter opinamur, amabilis* (Gott, wie wir sehr stark glauben, liebenswert), dem menschlichen Antlitz willkommen, körperlich tüchtig und in Kriegsdingen gegen die Treulosen erfolgreich. Wir haben hier einen Katalog mit Punkten, die für die Wahl zum König und die Erhebung ins Kaisertum wichtig waren. Gottgläubigkeit und Erfolg im Krieg werden ebenso genannt wie die Sorge um Gerechtigkeit.

Der Mainzer Kurfürst, der seine eigene Position im gemeinsamen Schreiben der Kurfürsten nicht adäquat vertreten sah, sandte ein eigenes Statement nach Rom[271]: Er und die anderen Mitfürsten, die das Recht zur Wahl des Deutschen Königs haben, hätten sich voll Mitleid mit dem Elend der von der Vakanz Betroffenen, in Frankfurt versammelt. Der Halbsatz „wir trafen uns alle, die wir teilnehmen wollten und konnten" deutet viel konkreter als der Brief der Gesamtheit auf Unstimmigkeiten und Probleme hin. Der Gewählte, Graf Rudolf von Habsburg, sei ein Mann, der in der königlichen Hoheit allen geeignet und tauglich schien. Das erste Schreiben hatte über die bisherige Stellung des Gewählten im Reich keine Aussagen gemacht. Der Grafentitel war keineswegs die beste Ausgangsposition. In der Vergangenheit war es Grafen kaum gelungen, die Kurfürstenstimmen auf sich zu vereinen[272]. Nach dem Bericht über die vom Kölner Erzbischof vollzogene Krönung folgte auch im Schreiben des Mainzer Erzbischofs die Bitte an den Papst, Rudolf wegen der guten Verfassung des ganzen christlichen Gemeinwesens mit dem Diadem des Kaisertums auszuzeichnen.

Ein drittes Schreiben, das aus dem Reich an den Papst gesandt wurde, lässt den Glauben an die Einheit der Wahl zusammenbrechen. König Ottokar von Böhmen erhob seine nicht ungewichtige Gegenstimme[273]. König Ottokar von Böhmen, dessen Kurstimme im Reich nicht unumstritten war, der aber bei der Wahl 1257 seinen Einfluss gleich doppelt – nämlich für beide Kandidaten – geltend gemacht hatte, beschwerte sich über die Wahl 1273 beim Papst. Ottokar beklagte die Fehlentscheidung des Gremiums der Kurfürsten und die Unwürdigkeit der Person, die auf den Thron des Römischen Reiches gesetzt worden war. Der Graf aus ärmlichen Kreisen sei nicht geeignet für die Anwartschaft auf das Kaisertum und deshalb solle der Papst die Wahl nicht anerkennen. Die Verpflichtung und das Recht des Papstes, bei Vakanz des Kaiserthrons für die Christenheit die volle Obsorge zu tragen, werden thematisiert. Nur zum Papst könne man Zuflucht nehmen, wenn das Gemeinwesen bedrängt wird und einem selbst Unrecht zugefügt wird. Da man in kurialen Kreisen seit Friedrich II. über die Suprematie des Papsttums über das Kaisertum theoretisierte, wird man diese Passagen mit sehr viel Wohlwollen gelesen haben. Sie fügen sich aber auch in ein bipolares Konzept ein, für das die weitere Schilderung der Vorfälle spricht: Die Fürsten Deutschlands, die befugt sind, Kaiser zu wählen, hätten einmütig einem gar zu wenig geeigneten Grafen ihre Stimme gegeben, obwohl er durch Gesandte Einspruch eingelegt hätte. Scharf attackierte Ottokar die Kurfürsten, denen er vorwarf, sie hätten Rudolf zu einer gefährlichen Last des Reiches und zum Unrecht gegen seine eigene Person sogar gekrönt, obwohl er Rechtsmittel gegen die Wahl eingelegt hätte. Dieses Reich, für das der Papst mitverantwortlich sei, liege jetzt in den Händen von Leuten, welche „die Finsternis ihres schlechten Rufes verbirgt, die von der Gewalt ihrer Kräfte im Stich gelassen und von der Last ihrer Armut elendig bedrückt würden"[274]. Wenn es der Apostolische Stuhl hinnehme und die Welt zuließe, dass solch eine Hoheit an Würde dem Verworfenen und Niedrigen zugerechnet, ja zunichte gemacht wird und derjenige, dem der Araber diente, der Inder dienstbar war, der Italiener gehorchte, der Spanier sich fügte und die ganze Welt in Ehrfurcht zu Willen war, nun allen verächtlich und verworfen gemacht wird, ist das Reich selbst in Gefahr. Die Weltherrschaft der antiken Kaiser wurde apostrophiert, um das gegenwärtige Desaster zu verdeutlichen. Der Briefschreiber, nach der Verfassung des Reiches ein Lehnsmann des *rex Romanorum* im

Rang eines Königs, gab erst Jahre später durch seinen Tod auf dem Schlachtfeld die Königsmacht an Rudolf von Habsburg frei.

Auch Rudolf wandte sich nach seiner Erhebung an den Papst[275]. In voller Titulatur als *dei gratia Romanorum rex semper augustus*, aber *cum omnimoda filialis obediencie promptitudine* (mit jedweder Bereitwilligkeit zu kindlichem Gehorsam) beginnt das Schreiben. Der Begriff des kindlichen Gehorsams drückt die Anerkennung der Vaterstellung des Papstes aus, die im Rangstreit der beiden Gewalten hinsichtlich der Lehrhoheit, nicht grundsätzlich zu deuten ist. Der Bericht über die Wahl in Frankfurt betont die reiflichen Überlegungen und die Auswahl zwischen mehreren Geeigneten. Dennoch hätten die Kurfürsten ihm das Vertrauen geschenkt, nicht den Alternativkandidaten. Nach der Wahl habe er selbst über die Stellung reflektiert, die ihm angetragen wurde und in vollem Bewusstsein des eigenen Ungenügens habe er Bedenken getragen, doch er habe die göttliche Fügung anerkannt. Dem, der in dem hohen und unsagbaren Ratschluss seiner Gottheit die Bedingungen und das Geschick der Erdbewohner so, wie er will, ändert und wechselt, der die Kraft vervielfältigt und den Stammelnden Redegewalt gibt, habe er den Nacken gebeugt in der Hoffnung, dass ihm, wenn er die Sache Gottes und der hochheiligen Mutter Kirche tapfer vertritt, nicht die Fülle väterlicher Gunst und apostolischer Gnade fehlen dürfte. Der kanonische Wahlakt in Frankfurt legitimiere den Unwürdigen, weil Gottes Wunsch im Ratschlag präsent geworden sei. Dies ist ein Gedankenmuster, das allen Zeitgenossen durch die Wahlen im geistlichen Bereich völlig geläufig war. Auf dieser Grundlage bat schließlich auch Rudolf selbst um die Erhebung zum Kaiser.

Pläne für die Kaiserkrönung

Die Antwort ließ auf sich warten. Rudolf von Habsburg wandte sich zunächst ohne päpstliche Unterstützung seinen neuen Aufgaben zu. Im Reich nördlich der Alpen war nämlich klar, dass Ottokar zu viele Feinde hatte, um ein ernsthafter Gegner zu sein. Jetzt, wo dieser offiziell opponierte und die Kurfürsten beschimpfte, schloss man sich um so lieber Rudolf an, dessen Töchter die eigenen Familien an der neuen *stirps regia* teilhaben ließen. Erst im September 1274 wurde auf dem II. Konzil von Lyon die für die weitere Herrschaft Rudolfs wichtige Entscheidung getroffen, die sein Königtum bestätigte[276]. Gregor X. (1271–1276) schrieb Rudolf als dem König der Römer und entschuldigte sich sogar für sein langes Zögern, indem er auf Allgemeinplätze verwies. Der Papst schickte Gesandte und übermittelte das Angebot zur Kaiserkrönung. Rudolf solle zur Romfahrt rüsten und zu einem vom Papst noch zu bestimmenden Termin zur Salbung, Weihe und Krönung erscheinen. Diese Aufforderung werde sehr bald ergehen. Ein Unterhändler zur Terminfestsetzung wird eingefordert. Das Diktum löste die bestehende Unsicherheit nun endlich auf. Ottokar von Böhmen hatte sich mit seiner Beschwerde nicht durchsetzen können. Die Großen des Reiches nahmen diese Antwort erfreut auf und trafen die notwendigen Vorkehrungen, um die Königsmacht nun endgültig zu stabilisieren. Rudolf, dem wohl niemand zugetraut hätte, dass er sich intensiv um die Kaiserwürde bemühen würde, ließ sich nicht davon abschrecken, dass Gregor X. eine intensive Unionspolitik zu den Griechen betrieb, und nahm den Kampf gegen Ottokar tatkräftig auf.

Die mehrfachen Bitten an Gregor X. und die nachfolgenden Päpste, Rudolf von Habsburg möglichst bald zum Kaiser zu erheben, sollten aber nicht erfüllt werden. Letztlich sind Rudolfs ernsthaft geführte Verhandlungen im Sande verlaufen, weil die Kardinäle als Papstwähler in der Regierungszeit Rudolfs so viel zu tun hatten, dass keine echte Diplomatie zwischen den beiden Spitzen des Reiches zustande kam. Die neuesten Verordnungen zur Papstwahl, denen Gregor X. in Lyon Rechtsgültigkeit verschafft hat[277], verhinderten immerhin längere Vakanzen auf der Kathedra Petri. Im Konklave wurden die Kardinäle unter Arrest gestellt, und erst, wenn der weiße Rauch aus ihrem Versammlungsraum aufgestiegen war und signalisierte, dass ein neuer Papst gewählt war, durften sie wieder am normalen Leben teilhaben. Durch die kurzen Amtszeiten der Päpste saßen die Kardinäle in Folgezeit häufiger zusammengepfercht beieinander, als ihnen lieb gewesen sein dürfte. Nur fünf Monate amtierte Innozenz V. (1276); Hadrian V. (1276), ein Neffe Innozenz' IV., starb vor seiner Ordination. Johannes XXI. (1276–1277), wie sich unter Verwirrung der Ordinalzahlen der Portugiese Petrus Hispanus nannte, hatte einen gelehrten Tod: er starb unter seinen Büchern im Studierzimmer, als ein gerade neu errichteter Trakt des Papstpalastes in Viterbo zusammenbrach. Die Historiographen hielten ihn trotz seiner Gelehrsamkeit nicht für vielversprechend. Nikolaus III. (1277–1280), der bereits seit 1244 Kardinal war und mehrere Papstwahlen dominiert hatte, traf als nächsten das gemeinsame Votum. Der Historiograph Bartholomäus von Lucca († 1327) berichtet von großen päpstlichen Strukturplänen für das Herrschaftsgefüge in Europa. Das *imperium* sollte in vier Teile aufgeteilt werden: geplant seien zwei *regna* in Italien gewesen, wobei die Orsini, die bedeutende römische Familie, aus welcher der Papst entstammte, neue Ehren erhalten sollten. Deutschland sollte eine Erbmonarchie für die Habsburger werden. Es kam anders, obwohl der Franziskaner sein Papstamt mit der Stellung als Senator in Rom verband. Zu realitätsfern und zu familienfixiert waren die Vorstellungen für einen Pontifikat von drei Jahren. Ihm gelang es auch nicht, die 1274 geknüpften Beziehungen zur griechisch-orthodoxen Kirche zu festigen, erreichte aber, dass Rudolf ihm die Romagna abtrat und Karl von Anjou († 1285) auf das von den Päpsten erhaltene Reichsvikariat verzichtete. Zu seinen Leistungen gehörten zudem eine Ehe zwischen den Anjou und den Habsburgern, eine reiche Bautätigkeit in Rom und die Versorgung seiner Familie mit Pfründen: sein Nepotismus ist von Dante († 1321) literarisiert worden, der ihn darob ins Inferno verdammte[278].

Die Überlegungen seines Nachfolgers, Martin IV. (1281–1285), gingen in eine völlig andere Richtung. Er war in Frankreich geboren und ließ die französischen Pläne wieder aufleben. Die Bemühungen für eine französische Ausrichtung des Papsttums waren so erfolgreich, dass der deutsche Publizist Alexander von Roes († vor 1300) eine nationale Kampfschrift für das deutsche Kaisertum verfasste[279]. Letztlich gab es keinen französischen Kaiser, was aber weniger ein Erfolg in Rom vergossener deutscher Tinte war, als bedingt von der spannungsbeladenen Sizilienpolitik dieser Tage: Die Sizilianische Vesper von 1282 überschattete den Pontifikat. Der von Martin favorisierte Karl von Anjou hatte eine entscheidende Niederlage erlitten und musste Peter III. von Aragon († 1285) weichen, der ein Schwiegersohn des Staufers Manfred († 1266) war. Was in Palermo in einem Aufstand begann, hatte zur Vertreibung der Anjou aus Sizilien, zu einer Seeschlacht bei Neapel und zu einer Revolte der Römer geführt. Der Papst hatte den falschen Kandidaten gepuscht. Auch wenn Martin IV. im gleichen Jahr starb wie die beiden Kontrahenten und selbst das Desaster nicht mehr erlebte: er hinterließ seinen Nachfolgern kein befriedetes Italien und gilt seither als verhängnisvoll parteiisch und schwach.

Der Nachfolger auf dem Papstthron, Honorius IV. (1285–1287), entstammte als Großneffe Honorius' III. (1216–1227) einer Papstfamilie. Den Konflikt in Sizilien versuchte er diplomatisch zu lösen; die Reichsrechte des Königs in Italien erkannte er an, er ließ einen Legaten sogar die Erbreichspläne der Habsburger unterstützen, was 1287 auf dem Reichstag zu Würzburg zu heftigen Konflikten mit den Kurfürsten führte und letztlich scheiterte. Nach knapp zwei Jahren starb auch er. Es folgte Nikolaus IV. (1288–1292). Auf internationalem Parkett hatte er zwischen 1272 und 1274 Erfahrungen gesammelt, als er die Unionsverhandlungen mit der griechischen Kirche führte und von 1276 bis 1279 die Friedensverhandlungen zwischen den Königen von Frankreich und Aragon leitete. Die Friedenstiftung nahm er als die vornehmste Amtspflicht gewissenhaft wahr und bemühte sich auch um einen Ausgleich mit den Mongolen. Derweil verloren die Christen im Heiligen Land ihre letzten Bastionen: Tripolis fiel 1289 und die Hauptstadt des Königreichs Jerusalem wurde 1291 durch den Sultan erobert. Aber anstatt die letzten Kräfte zu mobilisieren, nahm das kaiserlose Abendland dies ohne größere Gegenwehr hin. Zu viele Kreuzzugsplanungen waren seit 1274 gescheitert. Der europäische Westen war auf sich selbst konzentriert, die Kreuzzugseuphorie vorbei. Ludwig der Heilige († 1270) stand als abschreckendes Beispiel dafür vor Augen, dass die Verteidigung der Christenheit nicht mehr zur Kaiserwürde führte. Vor allem aber war es wohl zu gefährlich und aussichtslos, die Heiden missionieren zu wollen, deren Kulturleistungen man mühsam adaptierte.

Die Wahl der Kardinäle führte mit Coelestin V. (1294, †1296) einen greisen Eremiten auf die Kathedra Petri, der keinerlei Kampfgeist entwickelte. Er ist der einzige mittelalterliche Papst, der sein Amt durch Abdankung niedergelegt hat. Böse Zungen behaupteten später, sein Nachfolger habe ihn dazu mit einer fingierten göttlichen Stimme gedrängt[280]. Erklärungsbedürftig ist das Faktum tatsächlich, doch entsprach es dem Befund, dass der 87-jährige nicht geeignet war, mit seinem Idealismus die Weltkirche zu lenken. Bonifaz VIII. (1294–1303) war auf jeden Fall der Nutznießer, der seinen Vorgänger nicht in die Einsamkeit, sondern ins Gefängnis beförderte, damit er der eigenen Machtausbreitung nicht gefährlich werden konnte. Dort starb er 1296.

Der Ausbau des Papsttums zum Machtzentrum

Nach Wahl und Krönung operierte Bonifaz VIII. (1294–1303) gegen den Islam und drängte auf innere Reformen. Das Jahr 1300 erklärte er zum ersten Heiligen Jahr und setzte sich damit in Szene. Das Weltpapsttum Bonifaz' VIII. vertrat den Standpunkt „Der wahre Kaiser ist der Papst"[281]. Dafür wurde zunächst das Papsttum programmatisch in den Bann des Hl. Petrus gestellt, der, so darf man die Sitzstatue des Apostels im Petersdom wohl datieren, im Auftrag des Papstes für das Jubeljahr 1300 in Bronze wiedererstand. Die Freiheit der französischen Kirche gegenüber dem Königtum konnte er aber nicht durchsetzen. Maßnahmen zur Klerusbesteuerung erregten Unmut, weshalb er 1303 in Anagni gefangen genommen wurde. Er starb kurz nach der Befreiung. Bonifaz VIII. interessierte sich sehr für das Kaisertum und die Stellung der weltlichen Großen gegenüber dem Papsttum. Radikal vertrat er dabei eine strikt auf das Papsttum ausgerichtete Position. Zwei Zeugnisse sind dafür besonders aussagekräftig. Die Bulle „*Apostolica sedes*", ausgestellt am 13. Mai 1300, ist an die Kurfürsten gerichtet, wobei nur das Exemplar an den Herzog von Sachsen nicht abgeschickt wurde[282]. Betrachtet sei hier das an den Kölner Erzbischof gerichtete Stück. Dort wurde programmatisch formuliert, dass der Apostolische Stuhl, von Gott über Könige und Königreiche gesetzt, die Herrschaft über das Haus des Herrn innehabe. Durch ihn geböten die Fürsten, entschieden die Machthaber, herrschten die Könige und urteilten die Gesetzgeber. Der Apostolische Stuhl habe das Römische Reich in der Person Karls an die Deutschen übertragen, was die *translatio imperii*-Theorie aufgriff. Karl wird im Text nicht als *magnus* (groß), sondern als *magnificus* bezeichnet, was sowohl prächtig als auch prahlerisch heißen kann. Dieser, also Karl der Große, habe daraufhin das Recht zur Wahl des Römischen Königs, der später zum Kaiser erhoben werden soll, bestimmten geistlichen und weltlichen Fürsten übertragen. Diese Aussage des amtierenden Papstes ist der Idealisierung verpflichtet, dass es bereits seit der Zeit Karls das Recht der Kurfürsten gegeben habe, obwohl es, wie durch intensive Forschungen heute wissenschaftlich klargestellt ist, erst zwei Generationen zuvor ausgebildet worden war[283]. Der Papst war nicht der einzige, der diesem Vergangenheitskonstrukt anhing. Es war in vielen Geschichtsbüchern zu lesen[284]. Der Papst konnte jedenfalls sicher sein, dass der Erzbischof von Köln als Kurfürst sich über die Bekräftigung dieser Position ebenso freuen würde wie die anderen Kurfürsten, die ein Exemplar erhielten. Der Standpunkt war gepaart mit einer hierokratischen Sicht auf das *imperium Romanum*. Was das Reich an Ehre, Vorrang, Würde und Rang besitze, sei aus der Gnade, Güte und Gewährung dieses Stuhles geflossen[285]. Die Kaiser und Könige hätten daher ihr Schwert empfangen. Man sähe aber überall Undank. Es gäbe das Widerrufsrecht, wie aus anderen Fällen bekannt sei, wenn eine Entscheidung sich nicht heilig und heilsam erweise. Das Gebiet Tuszien, das zum Reich gehörte, in dem aber Feindschaft und Hass herrsche, werde in das Recht und Eigentum der genannten Kirche heimgeholt. Es sei dem Kirchenstaat zu nahe, als dass der Papst die internen Feindseligkeiten weiter dulden könne. Und obwohl allein die päpstliche Machtvollkommenheit zu einem solchen Schritt ermächtige, wolle man doch die Bereitschaft der Brüderlichkeit und die Zuneigung auf die Probe stellen. Wenn der amtierende König Albrecht (1298/-–1308) sich diesem beuge, so sollten auch die Kurfürsten das tun, was der Papst zum öffentlichen Wohl (*utilitas publica*) in dieser Sache wünscht.

Der zweite Text ist berühmter, weil er das Verhältnis der beiden Gewalten noch viel grundsätzlicher klärt und deshalb von den Theoretikern der folgenden Jahrhunderte immer wieder herangezogen wurde. Die Bulle „*Unam Sanctam*" stammt vom 18. November 1302[286]. Gegen die Vorstellung, die *ecclesia* habe mit Papst und Kaiser zwei Häupter, ging Bonifaz VIII. naturalistisch vor: die *ecclesia* sei kein Monster mit zwei Köpfen. Nur Christus und in seiner Nachfolge Petrus und den Päpsten sei die Sorge für die Kirche anvertraut. Dies gelte auch für die Griechen, die dies immer wieder leugneten. Man erkennt hier eine zweite Kampflinie für die Macht der Römischen Kirche. Wenn die Griechen Rom nicht folgten, so der Text, dann seien sie eben keine Christen. Die Zwei-Schwerter-Lehre wird neu gedeutet[287]: Das weltliche Schwert ist abgeleitet und wird vom Papst übergeben. Die geistliche Gewalt überrage jede weltliche. Wer sich der von Gott angeordneten Gewalt widersetzt, der widersetzt sich der Anordnung Gottes. Das *imperium Romanum* wurde in zwei Teile geschieden, den direkten Einflussbereich des Papstes und die Gebiete, in denen die Lenkung an das weltliche Schwert delegiert wurde. Zweck der Idealisierung war es, die *sedes apostolica* und die *ecclesia Romana* als Rechtsnachfolgerin des antiken *imperium Romanum* zu stilisieren. Das *regimen* der Päpste steht in Ableitung der antiken Kaiserherrschaft auf der Grundlage der Konstantinischen Schenkung, was die Relativierung der weltlichen Herrschaft im Zwei-Gewalten-System zur Folge hat.

Dieses Reich trug den Namen Roms, aber es wird im Jahre 1300 und darauf folgend so stark an den Papststuhl gebunden, dass der Bezug auf Rom verloren ging. Die Formel *Ubi papa, ibi Roma* (wo der Papst ist, da ist Rom)[288] wurde das Legitimationsmodell für die zentralisierte Weltherrschaft der Päpste, die an wechselnden Plätzen des Patrimonium Petri residierten. Dass es Bonifaz ernst war um den Einfluss auf die Geschicke der christlichen *regna*, lässt sich in Ungarn ersehen, das mit Hilfe des Papstes in den Einflussbereich der Anjou gelangte. Karl Robert († 1342), der beim Erbstreit um das Königreich Sizilien gegenüber Robert dem Weisen († 1343) den Kürzeren gezogen hatte, wurde aus päpstlicher Bestimmung heraus zum König der Ungarn. Nach dem Aussterben der Arparden waren zunächst Wenzel II. von Böhmen († 1305) und Otto III. von Niederbayern († 1312) zum Zuge gekommen, doch konnte erst Karl Robert eine dynastische Zukunft aufbauen.

Diese Radikalität bei der Aufhebung des bipolaren Systems konnte zu Beginn des 14. Jahrhunderts noch nicht einmal ein Papst überleben. Bonifaz war zu weit gegangen und zahlte dafür mit dem Leben, obwohl der römisch-deutsche König Albrecht die päpstliche Verfügung 1303 unter Eidbindung weitgehend anerkannte[289]. Albrecht erhoffte sich vom Papst die Kaiserwürde und akzeptierte dafür sogar die Hierokratie. Ein vom Papst übergebenes Schwert schien ihm besser als die Aberkennung der Anwartschaft. Der Streit um die Stellung des Papstes in der Christenheit wurde mit Blick auf die französische Kirche vom Königreich Frankreich aggressiv geführt. Der französische König brachte den Papst vor Gericht[290]. Der Prozess ist sensationell, denn noch nicht einmal der Tod Bonifaz' VIII. setzte dem Konflikt ein Ende. Der Streit seiner Familie, der Caetani, mit den Colonna hatte Folgen, denn diese boten reiches Belastungsmaterial gegen das verhasste Kirchenhaupt. Benedikt XI. (1303–1304), sein Nachfolger, hatte zu Bonifaz gehalten, und war in seiner kurzen Amtszeit um Ausgleich zu den Streitpartnern bemüht. Albrecht konnte unter diesen Rahmenbedingungen nicht zum Kaisertum aufsteigen. Fatal endete die Auseinandersetzung mit dem Sohn seines Bruders Rudolf († 1290), Johann Parricida († 1313). Als er dessen Ansprüche als Erbe Böhmens nicht anerkannte, wurde er, wie dem Beinamen des Neffen bereits zu entnehmen ist, meuchlings erstochen. Verwandtenmord hatte es beim Streit um die Herrschaft vor allem in Sizilien bereits unter den Staufern gegeben. Jetzt war mit Albrecht I. der König selbst das Opfer. Die Kurfürsten standen erneut vor der schweren Aufgabe, das Reich zu bewahren. Die Kinder des Ermordeten konnten dabei zunächst keine Stütze sein, denn der älteste Sohn Rudolf († 1307) war bereits im Jahr zuvor zu Tode gekommen, die drei älteren Töchter waren für die Thronfolge nicht geeignet und der nächstälteste Sohn, Friedrich der Schöne (1314/- –1330), war erst 1289 geboren, also ebenso wie seine jüngeren Brüder noch minderjährig.

Das Kaisertum Heinrichs VII.

Die Wahl fiel auf Heinrich VII. (1308/1312–1313)[291]. Der Luxemburger erhielt nicht zufällig die Macht: Luxemburg gehörte zu den größeren Territorien im Reich und hatte dynastisch gesehen gerade wesentliche Erfolge erzielt: Heinrichs Bruder Balduin († 1354) kam von der Weihezeremonie, die ihn zum Trierer Erzbischof machte, als er die Nachricht vom Tode Albrechts empfing. Die Konkurrenten standen auf verlorenem Posten: Karl von Valois († 1325), ein Bruder Philipps des Schönen, des französischen Königs († 1314), hatte ebenso wenig Chancen wie Albrechts Sohn Friedrich. Im Wahlspruch der Kurfürsten wird Heinrich, der neue König, als durch Verdienste erprobt und rein im Glauben charakterisiert[292]. Von ihm könne man Umsicht beim Lenken des Gemeinwesens erwarten. Ihm würde Hilfe von Gott zuteil. Heinrich hatte einen weiteren Horizont als die bisherigen Grafen, denn die geographische Lage seines Territoriums brachte es mit sich, dass er auch ein Lehnsmann des französischen Königs war. Er war in der französischen Adelswelt aufgewachsen und sprach französisch. Bald nach der Wahl wurde in Aachen die Krönung vollzogen. Anschließend unternahm der König den Umritt, so wie es ehedem im Reich üblich gewesen war, wenn man die Herrschaft antrat. Er zog den Rhein hinunter ins Elsass, von dort an den Bodensee, nach Schwaben und Franken. Der Norden blieb unberücksichtigt, auch Bayern stand außen vor. In Speyer, am Grabort der Kaiser, hielt er seinen ersten Hoftag. Um seine Herrschaft zu stabilisieren, bestätigte Heinrich den Habsburgern dort ihre österreichischen Besitzungen[293]. Heinrich sorgte zudem dafür, dass König Albrecht in Speyer bestattet wurde. Ziel Heinrichs war es, die Kaiserwürde zu erlangen. In Trier war die alte Kaisertradition erhalten geblieben. Balduin war an einer Wiederbelebung der früheren Kooperation zwischen Trier und dem Kaiser zur Erhöhung der eigenen Stellung sehr interessiert.

In dieser Zeit war bereits Clemens V. (1305–1314) Papst. Alle, die ein romzentriertes Papsttum protegierten, hören den Namen mit Grausen, denn während Bonifaz VIII. hinsichtlich des Machtstrebens für ein römisches Papsttum zu weit gegangen war, hatte Clemens zwar nicht den Romgedanken, aber doch die räumliche Bindung an die Stadt Rom aufgegeben. Er führte das Papsttum in die sog. avignonesische Gefangenschaft. Seine Krönung fand in Lyon in Anwesenheit des französischen Königs statt. Als böses Vorzeichen wurde gedeutet, dass während der Prozession eine Mauer umstürzte, die Teile der Festgesellschaft unter sich begrub, was Tote und Verletzte forderte. Clemens selbst war unverletzt geblieben, aber vom Pferd gefallen. Dabei hatte er seine Krone verloren, die zu Boden stürzte und der seither ein Stein fehlt. Am Anfang seines Pontifikats hatte es einen Justizskandal sonder gleichen gegeben. Im Jahre 1308 war der Templer-Orden, der beim Kampf im Heiligen Land hohe Verdienste und großen Reichtum erworben hatte, verboten worden[294]. Der Vorwurf lautete Konspiration. Das tatsächliche Motiv war der Neid Philipps des Schönen, des französischen Königs. Seit 1310 gab es Templerverbrennungen. König Heinrich kümmerte sich darum ebenso wenig wie um das Konzil von Vienne, sondern konsolidierte seine Königsherrschaft am Oberrhein und plante sein Kaisertum. Der Romzug Heinrichs von 1312 wurde von seinem Bruder, dem Trierer Erzbischof, in glanzvoller Buchmalerei an die Nachwelt vermittelt[295]. Rom war das Ziel, nicht der Papst. Kardinäle wurden immerhin vom Papst mit der Ausführung der Zeremonie der Kaiserkrönung betraut, so dass die Regeln der Verfassung insbesondere hinsichtlich des päpstlichen Verleihungsrechts gewahrt blieben.

Die Kooperation zwischen Papst und Kaiser war aber stark belastet, denn in den Jahrhunderten zuvor war die Bipolarität seit Karl dem Großen selbst von den in Aachen gekrönten Söhnen letztlich immer durch das Treffen der beiden Spitzen in einem Gemeinschaftsakt initialisiert worden. Der unregelhafte Beginn warf die Schatten voraus, die das Verhältnis beider Gewalten in der Folgezeit bestimmten. Es wurde nicht direkt über die höhere Kompetenz von Papst oder Kaiser gestritten, sondern ein Disput über die Stellung des Königs von Neapel gegenüber dem Kaiser geführt. Es war strittig, ob der Lehnsmann des Papstes dem Kaiser unterstand, denn das Königreich Neapel wurde seit Karl von Anjou († 1285) nach Erbrecht als päpstliches Lehen vergeben. Die Frage war, ob der Kaiser als *dominus mundi* auch Rechte in Süditalien geltend machen konnte oder eine Subordination fehlte, weil Robert von Neapel († 1343) sein Königtum nicht aus den Händen des Kaisers empfangen hatte. Die Juristen, die seit dem 12. Jahrhundert zur entscheidenden Instanz in staatsrechtlichen Fragen geworden waren, fuhren ihre Geschütze auf. Die Ergebnisse liegen in verschiedenen Schreiben vor, die von Kaiser und Papst autorisiert wurden. Heinrich formulierte in *„Ad reprimendum"* und *„Quoniam nuper est"* seine Ansprüche gegen den sich widersetzenden König. Clemens V. trat dem in seinen Schreiben *„Pastoralis cura"* und *„Romani principes"* entgegen. Das erste ist als indirekte Antwort auf *„Ad reprimendum"* in der späteren Staatsrechtslehre zum *locus classicus* geworden. Das zweite enthielt eine Erinnerung an den Eid, den Heinrich dem Papst zwar nicht persönlich, aber durch Mittelsmänner am 2. Juni 1309 geschworen hatte[296]. Die Weltherrschaftsideen Bonifaz' VIII. waren nicht nur Theorie, sondern zeigten im realen politischen Leben Wirkung. Im Umfeld des Kaisers wurde mit Bezug auf Kaiser Antoninus († 161) argumentiert: *Ego orbis terrarum dominus sum, lex autem maris* (Ich bin der Herr des Weltkreises, das Gesetz des Meeres). Das war den Digesten entnommen. Auch Justinians Verfügung *„Digna vox"* konnte ins Feld geführt werden, weil man eine kontinuierliche Rechtsstabilität des Kaisertums anerkannte. Der Streit blieb in der Schwebe, denn Heinrich

VII. verstarb 1313 unerwartet in Italien. Schnell wurde kolportiert, dass das Gift als vermeintliche Hand Gottes, die bislang nur die Päpste um ihr Leben gebracht hatte, nun die weltliche Lenkung verwirrte. Intellektuelle wie Engelbert von Admont († 1331) und Dante († 1321) verteidigten umso hartnäckiger die Notwendigkeit kaiserlicher Weltherrschaft zur Schaffung von Frieden[297].

Der Streit zwischen Ludwig dem Bayern und Johannes XXII.

Die Kandidaten für den Thron

Die Nachricht vom Tod Kaiser Heinrichs VII., die zusammen mit Gerüchten, ein Dominikaner sei der Mörder, in Deutschland eingetroffen war[298], machte unerwartet schnell eine neue Königswahl notwendig. Es hatte keine ausführlichen Nachfolgepläne gegeben, aber es war (wie üblich, wenn der Herrscher nach Italien zog) ein Reichsvikar bestellt worden. Johann von Böhmen († 1346), der Sohn Heinrichs VII., führte in der Abwesenheit seines Vaters formal die Geschäfte und war schon wegen der dynastischen Bindung ein potentieller Kandidat. Johann war noch nicht 18 Jahre alt, und obwohl die Volljährigkeit sich nicht an diesem Datum orientierte, schien er vielen zu jung. Er hatte bislang keine militärischen Erfahrungen gesammelt und ihm fehlte in der Adelswelt des 14. Jahrhunderts gewissermaßen die Zugangsberechtigung, weil er noch nicht einmal den Ritterschlag empfangen hatte. Wie wenig aussichtsreich die Kandidatur des 1296 geborenen Kaisersohnes, der 1310 Elisabeth († 1330), die Tochter König Wenzels II. von Böhmen († 1305) geheiratet hatte, in der aktuellen Situation war, zeigt die Liste der Alternativkandidaten, die auf den Plan traten. Anders als noch Kaiser Friedrich II. hatte Heinrich VII. die Rangerhöhung seines Sohnes nicht als erste Aufgabe des Kaisers begriffen, was sich durch den verfrühten Tod als dynastischer Fehler erwies. Die Widerstände gegen diese Form der Herrschaftssicherung waren durch das erstarkte Wahlprinzip erheblich gewachsen, obwohl der Kirchenvater Augustinus († 430) die Weitergabe der Kaiserherrschaft an die Söhne als Zeichen gottgefälliger Herrschaft interpretiert hatte[299]. Gerechter schien es den Zeitgenossen, wenn beide Spitzen durch unabhängige Wahlgremien zum Wohle der Christenheit besetzt würden. Die Bindung an das Reich wurde dadurch in ihrem Wesen verändert. Hatte die dynastische Erbfolge eine Familie aus dem Kreis der Fürsten in eine besondere Heilssphäre gesetzt, so verstärkte sich durch das Wahlprinzip die Hoffnung bei vielen, durch göttliche Fügung selbst in den Genuss von Ehre und Einfluss zu gelangen. Viele, die als Konkurrenten gegen die direkte Sohnesfolge auftraten, konnten auf Vorfahren verweisen, die bereits mit der Königswürde ausgestattet gewesen waren.

Am erfolgreichsten schien zunächst Herzog Friedrich von Österreich, der Sohn des 1308 ermordeten Königs[300]. Friedrich war jetzt 30 Jahre alt und in der Gesellschaft erfahren. Zur Seite stand ihm sein Bruder Leopold von Österreich († 1326). Schnell zeichnete sich aber ab, dass auch Ludwig der Bayer (1314/1328–1347) aufgrund seiner beeindruckenden Persönlichkeit große Unterstützung fand. Er gehörte nicht zu dem Kreis der Söhne, die verfrüht oder verspätet erben wollten, sondern hatte als Enkel Rudolfs von Habsburg seine Stellung weniger der Geburt, als seiner eigener Leistung zu verdanken. Obwohl er als zweiter geboren worden war, hatte er seinen älteren Bruder Rudolf († 1319) zur Teilung der Macht gebracht. Man traute ihm militärisch und politisch einiges zu. Er war ein guter Feldherr und hatte erst ein Jahr zuvor beim Sieg über Österreich seine Potenz unter Beweis gestellt. Deshalb wurde er von den Luxemburgern gestützt, als diese die Aussichtslosigkeit einer Kandidatur Johanns erkannten. Wie wichtig zur Durchsetzung der Herrschaft auch im Wahlkönigtum bis zu Beginn des 14. Jahrhunderts militärische Siege geblieben waren, ließe sich anhand mehrerer Beispiele des 13. Jahrhunderts zeigen. Gewalt war im Thronstreit als legitimes Mittel sogar vom Papst anerkannt worden[301]. Herrschaft war noch nicht abstrakt und wurde noch nicht einmal konfliktfrei anerkannt, wenn die Kurfürsten sich einigten. Gerade in der unklaren Situation von 1314 konnte es sich als ausschlaggebend erweisen, ein starker Feldherr zu sein. Das wussten auch die Kurfürsten. Ludwigs Bruder Rudolf, Pfalzgraf bei Rhein, dem als Enkel Rudolfs von Habsburg wie Ludwig die Nähe zur *stirps regia* garantiert war, traute man weder ein integratives Königtum zu, noch hielt man ihn als Kaiseranwärter für geeignet. Der Beiname „der Stammler" charakterisiert die fehlende Herrschergabe. Dabei hatte er eine Tochter Adolfs von Nassau geheiratet und insofern als Schwiegersohn Nähe zur königlichen Würde vorzuweisen. Seine eigenen Erwartungen auf den Thron zerschlugen sich, weil das Wahlprinzip die Gabe zur Herrschaft an der Spitze des Reiches gegenüber der genealogischen Reihung aufgewertet hatte. Als 1314 die Entscheidung fiel, votierte er als Inhaber der pfälzischen Kurstimme für Friedrich den Schönen, nicht für den beneideten Bruder.

Zum Kreis derjenigen, die sich eine Zukunft als König erhofften und auf das Kaisertum schielten, gehörte auch Graf Wilhelm I. von Holland († 1337). Seine Gattin war immerhin die Schwester des späteren französischen Königs Philipp VI. († 1350). Wie die Eheverbindungen seiner Töchter zeigen, konnte Wilhelm das internationale Geflecht der Herrschaft im Reich nutzen, obwohl er bei der Königswahl chancenlos bleiben sollte. Noch aussichtsloser waren die Bemühungen Ludwigs II. von Nevers († 1346), Graf von Flandern, obwohl er gute Beziehungen nach Frankreich pflegte. Das Wahlprinzip benachteiligte im weltlichen wie im geistlichen Bereich die direkten Konkurrenten im Gefüge des christlichen *impe-*

rium Romanum. Der Papst ging nicht aus der Wahl der bedeutenden Metropoliten hervor, sondern aus der Entscheidung der späteren Zuarbeiter. Die europäischen Könige waren im Wahlverfahren des *rex Romanorum* formal-juristisch machtlos. Nur durch Bestechung konnten sie versuchen, Einfluss zu nehmen.

Die Doppelwahl von 1314

Um die Auseinandersetzungen zwischen den beiden Spitzen des Reiches zu verstehen, welche die nächsten drei Jahrzehnte erschütterten, scheint der Blick auf die Wahlsituation unerlässlich. Das Initiationsritual war wesentliches Argument im Streit der Gewalten, weil sich genau an dieser Stelle Gottes Wirken zeigte. Die Auffassung vom göttlichen Eingreifen in die Auswahl wurde wie ein Reichsgesetz in jeder neuen Wahlanzeige formuliert[302]. Dabei reichte bei rationaler Betrachtung der Blick auf die im Einzelfall agierenden (Kur)-Fürsten, um die Chancen der jeweiligen Kandidaten zu erfassen. Hier offenbarte sich 1314 eine erstaunliche Unordnung. Zwar hatten die viel gelesenen Chroniken der Zeit die Einführung des Gremiums der Kurfürsten in die Zeit der Ottonen, einige sogar bis zu Karl dem Großen zurückdatiert[303], aber in der Praxis zeigte sich die Unerfahrenheit mit der Begrenzung der Fürstenwahl auf sieben hochrangige Vertreter. Bei den Sachsen gab es gleich drei Personen, die sich als berechtigt ansahen. Ebenso unklar war die Lage in Böhmen, wo König Johann († 1346) gegen Herzog Heinrich von Kärnten († 1335) konkurrierte, der seine Ansprüche aus der Verehelichung mit Anna († 1313), einer Tochter Wenzels, ableitete. Dass am Ende mehr als sieben Stimmen abgegeben wurden, kann daher nicht verwundern. Als Termin für die Wahl wurde der 19. Oktober festgesetzt. Und obwohl man auf Einigung hoffte und den Akt auf den 20. Okt. verschob, blieb die Diskussion ohne klaren Ausgang.

Wieder einmal wurden zwei Personen zum König gekürt. Keine Wahl fand in der St. Bartholomäus-Kirche in Frankfurt statt, die eigentlich als der richtige Ort für den göttlichen Wahlakt galt, sondern beide Parteien wählten im Umfeld der Stadt. Erzbischof Heinrich von Köln († 1332), der Pfalzgraf Rudolf bei Rhein, Rudolf I. von Sachsen-Wittenberg († 1356) und Heinrich von Kärnten wählten zuerst den Habsburger Friedrich den Schönen[304]. Damit hatte er zwei unanfechtbare Stimmen auf sich vereinen können, nämlich die des Kölner Metropoliten und die des Pfalzgrafen. Rudolf I. hatte seine Stellung als Kurfürst schon 1308 bei der Wahl Heinrichs VII. demonstriert, wo er sich gegen den Herzog von Sachsen-Lauenburg durchgesetzt hatte. Im Jahre 1356 sollte er in der Goldenen Bulle als Kurfürst bestätigt werden[305]. Die böhmische Stimme war hingegen ohne besonderen Wert, da Heinrich von Kärnten sich in Böhmen gegen den Widerpart nicht durchsetzen konnte. Am Tag darauf konnte Ludwig der Bayer drei unanfechtbare Stimmen auf sich vereinigen: ihn wählten die Erzbischöfe Peter von Mainz († 1320) und Balduin von Trier sowie Markgraf Woldemar von Brandenburg († 1319). Konsequenterweise folgten zwei Krönungen, wobei Friedrich zu St. Cassius in Bonn vom Kölner Erzbischof erhoben wurde, während Ludwig der Bayer in Aachen am rechten Ort vom Mainzer Erzbischof die Königswürde empfing. Beide nannten sich *rex Romanorum* und beanspruchten die Herrschaft im *regnum* und im *imperium Romanum*. Die Wahl war im Patt ausgegangen, eine Entscheidung musste anders gesucht werden.

Die Approbation durch den Apostolischen Stuhl konnte in dieser Situation nicht wie bei den historischen Vorbildern als Mittel der Legitimation benutzt werden[306]. Die beiden Gekrönten mussten sich diesbezüglich gedulden, denn nach dem Tod Clemens' V. blieb die Kathedra Petri bis 1316 vakant. Das bipolare System, das Sicherheit durch unabhängige Wahl bei wechselseitiger Anerkennung bringen sollte, konnte nicht funktionieren, weil der Streit um die Nachfolge auf beiden Seiten die eigentlichen Amtspflichten in den Hintergrund gedrängt hatte. Das Fehlen des Papstes bedingte in dieser Zeit den unübersehbaren Verfall der weltlichen Autorität. Das *imperium Romanum* hatte seine Handlungsfähigkeit eingebüsst und versank anfangs nicht aus Taktik im bipolaren Machtstreit, sondern aufgrund von Lücken im Verfassungssystem im Bürgerkrieg. Wenn daraus am Ende die Lehre gezogen wurde, dass zumindest eine einstimmige Wahl auch ohne die Zustimmung des Papstes rechtmäßig sein sollte[307], so trägt das nicht grundsätzlich antikuriale, sondern zunächst einmal rein lebenspraktische Züge. Eine Krisensituation, wie die zwischen 1314 und 1316 erlebte, war so zu vermeiden. Es war zudem ein Schritt, um die Gleichrangigkeit wieder herzustellen, die durch den Verlust imperialer Zustimmung bei der Papsteinsetzung gestört worden war.

Der Kampf um den Thron

Da die verfassungsrechtlichen Mittel also 1314 bei der Neubestimmung des *rex Romanorum* versagten, machten sich die Kandidaten daran, Fakten zu schaffen, die ihre Herrschaft legitimierten. Die mittel- und oberrheinischen Lande, Franken und Schwaben bildeten die Grundlage des deutschen Königtums im 14. Jahrhundert. Schon bei Heinrich VII. waren der Umritt und damit die Repräsentanz der Herrschaft auf diese Regionen beschränkt geblieben. Dort wurde in den Jahren nach der Doppelwahl die Auseinandersetzung geführt. Bayern, Brandenburg, Böhmen und Österreich waren weitgehend selbständig. Bayern und Österreich unterstanden direkt den Kontrahenten, Brandenburg und schließlich auch Böhmen traten für Ludwig den Bayern ein. Der Blick in die jüngere Geschichte ließ den betrachtenden Zeitgenossen direkte militärische Auseinandersetzungen zwischen den Kandidaten erwarten. Die Situation entwickelte sich aber anders. Im März 1315 trafen die Heere der beiden Kontrahenten in der Rheinebene aufeinander. Der eigentlich als stärker eingeschätzte Ludwig wich einer Entscheidung durch das Schwert aus. Er verschanzte sich auf dem Friedhof der Speyerer Judengemeinde und wartete dort das Ende der zweitägigen Belagerung durch Friedrich ab. Auch als im September des gleichen Jahres die Habsburger Landsberg am Lech einäscherten, ließ Ludwig es nicht auf den direkten Konflikt ankommen. Seine Anhänger reagierten mit Klage über die Untätigkeit. Doch selbst dieses Gerede brachte Ludwig nicht zur übereilten Handlung. Im folgenden Jahr kam es bei Esslingen nur zu kleinen Scharmützeln und auch 1319 war nur ein kleines Treffen ohne deutlichen Ausgang in die Geschichtsbücher einzutragen.

Bei fünf direkten Auseinandersetzungen war Ludwig viermal ausgewichen. Dies schädigte sein Ansehen in der Welt der Militärs, war aber aufs Ende gesehen nicht unklug. Offenbar wusste er um seine Schwächen, was ihn einen Phyrussieg vermeiden ließ. Das Ungleichgewicht der Kandidaten lässt sich mit Blick auf das Weltreich, um das gestritten wurde, an den Ehen der Konkurrenten demonstrieren. Ludwig hatte schon 1309 Beatrix († vor 1324), die Tochter des Herzogs von Glogau an der mittleren Oder in Schlesien geheiratet, als er noch nicht einmal seine Stellung gegenüber seinem Bruder Rudolf gesichert hatte. Aus dieser Ehe gingen zwar zahlreiche Söhne hervor, aber sie war dynastisch gesehen keine Eintrittskarte in die höchsten Kreise des *imperium Romanum*. Friedrich hingegen war mit der Tochter Jaymes II. von Aragon († 1327) vermählt, der das westliche Mittelmeer beherrschte. Sein Bruder Leopold hatte die Tochter des Grafen von Savoyen zur Frau. Katharina († 1323), Schwester der beiden, war mit Herzog Karl von Kalabrien († 1328), Sohn Roberts von Neapel († 1343) verheiratet. Ein zu schneller Sieg gegen dieses Machtgefüge hätte den Aufsteiger in arge Bedrängnis bringen können. Ludwig bemühte sich also, die Gemengelage zu verbessern, bevor er im kleinräumigen, allein auf die Gebiete nördlich der Alpen bezogenen Denken ein Ergebnis militärisch besiegelte, das den Erwartungen der Christenheit zuwiderlief.

Das Papsttum in Avignon und die Reichsrechte in Italien

Derweil war nach zweijähriger Sedisvakanz am 7. August 1316 Johannes XXII. (1316–1334) zum Papst gewählt und am 3. September in Lyon gekrönt worden. Der Franzose aus reicher Bürgersfamilie hatte die Tiara unter dem Druck des französischen Königshauses erhalten. Er versprach, die Kurie nach Rom zu transferieren, betrieb aber gleichzeitig den Ausbau der päpstlichen Residenz in Avignon, der Stadt, die schon zuvor seine Wirkungsstätte gewesen war. Die Kurie wurde französisch. Diese Bindung an den französischen Königshof steht auch im Hintergrund der Politik, die er gegenüber den römisch-deutschen Königen einschlug. Obwohl er wie sein Vorgänger nicht in Rom oder den päpstlichen Residenzen Mittelitaliens regierte, war er aus fiskalischen Gründen an den Gütern des Reiches in Italien sehr interessiert. Die Situation erlaubte es, keinen der beiden Kandidaten als legitim anerkennen zu müssen. Die Vakanz des Throns konnte als Argument für das päpstliche Handeln im Reich benutzt werden, und so setzte der Papst in Anlehnung an frühere Bemühungen seinen Förderer Robert von Neapel in ein päpstliches Reichsvikariat ein[308]. Die Visconti in Mailand, die della Scala in Verona und die Este in Ferrara wurden exkommuniziert. Das geistliche Schwert wurde für weltliche Angelegenheiten gebraucht. Dies widersprach nicht prinzipiell der bipolaren Ordnung, sollte aber nur in Notlagen und im Konsens mit der weltlichen Spitze geschehen. Hier aber ging es nicht um Gerechtigkeit, sondern um die Durchsetzung der päpstlichen Position. Wegen der strittigen Situation im Reich war keiner der Anwärter auf die Kaiserkrone den bedrängten Repräsentanten des Reiches südlich der Alpen zur Hilfe geeilt, um das eigennützige Handeln des Papstes zu unterbinden, das mit der Konstantinischen Schenkung legitimiert werden mochte, aber den bisherigen Gepflogenheiten widersprach.

Weil zwar nicht das Reich als zweipoliges internationales Konstrukt unter der Lenkung von Papst und Kaiser, aber die Rechte der weltlichen Spitze ernsthaft in Gefahr gerieten, und als sich die Ludwig den Bayern unterstützenden Kreise ob seiner Untätigkeit zum Übertritt zur Habsburger-Partei entschieden, hatte Ludwig keine andere Wahl als den Weg aufs Schlachtfeld: er gewann am 28. September die Schlacht bei Mühldorf am Inn[309]. Anders als bei früheren Entscheidungen verlor der Kontrahent nicht sein Leben. Er wurde bis 1325 auf Burg Trausnitz in der Oberpfalz inhaftiert. Die Verpflichtung zu christlicher Herrschaft, die Ludwig mit der Wahl zum König übernommen hatte, paarte sich mit dem Blick auf die Verwandten des Gegners. Ein hartes Vorgehen wäre dem Sieger, der Kaiser werden wollte, schlecht bekommen. Die Staatstheorie dieser Zeit war geprägt von der Friedensdebatte, wie nicht nur bei Dante, sondern auch sonst in der Traktatliteratur der Zeit aufscheint. Ein Kaiser musste die Eigeninteressen hintanstellen und für christliche Gerechtigkeit sorgen. In der Theorie konnte er dies wie kein zweiter, weil seine herausgehobene Position und göttliche Unterstützung ihm Maßnahmen jenseits des kurzzeitigen Eigensinns erlaubten[310]. Gerade in einer Zeit, wo das Papsttum sich seiner römischen Verpflichtung zur Amtsführung in Petrusnachfolge entzog, stand ein Herrscher, der Kaiser werden wollte, in besonderer Pflicht.

Nach der Schlacht von Mühldorf war der interne Machtkampf eindeutig genug entschieden, und so mag Ludwig gehofft haben, nach den Regeln der Reichsverfassung vom Papst anerkannt und zur Kaiserkrönung eingeladen zu werden. Dieser bezog aber nicht für Ludwig Position, sondern war daran interessiert, die Vakanz auf der weltlichen Seite zu verlängern. Als der Papst schließlich sogar den Kreuzzug gegen die Visconti vorbereitete, die noch Heinrich VII. als Reichsvikare beauftragt hatte, konnte und wollte Ludwig dies nicht akzeptieren. Das Geschichtsbewusstsein verbot eine solche Minderung. Die Vorbilder für Ludwigs Italienpolitik waren durch die Geschichtsbücher vorgegeben. Der Papst hingegen sah dadurch seine Rechte beeinträchtigt und brachte Ludwig vor Gericht. Das päpstliche Recht der Approbation, also der ausdrücklichen Anerkennung des deutschen Königs, spielte dabei eine zentrale Rolle[311].

Der Kampf zwischen Ludwig dem Bayern und Johannes XXII.

Weder Ludwig noch Friedrich waren vom Papst als Könige anerkannt worden, also konnten sie noch nicht einmal aus dem Königtum Rechte auf Italien ableiten. Wenn Ludwig dies dennoch tat und zudem mit Gebannten kooperierte, dann ohne Legitimation und gegen die christlichen Gesetze. Ludwig argumentierte mit der Befangenheit des päpstlichen Gerichts und appellierte im Dezember 1323 und im Januar 1324 dagegen. Diese Unbotmäßigkeit nutzte Johannes XXII. im März 1324 dazu, Ludwig mit Kirchenstrafen zu belegen und mit dem Entzug der Königswürde zu drohen. Die Antwort war die Sachsenhausener Appellation vom Mai 1324, die den Papst scharf angriff und seine Rechtgläubigkeit in Frage stellte. Die kuriale Position im Armutsstreit bot hier Handhabe. Ausgangspunkt war die Bulle „Exiit", die der aus dem Minoritenorden stammende Papst Nikolaus III. 1279 unwiderruflich approbiert hatte[312]. Gedanklich entspringt die Armutstheologie dem Denken von Thomas von Aquin († 1274) und Bonaventura († 1274). Die Minoriten hatten diese Ideen aufgegriffen und weitergeführt. Die völlige Eigentumslosigkeit und größtmögliche Bedürfnislosigkeit des einzelnen und der Gemeinschaft galten als konsequente Jesusnachfolge. Diese Lebensform war auch im Orden nicht unangefochten, aber sie sorgte für Spannungen zur macht- und besitzbesessenen Kurie. Diese berief sich auf ihre Lehrhoheit und verurteilte die Auffassung von der Eigentumslosigkeit Jesu und seiner Nachfolger. Die am Armutsideal festhaltenden Franziskaner formulieren daraufhin ein radikales Armutskonzept sowie Kritik an Macht und Reichtum der Kurie.

Dies kam Ludwig dem Bayern sehr recht, weil er seine Kritik am Papst konkretisieren konnte, ohne auf den Streit um das italienische Reichsvikariat eingehen zu müssen. Die Diskreditierung der Person war das eigentliche Ziel. In der Sachsenhausener Appellation ist auf dieser Grundlage ein minoritischer Exkurs eingefügt. Die Evangelien und die Worte der Kirchenlehrer belegten, dass Jesus und seine Anhänger in Armut gelebt hätten. Wenn der Papst diese Armut verbiete, dann bekämpfe er das Leben Jesu, Marias und der Jünger. Er missachte die Evangelien und hätte sich in den Bullen, die Armutslehren verbieten, zum perfekten Häretiker gemacht. Damit sei er ein von der Kirche abgeschnittenes Glied, welches die Absetzung verdiene. Doch damit nicht genug: es gab Zeugen, die wissen wollten, der Papst habe schon vierzig Jahre zuvor beschworen, er würde den Minoritenorden zerstören, wenn ihm dazu die Macht zukomme. Johannes XXII. war somit ein *inveteratus haereticus* (alteingefleischter Häretiker), was zwar – soweit moderne Forschungen ein Urteil erlauben – nicht den Tatsachen entsprach, aber kirchenrechtlich sehr wirksam war. Die Abwendung vom Papstspruch in der Bulle Nikolaus' III. gehe gegen die Unfehlbarkeit, die besage, dass alles, was von der römischen Kirche je beschlossen wurde, frei von Irrtum sei. Eine Distinktion zwischen *summus pontifex* und *ecclesia Romana* wurde hier aufgehoben. Die konkreten Schritte gegen den Papst, der nach Ludwigs Rechtsauffassung den Papstthron okkupierte und die Grundregeln der Kirche missachtete, waren von den kirchenrechtlichen Vorgaben geleitet, die nicht mehr erlaubten, dass ein König oder Kaiser allein einen Eingriff in die Papstsukzession vornimmt. Ludwig bemühte sich um ein Konzil, das den Papst in die Schranken der Kirche weisen sollte.

Die Antwort ließ nicht auf sich warten. Am 11. Juli 1324 erkannte der Papst Ludwig im Gegenzug alle aus der Königswahl resultierenden Rechte ab. Dies griff Ludwigs Herrschaft an der Wurzel an. Der Wittelsbacher wusste um den Ernst der Lage. Im Münchener Vertrag wurde ein Ausgleich mit Friedrich dem Schönen gesucht. Der Vertrag über das Doppelkönigtum ist als Zeugnis staatsrechtlichen Denkens im 14. Jahrhundert von hoher Relevanz[313]. Aber es war keine wirkliche Innovation, sondern konnte seine Vorbilder in der Spätantike finden. Mehrfach war das Reich damals von einem Team geführt und gegen die Zeitumstände verteidigt worden. Diese in den weit verbreiteten Chroniken dokumentierten Vorbilder zeigten auch ein christliches Kaisertum, das unabhängig von der Papstmacht agierte, vielmehr selbst für ein Häresie-freies Christentum Sorge trug. Die Verantwortung für das ererbte Reich bewog Ludwig dann ein Jahr später in Ulm dazu, den Verzicht auf die Krone anzubieten, falls der Papst Friedrich die Zustimmung für sein Königtum innerhalb einer bestimmten Frist geben sollte. Es mochte für einen Moment so aussehen, als hätte der König die Rechnung für seine überzogene Politik gegenüber der Kurie nicht bezahlen können. Im christlichen Weltverständnis demonstrierte er aber nur seine persönliche Demut zum Wohle von *imperium Romanum* und einer 1300-jährigen Heilsgeschichte, die eine kooperierende Doppelspitze vorsah. Die Habsburger wähnten sich als Sieger und bereiteten Verhandlungen mit der Kurie vor: Leopold, der Bruder des Königs, sollte nach Avignon reisen und die Gespräche voranbringen. Doch der Tod als Lenker der Zukunft hatte andere Konzepte: Leopold starb unerwartet. Als die Ersatzmannschaft beim Papst eintraf, war die gesetzte Frist bereits verstrichen. Johannes XXII. bestätigte Friedrich aus diesen formalen Gründen nicht. Dem Papst ging es in der Königsfrage nicht um ein

Entweder-Oder, sondern um ein Weder-Noch, da nur so die päpstliche Stellung in Italien auszuweiten war. Dies wiederum frustrierte Friedrich, der nach dem Tod des Bruders und im Angesicht seiner schwerkranken Frau lieber ein Testament machte als weiter um die Königskrone zu kämpfen. Er starb am 13. Januar 1330 im Alter von vierzig Jahren. Seine noch lebenden Brüder sicherten daraufhin Ludwig dem Bayern die Unterstützung zu.

In der Zwischenzeit hatte Ludwig seine Strategie geändert. Durch die ablehnende Haltung des Papstes gegenüber Friedrich dem Schönen war er moralisch erheblich gestärkt. Er hatte mit der Ulmer Erklärung die Macht auf den Spieltisch geworfen und gewonnen. Friedrich wollte ihm die Krone nicht mehr streitig machen, und der Papst war erneut als eigennütziger Politiker entlarvt. Real verschärfte sich der Konflikt, denn der Papst entzog Ludwig alle Reichslehen und den Anspruch auf das bayerische Erbe. Abschätzig wurde er in den Dokumenten nur noch *bavarus* genannt, was bekanntlich doppeldeutig ist. Ludwig fühlte sich ermuntert, die Macht des Reiches in Italien durchzusetzen. Er rüstete zum Italienzug und hatte Erfolg. In der Stadt, die als *caput mundi* in der Antike Kaiserstadt gewesen war und in der die meisten westlichen Kaiser gekrönt worden waren, wollte Ludwig die Rangerhöhung zum Kaiser erreichen. Nun wäre nach der bisherigen Zeremonie ein Krönungsakt durch den Papst oder zumindest durch von ihm beauftragte Kardinäle notwendig gewesen. Dass Johannes XXII. für einen solchen Akt nicht zur Verfügung stand, war nach den geführten Auseinandersetzungen klar. Seine Abwesenheit in Rom verhinderte jede Einflussmöglichkeit. Er konnte keinen Widerstand leisten, weil er zwar mehrfach über die Rückkehr der Kurie in die Heilige Stadt nachgedacht hatte, aber noch immer im herrschaftlich ausgebauten Avignon weilte. So ließ sich Ludwig von einem ausgesuchten Vierergremium in St. Peter krönen[314]. Die Abhängigkeit der Kaiserkrone von der Römischen Kirche wurde damit von Grund auf in Frage gestellt. Die Geschichtsbücher belegten eindeutig, dass das Kaisertum älter war als der Stuhl Petri[315]. Die Staufer hatten es noch abgelehnt, dass die Stadtrömer über das *imperium* und ihre Kaiserkrone bestimmten[316]. Die von Ludwig praktizierte Regelung befriedigte offenbar auch nicht in allen Punkten. Es dauerte nur drei Monate, bis die kaiserliche Partei den Papst für abgesetzt erklärte und schließlich mit Nikolaus V. (1328 – res. 1330, † 1333) am 12. Mai einen neuen Papst auf den Thron hob. Damit waren die Voraussetzungen dafür geschaffen, das Kaisertum wieder in der gewohnten mittelalterlichen Weise zu begründen. Nikolaus V. nahm eine erneute Krönung vor, weil Ludwig und sein Anhang einem papstfernen Kaisertum offenbar selbst nicht vertrauten. In der offiziösen Kirchengeschichtsschreibung wurde Nikolaus als Gegenpapst geführt, aber er war nicht der erste Papst von Kaisers Gnaden in der europäischen Geschichte. Es erging ihm wie vielen, die ihre Würde nur der Tatsache verdankten, dass ein Papst die Kaiserkrönung vornehmen sollte, um ihr Geltungskraft im Rahmen der römischen Heilsgeschichte zu verleihen. Der Bayer setzte jedenfalls weder in Rom noch sonst in Italien genug Macht ein, um einen eigenen Papst auf Dauer halten zu können. Nikolaus V. unterwarf sich 1330 seinem Kontrahenten. Auf sich allein gestellt hatte ihm der notwendige Rückhalt gefehlt.

Um den Kaiser scharten sich in dieser Zeit alle Gegner Papst Johannes' XXII., vor allem aber die Franziskaner, die im Armutsstreit Probleme mit dem Armutsverächter hatten: Wilhelm von Ockham († 1347), Michael von Cesena († 1342) und Bonagratia von Bergamo († 1340). Sie hatten ein Bündnis mit dem Kaiser geschlossen, der sie militärisch beschützte, wofür sie ihn mit Kampfschriften und antikurialen Pamphleten belohnten. Marsilius von Padua fundierte in seiner Schrift „*Defensor pacis*" eine Gesellschaftsordnung, die *imperium* und *sacerdotium* trennte[317]. Das politik-theoretische Werk enthält Elemente einer demokratischen Staatslehre. Die Lehre von der *translatio imperii*, die von den Päpsten zur Legitimation ihrer Macht über das Kaisertum und damit in der Welt benutzt worden war, wurde widerlegt. Die Papstpartei hielt sich ebenfalls an den Kampf mit der Feder, und so wurden ganze Kodices mit Reden und Gegenreden, mit Anklagen und Verteidigungen gefüllt. Der eigentliche Kampf wurde mit Rechtsargumenten ausgetragen. Die Nähe des Kaisers und Reichserneuerers eigenen Rechts zu den häretischen Minoriten führte zur Erneuerung des gegen ihn verhängten Bannes durch den Papst. Das geistliche Oberhaupt der Christenheit setzte seine Macht ein, um ein Konzil gegen seine Person zu verhindern. Die Sorge um das Zustandekommen einer vom Kaiser einberufenen Kirchenversammlung war historisch begründet. Der Papst musste dagegen rüsten. Vor allem aber brauchte er eigenständige Finanzquellen, die es ihm erlaubten, auf den weltlichen Schutz verzichten zu können. Immer effizienter gestaltete sich die Verwaltung der auf den Papst konzentrierten *ecclesia*: der fiskalische Zentralismus brachte der Kurie mehr Geld als der Verlust der Einnahmen aus dem Kirchenstaat, die sich nach dem Auftreten Ludwigs in Italien nicht mehr nach Avignon transferieren ließen.

Der Streit im Gleichgewicht der Kräfte dauerte bis zum Tod Johannes' XXII. im Dezember 1334, obwohl Ludwig sich nach der Resignation seines Papstes unter Wahrung der Reichsrechte um Annäherung bemühte. Mit juristischen Argumenten ignorierte er den Kirchenbann und stellte sich als christlicher Kaiser ins rechte Licht. Das vom ihm gegründete Kloster Ettal verband benediktinische Glaubensausrichtung mit dem *miles christianus*-Gedanken. Fürbitte im Gottesdienst und Verteidigung des Glaubens sollten dort mit Vorbildwirkung für das ganze Reich organisatorisch miteinander verschmelzen. Erst nach dem Tod Johannes' XXII. veränderten sich die Gewichte. An der Kurie war man unter seinem Nachfolger Benedikt XII. (1334–1342) an Verhandlungen interessiert. Als der französische

König die Annäherung zwischen dem neuen Papst und Ludwig hintertrieb, scheiterte der 1335 eröffnete Absolutionsprozess, mit dem Ludwig von der Exkommunikation hätte gelöst werden können. Die Kurie hatte einen mächtigen Befürworter gefunden und vertraute eher auf monarchischen Schutz als auf den selbsternannten Kaiser. Dem war im Reich nur schwer zu widerstehen, aber es sorgte für eine antikuriale Stimmung, die einen deutschen Nationalismus schürte.

Die Sorge der Kurfürsten für das Reich

Die Kurfürsten, die sich als die Großen des Reiches zunehmend für dieses verantwortlich fühlten, obwohl die alte Verfassung ihnen nur das Wahlrecht, keine Regierungsverantwortung zubilligte, trafen sich am 15. Juli 1338 in Oberlahnstein am Rhein. Nur der böhmische König, der immer eine Sonderstellung hatte, war nicht vor Ort. Das Reich war trotz der Regierungskrise eine Einheit, die durch ein förmliches und zeitlich unbegrenztes Bündnis gefestigt werden sollte. Gekommen war auch Kaiser Ludwig. Dies beunruhigte die Kurfürsten. Sie wollten Unabhängigkeit demonstrieren und zogen auf das andere Rheinufer um. In Rhense am Rhein wurden die Verhandlungen geführt, was den Ort im 19. Jahrhundert zum Identifikationsort des deutschen Föderalismus machte. Die *monarchia mundi* war im Hochsommer 1338 aber nicht in Gefahr. Man diskutierte vielmehr über die Unabhängigkeit des Reiches von der päpstlichen Gängelei. Gleichzeitig wurde die Bedeutung der Kurfürsten für das Reich zementiert. Die notarielle Gestalt ihres *„instrumentum"* genannten Schriftstücks zeigt die Innovation auch in der Form[318]. Staatlichkeit drückte sich in abstrakterer Form aus, als dies im bipolaren Ordnungssystem für die christliche Welt entwickelt worden war. Der Einfluss aristotelischer Politiktheorie scheint die Flexibilisierung staatlicher Normvorgaben im Hintergrund befördert zu haben. Man konnte aber noch immer nicht auf den Eid zur Absicherung verzichten. Der Eid blieb die stärkste Form der innerweltlichen Bindung, weil er durch Selbstverfluchung das Jenseits betraf. Eide hatten auch das bipolare System untermauert, weil sie bei Wechselseitigkeit nicht an der Gleichrangigkeit rüttelten.

Man kam zu dem Schluss, dass „sobald jemand von den Kurfürsten des Reiches oder von der zahlenmäßigen Mehrheit dieser Fürsten – auch im Zwiespalt – zum Römischen König gewählt ist, dieser keiner Benennung, Anerkennung, Bestätigung, Zustimmung oder Ermächtigung von Seiten des Apostolischen Stuhles zur Aufnahme der Verwaltung der Güter und Rechte des Reiches oder zur Annahme des Königstitels" bedürfe[319]. Ferner wurde konstatiert: „Deretwegen muss sich der Erwählte nicht mit Notwendigkeit an den genannten Stuhle wenden." Die Begründung war historisch: „seit den Zeiten, an deren Beginn es kein Erinnern mehr gibt, sei es so gehalten worden". Die Wahlanzeigen erscheinen in dieser Stellungnahme als freiwillige Ehrerweisung an den Papst, nicht als verfassungsmäßig vorgeschrieben. Dass es hier nicht nur um die Königswahl ging, sondern die Kaiserfrage im Hintergrund stand, zeigt die Selbstbenennung der Kurfürsten, die sich als *principes electores imperii* bezeichnen.

Das Reich waren aber nicht nur die Kurfürsten, sondern auch die Lehnsträger des Reiches. Deshalb fand im Anschluss an das Diktum eine Meinungsumfrage bei den anwesenden Getreuen und Lehnsleuten statt. Alle hätten mit denselben oder ähnlichen Worten zugestimmt. Erzbischof Balduin von Trier, der Bruder Kaiser Heinrichs VII., war bei der Abfassung des Schriftstücks federführend. Kaiser Ludwig wurde nicht genannt, denn es sollte keine Fallentscheidung sein, sondern ein Grundsatzurteil gefällt werden. Kritische Punkte wie die Frage nach den Rechten des Gewählten in den italienischen Reichsteilen wurden nicht diskutiert. Der Verfassungsdualismus im Reich begann, sich von Kooperation und Widerstreit zwischen Papst und Kaiser zu einer Machtteilung im Weltlichen zwischen König bzw. Kaiser und Kurfürsten auszuweiten.

Erst auf weiteren Reichstagen wurde aus der Kurvereins-Verlautbarung durch Integration in das Königswahlgesetz „Licet iuris" Verfassungsrecht. In diesem vom Kaiser erlassenen Gesetz sind die Gewichtungen zwischen Gottesgnadentum und Wahlkönigtum anders vorgenommen als im Kurfürstenspruch[320]. *Licet iuris utriusque testimonia* beginnt der Text, der sowohl auf dem kanonischen als auch dem römischen Recht fußend die Erhebungsfrage klärt. Kanonisches und römisches Recht bildeten in dieser Auffassung gleichberechtigt die validen Referenzen zur Entscheidung des Verfassungsstreits. Beide Rechte besagten offenkundig, dass die kaiserliche Würde und die Amtsgewalt am Anfang unmittelbar von Gott allein hervorgegangen ist und Gott durch die Kaiser und Könige der Welt Recht und Gesetz dem Menschengeschlecht zuerteilt hat, ferner dass der Kaiser schon allein aufgrund der Wahl derer, denen die Wahl zukommt, zum wahren Kaiser gemacht wird und nicht der Bestätigung und Anerkennung irgendeines anderen bedarf, denn er hat in weltlichen Dingen auf Erden keinen Höheren über sich, vielmehr unterstehen ihm alle Völker, und der Herr Jesus Christus selbst hat befohlen, es solle Gott, was Gottes ist, dem Kaiser, was des Kaisers ist, gegeben werden. Es folgt eine Invektive gegen die Päpste, wenn formuliert wird, dass „aber einige, von der Blindheit der Habsucht und des Ehrgeizes geschlagen, und manche, die behaupten das richtige Verständnis der Heiligen Schrift zu haben, doch vom Pfade rechter Einsicht abirren, sich nun zu üblen und verwerflichen Auslegungen sowie zu abscheulichen Behauptungen verstiegen haben gegen die kaiserliche Amtsgewalt und Vollmacht sowie gegen die *iura electorum imperatorum*". Letzteres ist doppeldeutig und kann sowohl „die Rechte der Kurfürsten" als auch „die Rechte der erwählten Kaiser" heißen. Voller Lug und Trug behaupteten diese Kräfte, die kaiserliche Würde und Amtsgewalt stamme vom

Papst, und der zum Kaiser Erwählte sei nicht aufgrund der Wahl wahrer Kaiser und König, es sei denn, er werde zuvor durch den Papst oder den Apostolischen Stuhl bestätigt, anerkannt oder gefestigt.

Um dem Unheil der Zwietracht zu entkommen, erkläre Ludwig mit Rat und Zustimmung der Kurfürsten und anderer Fürsten des Reiches, dass die kaiserliche Würde und Amtsgewalt unmittelbar von Gott allein stamme. Nach Recht und Herkommen des Reiches gelte: „Sobald jemand von den Kurfürsten einmütig oder von einer Mehrheit von ihnen zum Kaiser oder König gewählt wird, ist er sofort allein aufgrund der Wahl wahrer König und Römischer Kaiser" (*ex sola electione est verus rex et imperator Romanorum*)[321]. Ihm müsse dann von allen Untertanen des Reiches Gehorsam geleistet werden, weil er die volle Amtsgewalt habe sowie die Güter und Rechte des Reiches verwalten und alles sonst tun dürfe, was einem wahren Kaiser zusteht. Noch einmal wird betont, dass dafür keine päpstliche Zustimmung notwendig sei. Das so gefasste Gesetz habe ewige Dauer. In der Sanctio wurde der Kerninhalt abermals wiederholt. Die synonyme Verwendung der Begriffe *rex* und *imperator*, die seit der Spätantike punktuell immer nachweisbar gewesen ist[322], wurde durch diese Verfassungsregel zum Normalzustand.

Seit der ersten Hälfte des 12. Jahrhunderts hatte es in Rom und Bologna eine von Papst und Kaiser unabhängige Antikenrezeption gegeben, welche Vorstellungen vom *imperium Romanum* aus der Tradition in die Gegenwart transponierte. Die führenden Köpfe des Reiches ließen sich nicht mehr mit einer auf die Zeit Karls des Großen und die *„Konstantinische Schenkung"* beschränkten Verfassungslehre abspeisen, sondern bezogen Konstantin und Justinian ebenso ein wie die frühen Konzilien, die den Päpsten allein die Lehrautorität, nicht aber das Urteil über den Kaiser zugebilligt hatten. Man verwarf die Obsorge des Herrschers für die Kirche nicht, sondern stattete sie mit eigener Kraft aus. König Eduard III. von England († 1377), der auf selbständige Antikenstudien zurückgreifen konnte, bestätigte diese Interpretation des Kaisertums. Nur der französische König als Auslöser der bipolaren Missstimmung entzog sich den Argumenten, weil sie die von französischen Politiktheoretikern konstruierte Selbständigkeit seines Königreichs destruierte. In Rom, dem alten Zentrum des Reiches, das anfangs als steingewordene Zeitenbrücke zwischen den sich seit ihrer Gründung wandelnden politischen Konstellationen fungiert hatte, wurde der Ansatz mit Hilfe der historischen Zeugnisse weiter zum Nutzen der Stadt konkretisiert. Der Ort selbst wurde zum Zentrum der Kontinuität stilisiert und der Senat als potenter Gegenpart zu anderen Herrschaftsformen wiederbelebt[323]. Sogar die Position des Volkstribuns erhielt ein Comeback. Immer stärker interessierten sich die Zeitgenossen in Italien, aber nicht nur dort, aus politischen Gründen für die Anfänge des Reiches in der Antike.

Die Endzeiterwartungen erschallten immer lauter in der ganzen Christenheit. Durch sie wurde zugleich die über tausendjährige Einheit des Reiches eingeschärft. Der fehlende Gleichklang zwischen den beiden Spitzen des Reiches war böses Omen genug, um den Glauben an das Ende der Welt und das erwartete Jüngste Gericht zu stärken. Die antikisierende Herrschaftsausübung Ludwigs, der sich schließlich in spätantiker Machtvollkommenheit auch Kompetenzen im Eherecht zumaß, die über Jahrhunderte allein von der geistlichen Gewalt ausgeübt worden waren[324], erhöhte nicht nur die Spannungen zu Avignon, sondern rief die Missgunst der Fürsten hervor. Eine solche Kaiserpolitik, die wie in der Spätantike offensive Familienpolitik war, brachte die Sicherheit der eigenen fürstlichen Rechte in Gefahr. Auch der nach dem Tod Benedikts XII. erhobene Papst Clemens VI. (1342–1352) wollte nach dem, was vorgefallen war, seinen Spielraum zur Lösung des Kirchenbannes gegen Ludwig nicht nutzen, obwohl dieser ein weiteres Mal persönliche Bußfertigkeit demonstrierte, dabei aber großen Wert darauf legte, die Kaiserrechte nicht anzutasten.

Clemens VI. ergriff die Initiative, um das Reich aus der Lähmung zu befreien, die entstanden war, weil die beiden Spitzen des Reiches auf je unterschiedlicher Grundlage zwei Konzepte für ein christliches *imperium Romanum* entworfen hatten. Schließlich war seit der Spätantike klar, dass nur der Einklang der beiden Gewalten den Christen Frieden und Seelenheil bringen kann. Nach Vorverhandlungen über die Königserhebung Karls IV. (1346/1355–1378) wurde Ludwig an Gründonnerstag 1346 endgültig verflucht[325]. Am klassischen Termin für die Vergebung der Schuld verkündete der Papst, der Kaiser solle wie ein antikes Ungeheuer von der christlich gewordenen Erde vertilgt werden. Im Juli folgte die Wahl eines neuen Königs. Karl IV. wurde von den drei rheinischen Erzbischöfen, seinem Vater Johann von Böhmen und Herzog Rudolf von Sachsen-Wittenberg erhoben[326]. Die Zeit des Doppelkönigtums verlief ohne militärischen Schlagabtausch und wurde durch den plötzlichen Tod des 64-jährigen Ludwig beendet.

Kaum wahrgenommen wurde von der modernen Forschung, dass die päpstliche Botschaft auch anderswo im alten *imperium Romanum* gehört worden war. Stefan Dušan (1346–1355) wurde 1346 zum Kaiser der Serben und Griechen gekrönt. Serbien als Teil der päpstlichen *regna* trat in die bedeutenden Fußstapfen christlichen Kirchenschutzes und bildete ein römisches Kaisertum wie griechisches Gegenkaisertum, das sich die Rückdrängung der Osmanen zum wichtigsten Ziel gesetzt hatte. Durch den Tod Stefan Dušans endete 1355 diese Episode. Die Verteidigung der Christenheit am östlichen Rand blieb danach auf den Schultern seines Nachfolgers, des ungarischen Königs Ludwig des Großen. Er trat zwar keine formale

Kaiserherrschaft an, sicherte aber als Schutzmacht in Oberitalien die päpstlichen Interessen effizienter als der *rex Romanum*. Das neue Papstkastell in Avignon nahm in der Zwischenzeit weiter Gestalt an. Für diejenigen, die ein auf Rom bezogenes *imperium Romanum* im Sinn hatten, das seit der Spätantike durch die Verwobenheit von Kirche und Reich in Rom Heilsgeschichte geschrieben hatte, schien die Unordnung in der Christenheit mit jeder Zinne zu wachsen. Die Wiederherstellung der Einheit sollte zur Hauptaufgabe des neuen Königs werden.

Neues Zusammenwirken in der Zeit Karls IV.

Das christliche Königtum als Auftrag

Da der Konflikt zwischen Papst und Kaiser zwar über die prinzipielle Stellung geführt, aber nur von Personen ausgetragen wurde, bestimmte der Tod der Protagonisten das Ende mancher Animositäten[327]. Selten war der Bruch so radikal wie beim Tod Ludwigs des Bayern. Die christliche Gesellschaft insgesamt, vor allem aber die Kurfürsten hatten gelernt. Die Einheit mochte wegen der bipolaren Konzeption noch so viele Einschränkungen für den eigenen Status bringen, sie war dennoch der Selbstzerfleischung oder gar dem Verlust der Würde vorzuziehen. Die Konkurrenz durch die übrigen Regenten Europas war weiterhin gegeben, denn die Idee einer erneuten *translatio imperii* auf einen anderen Herrscher stand noch immer im Raum, wie der Blick nach Osten nur zu deutlich machte. Der Widerstand gegen den nördlich der Alpen weiter amtierenden König Ludwig den Bayern wurde vor allem von denen politisiert, die sich wie Erzbischof Balduin von Trier dynastischen Vorteil aus der Neubesetzung des Königsthrons erhofften. Der Aufforderung des Papstes zur Absetzung des Gebannten war zügig die Erhebung Karls IV., des Neffen Balduins, gefolgt. Die formalrechtlichen Schwächen seiner Erhebung wurden durch den breiten Konsens der Kurfürsten ausgeglichen. Gerade in dieser Situation hütete sich Karl, vor dem Eintreffen der päpstlichen Bestätigung überhaupt den Titel *rex Romanorum* zu führen. Die Approbation erfolgte nicht auf Karls Bitte hin, sondern aufgrund eigener Veranlassung des Papstes (*motu proprio*)[328]. Karl verstand das Königtum zu sehr als Auftrag, als dass er sich in die Rolle eines machtlechzenden Petenten begeben hätte. Im ereignisreichen Herbst des Jahres 1346 hatte er nach der Schlacht von Crécy ohnehin zunächst einmal sein böhmisches Erbe zu sichern. Karls Handeln konnte als demonstrative Zurückhaltung gewertet werden, die sein Vorgänger hatte vermissen lassen. Die Vorsicht gegenüber einem in Polemik erfahrenen, mächtigen Gegner, der Ludwig der Bayer immer noch war, dürfte der wahre Motor gewesen sein. Die Expansionsdynamik des serbisch-griechischen Kaisers Stefan Dušan war nicht zu übersehen. Hinzu kam die Tatsache, dass dem Gewählten wie dem Approbierten der Zugang zu den Symbolen des Königtums fehlte[329].

Erst mit dem unerwarteten Tod Ludwigs wendete sich für Karl IV. das Blatt. Wie wenig er selbst von der Seriosität des bisherigen Königserhebungsverfahrens überzeugt war, lässt sich aus der Wiederholung der Vorgänge unter den neuen Bedingungen ersehen. Nur die Pest als sein Feind schien dagegen zu sprechen. Karl IV. ließ sich dadurch nicht beirren, sondern hielt weitgehend am ursprünglichen Plan fest, die Zeremonie in der Kirche Karls des Großen im gewohnten Ritus stattfinden zu lassen. Er wollte nach dem Tod Ludwigs des Bayern nun endlich als legitimer König regieren und brauchte dazu eine rechtmäßige, den Traditionen entsprechende Einführung. Der förmlichen Wahl in Frankfurt sollte ein Krönungsfest folgen. Die Vorzeichen waren düster, denn nach einem Erdbeben in den Alpen, einer Heuschreckenplage in Niederösterreich und dem Einzug der Pest in Norddeutschland schien für einen Moment das Zeremoniell zu gefährlich. Der Termin wurde verschoben, was nicht eigentlich durch die Pest, sondern durch die Heiltumsfahrt begründet war, die Tausende in die Stadt zog[330]. Als die Krönung am 25. Juli 1349 gefeiert wurde, war die Bedrohung durch die Pest nicht mehr zu leugnen, doch der Mut wurde belohnt. Die Pest wütete überall in Europa, aber sie verschonte den neuen König des Reiches. Vermutlich haben die Pferde, weil sie Pestflöhe abweisen, das Inferno verhindert. Da man diese Mechanismen nicht verstanden hatte, wirkte das Fest wie ein von Gott geschenktes Wunder innerhalb der vom Weltuntergang gezeichneten Zeit. Karl konnte sich den wichtigen Aufgaben seines Amtes zuwenden.

Das antike Kaisertum als Vorbild

Die Erwartungen waren hoch, die Lager gespalten. Zu den Stimmführern zählte Petrarca († 1374), der mit seinen Briefen für die Rückkehr der Päpste aus Avignon nach Rom und für einen römisch-italienischen Kaiser kämpfte[331]. Die Macht der *„Konstantinischen Schenkung“* war noch nicht gebrochen, aber die Legitimität einer Übertragung des Kaisertums an die Päpste durch Konstantin wurde immer lauter bestritten. Gerade der Umzug der Päpste nach Avignon, das Petrarca als Babylon gescholten hat, zeigte wie gefährlich Konstantin für das Reich gewesen sei, weil er die Grundlage für diese Rom- und Italien-freie Lenkung des *imperium Romanum* gelegt hatte. Ein abstrakt gedachtes, globales Reich brauchte weder die Stadt Rom, noch Italien als Zentrum. Der Nukleus musste nicht bis zum Weltuntergang die Mitte darstellen. Aber die Entwicklungen der letzten Jahrzehnte waren so unbefriedigend, dass italienische Kirchenmänner und ihnen voran Petrarca in der Loslösung vom Zentrum die eigentlich fatale Fehlentscheidung sehen konnten. Ihnen selbst war der Einfluss auf das Reich verloren gegangen. Die Rückbesinnung auf die

Wurzeln des Römischen Reiches war also weder uneigennützig noch unpolitisch. Sie diente einer aus der Entscheidungsebene verdrängten Gruppe, die in Avignon gegen die neuen, einheimischen Eliten nur mit bedingtem Erfolg konkurrierte. In ihren Idealisierungen erhielt das *imperium Romanum* eine neue Gestalt. Die Schelte, die Petrarca Konstantin erteilte, dessen Namen er aber verweigert, wenn er ihn nur als übelberatenen und verschwenderischen Fürst anspricht, lässt sich für das bipolare System interpretieren. Petrarca herrschte den Kaiser in der „*Epistola sine nomine 17*" an, ob er nicht wüsste, unter wie vielen Mühen das *imperium* geschaffen wurde, das er leichtfertig zerstreut habe. Petrarca vergleicht den spätantiken Kaiser mit einem Halbwüchsigen, der das Erbe der Väter verprasst. Nur das Eigene hätte er verschenken dürfen, nicht die Erbschaft des Reiches (*hereditas imperii*), weil er dafür nur zum Beschützer bestellt gewesen sei. Den Nachkommen hätte er es unbeschädigt zurücklassen müssen. Zusammen mit zeitgenössischen Politiktheoretikern des 14. Jahrhunderts stellte Petrarca die Frage, ob Konstantin dies überhaupt gedurft habe und die Schenkung als rechtsgültig anzusehen sei.

Dieses Bild vom Reich knüpft an die zur Weltherrschaft führende Eroberungspolitik der antiken Herrscher an. Es endet in einem Spottvers, der mit der Papsttitulatur *servus servorum Dei* (Diener der Diener Gottes), spielt: „Rom, Du hattest zu Dienern die Herren der Herren, Diener der Diener jedoch nimmst Du als Herren nun an". Die päpstliche Sicht der Weltherrschaft im *imperium Romanum* ist die Grundlage dieser Polemik, die in einer Bitte an Christus endet, aus dessen Hand alle Gewalten, die der Erde wie die über ihr und unter ihr, ihre Macht besitzen, er möge die Klage erhören. Rom und Italien müssten wieder den gebührenden Stellenwert erhalten und nicht wie Schlachtvieh den päpstlichen Interessen untergeordnet werden. In der Gedankenwelt der Briefe wird dann das Gespräch mit dem amtierenden Papst Johannes XXII. inszeniert. Erbost wird der Papst gefragt, warum er, der alles kann, nicht einfach Papsttum und Kaisertum der Stadt Rom und Italien raube, um das Papsttum in seine südfranzösische Heimatstadt, das Kaisertum aber nach Deutschland zu überführen. Die Mühe dazu sei nicht groß, er müsse es nur sagen und schon geschehe es. Hier erscheint im polemischen Klageton die Vorstellung vom deutschen *imperium*. Die fiktive Antwort des Papstes ist für die Reichssicht von großem Interesse, denn dem Papst wurde in den Mund gelegt: „Weißt Du nicht, Du Dummkopf, dass auf diesem Weg ich und meine Nachfolger Bischöfe meiner Heimatstadt würden, der Kaiser aber, wer immer er wäre, ein Vorsteher Deutschlands (*Prefectus Germaniae*). Wer aber Rom vorstünde, der wäre in geistlicher Hinsicht Papst und in weltlicher Kaiser". Denn, so lässt Petrarca den Papst nach weiteren Einwänden schließen: „Das Haupt der Welt bleibt immer Rom".

Die Suche nach den Details römischer Geschichte, die den Humanismus prägte, diente der Fixierung des *imperium Romanum* auf die Stadt, nicht auf die weltlichen und geistlichen Lenker in der transpersonalen Nachfolge Christi bzw. Konstantins. Petrarca übte mit diesen Vorstellungen Einfluss auf die Politik. Karl IV. wurde sein Briefpartner ebenso wie die Päpste. Der weltliche Herrscher des *imperium Romanum* war aber vorsichtig genug, sich nicht vorbehaltlos auf die Position Petrarcas einzulassen. In einem Schreiben von 1351 antwortete Karl IV., der europäischste aller „deutschen" Könige des Mittelalters, noch vor der Erhebung zum Kaiser 1355 dem Verfechter des rombezogenen Imperiums, der in einem direkten Schreiben an ihn ein Gemälde des hinfälligen Imperiums gezeichnet hatte. In dieser Antwort wird das Reich als *moles* bezeichnet, dessen Braut die Freiheit sei. Die einst reiche *respublica Romana*, die Kaiser und Könige unterstützt habe, sei bettelarm und könne sich nur mit Mühe auf den Bettelstab stützen. Die mangelnde Unterstützung wird dem Poeten vorgehalten, dem entgegengeworfen wird, es sollten doch endlich jene schweigen statt höhnen, die den Kaisern Ratschläge erteilen. Zitiert wird der antike Kaiserbiograph Sueton mit dem Ausspruch des Augustus: „Weißt Du nicht, was für ein Ungeheuer (*belua*) das Reich ist?" Karl sah sich viel zu sehr als Konstantin, als dass ihm eine romfixierte Kaiserpolitik zukunftsfähig erscheinen konnte. Die Exempel seit der Zeit Karls des Großen lehrten, dass weder Papst noch Kaiser in Rom die Weltherrschaft machtvoll verteidigen konnten, weil die städtischen Klüngel zu sehr auf ihren eigenen Nutzen bedacht waren. Karl IV. stellte sich in die Tradition des Augustus, wenn er weiter schreibt: „Und auch uns, die wir es schließlich angenommen haben, war die Autorität des Imperiums nicht unbekannt, seine Erhabenheit nicht unvertraut und seine Gefährlichkeit nicht unbewusst". Vor allem aber seien die italienischen Missstände bedacht worden, um die sich der in Paris erzogene Sohn einer böhmisch-luxemburgischen Ehe als römisch-deutscher König und zukünftiger Kaiser wie ein Arzt kümmern wolle. Nur deshalb antworte er Petrarca, um ihn unter die lobenswerten Anhänger des Reiches zählen zu können. Die Vergabe des Vikariats für die Deutschen Landen an den Trierer Erzbischof, seinen Großonkel, ließ erkennen, dass Karl IV. ein auf die Antike zurückblickendes und insofern modernes Reichsbild hatte, das ihn nicht an den Oberrhein fesselte, sondern eigene Gestaltungsräume zum Nutzen der Christenheit bot[332].

Der Kaiser als Kleriker

Offenbar wurden diese klaren Bezüge auf das antike Kaisertum nicht über die Propaganda Karls verbreitet oder nicht mehr verstanden. Einigen Zeitgenossen jedenfalls und erst recht der nationalen Forschung der Neuzeit galt er als „Pfaffenkönig", was manche so verstanden, dass er als ein williger Knecht des Papsttums fungierte. Dagegen spricht nicht nur seine Italienpolitik, die sich nicht im päpstlichen Sinne gestaltete, was sogar zu Absetzungsgerüchten führte[333]. Es lassen sich auch Bilder nachweisen, in denen Karl sich selbst darstellen ließ und die ihn in panegyrischer Sicht zeichnen: das Priesterkleid unter dem Kaisermantel machte ihn zum Priesterkönig. Karl war Priester und König zugleich[334]. Er beanspruchte dadurch seine Stellung im Reich der Heilsgeschichte. Das alttestamentliche David-Königtum, Melchisedek, den die Päpste für sich reklamierten, und Jesus Christus selbst waren ihm Vorbilder für sein Herrschaftsverständnis. Die Auffassung, die Friedrich II. und Rudolf von Habsburg vertreten hatten, nämlich dass das Herrschertum ursprünglich von Gott stamme, weil die Menschen mit dem freien Willen missbräuchlich und verderblich umgegangen waren, wurde auch von Karl IV. geteilt. Der Schutz vor Verbrechen, die Gewährleistung von Sicherheit für alle Friedfertigen und Ruhigen, die Begründung von Gesetzen und Rechten sowie die Regelung aller zwischenmenschlichen Verhältnisse gehörten zu seinem Aufgabenkanon[335].

Im Sinne der christlichen Ordnung erweiterte sich der Auftrag zum Schutz des katholischen Glaubens gegenüber Häresien im Inneren und gegen die Gefährdung durch Un- oder Andersgläubige. Karl wusste, dass dies ohne entsprechende Machtmittel nicht zu leisten war, unterwarf sich aber selbst dem Anspruch, vorausschauend zu handeln und damit die Gesellschaft vor Unbill zu bewahren. Auf diese Art und wenigstens anfangs in Kooperation mit Papst Clemens VI., der ihm freundschaftlich verbunden war, verstand er es, seine eigene Position und damit die Anwartschaft auf das Kaisertum insgesamt zu festigen. Karl IV. wurde zum Weltkaiser in der Nachfolge Konstantins, als er am Ostersonntag 1355 zum Kaiser gekrönt wurde. Karls feines Gespür für Inszenierungen hatte den Weihnachtstermin, der an Karl den Großen und Heinrich III. erinnert hätte, ebenso vermieden wie den 2. Februar, der für Otto den Großen stand. Wie Lothar I. mit seiner dominierenden „*Constitutio Romana*" hatte auch Karl IV. das Fest der Auferstehung gewählt, um sein Kaisertum zu Szene zu setzen. Wie bei allen bisherigen Kaiserkrönungen wurde Karls Gattin mit ihm zusammen gekrönt. Rom, das durch die Schriften und Reden Petrarcas vorbereitet war, erwartete die Wiederkehr der beiden heilsbringenden Spitzen des Reiches nach Rom. Zumindest die Kaiserkrönung gab der Stadt ihre alte Würde zurück. So konnte die gesamte Zeremonie bis zum Ritterschlag auf der Engelsbrücke ohne Unruhen vollzogen werden[336]. Karl ging inkognito als Pilger in die heilige Stadt, der er gemäß dem verbreiteten Konstantinbild Ruhe für den sakralen Raum gewähren wollte. Während sich sein Vorgänger an der Rezeption des lateinischen Kaisergedankens interessiert gezeigt hatte, wie er vor der Christianisierung des Reiches ausgebildet war, so konzentrierte sich Karl vor allem auf die christlichen Vorbilder. Deshalb enttäuschte er die Rom-orientierten Frühhumanisten, die ihn wie Konstantin anprangerten, weil er den Kaisersitz nicht in Rom wählte, sondern Prag zur *nova Roma* ausbaute. Die Kunstförderung dokumentierte auch sonst das religiös-politische Programm des selbstbewussten Lenkers der Welt.

Ein Reliquiarkasten für Apostel-Reliquien zeigte Kaiser Karl und Papst Urban V. (1362–1370), wie sie gemeinsam das Schloss der Schatulle auf gleicher Augenhöhe bewachen[337]. Beide wurden als Priester dargestellt. Ein Prunkkreuz bietet die Ikonographie der gemeinsamen Verehrung des Kreuzes, die im gleichen Rang zur Sorge für das Christentum verpflichtete. In den Deutschen Landen mochte man spotten, dass Karl Vater Böhmens und Stiefvater des Reiches gewesen sei. Karl selbst aber verstand das Reich als *imperium Romanum* und nahm sich in der Nachfolge Konstantins das Recht, die Hauptstadt selbst zu bestimmen, damit Rom allein für den Heiligen Petrus zur Verfügung stehen konnte.

Karls IV. Blick reichte nicht nur bis auf Karl den Großen, sondern bezog von den griechischen Vorgängern insbesondere Konstantin in das herrscherliche Selbstbewusstsein ein. Das westliche Kaisertum des Spätmittelalters war sich seiner Verwurzelung in der östlichen Tradition sehr bewusst. Das byzantinische Reich der Spätantike war integrierter Teil der eigenen Geschichte, wie gerade die viel gelesenen Geschichtsbücher der Zeit belegen[338]. Eine abstrakte Vorstellung vom *imperium Romanum* als dem letzten Reich der Heilsgeschichte war weiterhin lebendig. Nach den Angriffen auf die Kontinuität im Sinne der *translatio imperii*, die Marsilius von Padua formuliert hatte[339], schien eine erneute Betonung des kontinuierlichen Fortbestands auch als Friedenszeichen in Richtung Papsttum. Die Transzendenz des Denkens bestimmte das Bild auf die Welt innerhalb der *ecclesia universalis*, auch wenn die griechische Vergangenheit nicht zuletzt durch die wachsende Dominanz der lateinischen Sprache fragmentarisiert worden war. Kanonistischen Debatten war es zu verdanken, dass die Erinnerung an den spätantiken Kaiser als einen Verteidiger der Klerikerrechte, als Kämpfer gegen die Häresie und als Gesetzgeber für die Juden lebendig blieb. Es verband also Kirche und weltliche Führung, wenn Karl IV. dem Vorbild Kaiser Konstantins nacheiferte. Seine Judenpolitik zeugt davon. Gerade seit dem Armutsstreit war mit Blick auf Gratian nicht nur die Konversion Konstantins im Bewusstsein, sondern auch die von ihm gegebene Erlaubnis, überall *per universum orbem* Christen taufen, Kirchen errichten und ihnen Güter zuteilen zu dürfen. Die Ausweitung der kaiserlichen Kompetenzen im bipolaren Machtgefüge war mit Hinweis auf Konstantin zu erzielen.

Neues Verfassungsrecht für das imperium Romanum: Die Goldene Bulle von 1356

Als Kaiser erließ Karl IV. imperiales Verfassungsrecht. Er stellte keine neue Reichsverfassung auf, aber er bemühte sich um die Regelung der in seiner Zeit strittigen Punkte. Eigentlich schien die Frage nach der Königswahl verfassungsrechtlich durch die Dekretale „*Venerabilem*" von 1202 geklärt[340]. Es gab eine Gruppe von Königswählern, denen der Papst die Kompetenzen in der Bestimmung des Kandidaten nach göttlichem Ratschlag zugestanden hatte. Urban IV. hatte 1263 von einer Siebenzahl der Wähler gesprochen und den Wahlmodus mit den Fristen eingeschärft[341]. Die Goldene Bulle ist vor diesem Hintergrund nicht als völlig neues Verfassungsrecht für die Königswahl zu sehen, wie es in der vom Kulturkampf geprägten deutschen Mittelalterhistoriographie oft noch immer suggeriert wird, sondern es war eine Konkretisierung des Bestehenden zur Vermeidung von Doppelwahlen[342]. Erst 1356 trug die politische Elite dem Bedürfnis der Verschriftlichung außerhalb des „*Corpus Iuris Canonici*" Rechnung und erließ mit der Goldenen Bulle eine Grundlage für alle zukünftigen Königserhebungen des Reiches. Sie unterstreicht den Charakter des Reiches in seinem die Welt lenkenden Teil als eigene Größe, die unabhängig von der päpstlichen Beauftragung selbständig agieren kann.

Mit einer Doppelspitze aus Kurfürstenkolleg und König war ein Verfahren möglich, das dem göttlichen Willen reale Wirkmacht gab. Während man im Hochmittelalter die Königsjahre nach der Krönung datierte, wird seit der Mitte des 13. Jahrhunderts vom Wahltag an gezählt. Dies ist eins der Zeichen dafür, dass zunehmend die Wahl und nicht das sakrale Einsetzungsritual als konstituierend galt. Nach 1356 trat dann mit der Goldenen Bulle eine klare Verschiebung des Gewichts von Wahl und Weihe ein, was nicht heißt, dass die Öffentlichkeit nicht noch immer den Krönungsakt bestaunte, da sie nur dort zugelassen war, während die Kurfürsten auf Exklusivität pochten. Die Kurfürsten wählten gewissermaßen als Stellvertreter des göttlichen Willens den König, der zum Kaiser zu erheben war, auf Lebenszeit. Alle Verfahrensschritte wurden detailliert vorgeschrieben. Insbesondere Doppelwahlen sollten in Zukunft vermieden werden. Die Wahl des Kaisersohnes wurde in der Goldenen Bulle nicht angeschnitten, obwohl die jüngste Geschichte des eigenen Hauses diesen Punkt hatte als wichtig erkennen lassen. Noch zwanzig Jahre später fiel es dem Kaiser schwer, die Kurfürsten für eine vorgezogene Neuwahl zu gewinnen, als er mit Blick auf sein Alter den ältesten Sohn mit Rückgriff auf etliche in der Familie befindliche Kurstimmen und geschickter Diplomatie zum König wählen ließ. Der Papst hatte schon 1202 nicht zu den Königswählern gehört. Seine Belange wurden in der Goldenen Bulle nicht berührt, was als Abtrennung der päpstlichen Ansprüche gewertet wurde. Das Schweigen bot jedenfalls Spielräume, die Karl am Ende seines Lebens bei der Wahl seines Sohnes auch nutzen sollte. Boten wurden nach Rom gesandt, um die Erlaubnis zur Wahl einzuholen, doch überholten die Ereignisse die Antwort. Dies war eine unanstößige Form, die päpstlichen Rechte prinzipiell anzuerkennen, sich aber im Spezialfall doch zu emanzipieren.

Die Internationalität des *imperium Romanum* wurde im neuen Verfassungsrecht nicht durch Veränderung der Wählergruppe erreicht, sondern durch die Anforderungen, die an jeden einzelnen Kurfürsten gestellt wurden. Sie mussten das Reich in seiner Gesamtheit verkörpern und dafür zumindest die Sprachen des Reiches beherrschen. Das Deutsche wurde als selbstverständlich vorausgesetzt. Das Lateinische, das selbst in der Zeit der griechischen Kaiser die Klammer gebildet hatte, reichte allein nicht mehr aus, um die Akzeptanz der Reichsglieder zu erlangen. Daneben wurden auch Italienisch und Slavisch eingefordert. Die weltlichen Kurfürsten mussten den Unterricht für ihre Söhne garantieren. Die Rolle der Kurfürsten wurde in der Goldenen Bulle von 1356 auch jenseits ihrer kardinalen Verpflichtung zur gottgelenkten Wahl definiert. Auf den kaiserlichen Hoftagen sollten die Kurfürsten anwesend sein und eigentlich war ihnen eine Position zugedacht, die sie an der Obsorge für Reich und Christenheit beteiligte. Auf jährlichen Zusammenkünften der Kurfürsten sollten Berichte über Missstände in den ihnen bekannten Gebieten beraten werden. Durch ihre Ratschläge sollten diese Missstände behoben oder gebessert werden. Der Treffpunkt war eine Stadt des heiligen Reiches. Der Herrscher hatte vorausschauend handeln wollen, aber wirklich institutionalisiert wurde das Treffen nicht, das mit Aufwand und Kosten für die Kurfürsten verbunden gewesen wäre. Es blieb also erste Pflicht des Kaisers selbst, für *aequitas* (Billigkeit) und *iustitia* (Gerechtigkeit) in seinem Reich zu sorgen. Die herrscherliche Gnade war dazu ebenso ein Instrument wie die Rute. Die Waffen hingegen hat der Herrscher in seiner Verantwortung für das Reich nicht eingesetzt. Der Kirchenvater Augustin hatte formuliert, dass das Römische Reich nicht allein durch militärische Erfolge zu Ruhm gekommen sei[343] und dies legitimierte einen Herrscher, der seinen Vater in der Schlacht verloren hatte, auf Diplomatie und Vertrag zu setzen, statt Menschenleben in Gefahr zu bringen.

König oder Kaiser

Karls Selbstdarstellung zeugt von christlicher Demut, denn anders als sein Großvater Heinrich VII., der freilich in nicht unangefochtener Position bewusst als universaler Machthaber agierte, relativierte Karl seine Kaiserstellung mit einem *tamquam*. Gleichsam als Herr der Welt (*monarcha mundi*) operierte der Kaiser wohl auch, weil in der Zwischenzeit mit der Wiederentdeckung der Kanaren die Eindeutigkeit kaiserlicher Verfügungsgewalt über die christliche Welt als Denkeinheit in Zweifel stand. Der Papst hatte die Königswürde für die neuen Teile der *christianitas* vergeben, kein weltlicher Herrscher. Während die verfassungsrechtlichen Innovationen des Jahrhunderts auf eine explizite Gleichsetzung von Königswürde und Kaisertum zielten, wurde gerade in den Grenzregionen zu anderen Königreichen der feine Unterschied immer klarer ausgesprochen. Erst nach erfolgter Kaiserkrönung wurden in Toul oder in Norditalien die dem Reich zustehenden Rechte erbracht. Der „Deutsche" König, wie in dieser Argumentationslinie der Titel des *rex Romanorum* umformuliert wurde, wurde etwa 1354 in Metz ehrenvoll empfangen, aber die *susceptio regis/imperatoris* mit vollem Zeremoniell schien aufgrund fehlender Voraussetzungen unangemessen[344]. Die Selbsteinschätzung hatte sich den Fremdbeurteilungen angepasst. Das Handeln des weltlichen Lenkers konnte nur auf der Basis der von Gott gegebenen selbstverständlichen Ehrerbietung beruhen und durfte keine imperiale Überspanntheit an den Tag legen. So konzentrierte sich Karl IV. auf die Hausmachtpolitik.

Urkunden wurden aber nicht nur aus Böhmen erbeten, sondern aus dem ganzen Reich, weil die Entscheidung des Kaisers noch immer von allen anerkannt wurde. Die Kanzlei wurde an die Bedürfnisse wachsender Zentralgewalt angepasst. Kaiserbilder und -statuen wurden in den Städten aufgestellt, doch war der historische Rückbezug etwa auf Karl den Großen beliebter als Darstellungen des lebenden Herrschers. Als Gast empfing man ihn jedoch selbst im Norden des Reiches gern, was seit den frühen Staufern nicht mehr vorgekommen war. Gleichzeitig war die Modernisierung nicht zu leugnen. Die Schrift hatte den direkten Austausch zwischen Herrscher und Beherrschten ersetzt. Die Verpfändung von Rechtstiteln des Reiches wurde immer öfter der direkten kaiserlichen Herrschaftsorganisation und -repräsentation vorgezogen. Die Umwandlung von gelebtem Dienst in gezahlte Münze lässt erkennen, dass der Kaiser den Zeitgeist nicht verschlafen hat. Das Selbstbewusstsein der eigenen böhmischen Königswürde formte gleichzeitig das Reich. Das Kaisersiegel wurde durch den böhmischen Löwen und den Reichsadler geziert.

Die Rückkehr der Päpste nach Rom

Das drängendste Problem des Reiches blieb über Jahre die Trennung der Päpste von der Kathedra Petri. Die kirchenrechtlichen Winkelzüge, mit denen der Aufenthalt in Avignon gerechtfertigt wurde, konnten die christliche Öffentlichkeit nicht überzeugen. Die Verfassung des Reiches forderte Realpräsenz der geistlichen Spitze in der alten Zentrale des Reiches, was durch die virtuelle Raumauflösung und die Mitnahme von Petrusreliquien nicht zu erzielen war. Die politischen Fehlentscheidungen der Römer, die sich mehr der Römischen Republik als dem heilsgeschichtlichen Reich verbunden fühlten, erschwerten eine Rückführung in die seit Konstantin etablierten Strukturen. Karl IV. selbst hatte im Umgang mit Petrarca, dem lautesten Verfechter der Rückkehr, Erfahrungen gemacht, und so stand diese Aufgabe zwar auf der Agenda-Liste, wurde aber immer wieder nach hinten gesetzt. Erst im April 1368 unternahm Karl einen Italienzug, der die Rückkehr des Papstes nach Rom unterstützen sollte. Der eigentliche Anlass war persönlicher Natur. Das Reich, das in den Geschichtsbüchern des Spätmittelalters unter der Lenkung von

Papst und Kaiser stand[345], brauchte eine neue Kaiserin. Nach dem Tod Annas von Schweidnitz († 1362) sollte die Krönung seiner jungen Gemahlin Elisabeth gefeiert werden, so wie dies in der Geschichte des Reiches seit Otto dem Großen üblich gewesen war. Dazu wurde Papst Urban V. nach Rom beordert, dem Karl den Stratordienst leistete. Es schloss sich ein längerer Aufenthalt des Kaiserpaares in Rom an, doch im Spätsommer 1369 erfolgte die Rückkehr ins kaiserlich ausgebaute Prag. Auch der Papst verblieb nicht in der heiligen Stadt.

Das Klagen über die Abwesenheit des Papstes von Rom ging weiter. Im Todesjahr Karls brach dann 1378 sogar ein Schisma aus, weil Urban VI. (1378–1389) eine zu rigide Politik betrieb und sogleich mit Clemens VII. (1378–1394) ein Konkurrent erhoben wurde. Urban VI. wählte Rom, Clemens VII. Avignon. Beide Orte wurden konkurrierende Papstresidenzen, denen sich die Christenheit in Oboedienz zuordnete. Die geistliche Spitze war auf Dauer geteilt. Karl selbst entschied sich für den Inhaber der Kathedra Petri, das französische Königtum selbstverständlich für Avignon. Der Funktion als Friedensstifter konnte Karl zu Lebzeiten nicht mehr nachkommen. Das Schisma zwischen den Päpsten sollte über die Lebenszeit der Konkurrenten hinaus bestehen bleiben und erst durch Karls zweiten Sohn Sigismund (1410/1433–1437) eine Generation später beendet werden.

Die beiden Gewalten unter Sigismund und Friedrich III.

Zweifel an der Herrschaft von Gottes Gnaden

Das 15. Jahrhundert begann mit einem Paukenschlag für das bipolare System. In einer auf göttliches Wirken und Konsens ausgerichteten Welt wurde ein Einschnitt vorgenommen, der sich insofern gegen offensichtliche göttliche Planung richtete, als mit König Wenzel (1376/- –1400 abges., † 1419) am 20. August 1400 ein Herrscher nicht durch Tod oder den Papst, sondern durch die Absetzung durch die Kurfürsten seine Legitimität und seine Stellung verlor[346]. Eine Absetzungsurkunde war bereits für Adolf von Nassau am Ende des 13. Jahrhunderts ausgestellt worden[347], doch erhielt sie durch den Schlachtentod des Königs sofort ihre innerweltliche Beglaubigung. Wenzel hingegen lebte noch fast zwei Jahrzehnte, ohne die königliche Aura weiter verkörpern zu können. Er war als Sohn Karls IV. durch die Wahl der Kurfürsten am 10. Juni 1376 in die Königswürde eingetreten und konnte sie nach dem Tod seines Vaters selbständig ausüben[348]. Noch zu Lebzeiten hatte der mächtige Vater mit Blick auf eine dynastische Verfestigung die Nachfolgeregelung durchgesetzt. Was der Vater vermocht hatte, nämlich ein in ganz Europa geachtetes Oberhaupt des Reiches zu sein, wollte dem Sohn nicht gelingen. Der

Hl. Wenzel († 929/935), der Landesheilige Böhmens, sollte ihm Vorbild für ein christliches Herrschertum sein, doch blieb alle Vorsorge seines Vaters vergebens: weder die gründliche Ausbildung noch die frühe Teilhabe an der Regentschaft des Vaters konnten das Desaster verhindern. Gegen Wenzel sprach zum einen die Sorge vor der Umwandlung des Reiches in eine Erbmonarchie, die dem Abkömmling den Missmut der Großen entgegenschlagen ließ. Zum anderen trat sein persönliches Unvermögen hervor, die imperiale Stellung in problematischer Zeit auszufüllen. Bei der Wahl waren die Kurstimmen durch familiäre Bindungen und erhebliche Geldzahlungen wohl geordnet. Die Krönung des Luxemburgers, der in Böhmen auf mittlerer Ebene Regierungserfahrung erworben hatte, fand am 6. Juli 1376 am rechten Ort in Aachen statt[349].

Als zwei Jahre später in der Nachfolge Gregors XI. (1370–1378) zwei Päpste gewählt wurden, war die europäische Christenheit lateinischer Prägung gespalten. Für den Römischen König, der als *rex in imperatorem promovendus* (König, der zum Kaiser zu befördern ist) galt, muss dies als Dilemma bezeichnet werden. Gemeinsam mit dem Papst stand der deutsche König als Kandidat für das Kaisertum nach immer noch weit verbreiteter und durch Karl IV. erheblich gestärkter Auffassung an der Spitze von Kirche und Reich. Karl hatte sich für Rom entschieden, und sein Sohn tat gut daran, dem zu folgen. Aber konnte er mit einem der beiden gewählten geistlichen Oberhäupter eine Doppelspitze im *imperium Romanum* bilden? Es war seine von allen Konstantin-Nachfolgern ererbte Aufgabe, die Einheit der Kirche wiederherzustellen. Wenig tat der verwöhnte Filius für die Lösung der als drängend empfundenen Problemlage. Noch nicht einmal das Königreich Böhmen hatte er im Griff. Schlechter Leumund wurde über ihn verbreitet, was allein schon als Zeichen für die mangelnde Akzeptanz seiner Herrschaft zu werten ist. Die Inhalte orientieren sich an persönlichen Schwächen: Trunksucht, Trägheit, Abwesenheit. Die böhmische Adelsautonomie, die schon seine Vorgänger immer wieder in Herrschaftskrisen geführt hatte, wurde ignoriert. Doch das Problem konnte nicht ausgesessen werden, es wuchs, je weniger sich der König um Eindämmung bemühte. Der eigene Bruder, Sigismund, beäugte alles und mischte sich ein.

Im Kernland des Reiches, das den Kurfürsten vor Augen stand, war der Regent nach der Krönung kaum spürbar. An einer Erhöhung in den Kaiserrang, eigentlich eine Verpflichtung für den *promovendus*, schien er nicht interessiert. Er vernachlässigte diese vornehmste Pflicht, die dem Reich Kontinuität und Fortbestand brachte, weil er den Widerstand seines Bruders und den des französischen Königs fürchtete. In seinem Umfeld versuchte man, ihn durch Ermahnung zu bessern, aber das Reich blieb ohne sorgsamen Lenker. Diskutiert werden musste, wie ihm zum Wohle der *ecclesia* und des *imperium Romanum* Einhalt geboten werden konnte. Fraglich war auch, wer dies tun sollte, wo ein legitimes, unangefochtenes geistliches Haupt fehlte und sich Konkurrenten für das Königtum nicht durch Gewalt erwehrten. Die Reichsverfassung kannte die wechselseitige Verantwortung von Papst und Kaiser, die in den Zeiten Friedrichs II. für Stabilität gesorgt hatte. Geschichtliche Exempel boten Handlungsmuster für den Kampf zwischen den streitenden Anwärtern auf den deutschen Thron, etwa bei den Doppelwahlen oder bei fehlender Zustimmung durch einen herausragenden Großen wie bei Rudolf von Habsburg und Ottokar von Böhmen nach 1273 oder Adolf von Nassau und Albrecht I. nach 1291[350]. Ein unfähiger König aber, der ohne echte Konkurrenz allein wegen Gleichgültigkeit, nicht wegen kirchenrechtlich relevanter Vergehen aus dem Amt gejagt werden musste, war dem Reich noch nicht widerfahren.

Dies ließ die Kurfürsten auf den Plan treten, die sich schon 1338 in die Debatte über das Verhältnis von Papst und Kaiser eingemischt hatten. Das Dekret der Absetzung wurde von Erzbischof Johann von Mainz († 1419) als dem vornehmsten Kurfürsten ausgestellt[351]. Schon in der Arenga, der allgemeinen Begründung für das Handeln nach allgemeinem Urkundenformular, spricht er von Irrungen und „Missehell"[352]. Deshalb hätten er und seine Mitkurfürsten beraten, nachdem geheime und öffentliche Mahnungen an Wenzel nichts gefruchtet hätten. Der Gedanke von Mahnung und Besserung war der christlichen Bußlehre entnommen, die nicht eine sofortige Bestrafung vorsieht, sondern ein mehrstufiges Verfahren, für dessen Erfolg auch die Richter zuständig sind. Die Einsicht und Selbstkorrektur stand über der Strafgewalt. Erst als all die Mahnungen keinen Erfolg hatten, trat man zusammen, um eine Neuregelung zu finden. Zwei Hauptvorwürfe trugen die Ankläger vor: erstens sei Wenzel kein Schirmherr der Kirche, jeder König aber habe die Pflicht, die Kirche samt ihren Teilen zu beschützen und zu fördern. Zweitens sei die Schmälerung des Reiches eingetreten. Bei jedem Amtsträger, der ein Gut von Gott oder einem Herrn erhalten hat, lag die Pflicht zur Verbesserung (Melioration) zugrunde. Positive Wachstumszahlen sollten den Wohlstand für die nächste Generation sichern. Wenzel aber habe das Gegenteil bewirkt. Das Beispiel Mailand wurde konkret genannt: der Herr von Mailand sei früher Pfleger des Reiches gewesen. Gegen Geld, das nicht ins Reich zurückgeflossen sei, habe Wenzel ihn zum Herzog gemacht. Doch damit nicht genug: auch Städte habe er weggegeben, was zur Minderung der verfügbaren Einnahmen des Reiches führte. Selbst wenn die Vergabe nicht auf Dauer erfolgte, sondern die Rechte nur verpfändet wurden, so stellte das einen unzulässigen Eingriff in die finanziellen Grundlagen des Reiches dar. Schlimmer noch schien, dass der König Blankette ausgestellt habe, also Urkunden, die wie ein Blankoscheck alle rechtserheblichen Beweismittel aufwiesen, aber nicht beschrieben waren, so dass jeder, der ein Blankett erhielt, sich selbst seine erwünschten Rechte eintragen konnte. Am Ende stand der Generalanwurf, Wenzel kümmere sich nicht um das Reich. Dies legitimierte die Absetzung.

Vorausgegangen war eine Reichsverweserschaft des Pfalzgrafen Ruprecht († 1398), der 1394 nach der Gefangennahme Wenzels in Prag die Leerstelle an der Spitze des Ordnungsgefüges „Reich" eingenommen hatte. Vorausgegangen war zudem im September 1399 der sog. Mainzer Kurverein, ein Bund der Kurfürsten, in dem fünf der sieben Kurfürsten sich für das Reich gemeinsam einten und Ansprüche auf die Lenkung erhoben[353]. Betreffe der Kirche, des Papsttums und des Reiches gingen die Kurfürsten an. Das bipolare System sollte also noch stärker als durch die Goldene Bulle vorgesehen erweitert werden auf eine Kooperation zwischen König und Kurfürsten, denen der Papst mit den Kardinälen gegenüber stand. Dieser Vorsatz blieb ohne konkrete Folgen für das krisengeschüttelte Reich. Vielmehr hatte sich nach alter Tradition 1409 ein in Pisa zusammengetretenes Konzil über die Päpste gestellt und den beiden Amtsträgern die Legitimation entzogen, für die Gesamtkirche zu stehen. Der Einfluss der Kurfürsten blieb auf die Bestimmung des Königs beschränkt und erhielt mit der legitimierten Absetzung einen Zipfel von der weltlichen Macht im zweipoligen System. Nach der Neuwahl war die Einflussnahme mit Blick auf das Verhältnis der beiden Spitzen des Reiches aber wieder erloschen.

Das Konzil trat viel tatkräftiger als die Kurfürsten an die Spitze, um das aufgesplitterte geistliche *regimen* wieder herzustellen und das Reich zu einen. Die Zusammenkunft der Kirchenvertreter, der hochrangigen Würdenträger wie der theologisch oder juristisch versierten Gelehrten und sogar der Laien war durch das Kirchenrecht legitimiert. Durch den wachsenden Zentralismus der Juristenpäpste des 13. und 14. Jahrhunderts war das Mittel in den Hintergrund gedrängt worden, aber in der Krise konnte man auf Bewährtes zurückgreifen, wie selbst die Universitätsgelehrten einräumten, die sich berufen fühlten, aus akademischer Perspektive die Einheit der Kirche einzufordern. Sie machten drei Vorschläge zum Verfahren der Papstentsetzung und damit zur Überwindung des Schismas. Neben der *via cessionis*, dem Rücktritt der beiden Päpste und Neuwahl, und der *via compromissi*, also der Bereitschaft von beiden Päpsten, ein Urteil einer Kommission anzuerkennen, stand als letzte Möglichkeit bei einem Scheitern der ersten beiden Wege ein Konzil. Schon einige Theoretiker des 14. Jahrhunderts, unter ihnen vor allem Wilhelm von Ockham, hatten die Vollmachten von Konzilien betont, wenn die Papstmacht sich gegen den Nutzen der Gesamtkirche stellen sollte[354].

Das fortbestehende Schisma mahnte zum Handeln. Nach Clemens VII. war mit Petrus de Luna in Avignon zügig ein Nachfolger bestimmt worden, der als Benedikt XIII. (1394, abges. 1409/1417, † 1423) amtierte. Er wurde 1409 auf dem Konzil von Pisa abgesetzt, ohne dass die Kurfürsten dafür den Ausschlag gegeben haben. In Rom war nach Urban VI., der die heilige Stadt Rom wieder zum Sitz der Kurie und des Papstes bestimmt hatte, Bonifaz IX. gewählt worden, der 1404 verstarb. Sein

Nachfolger Innozenz VII. (1404–1406) amtierte nur knapp zwei Jahre und auch dessen Nachfolger, Gregor XII. (1406–1409/1415, † 1417), wurde 1409 auf dem Konzil abgesetzt, ohne dass die Kurfürsten als Papstmacher fungiert hätten. Die Kräfte des Konzils hatten über die Kurfürsten gesiegt, aber sie waren nicht stark genug, den abgesetzten Päpsten wirklich die Macht zu entziehen, denn die weltliche Spitze schwächte das Ansehen der Kirchenversammlung.

König Ruprecht (1400/- –1410), der nach seiner Wahl durch die Kurfürsten nördlich der Alpen toleriert wurde, ohne die Reichsinsignien in Besitz nehmen zu können, sah in der Einberufung des Konzils eine Hintansetzung der Reichsrechte. Schließlich war seit der Antike der Kaiser zuständig gewesen. Das Recht garantierte ihm, schon als König alle kaiserlichen Rechte ausüben zu können. Beim Konzil sahen das die Zeitgenossen aber offenbar anders. Ruprechts Heidelberger Appellation vom 23. März 1409, die gegen ein Konzil gerichtet war, das nur von Kardinälen einberufen wurde, konnte in der Christenheit keine Zustimmung finden[355]. Der Wunsch nach Einheit war so stark, dass etwa 500 Teilnehmer aus allen Teilen der lateinischen Christenheit in Pisa erschienen. Universitätstheologen und Juristen beider Rechte brachten ihr akademisches Wissen ein. Pamphlete begleiteten das Ereignis. In einem förmlichen Prozess wurden die widerstreitenden Päpste als Häretiker verurteilt und abgesetzt. Die 24 anwesenden Kardinäle wählten aus ihrer Mitte Pietro Philargi als Alexander V. (1409–1410) zum neuen Papst. Er wurde zwar von weiten Kreisen anerkannt, doch behielten Benedikt XIII. und Gregor XII. ihre verminderten Oboedienzen, so dass bis zum Konstanzer Konzil (1414–1418) drei Päpste um die höchste Stellung in der Kirche stritten. Erschwerend kam hinzu, dass Ruprecht für Aktionen in Italien die wirtschaftliche und militärische Basis fehlte. Er musste also geschehen lassen, dass in Pisa unter Zustimmung des französischen Königs eine neue geistliche Spitze erhoben wurde und konnte durch seinen Widerstand nur mit Mühe die Anerkennung im Reich verhindern. Schon direkt nach seiner Krönung hatte er erfahren, dass eine aktive königliche Reichspolitik in der hergebrachten Form des Italienzugs keine Unterstützung mehr fand[356]. Der Wunsch, in Rom die Kaiserkrönung zu erhalten, ist offenbar, weil er wie bei Krönungsfahrten üblich in Begleitung seiner Gattin aufbrach. Eine Rangerhöhung hätte ihn aus der misslichen Lage des Gegenkönigs gegen Wenzel von Böhmen gebracht. Aber gerade dieses Gegenkönigtum gab all denen Argumente in die Hand, die sich in Norditalien eingerichtet hatten, ohne dass ein starker Herrscher seine eigenen Vorstellungen formulierte. Ruprechts Haltung gegen die Visconti[357] erboste zudem das ihn begleitende Heer, so dass sich Erzbischof Friedrich II. von Köln († 1414) zurückzog und letztlich das ganze Aufgebot in sich zusammengebrochen war.

Sigismund als neuer Konstantin

Das Konzil von Nicaea (325) stand den Konziliaristen des 15. Jahrhunderts nicht zuletzt durch die Eingabe König Ruprechts als Vorbild vor Augen. Rückbezüge auf das eigentlich Richtige der christlichen Lehre, wie es im Nicenum festgeschrieben stand, waren nicht zuletzt durch die Chronik Rufins verbreitet, der die Beschlüsse einzeln aufgelistet hat[358]. Gerade zu Beginn des 15. Jahrhunderts stieg das Interesse an den Zeugnissen der frühen Kirche an, denn der Humanismus blieb nicht auf die heidnischen Autoren beschränkt. In bewusster Tradition nutzte Ruprechts Nachfolger Sigismund (1410/1433–1437) das Konzil, weil mit ihm selbst die päpstliche Meinung überstimmt werden konnte. Der Genueser Erzbischof Pileus († 1433) hat in seiner Rede vor dem Konzil von Konstanz den *rex Romanorum* Sigismund als Konstantin gefeiert[359]. Sigismund wurde als Konstantin ebenbürtig bezeichnet und dies sogar noch gesteigert, denn er habe der Kirche die Einheit zurückgegeben, die schismatische Päpste verspielt hätten. Kaiserliche Kompetenz in Kirchenfragen stand ob der Fruchtbarkeit für die Christenheit nicht weiter zur Diskussion. Auch die Päpste mussten anerkennen, dass eine Einschränkung ihrer Allmacht durch die konziliare Gesamtheit im Zusammenspiel mit dem Herrscher des *imperium Romanum* zum Wohle der Christenheit gedient hatte. Jenseits der verlesenen Panegyrik ist festzuhalten, dass Sigismund als Garant des Konzils von Konstanz die Voraussetzungen für die Erneuerung der Kirche unter einer einheitlichen Spitze geschaffen hat. Gregor XII. entsagte 1415 endlich der Papstwürde, Johannes XXIII. wurde im Anschluss an seine Verurteilung durch das konziliare Gericht abgesetzt und Benedikt XIII. musste sich bei schwindender Anhängerschaft auf die Iberische Halbinsel zurückziehen. So konnte der vom Konzil gewählte Martin V. (1417–1431) mit dem als dringlich empfundenen Reformwerk beginnen.

In dieser Zeit war Sigismund formal nur ein *rex Romanorum*, aber er agierte in der Rechtstradition des 14. Jahrhunderts als Kaiser[360]. Die Erwartungen an den Herrscher waren groß, wie ein anonymer Brief vom Januar 1415 belegt[361]. Sigismund wurde die Stellung als Erneuerer und Reiniger einer korrupt gewordenen Kirche zugedacht. Der Sohn Karls IV., der seine Weltstellung durch seine Eheverbindung nach Ungarn und die aktive Diplomatie zur Iberischen Halbinsel ausgeweitet hatte, versagte sich diesen Vorstellungen nicht. Schon 1396 hatte er sich in der Schlacht bei Nikopolis als Vorkämpfer des Christentums und damit als würdiger Kaiser präsentieren wollen, doch war die Übermacht der Feinde seinerzeit zu groß gewesen. Sein Kampf für das *imperium Romanum* an der Donau stand im Zeichen des Kreuzes, obwohl die Aussichtslosigkeit letztlich zur Flucht führte. Wenn Sigismund gegen die Hussiten auf Verhandlungslösungen statt auf einen Kreuzzug setzte, konnte er sich auf das spätantike Verständnis des Kaisertums berufen, wo die Kaiser als Moderatoren zwischen den verschiedenen Glaubensrichtungen operiert hatten. Der Glaube an die göttliche Mitwirkung bei der Wahl eines Königs legitimierte dies im 15. Jahrhundert auch ohne rituelle Kaisererhebung. Die Kaiserkrönung verlor dadurch ihren Stellenwert und wurde von Sigismund erst 1433 erstrebt. Gottes Wunsch kam in der Wahl, nicht im liturgischen Festakt in Rom zum Ausdruck. Das formulierten die Zeitgenossen in vollem Bewusstsein. Als etwa Eberhard Windecke († 1440) das Leben Kaiser Sigismunds mit der Neuwahl seines Schwiegersohns Albrecht von Österreich (1438/- –1439) beendete, vergaß er nicht auf die positive Stimmung hinzuweisen, die dem Neugewählten Albrecht entgegenkam. In allen Landen sei Hoch und Niedrig, Arm und Reich froh gewesen, ja es habe ein Verlangen nach dem König von Ungarn geherrscht. Dies habe dem neuen König Gott durch seine Gnade verliehen.

Die „*Reformatio Sigismundi*" offenbart, dass historisches Wissen über die bipolare Ordnung im 15. Jahrhundert nicht als Selbstzweck fungierte, sondern in der Gegenwart wirksam werden sollte[362]. Das Konzil von Basel (1431–1148) wurde als Verbreitungsplattform für diesen programmatischen Text benutzt, der bis circa 1500 als Reichsrecht tradiert wurde, obwohl der Text nachweislich nicht von Sigismund stammte. Die Reformschrift, die sich in den Namen Sigismunds stellte, nahm auf Konstantin Bezug. Den Zustand in der Kirche habe Konstantin gehoben. Das Ende der Christenverfolgungen wird neben Konstantins Aussatz und der heilenden Taufe historisiert. In einem Teil der Überlieferung wird auf die 24 Artikel verwiesen, die Silvester und Konstantin gemeinsam erlassen hätten. Die Einführung des Kirchenzehnts wurde Konstantin zugesprochen, der die Maßnahme auf Bitten Silvesters veranlasst habe. Das vom christlichen Kaiser geschenkte Gut sei zwischen dem Papst und den Kardinälen aufgeteilt worden. Dabei konstruiert die „*Reformatio Sigismundi*" ein vom Papst abhängiges Kaisertum. Konstantins Kniefall vor Silvester, die Ablegung der Kaiserwürde und Übertragung aller Gewalt an den Papst gingen laut Bericht der „*Reformatio Sigismundi*" voraus, bevor der Papst Konstantin als Vikar des weltlichen Staates einsetzte und ihm das Schwert gab „als noch heutzutage geschicht, wan man einen keyser macht"[363]. Wie bei der „*Reformatio Sigismundi*" wurde auch in den Vorschlägen zur Reform von Nikolaus von Kues († 1464) nicht die Schenkung an sich, sondern die gegenwärtige Nutzung durch die Päpste beklagt[364]. Für absurd hielt es der Verfasser, wenn die Päpste die durch Konstantin zur Ausstattung geschenkten Güter für sich allein beanspruchen und den Kardinälen nichts davon abgeben, die früher gewöhnlich davon gelebt hätten[365]. Der Nepotisimus, der eingezogen sei, wird laut beklagt und hat auch das Interesse der Leser geweckt. Reichsreform war in dieser Zeit selbstverständlich die Reform beider Teile, des geistlichen wie des weltlichen. Eine Trennung von „Staat" und „Kirche" wurde in den verfassungsutopischen Texten, die durch Benutzung zu Verfassungsrecht wurden, noch nicht einmal erwogen.

Der Machtkampf zwischen Papst und Konzil

Nachdem das Konstanzer Konzil die Effizienz der Papstabsetzung für die Einheit der Kirche bewiesen hatte, schritt auch das Baseler Konzil 1438 zur Ablösung eines Papstes, der sich nicht dem Konzil unterwerfen wollte[366]. Vielmehr hatte Papst Eugen IV. (1431–1447) in Ferrara ein Gegenkonzil zum Baseler Konzil am Tag vor Gründonnerstag (9. April) 1438 eröffnet. Der Patriarch von Konstantinopel Josef II. (1416–1439) schätzte die Kompetenzen des Papstes für die Kirchenunion höher ein als die der Baseler Konzilsversammlung[367]. Die Wünsche der Griechen nach einem leicht zu erreichenden Konzilsort sprachen für Ferrara, das ehedem zum byzantinischen Exarchat gehört hatte. Der byzantinische Kaiser Johannes VIII. Palaiologus († 1448) reiste eigens nach Italien, um für Unterstützung zu einem Kreuzzug gegen die islamische Bedrohung zu werben. Zunächst aber war das Konzil, dem anfangs von den lateinischen Christen nur wenig Zustimmung entgegengebracht wurde, mit der Klärung von Legitimationsfragen im Gegensatz zum Baseler Konzil beschäftigt. Wichtigster Tagungspunkt war der zentrale Unterschied zwischen den römischen und griechischen Glaubenslehren, das „Filioque"[368], gegen das sich die Griechen mit Hinweis auf das niceno-konstantinopolitanische Glaubensbekenntnis schon seit Jahrhunderten wehrten. Die Situation war verfahren, und die Finanzmittel der angereisten Griechen wurden nutzlos aufgezehrt. Dankbar nahm man das Angebot der Stadt Florenz an, die Verhandlungen dorthin zu verlegen, wobei die reichste Stadt des Abendlandes die Kosten übernahm. Da König Albrecht II. im Oktober 1439 starb, musste die Diskussion über militärische Aktionen zugunsten Ostroms vertagt werden.

Die Stellung des amtierenden Papstes konnte durch die langatmigen Verhandlungen nicht gestärkt werden. Obwohl sich für Eugen IV. selbst in Basel noch Vertreter des Konzils stark machten, die zunächst die Entscheidung hinausgezögert hatten, wurde im Juni 1439 die Absetzung beschlossen. Selbst Geld und Pferde, die den Konziliaristen die Abreise aus Basel erleichtern sollten, wurden kaum in Anspruch genommen. Die Kurfürsten setzten sich vergeblich für den Papst ein, denn insgesamt blieb die Zahl der Abweichler klein. Von der Konzilsidee getragen, wurde Herzog Amadeus von Savoyen als Felix V. (1439–1449, †1451) zum neuen Papst erhoben. Als Konzilspapst steht er heute in der Reihe der Gegenpäpste, aber die Rechtssituation wurde von den Anwesenden in Basel und ihren zahlreichen Sympathisanten genau andersherum beurteilt. Felix war der richtige Papst, Eugen ein Schismatiker. Die Wahl war mit einer Dreiviertelmehrheit für ihn ausgegangen, weil er mächtig genug schien, den Widerstand gegen den römischen Papst kraftvoll zu organisieren.

Die Krönung auf dem Konzil wurde in der Reihe Alexanders V. in Pisa und Martins V. in Konstanz gesehen. Ihre regelhafte Ausführung war ebenso wichtig wie ihr Glanz, um für eine positive Aufnahme des neuen Papstes zu sorgen. So wurde eine Tribüne vor dem Baseler Dom errichtet, auf der nach Schätzung eines Zeitgenossen 2000 Menschen Platz fanden. Die Sorge schien vorhanden, dass der gewählte Mann von Adel den kirchlichen Ritualakt durch Unkenntnis stören könnte, und man war sehr erleichtert, dass er sich als bestens vorbereitet zeigte. Alle seien sich einig gewesen, dass Felix es verdient habe, nach einem tadellosen Leben und glücklicher Regierung von Gott zur Herrschaft über die gesamte Kirche berufen zu werden. Göttliche Vorhersehung und Auswahl musste darüber hinwegführen, dass aus sakraler Perspektive andere besser geeignet gewesen wären. Aber Juan von Segovia († 1458) war klar unterlegen, die Erzbischöfe von Köln und Lyon sowie Kardinäle wurden gar nicht nennenswert diskutiert. Misstöne kamen allein von den Advokaten und Scriniaren. Die Krönung musste gegen das Protokoll von einem eigens Beauftragten ausgeführt werden, weil der Bischof von Ostia nicht zugegen war. In der Festprozession übten die Erbkämmerer des Reiches den Stratordienst aus. Das Krönungsmahl wurde am Folgetag begangen. Weder Kosten noch Mühen wurden gescheut.

Trotz dieser Mehrheitsentscheidung der Konziliaristen erreichte Tommaso Parentucelli, der spätere Papst Nikolaus V. (1447–1455), als päpstlicher Legat nördlich der Alpen die Anerkennung Eugens IV. gegen Felix V. Dem Legaten war an der Neudefinition des Verhältnisses zum römisch-deutschen König Friedrich III. (1440/1452–1493) gelegen. Als Nikolaus V. konnte er 1448 ein Jahr nach seiner Krönung mit dem Wiener Konkordat den Prozess der Annäherung erfolgreich abschließen[369]. Die päpstlichen Kompetenzen an den Kirchenpfründen in den Deutschen Landen wurden so geregelt, dass aufbauend auf den 1418 für fünf Jahre gewährten Zugeständnissen für die Erzbistümer und Bistümer ebenso wie für die dem Papst unterstellten Klöster die freie kanonische Wahl festgeschrieben wurde, die aber der päpstlichen Bestätigung unterliegen sollte. Den Päpsten wurde grundsätzlich die Wiederbesetzung zugebilligt, wenn der Amtsinhaber an der Kurie starb oder eine Erledigung beim Apostolischen Stuhl erfolgte. Wenn der Amtsinhaber in einem ungeraden Monat starb, sollten auch die übrigen Dignitäten und Pfründen vom Papst besetzt werden. Nach dieser Abmachung unterwarf sich Felix V.[370] Die von Basel nach Lausanne umgezogenen Konziliaristen lösten 1449 die Versammlung auf. Es gab Grund, die wiedergewonnene Einheit mit dem Jubeljahr 1450 prunkvoll zu feiern. Danach wurde die Kaiserkrönung vorbereitet, die 1452 mit einem großen Festakt erfolgte[371], den Aenea Silvio Piccolomini, der spätere Papst Pius II. (1458–1464), als Organisator dazu nutzte, sich selbst in Szene zu setzen[372].

Ein konkurrenzloses Papsttum

In die Zeit Friedrichs III. und Nikolaus V. fiel, nicht ganz unabhängig von den Entscheidungen des westlichen Doppelgespanns, im Jahre 1453 die Eroberung von Konstantinopel durch die Muslime und der Tod des letzten römischen Kaisers des Ostreichs[373]. Die Anforderungen an die Griechen, die Eugen IV. auf dem Konzil von Ferrara zur Schaffung der Glaubenseinheit gesetzt hatte, waren zu groß, als dass sie einen tragenden Konsens hätten schaffen können. Der Preis für das Festhalten an den alten Glaubenssätzen wurde offiziell beklagt, aber keine ernsthaften Anstrengungen unternommen, um den lästigen Konkurrenten im Osten, der sich der Vorstellung von der Einheit des Reiches und der Kirche unter Lenkung eines westlichen Kaisers und des Papstes widersetzte, wirksam zu unterstützen. Die Hagia Sophia, die durch jahrhundertelange imperiale Förderung ruhmreicher, glänzender und von wichtigeren Heiligen verteidigt gewesen war als die Kirchen Roms, wurde preisgegeben und zur Moschee umgewandelt. Rom und der Westen ließen sich ihre Superiorität im alten *imperium Romanum* von den osmanischen Feinden erstreiten. Zur Strafe wären sie fast selbst in den Strudel der Machtverschiebungen geraten, denn der Südosten des Reiches und die Gebiete am Mittelmeer spürten die Ausdehnung des Osmanischen Reiches am eigenen Leibe. Der Gegner zielte seinerseits auf Weltherrschaft und machte nicht an den Grenzen des byzantinischen Reiches halt. Die Bedrohungen wuchsen und wurden zum drängenden Problem der bipolaren Doppelspitze in den nächsten Jahrzehnten.

Mit Pius II. trat 1458 ein Mann die Nachfolge Petri an, der wie kein zweiter beide Seiten des bipolaren Systems von innen kannte. Unter drei Päpsten, nämlich Eugen, Nikolaus und Felix war er Sekretär gewesen, bei Friedrich III. wurde er in gleicher Position zu Beratungen hinzugezogen[374]. Das Konzil von Basel hatte er nicht nur besucht, sondern wesentlich mit bestimmt[375]. Als Papst wurde er zum Hierokraten. Für verdammungswürdig hielt er die Neuerung, dass ein Papst an das allgemeine Konzil appelliert, es also als höher einstufte als sich selbst. Schließlich sei dem Statthalter Jesu gesagt worden: „was Du auf Erden binden wirst, das wird auch im Himmel gebunden sein". Bei der Argumentation bezieht sich der Papst nicht auf den Schaden für die Kirche, sondern nennt das Reich Christi. Bei den Strafen für Zuwiderhandlung werden ausdrücklich auch Kaiser und Könige genannt, die in einen Bann fallen sollten, den nur der Papst auf dem Sterbebett lösen können sollte.

Die Universität Köln wies Pius II. an, Schriften, die das höchste Ansehen des Apostolischen Stuhles untergraben, nicht anzuhängen, schließlich habe der Heiland darauf seine Statthalter gesetzt[376]. Gott ließe seine Kirche nicht ohne Ordnung, denn der Apostel sagt: „alles, was ist, ist von Gott geordnet"[377]. Die Ordnung aber erfordere, dass das Niedere von dem Höheren regiert werde und endlich in Einem, als dem Haupte und Lenker des Ganzen, gipfele. Nicht zwei oder mehr Häupter habe Gott seiner Kirche gegeben, sondern nur eines, was mit dem Bibelwort: „Du bist Petrus und auf deinen Felsen will ich meine Kirche bauen" belegt wurde[378]. Langatmige Erklärungen folgen, die sich mit seinen früheren Ausführungen zur Sache befassen, die er nun widerruft. Sie seien innerhalb der kirchlichen Hierarchie zu verstehen. Damals habe er sich nicht über seine Lehrer stellen wollen, die konziliaristische Auffassungen vertreten hätten. Zur Einsicht habe ihn damals der König gebracht, der nach seiner Krönung in Aachen durch Basel kam, aber der Bitte, Papst Felix V. zu treffen, nicht nachgab[379]. Der zum Kaiser bestimmte Herrscher hatte Zweifel an der Rechtmäßigkeit des Papstes und konnte damit die kirchlichen Stimmen übertönen, die sich für den Konzilspapst aussprachen. Der künftige Kaiser hatte in der von Erinnerungskonstruktionen gelenkten Schilderung mehr Gewicht als das Konzil. Neutralität schien geboten, um die Eintracht desto leichter zu erzielen. Doch er hielt die Weisheit Salomons dagegen, der bei Staatsunruhen denjenigen verbannen ließ, der nicht Partei nahm. Schließlich sei er belehrt worden, dass nicht selig werden könne, wer nicht an der Einheit der Heiligen Römischen Kirche festhält. Der diplomatische Verkehr am Hof Friedrichs III. konzentrierte sich auf die Frage der Einheit. Friedrich habe deshalb einen Reichstag nach Nürnberg einberufen, aber die Baseler hätten sich der durch die zweite Spitze angebahnten Einheit verweigert. Den Abschluss dieses Statements zur Stellung des Papstes in der Gesamtkirche bildet die Einordnung der Kirche in die römische Geschichte[380]. Erst als sich Rom zur Monarchie gewandelt hatte, sei der Heiland erschienen. Diese Form sei deshalb die beste und auch für die Struktur der Kirche vorbildlich. Nur von dem einen Bischof aller Bischöfe, nur vom Nachfolger Petri, würde die Kirche im Sinne Gottes gut gelenkt.

Die Bedrohungen von außen wurden durch derartige Klarstellungen der Selbstauffassung nicht geringer. Pius II. gründete den Ritterorden Santa Maria di Betlemme, dem die Verteidigung der Ägäis übertragen wurde. Im Westen fand sein Aufruf zum Kreuzzug verbal Unterstützung, doch das Portemonnaie öffneten dafür nur die wenigsten. Die christlichen Könige sagten formal zu, aber letztlich blieb Pius II. allein bei seinem Bemühen. Er ließ alles vorbereiten, aber starb 1464, noch bevor er das Schiff betreten hatte, das ihn zum Osmanenkämpfer machen sollte. Sein Nachfolger Paul II. (1464–1471) schickte sechs Jahre später nur eine bewaffnete Expedition und konnte von Glück reden, dass er die Unterstützung des albanischen Fürsten Georg Kastriota, gen. Skanderbeg († 1468), fand, der die Eroberung seines Herrschaftsgebietes verhindern konnte. Der Auftrag zur Verteidigung der Christenheit stand groß in den Agenden der Fürsten. Mit dem Regensburger Christentag von 1471 nahm sich endlich auch der Kaiser des Problems an[381]. So glanzvoll das internationale Treffen auch ausgestaltet wurde, konkrete Maßnahmen standen nicht am Ende der Beratungen. Real betrachtet waren die Einheit zu brüchig und der Gegner zu stark. Immerhin formal hatte der Kaiser noch einmal seine Aufgabe innerhalb der bipolaren Ordnung erfüllt, dem allerorten Untätigkeit vorgeworfen wurde, weil er nur delegierte, was für den Erfolg auf die Aura des gottgewollten Herrschers angewiesen blieb. Knappe Kassen und die Spannungen zum Königreich Frankreich[382] verstärkten die weit verbreiteten Zweifel. Siege im Zeichen des Kreuzes waren zu lange ausgeblieben.

Gott als Kaiser – Kaiser als Gott?

Mit dem Bild vom Kaiser änderte sich im 15. Jahrhundert auch das Bild von Gott. War Gottvater zuvor, wenn er überhaupt menschliche Gestalt erhielt, als alter Mann mit langem Bart dargestellt worden, den ein Lichtkranz umgibt, so mehren sich im 15. Jahrhundert Zeugnisse der Kirchenkunst, auf denen Gottvater dem Kaiser zum Verwechseln ähnlich sieht. In der Zeit, als sich die Kritik an der realen Ausübung des Kaisertums durch Friedrich III. verstärkte und sich für seinen Sohn Maximilian (1486/erw. 1508–1519) das Kaisertum in seiner ererbten Form überhaupt nicht erzielen ließ, trug Gottvater immer öfter des Kaisers Kleider. Er hatte die Bügelkrone auf dem Haupt, das wichtigste Symbol für die Kaiserherrschaft im *imperium Romanum*. Die Betonung der gottunmittelbaren Herrschaft des Kaisers hatte das Gottesbild zumindest nördlich der Alpen an die Gestalt des Kaisers angeglichen. In Italien verehrte man schon im 14. Jahrhundert im Volto santo den Kaiser am Kreuz[383]. Wer konnte die Unterscheidung treffen oder garantierte gar, dass aus dem visuellen Ineinssetzen nicht die Vorstellung entsprang, der in Kaisermantel gewandete und die Krone tragende Kaiser sei Gott auf Erden? Gerade im Nordosten des westlichen Reiches sind derartige Darstellungen schon in der ersten Hälfte des 15. Jahrhunderts zu greifen, denen nicht unterstellt werden muss, direkt aus der kaiserlichen Propaganda-Schmiede zu stammen. Die universitären Staatstheoretiker mochten noch immer über die Frage streiten, ob der König bzw. Kaiser *vicarius Dei* in seiner ganzen Person ist, oder ob nur die kaiserliche Gesetzgebungsgewalt von Gott stammt. In der Wahrnehmung hatten sich viele schon längst entschieden. Maria und Jesus wurden nach gleicher Manier wie ein gekröntes Herrscherpaar dargestellt. Das Polyptichon von Grudziądz, das im Umfeld des Deutschen Ordens entstand, ist getränkt von dieser Gedankenwelt und präsentiert in einen zweiten Bild Kaiser und Papst am Sterbebett Mariens[384]. In figürlicher Gestalt, Habitus und Kleidung unterscheiden sich Christus und Kaiser kaum. In der Bildtradition gehörte der erste Platz am Totenbett seiner Mutter Christus. Dennoch ist die Darstellung auf das Zwei-Gewalten-Problem hin erfolgt. Christus war der Kaiser und vice versa. Der Papst steht mit Tiara erst hinter dem Kaiser, der als Jesus Mariens Seele im linken Arm trägt. Die Ähnlichkeit der Kaiser- und Christusfigur mit Sigismund dürfte kaum auf Zufall beruhen.

Bis zur Reformation lassen sich derartige Rückbezüge auf die alte Vorstellung der griechisch-byzantinischen Staatslehre, dass die besondere Aufgabe des Kaisers in seiner Funktion als Abbild Christi die Rettung der Seelen, die Sorge um die Gläubigen, die Anders- und Ungläubigen sowie die Auslegung der kirchlichen Dogmen und Rechtssätze darstellt, immer häufiger nachweisen. Das Bild vom Kaiser entrückte damit immer stärker dem real-politischen Machtgeschehen. Er hatte seinen Platz in der heilsgeschichtlichen Ikonographie als Christus oder göttlicher Richter etabliert[385]. Auf dem Thomas-Altar des Meisters des Bartholomäus-Altars, der sich heute im Kölner Wallraff Richartz-Museum befindet, wurde kurz vor 1500 Gott mit der wie bei Priestern auf der Brust gekreuzten Stola, die sich seit Ludwig dem Bayern immer häufiger bei den Kaisern nachweisen lässt, und der Bügelkrone abgebildet[386]. Etwa zur gleichen Zeit entstand eine heute in Hrastovlje befindliche Schöpfungsdarstellung, bei der Gott eine Bügelkrone trägt[387]. Matthias Grünewald malte schließlich Gottvater mit Zepter und Reichsapfel[388].

Die Reformation und die Lenkung von Papst und Kaiser

Maximilian I. und der neue Blick auf das Kaisertum

Dem Ende der Vorstellungen von einer selbstverständlichen, bipolaren Weltordnung voran ging die nur *erwählte* Kaisermacht Maximilians I., der ohne römische Krönung, aber immerhin mit päpstlicher Zustimmung das *imperium Romanum* leiten konnte, das sich seit einer Generation gelegentlich das „Heilige Römische Reich deutscher Nation" nannte[389]. Maximilian war im Geist des neuerstandenen christlichen Weltimperiums seines Vaters erzogen worden. Seine Mutter Eleonore († 1467)[390] verkörperte die Weite des Denkhorizonts, den ein römischer Kaiser aufbringen musste, um zusammen mit dem Papst an der Spitze der Christenheit zu stehen. Die geborene Portugiesin wusste, für welchen Thron sie den Sohn gebar und die Anfeindungen der österreichischen Hofmeute aushielt. Die Überbelichtungen der zeitgenössischen Darstellungen Maximilians haben Anstoß erregt, doch entsprach ihre Gestaltung seiner Würde, die anders als bei seinen Vorgängern, die in historisierenden Heilsbildern in andere Rollen geschlüpft waren, in der erlebten Realität des Augenblicks festgehalten wurde. Von seinem Vater, Friedrich III., konnte er trotz der Warnungen der Mutter, die ihren Mann für zu zaghaft und zu wenig durchsetzungsfähig hielt, viel lernen. Den Christentag in Regensburg, den Friedrich III. 1471 abhielt, hat sein Sohn bereits als junger Erwachsener erlebt. Die Sorge um das christliche Reich wurde dort zum Thema der gesamteuropäischen Politik[391]. Burgund sollte Maximilian ebenfalls prägen, das er für seine Gattin Maria von Burgund († 1482) nach dem Schlachtentod ihres Vaters gewissermaßen neu erobern musste[392]. Der Konflikt mit Frankreich war die Mitgift dieser Verbindung, die mit dem Unfalltod der Gattin vollends ausgezahlt werden sollte. Seine Kinder Philipp († 1509) und Margarethe († 1530) wurden zum Zins der Politik Maximilians, der sich durch das lange Leben seines Vaters noch nicht um das Weltreich zu kümmern brauchte. Anders als manche Vorgänger hatte Friedrich sich den Vorgaben gebeugt und seinen Spross nicht sogleich in Aachen mit der Würde des Reiches ausgestattet. Als der alternde Vater die Eroberung Wiens durch die Ungarn nicht zu verhindern wusste, drängten allerdings einflussreiche Kräfte 1486 zur Wahl des Sohnes[393].

Maximilians Königsherrschaft und das Streben Karls VIII. von Frankreich nach der Kaiserwürde

Die Karlskrone stand für Maximilian als Symbol des antiken Reiches, das die christliche Welt einte. Die gottgegebene Aura aber wurde von den sich säkularisierenden Schichten vor allem in den Städten nicht mehr respektiert. Maximilian fand sich in Brügge im städtischen Gefängnis wieder. Vier Monate seines Lebens musste er im Gewahrsam anderer um eine Auslieferung nach Frankreich oder sein Leben fürchten. Die internationale Schmach vergrößerte sich, als seine Verlobte Anna von der Bretagne († 1514) unter dem Druck französischer Truppen das Eheversprechen für null und nichtig erklärte und den französischen König Karl VIII. († 1498) heiratete. Maximilian war gleich zweimal vor den Kopf geschlagen worden, denn seine Tochter Margarethe, die Verlobte Karls, wurde zu ihrem Vater zurückgeschickt. Die göttliche Gnade schien sich von ihm abgewandt zu haben. Das Kaisertum konnte er 1493 nach dem Tod seines Vaters nicht direkt durchsetzen, obwohl er sich dem von seinem Schwiegervater Karl dem Kühnen († 1477) kultivierten, burgundischen Kaiserideal anschloss und die eigene Gegenwart als wieder erlebte Antike verstand. Sein Krieg gegen Frankreich erschien ihm in Anlehnung an Cäsar als Bellum Gallicum.

Gerade vor diesem Hintergrund musste er die Verteidigung des Papsttums mit einer eigenen italienischen Reichspolitik verbinden und den Konkurrenten um die höchste Würde, den französischen König, daran hindern, in die ehrenvolle Sukzession einzutreten. Die 1494 mit Bianca Maria Sforza († 1510) geschlossene Ehe zielte auf diese Aufgaben hin[394]. Dazu war aber auch die Reform des Reiches zwingend notwendig, die mit dem Reichstag von Worms 1495[395] und dem Augsburger Tag von 1500 zumindest auf dem Papier auch tatsächlich Fortschritte erzielte[396]. Vom Kaisertum war Maximilian dennoch weit entfernt, weil sich die Realitäten nicht an das Festgesetzte anglichen. Immerhin hatte er 1495 mit der Heiligen Liga von

Venedig ein Bündnis schließen können, das dem nach Rom und Neapel ziehenden Karl VIII. von Frankreich entgegenstand[397]. Seine Kinder konnte er im Folgejahr in Ehekontrakten mit der spanischen Krone und damit mit dem Zentrum einer sich nach der Entdeckung Amerikas neu definierenden Weltherrschaft verbinden[398], was seine Wirkung auf Frankreich nicht verfehlt hat.

Die Kurfürsten als Säulen des Reiches entwickelten sich in dieser Zeit hingegen als Bremsklötze für die imperiale Weltpolitik Maximilians, was schließlich auch den Papst und Venedig zweifeln ließ, ob der Kaisersohn der Aufgabe gewachsen sein würde. Der erste Romzug musste als aussichtsloses Unternehmen abgebrochen werden[399]. Es träumte in dieser Zeit nicht mehr der gottinspirierte Herrscher im Stile Konstantins vom Sieg, sondern mit Hans Luppold von Hermansgrün ein Verfechter des Kaisergedankens von der Vergangenheit[400]. Aufrütteln musste er weniger den glücklosen Herrscher als die von ihm angesprochenen Fürsten und Ritter, denen er vorhielt, sich so von den eigenen Vorfahren entfernt zu haben, dass allein die von ihnen benutzte Sprache noch die Verbindungen zur Vergangenheit erkennen ließ. Diese Fixierung verkürzte auch den Blick auf das Reich, das von Karl dem Großen markiert wurde, der es den Griechen entwunden habe. Die Adlerstandarten der römischen Anfangszeit waren auch in dieser Rückschau das Zeichen für die Herrschaft. Das Reich war in dieser Mahnung zum westlichen Kaiserreich geschrumpft, wie dies im Umfeld der weltlichen Herrscher seit der Mitte des 15. Jahrhunderts immer häufiger auch in der Geschichtsbetrachtung gezeichnet wurde[401].

An der Einstellung der Fürsten, die es gelernt hatten, aus der Dualität von Papst und Kaiser und den daraus erwachsenen Zwängen für den obersten weltlichen Herrscher ihren eigenen Vorteil zu ziehen, änderte sich dadurch auf den Hof- und Reichstagen wenig. Sie blockierten die Veränderungen, die nicht zu ihren Gunsten gehen sollten. Als sich dann noch die Schweizer erfolgreich vom Reich lossagten und der französische König Karl VIII. Mailand besetzte, was ihn in den Besitz der Geldtruhen Herzog Ludovico Moros († 1508) brachte, erklärte sogar Papst Alexander VI. (1492–1503), dass die Kaiserkrone eigentlich dem französischen König gebühre. Verliehen hat er sie ihm freilich nicht[402]. Vielmehr blieb alles in der Schwebe. Der Papst war ohnehin dabei, die Grundlagen der Ordnung in Italien familienorientiert zu verändern. Ein französischer Kaiser passte nicht ins Konzept, wo Gerüchte kursierten, Alexanders VI. Sohn Cesare Borgia († 1507) wolle das Kardinalat niederlegen und sich einen Staat erobern[403], und wo die Papsttochter Lucretia in den italienischen Territorien zur Regentin aufstieg. Zudem wurde bekannt, dass der Dominikaner Girolamo Savonarola († 1498), der grundsätzliche Kritik am Lebenswandel des Papstes übte und offen die Absetzung forderte, weil der Kirchenführer das Gesicht einer Hure habe, mit den Franzosen zusammen ein Konzil einberufen wolle[404]. Der Zustand in Rom deutete auf das Nahen des Jüngsten Gerichts, so tönte es aus dem Mund des Bettelmönchs. Der Schall drang von Florenz aus in die immer unsicherer werdende Welt. Das Ende bereiteten dann die Exkommunikation durch den Papst und der Scheiterhaufen in Florenz. Eine Allianz zwischen diesem Papst und dem König von Frankreich stand nicht mehr zu erwarten.

Vor diesem Hintergrund musste ein hart getroffener *rex Romanorum* zu Hause seine Niederlagen verwinden statt Gerechtigkeit in der Welt zu sprechen und den Schutz der Christen gegen die Türken organisieren zu können. Erst als in Unteritalien die aragonesischen Interessen gegen die französischen prallten, war er als Mediator gefragt. Ein Ehebündnis ließ 1505 die Zukunft eines geeinten christlichen Reiches am Horizont aufblitzen, das kraftvoll genug schien, der Gefahr von außen zu trotzen, die unvermindert bestand. Die Allianz hielt nicht; vielmehr gerieten die europäischen Mächte immer stärker in Konflikte, aus denen ein erfahren gewordener Maximilian gestärkt hervorging. Trotzig gegen das Schicksal ließ sich Maximilian unter Zustimmung Papst Julius' II. (1503–1513) im Trienter Dom von seinem Rat zum *Erwählten* Römischen Kaiser ausrufen, nachdem er eingesehen hatte, dass der Weg nach Rom ohne jede Chance gewesen wäre[405]. Einer Durchsetzung des Kaisertums kam jedoch der unerwartete Tod seines Sohnes Philipp, mittlerweile König von Kastilien, zuvor. Wie das in Auftrag gegebene Geschichtsbuch, das die Romzüge hätte glorifizieren sollen, kam auch die Realität nicht zu einem guten Ende. Bis zum Tod Maximilians 1519 konnte mit der Deklaration der Erwählung nur der Anspruch verteidigt, aber keine Weltlenkung errungen werden. Dabei mühte sich Maximilian nach Kräften. Auf dem Augsburger Reichstag von 1518 schloss er Frieden mit Venedig, um den Rücken für einen Türkenzug frei zu haben[406]. Zwei Gesandte Papst Leos X. (1513–1521) waren zugegen und sorgten sich vor allem um die Kreuzzugssteuer, vergaben aber auch Ehren. Kurfürst Albrecht von Hohenzollern († 1545), dem Erzbischof von Mainz, wurden die Kardinalsinsignien überreicht, und der Kaiser erhielt einen geweihten Hut und das Schwert als Zeichen christlicher Kreuzritterschaft. Maximilian glaubte, er sei zu alt für ein solches Unternehmen, und tatsächlich sollte er wenige Monate später auf dem Totenbett liegen[407].

Karl V. und die neuen Perspektiven der Kaisermacht

Der Status quo blieb erhalten, bis Maximilians Enkel Karl V. (1519/erw. 1520/ 1530–1556 entsagt, † 1558) auf der Grundlage des iberischen Erbes seiner Mutter das Kaisertum antreten konnte. Karl V. war in Gent geboren worden. Mit Adrian von Utrecht zählte der spätere Papst Hadrian VI. (1522–1523) zu seinen Lehrern. Als König trat er die Nachfolge im Imperium an, das als politische Institution auf „Reich" und „Reichsitalien" begrenzt war, seiner Idee nach aber noch immer universal und heilsgeschichtlich ausgerichtet blieb. Das beständige Ringen um die Erlangung der Position, die gottgleich imaginiert wurde, hatte den Erben begünstigt. Die Idee der Wahlfreiheit jenseits der Familienbande war im europäischen Mächtekonzert virtuell geblieben[408]. Aber auch die Gegner und Konkurrenten auf die Würde lebten in diesen Imaginationen einer prinzipiell einheitlich zu führenden christlichen Welt. Keine Idee hat in dieser Zeit mehr Finanzmittel verschlungen. Das Haus Habsburg wandte fast eine Million Gulden auf, um die Kurfürsten zu erweichen. Über die Höhe der Gelder, die der französische Gegenkandidat letztlich erfolglos an die deutschen Fürsten gab, schwiegen die Beteiligten[409]. Die kritischen Stimmen über die Vorstellung imperialer Universalität, die seit längerem zu hören waren, mögen zynische Gesellschaftskritik gewesen sein, sie änderten nichts an der unvorstellbaren Größe des Goldgewichts, das für die Anwartschaft auf das Kaisertum in die Waagschale geworfen wurde. Dass sogar Banker darauf Kredite vergaben, erhöht den Realwert der Würde, die in der jüngeren Forschung als bloße *auctoritas* verkannt wurde. Selbst das Papsttum warf kirchliche Privilegien, Mitren und Kardinalshüte in den Ring, aus dem am Ende in genealogischer Folge der neue *monarcha mundi* hervorging, der mit der Iberischen Halbinsel, der Neuen Welt und dem alten Kernland in den Deutschen und Italienischen Landen über größere Gebiete selbst verfügte als je seine Vorgänger seit Karl dem Großen.

Die virtuellen Reichsträume seiner Urgroßmutter und seines Großvaters hatten ihre Kraft zur Veränderung von Realitäten bewiesen. Die politischen Alltagsgeschäfte waren trotz der humanistischen Rückzugsgebiete einer sich antik inszenierenden Welt real genug, um das Herrscherhandeln nicht gänzlich zum illusorischen Zerrbild entarten zu lassen. So sprachen die Kurfürsten den neuen König nicht mehr als Haupt der Welt, sondern nur noch als *caput regum christianorum* (Haupt der christlichen Könige) an[410]. Die Verteidigung gegen die Türken war die wichtigste Aufgabe des *caput totius christianitatis* (Haupt der ganzen Christenheit), das sich in einem Brief an den Schah selbst zur Relativierung des Weltkaisertums auf die Christenheit (*orbis christianus*) genötigt sah[411]. Karls Monarchie war nicht in erster Linie machtpolitisch ausgerichtet, sondern verstand das *imperium Romanum* als Manifestation der Christenheit. Dazu gehörte sogar die Verneinung des Imperiums als einer auf Eroberung ausgerichteten politischen Ordnung. Die Vorstellungen vom Reich im Umfeld Karls V. hatten ihre Begründung in der allgemeinen, noch lebendigen Vorstellung vom christlichen, nicht vom antiken römischen *imperium Romanum*. Die Kaisermesse des Gelasianischen Sakramentale wurde weiterhin gelesen und verkündete einen Gott, der die Koinzidenz von Heilsereignis und Reich bewusst gewählt hat, um seine Kirche zu formen. Zugleich wurde die Hoffnung zum Gebet, Gott möge himmlische Waffen zur Verfügung stellen, damit der Friede nicht durch Kriegsunheil zerstört würde. Der Kaiser erschien als Stellvertreter Gottes. Daran tat keinen Abbruch, dass auch die Könige in ihren Königreichen gleiche Machtbefugnisse beanspruchten. Nun hatte Spanien einen König, der auch Kaiser war. Bereits früher hatte die Iberische Halbinsel bedeutende Kaiser geschickt, etwa Trajan († 117), Hadrian († 138) und Theodosius I. (379–395). Trotz dieser positiven Reichssicht wurde es nötig, dass Karl V. Spanien 1519 für exempt erklärte[412]. Die Universalität erlaubte aber eine Zugehörigkeit trotz Exemption. Die Einheit war noch nicht zerfasert. Wenn nur Kaiser und Papst ihre Pflicht erfüllten, würde sich die positive Wendung in den zeitgenössischen Krisenherden einstellen. Darauf hatte man seit jeher gehofft.

Das Papsttum vergisst die Normen

Das Papsttum leistete seit dem Ende des 15. Jahrhunderts einen erheblichen Beitrag für das Ende des bipolaren Systems. Die Päpste gefährdeten den Weltfrieden, weil sie die Schranken des Kirchenrechts an die eigenen Bedürfnisse anpassten, ohne die tradierten Normvorgaben ernst zu nehmen. Die Kathedra Petri strahlte keine Würde mehr ab. Die Gesetze des Christentums hielten die Päpste selbst nicht mehr ein, sondern legitimierten mit zweifelhaften Rechtsauffassungen ihr allein auf die Familie und den eigenen Nutzen ausgerichtetes Tun. Etliche Nachfolger Petri hätten auf jeden weltlichen Thron hervorragend gepasst, ohne dass sie ihr Verhalten hätten ändern müssen. Eine immer stärker selbst auf die Ursprünge und den Inhalt der christlichen Lehre achtende Christenheit sah bedrückt, was die zur Führung bestimmten Kirchenmänner trieben, aber sie erachtete dies eher für die Strafe Gottes, als dass sie sich ihrer entledigt hätte.

Als symptomatisch mag die Haltung des Zivilrechtsprofessors und römischen Senatsschreibers Stefano Infessura († um 1500) gelten, der beim Tod Papst Sixtus' IV. (1471–1484) bemerkte, dass am Todestage, den der als den allerglücklichsten bezeichnet, der allmächtige Gott seine Macht auf Erden gezeigt habe und das christliche Volk aus den Händen dieses gottlosesten und verbrecherischsten Tyrannen befreit habe[413]. Dabei ist Francesco della Rovere als Sixtus IV. durch seine Kunstförderung in die europäische Geschichte eingegangen. Ein 1482 gegen ihn geplantes Konzil konnte dieser von den Zeitgenossen verachtete Papst mit diplomatischem Geschick verhindern. 1483 verbot er daraufhin erneut die Appellation an ein allgemeines Konzil. Sein Engagement in der Türkenabwehr war wenig erfolgreich, doch konnte letztlich ein Übergreifen des Osmanischen Reiches auf den Süden Italiens verhindert werden. Die parallel dazu geführten Unionsverhandlungen mit Ivan III. († 1505) brachten nicht die gewünschte Einigung. Unruhen im Kirchenstaat und Kämpfe gegen die einflussreiche römische Familie der Colonna gefährdeten die Finanzen der Kurie, was durch häufige Ablässe, die Besteuerung von Kircheneinkünften und die Vermehrung käuflicher Ämter kompensiert wurde, aber zu heftiger Kritik in der Christenheit führte. Die erbetene Wiedereinführung der Inquisition durch die katholischen Könige Ferdinand von Aragón († 1516) und Isabella von Kastilien († 1504) wurde von ihm gutgeheißen und durch die Ernennung von Thomas de Torquemada († 1498) zum Großinquisitor unterstützt. Dies alles fand offensichtlich keine göttliche Zustimmung, denn wie Infessura beschreibt, trug der Leichnam des im August Verstorbenen das Gesicht des Teufels. Der Hass gegen den Nachfolger Petri wurde nicht mehr umhüllt, als er gestorben war. Stellvertreter Christi war nur der lebende, nicht der tote Papst.

Unbeliebt bei den Stadtrömern waren auch die Katalanen auf dem Papstthron, die allein wegen ihrer nationalen Herkunft in Verruf gerieten, obwohl sie eigentlich nur praktizierten, was ihnen italienische Päpste vorgelebt hatten. Der Reichtum der Iberischen Halbinsel öffnete Alexander VI. die Türen in Rom, die er seit der durch den Onkel verliehenen Kardinalswürde bestens kannte. Liebschaften gehörten ebenso zur Tagesordnung wie die Ernennung der eigenen Kinder zu hohen Würden an der Kurie oder im Kirchenstaat. Ohne einen familiären Machtapparat konnte sich in Rom keiner mehr den Einfluss verschaffen, den die Papstwürde erforderte. Auf dem Totenbett hatte schon Nikolaus V. geklagt, dass er niemals jemanden habe über seine Türschwelle kommen sehen, der ein wahres Wort sagte. Gern wäre er wieder Tommaso Parentucelli geworden, aber die Papstwürde als Bürde für den Menschen ließ das nicht zu. Seine Nachfolger zogen daraus ihre eigenen Schlüsse. Der Zeitgeist kroch durch die Ritzen des Papstpalastes. Die Sorge um das eigene Grabmal ist zu recht als Loslösung vom Kern christlicher Wiederauferstehungslehre interpretiert worden. Ein solches Denkmal diente nicht wie früher die Memoria-Stiftungen zur Armenspeisung, sondern war allein auf Prunk und Nachruhm aus. Julius II. beauftragte Michelangelo († 1564) und betonte damit in weltlicher Manier seinen Führungsanspruch. Der beste unter den Künstlern sollte dem wichtigsten Mann der Welt ein würdiges Denkmal setzen. Die gewordenen Realitäten der petrinischen Nachfolge, die durch Konstantin Wohnstatt in Rom gefunden hatte, erwiesen sich als zu klein für diese hypertrophe Erinnerungsarbeit. Man dachte zunächst nur über eine Erweiterung des Chores der Peterskirche nach, entschied sich dann jedoch, die ganze Kirche zu ersetzen, weil sie in ihren Dimensionen nicht mehr angemessen schien. 1506 legte Julius den Grundstein für Neu-St. Peter[414].

Gerade diejenigen, die es mit der Sache des Christentums sehr genau nahmen, beobachteten die Diskrepanzen zwischen der römischen Lehrdoktrin und den Schriften der frühen Kirche, zwischen der konkreten Ausgestaltung der kirchlichen Hierarchie und der schlichten Armut der Anfangszeit, zwischen dem Lebenswandel gerade der Kirchenoberen und den jahrhundertealten Maßstäben, nach denen Strafen hätten verhängt werden müssen. Eine Religion, die sich auf Schrift und

Recht berief, konnte diese Probleme nicht allein mit dem Sakrament und der besonderen Gnade transzendent werden lassen. Das Streben nach Gerechtigkeit war Lebenselixier der christlichen Ordnung, das zu sehr gleichsam wie mit dem Wasser der erkauften Ausnahmen verdünnt worden war, als dass es noch wirken konnte. Die Positionen zur Reform der Kirche und des Reiches waren nicht wirklich innovativ, doch die Radikalität, mit der jetzt Maßnahmen eingefordert wurden, spaltete in alt und neu.

Die causa Lutheri

Der Dominikanermönch Johann Tetzel († 1519), der im Auftrag der Kurie Ablass verkaufte, also Unrecht versilberte, wurde zum Fixpunkt des Protests. Der Kritiker Martin Luther († 1546) wurde, als er dies beklagte, der Ketzerei beschuldigt, was nach kanonischem Recht einen Prozess in Rom in Gang setzte. Die Ladung vom August 1518, binnen 60 Tagen in Rom zu erscheinen[415], wurde aber durch politisches Kalkül untergraben. Kurfürst Friedrich der Weise († 1525) übernahm den Schutz, weil ihm seine frisch gegründete Universität nicht nur am Herzen lag, sondern auch eine Zukunftsinvestition gewesen war, die nicht durch einen Skandal in Gefahr gebracht werden sollte. Sie war 1502 von Maximilian und 1507 vom Papst bestätigt worden. Das besondere Profil ergab sich aus der Dreisprachigkeit, bei der nicht mehr nur die Einheitssprache des *imperium Romanum* Latein, sondern auch die beiden anderen Kirchensprachen Hebräisch und Griechisch gelehrt wurden, um die frühen Texte des Christentums ohne den Filter des Hieronymus und ohne spätere Modifikation studieren zu können. Luther war *Doctor biblicus* an der theologischen Fakultät. Ein Ketzerurteil des Papstes gegen ihn hätte die gesamte Neugründung in Verruf gebracht.

Der Prozess gegen Luther fand dann auf deutschem Boden, nicht in Rom statt. Das erste Verhör durch Kardinal Cajetan († 1534) erfolgte im Oktober 1518 in Augsburg, wo gerade ein Reichstag zu Ende gegangen war, auf dem die Ablehnung der deutschen Fürsten gegenüber kirchlicher Herrschaft deutlich wurde. Das Vorbild der Städte, die sich von dieser Last befreit hatten, stachelte zur Nachahmung an. Die Frontlinie war gerade in Sachsen klar markiert, wo schon die Vorgänger Friedrichs des Weisen von päpstlichen Legaten eingezogene Türkensteuern beschlagnahmt hatten, als sich abzeichnete, dass aus dem geplanten Kreuzzug nichts würde. Man hatte genug vom jahrzehntelangen Geldtransfer nach Rom. Nicht zuletzt deshalb blieb auch das Verhör Luthers ergebnislos. Cajetan konnte nach langem Bemühen nur die Ketzerei bescheinigen, schritt aber nicht selbst zur Verhaftung, sondern erteilte dem Kurfürsten den Auftrag, Luther nach Rom zu überstellen oder doch wenigsten aus seinem Land zu vertreiben. Friedrich der Weise hielt den Beweis für nicht erbracht, dass Luther mehr als ein Reformer war. Luther freute sich ob dieser Haltung, weil zu guter Letzt auch Cajetan lernen müsse, dass weltliche Macht gleichfalls von Gott herrührt. Der Dualismus gab Spielraum gegen einseitige Entscheidungen. Ein Jahr nach der ersten Anklage war durch den Tod Maximilians die Königswürde neu zu besetzen. Dem Papst schien die *causa Lutheri* als geeignetes politisches Druckmittel und spielte dies gegen Karl V. aus.

Gestützt durch den Sachsen und die politische Konstellation gab Luther nicht nach, sondern erhöhte seinen verbalen Protest gegen den Papst. Er lenkte nicht ein, obwohl sich die Situation durch die Neuwahl Karls V. gegen ihn und seinen Mentor gewandelt hatte. Am 15. Juni 1520 wurde deshalb mit der Bulle *„Exurge Domine"* gehandelt[416]. 41 Statements Luthers wurden als ketzerisch deklariert und die Vernichtung durch das Feuer sowie der Widerruf eingefordert. Das päpstliche Urteil verhallte wie manche Bemühung zur Wiederherstellung der Kircheneinheit in den Jahrhunderten zuvor. Der Verurteilte hingegen verhielt sich anders als seine Vorgänger. Im August wandte er sich mit seiner politischen Schrift *„An den christlichen Adel deutscher Nation"* an die Landesfürsten und schärfte ein: „Wer das Wohl der Kirche romtreu den Höflingen der Kurie überlässt, verletzt die Pflichten eines christlichen Fürsten"[417]. Luther beharrte nicht nur auf seinen Positionen, sondern stellte die Ordnung insgesamt in Frage. Ausdruck verlieh er dem auch dadurch, dass er zusammen mit seiner Verurteilungssentenz kirchliche Rechtsbücher verbrannte[418]. Diese Basis des Reiches und der Kirche schien ihm nichtsnutz und vernichtenswert, weil sie – wie nicht zuletzt im eigenen Fall gesehen – die Forderung nach dem Rechten als ketzerisches Unrecht aburteilen ließ. So wurde die *causa Lutheri* zu einer ernsten Bedrohung für das Reich. Der Papst sprach den Rechtsvorgaben gemäß am 3. Januar mit der Bannbulle *„Decet Romanum pontificem"* formal die endgültige Bannung aus[419].

Für den neuen König ging es jetzt nicht nur darum, gemäß dem abgestimmten Verfahren nach dem Kirchenbann auch die Reichsacht folgen zu lassen, sondern es stand die Gültigkeit des in der Gesellschaft allseits akzeptierten Rechts, letztlich die Gesellschaftsordnung im Ganzen zur Diskussion. Der neugewählte König beeilte sich, diese *seditio* nicht ungestraft zu lassen. Seine Wahlkapitulation bezog die Reichsstände in das Verfahren mit ein, denn er hatte den Fürsten zugesichert, dass kein Reichsangehöriger ohne ihre Zustimmung mit der Reichsacht belegt würde[420]. Beiden Seiten, dem neuen König und den Fürsten, ging es um einen Widerruf, denn Ziel aller Ketzerverfahren war nicht prinzipiell die Auslöschung der Ketzer, sondern ihre Rückführung in die Einheit der Kirche. Aber Luther verweigerte sich einer Fixierung auf die von ihm als falsch erkannte Gewohnheit, und mit bezug auf sein Gewissen blieb er bei seinen Interpretationen der Heiligen Schrift[421]. Im Wormser Edikt vom Mai 1521 wurde nicht nur die Reichsacht ausgesprochen, sondern auch der Druck und Vertrieb der Werke verboten[422], wie das in Ketzereiprozessen geübte Praxis darstellte, die allein durch das Medium des Buchdrucks neue Aspekte erhielt.

Da die Acht nur ein Schritt im mehrstufigen Rechtsakt war, dem sich selbst ein erboster König fügen musste, wenn er seinen Ruf nicht gefährden wollte, scheint es kaum verwunderlich, dass die Reaktionen darauf gering blieben. Die mehrfache Ermahnung gehörte seit langem zur Bußpraxis, die zunächst einmal vor allem dem Angeklagten galt und die Garanten der Ordnung vor dem Vorwurf schützte, sie bemühten sich nicht um die Wiedereingliederung. Eine Synode sollte den Fall endgültig klären, wobei die Meinungen divergierten, ob der Fall vor eine Nationalsynode gehörte, also als Strafverfahren im nationalen Kontext geführt werden sollte, oder als eine Reichsangelegenheit eine *synodus generalis* erforderte. Hier ging es nicht so sehr um den Angeklagten und seinen Fall als um die Stellung von König und Ständen. Karl setzte seine zentralistische, auf das Reich hin gerichtete Position durch und verbot ein für 1524 geplantes Nationalkonzil. Die Bipolarität der beiden Gewalten wurde in einem zentralen Fall wie der Glaubenseinheit vom erwählten Kaiser gegen nationale Sonderinteressen verteidigt. In Frankreich und England agierte der Papst allein gegen die auf Landeskirchen drängenden Könige, aber in den Deutschen und Iberischen Landen stand die Idee der bipolaren Sicherung gegen die Zersplitterung der Christenheit.

Die Globalität dieses Auftrags und die iberische Königskrone brachten andere drängende Probleme, so dass der Kaiser nicht im Reich für die Einheit gegen den Rechtsbrecher warb, sondern in Córdoba das christliche Heil in die 1236 eroberte Moschee integrierte, die ehedem den Kalifen des Westens als Mittelpunkt gedient hatte. Schließlich hatte es dort schon im 3. Jahrhundert eine christliche Gemeinde gegeben. Die Schwerpunkte des Herrschertums hatten sich verlagert, der eigentliche Auftrag nicht. So reichte denn auch eine vom spanischen Burgos aus versandte Dienstanweisung, um das Nationalkonzil in den Deutschen Landen zu verhindern. Dort wurden danach auch die Maßnahmen zur Einhaltung des Wormser Edikts durch die übrigen Fürsten des Reiches spürbarer. Der Universitätsbesuch in Wittenberg wurde vom Regensburger Konvent verboten. Zäh und unbeirrt kam der Kaiser in den nächsten drei Jahrzehnten seiner Regentschaft der Pflicht nach, für die Einheit der Weltkirche und des globalen Reiches zu sorgen.

In den Deutschen Landen konnte die Gegenseite dennoch Erfolge erzielen. Philipp von Hessen († 1567) ließ sich für die reformatorischen Ideen gewinnen und der Hochmeister des Deutschen Ordens, Albrecht von Brandenburg († 1568), wandelte den Ordensstaat zu einem erblichen Fürstentum um. Die Vorstellung vom Vorrang des eigenen Gewissens vor den Entscheidungen der Spitzen, die über Jahrhunderte als von Gott eingesetzt und gelenkt gegolten hatten, nahm Kaiser und Papst die seit der Antike zugebilligte Macht, in Streitfällen die Richtung definieren zu können. Doch dieser individuelle Zugang zu Gott mit seinen die Anarchie begünstigenden Unsicherheiten für das Gemeinwohl führte sehr schnell ins „Landesherrliche Kirchenregiment". Mit dem Augsburger Reichstag von 1530 war die Einheit von Kirche und Reich endgültig gebrochen[423]. Ganz der konstantinischen Idee verpflichtet, sprach der Kaiser das Urteil über den Glauben. Das lutherische Glaubensbekenntnis wurde an ihn, nicht an den Papst gesandt. Die „Confutatio" mit der theologischen Verwerfung der reformatorischen Lehre war nicht vom Papst, sondern vom Kaiser gezeichnet worden[424]. Religionskriege kennzeichnen die weitere Entwicklung in den Deutschen Landen, die den aus der Kirche und dem Reich strebenden Sachsen letztlich die Kurwürde kostete. Sie wurde 1547 in der Wittenberger Kapitulation entzogen.

Der Wandel des Reiches

Der Widerspruch von virtueller Fiktion und realisierter Position trat im Prozess gegen Martin Luther mit schneidender Schärfe hervor. Die Kooperation von Papst und Kaiser, um die über Jahrhunderte gerungen worden war und die endlich verwirklicht schien, hatte sich überlebt. Die Weltgeltung war spätestens mit der Eroberung des *imperium* durch die Osmanen Makulatur geworden, jetzt aber wurde im eigenen Reich von Teilen der *christianitas* eine Glaubenslehre formuliert, die sich dem bipolaren Machtkonzept der Konstantinzeit nicht fügte, sondern zurück zu den Anfängen des Christentums wies. Die kaiserliche *potestas* reichte nicht aus, um den Papst und das Reich davor zu schützen, vielleicht nahm sie den Fall auch nur zu leicht. Die Missionierung der Indianer schien mit Blick auf die Weltkirche und das christliche Weltreich wichtiger als eine häretische Bewegung. Von denen hatten Reich und Kirche, so konnte man argumentieren, schon viele überlebt.

Geändert wurden in dieser Zeit die Vorstellungen von der Verfassung des Reiches. Während zur Legitimation der kurfürstlichen Rechte in der bipolaren Staatstheorie häufig die Decretale „*Venerabilem*" benutzt wurde, so fokussierte sich der Blick bereits 1495 im Zuge der Reichreform auf die Goldene Bulle[425]. Nach 1500 wurde gerade im protestantischen Kontext der ältere Bezug auf ein päpstliches Kurfürstenrecht ganz aus der Erinnerung getilgt. Der Papst durfte nicht die Reichsverfassung mitbestimmt haben, denn sonst wäre das Verfassungssystem durch die Ablösung vom Papst, die immer häufiger gefordert und mit der Reformation erreicht wurde, ruiniert worden. Man sah das Reich nur noch einseitig als Kaiserreich und begnügte sich sogar damit, Königtum unter Königreichen zu sein. Problematisch genug empfanden die Zeitgenossen, dass hinsichtlich des Prozessrechtes die alten kirchenrechtlichen Vorgaben weiter benutzt werden mussten, weil es keine Alternativen gab[426]. Man brauchte das Reich mit seiner katholischen Vergangenheit für seine eigene Identität. Also musste sich die Vergangenheit im Rückblick verändern. Die Trennung von Reich und Papstkirche im Zuge der Reformation modifizierte nicht nur die gelebte Gegenwart, sondern zumindest in den protestantischen Gebieten auch die Bilder von der Vergangenheit. Die Kaisergeschichte schien wichtig, aber mehr noch das Werden des deutschen Reiches und der Territorien, in deren Dienst Hofgeschichtsschreiber berufsmäßig das alte Andenken in neue Formen gossen, um ihren Herren zu gefallen. Adam wurde zum Deutschen, und mit Tacitus († 116) ließ sich eine klare Vorstellung darüber gewinnen, was die Deutschen auszeichnete. Der Humanist Jakob Wimpfeling († 1528) prahlte mit dem Glück der Deutschen und Heinrich Bebel († 1518) verwechselte in seiner Panegyrik das Deutsche mit dem Reich[427].

Kaiser und Papst im Mittelalter – eine bipolare Weltordnung

Die Rechtsgrundlagen

Die Bedeutung des Rechts für das Verhältnis von Kaiser und Papst

Die Gesellschaft des Römischen Reiches der Antike zeichnet sich durch ihren Rückbezug auf das gesetzte Recht aus[1]. Das christliche *imperium Romanum* basierte in dieser Kontinuität auf den Grundlagen, die das Recht schuf. Neben das alte Staatsrecht trat das von Gott gegebene Recht. Die Staatsgewalt des christlich werdenden Reiches konkretisierte sich in der Durchsetzung nicht nur der weltlichen Gesetze, sondern auch des kirchlichen und göttlichen Rechts. Dabei wurde die Schrift zum unbestechlichen Kontrollinstrument bei der Garantierung von Sicherheiten für das christliche Gemeinwohl. Hinzu trat die Gnade mit ihren Kompetenzen zur Aufhebung des Rechts im Einzelfall.

Die Verfassung des *imperium Romanum* beruhte auf dem Römischen Recht. Es erfuhr Ergänzungen durch neue Kaisergesetze, aber auch durch Synodalbeschlüsse und die päpstlichen Dekrete. Was in der neuzeitlichen Forschungstradition als „Kirchenrecht" deklariert wurde, stellte in seinen Inhalten und seinem Anspruch gemäß aber das Recht der christlichen Gesellschaft dar. Die Fragen der politischen Ordnung wurden damit nicht ausgeklammert, denn seit Augustinus ging man von einer unlösbaren Vermischung beider Teile aus[2]. Im als fortbestehend gedachten *imperium Romanum* hatte das göttlich gesetzte Recht allgemeine Geltung und musste eingehalten werden, um am Ende der Zeiten göttliche Gnade zu erlangen. Die unumstößliche Grundlage boten die *„Zehn Gebote"*, die *„Bibel"* und die bisherige Rechtspraxis auf der Grundlage des verkürzt rezipierten und durch Synodalbeschlüsse ergänzten römischen Rechts.

Die Rechtstradition des sich wandelnden Reiches ist geprägt von einer lückenhaften Protokollierung der jeweiligen Verfassungsänderungen. Letztlich zählte der Fortbestand der gottgeschaffenen Ordnung. Ein Verfassungsedikt von der bipolaren Ordnung lässt sich am Beginn nicht vorlegen. Die Bipolarität entstand aus zwei konkurrierenden Sphären, die aufgrund der Realitäten zur Einheit zusammenfanden, ohne dauerhaft eine einheitliche Spitze zu erhalten. Jede Seite war in sich durchstrukturiert. Für die beiden obersten Spitzen, für Papst und Kaiser, wurden anfangs keine übermäßigen Reglements aufgestellt. Beide galten als lebendiges

Recht, weil sie von Gott die Kompetenz erhalten hatten, Recht zu setzen. Seit dem 12. Jahrhundert wurde die Idee, Papst und Kaiser seien vom Gesetz gelöst (*legibus soluti*), verdrängt[3]. Beide Gewalten blieben nicht nur am Tag des Jüngsten Gerichts an den göttlichen Richter gebunden, wie in vielen Weltgerichtsdarstellungen selbst in Kirchen auf dem Lande zu sehen war, sondern unterlagen auch innerweltlich dem geltenden Recht, das mit Hilfe der jeweils anderen Seite durchzusetzen war, wenn die Situation dies erforderte.

Spätantike Rechtsnormierungen

In der Zeit Kaiser Konstantins, als die Kirche gerade erst durch kaiserliches Diktum aus der Illegitimität herausgehoben worden war, stand das Pendel im bipolaren Miteinander von „Staat" und „Kirche" noch auf der Seite der kaiserlichen Macht. Selbst die Synodalgesetzgebung verblieb unter der Kontrolle des Kaisers und seiner Administration. Dies ändere sich bis ins 6. Jahrhundert nicht. Der „*Codex Justinianus*" fungierte folgerichtig als Rechtsbuch für *ecclesia* und *imperium Romanum*. Er beginnt nicht mit rechtstheoretischen Überlegungen, sondern mit der Bestimmung über die Trinität, die im „*Codex Theodosianus*" noch einen nachgeordneten Platz eingenommen hatte[4]. Öffentlich sollte niemand es wagen, über die Trinität zu streiten, war am 27. Februar 380 für die Einwohner Konstantinopels befunden worden. Justinian nahm selbst ausdrücklich dazu Stellung und hat darüber im Jahre 533 auch Papst Johannes II. unterrichtet[5]. Die Abhängigkeit der Kirche von der staatlichen Gesetzgebung war aufgrund der Testier- und Steuergesetzgebung offensichtlich[6]. Die gesamte Geistlichkeit stand unter Sonderrecht, die etwa die Zeugnispflicht aufhob. Selbst die Organisationsstrukturen der Kirche waren durch Kaisergesetz geregelt, wenn etwa angeordnet wurde, dass jede Stadt ihren eigenen Bischof haben müsse[7]. Die Rechtsprechung der Bischöfe war ein erteiltes Privileg. Das bischöfliche Gericht sollte für diejenigen kompetent sein, die sich ihm freiwillig unterwarfen. Für die Durchsetzung des bischöflichen Richterspruches dienten weltliche Richter und ihre Exekutive. Wer Ketzer war und wer nicht, entschieden göttliches und kaiserliches Gesetz. Die Rechtshoheit lag allein beim Kaiser[8]. Die Kaiserstatuen prägten noch immer das Bild der Rechtspraxis und boten Asyl. Die Einbeziehung der Kirche in das rechtlich definierte Gebäude des Reiches hat beide Teile miteinander verschweißt. Die siebte Novelle Justinians von 535[9] fundierte das Verfassungsrecht des bipolaren Reiches, denn *sacerdotium* und *imperium* erscheinen dort nicht nur als Geschenke göttlicher Gnade, sondern als weitgehend gleichgestellt. Nicht viel unterschieden sich *sacerdotium* und *imperium* von einander, heißt es dort. Beide stammten vom gleichen Ursprung und schmückten das menschliche Leben. Das *sacerdotium* hat die Pflicht, bei Gott für den Kaiser zu bitten. Dies war kein frommer Wunsch, sondern Teil des „*Corpus Iuris Civilis*". Die Verehrung des Apostolischen Stuhles wurde durch die neunte Novelle vom April 535 zur kaiserlichen Pflicht[10].

Die Päpste fungierten in dieser Zeit als Richter und schufen damit Rechtsgrundsätze, aber sie haben keine in der gesamten Christenheit verbindlichen Rechtssammlungen angelegt. Der „*Codex Justinianus*" wurde nicht durch eine Kirchenrechtssammlung gleichen Anspruchs imitiert[11]. Doch das Bedürfnis, die alten kirchlichen Rechtssprüche zu kennen, war unzweifelhaft vorhanden. Meist wurde in den frühen Sammlungen chronologisch verfahren. Unter Papst Symmachus wurden Dekretalen zusammengestellt, die aus der Zeit der Päpste Siricius bis Anastasius II. stammten. Beeinflusst waren die päpstlichen Schreiben durch die kaiserliche Reskript-Technik, so dass immer Einzelfragen geklärt wurden, dabei aber die Gesamtheit des Rechtsbereichs mitbedacht wurde. Die Entscheidungen der Synoden traten neben die päpstlichen Erlasse und beeinflussten die Rechtsentwicklung, als Dionysius Exiguus († vor 556) in der Mitte des 6. Jahrhunderts den „*Liber canonum*" und den „*Liber decretalium*" in einer „*Collectio*" verband, die seinen Namen tragen sollte. Während die ökumenischen Treffen die Einheitlichkeit des kirchlichen Rechts förderten, spiegeln die regionalen Synoden eine Vielfalt der Problemlagen und Auffassungen wider. Das Netz der Verflechtungen ist aber nicht zu unterschätzen, da man sich gegenseitig Rat gewährte und anderswo Erprobtes für die eigene Kirche übernahm. Die „*Statuta ecclesiae antiqua*", das „*Breviarium*" des Fulgentius Ferrandus († nach 515), die „*Capitula*" des Martin von Braga († 580) und die um 700 zusammengestellte Sammlung „*Hispana systematica*" zeigen die Inhomogentität einer papstfernen Kirchenrechtsentwicklung[12].

Rechtsrezeption als Zeichen der Kontinuität und karolingische Innovationen

Als das Reich mit Karl dem Großen einen westlichen Kaiser erhielt, wurde diese Rechtstradition nicht gebrochen, sondern übernommen. In einer Epitome-Fassung bestätigte der Herrscher den Theodosianischen Kodex. Die Handschriftenstudien der letzten Jahrzehnte lassen klar erkennen, welch großes Interesse darüber hinaus an römischrechtlichen Werken vor allem dort zu verzeichnen war, wo die Führungsriege des Karolingerreiches angesiedelt war[13]. Im direkten Umfeld der Kaisererhebung wurden mindestens 15 Handschriften neu abgeschrieben, die Kaiserrecht zur Verfügung stellten. Damit war der Bedarf, der auch auf 50 ältere Exemplare zugreifen konnte, aber noch lange nicht gedeckt. In der ersten Hälfte des 9. Jahrhunderts kamen weitere 45 Handschriften hinzu. Addiert man noch einen Teil der knapp 50 Handschriften, für die keine genaue Datierung vorliegt, die aber im

9. Jahrhundert entstanden sind, und bedenkt man die üblichen Überlieferungsverluste für Handschriften, so kann man festhalten, dass ein Rückgriff auf das Reichsrecht an allen zentralen Stellen des westlichen Reiches möglich gewesen ist. Nur die gerade erst missionierten und der Christenheit eingegliederten Teile des späteren Ostfrankenreichs konnten an dieser Entwicklung nicht sofort partizipieren. Kurzfassungen waren auch im alten Kernland beliebter als das gesamte Corpus. In der zeitgenössischen „*Collectio Anselmo dedicata*" und im Sendhandbuch Reginos von Prüm († 915) spielt das Römische Recht nicht ohne Grund eine beachtliche Rolle. Die römischen Rechtsgrundlagen waren nicht nur passiv transferiert worden, sondern erfuhren eine aktive Neubelebung.

Eine gewisse Skepsis scheint dann aber um die Jahrhundertmitte eingetreten zu sein. Lothar I. wollte offenbar die römischen Gesetze aufheben, doch Papst Leo IV. verhinderte diese Maßnahme durch seinen Einspruch. Die Worte des darum ersuchenden Papstes lauten bei Gratian († um 1150): „Wir verlangen mit allem Nachdruck Eure Milde, dass, so wie bisher das römische Gesetz galt ohne jeden Eingriff und es zugunsten der Person keines Menschen, wie erinnerlich, verfälscht wurde, es genauso auch jetzt seine Stärke und Kraft bewahre."[14] Lothar gab dazu die Zustimmung, erlaubte aber dem italienischen Volk, sich ein Gesetz zu wählen, was bisher ungewohnt war. Der Rechtspluralismus basierte auf der Befragung, nach welchem Gesetz das Volk leben wolle. Der Trend, sich Abschriften vom Römischen Recht zu besorgen, wurde dadurch nicht gestoppt. Circa 200 Handschriften sind noch heute erhalten, die in der Karolingerzeit im Umlauf waren, was trotz der allgemeinen Schriftrenaissance ein verfassungspolitisch interpretierbares Ergebnis darstellt.

Mit der Wiederbelebung der römischen Tradition ging eine Vereinheitlichung der Kirchenrechtssammlungen einher. Insbesondere die „*Hispana*", die auf der Iberischen Halbinsel benutzte Sammlung der alten Konzilsbeschlüsse, erhielt Einfluss auf die fränkische Kirche[15]. Bedeutung erlangten auch die „*Collectio Dionysio-Hadriana*" und die „*Dacheriana*", die nicht nur in beachtlicher Zahl im Volltext abgeschrieben, sondern auch in zahlreiche lokale Spezialsammlungen partiell integriert wurden.

Geschult durch die intensive Tradierung des überlieferten Rechts wurde an der Erneuerung und der Anpassung des Rechts an die veränderten Bedürfnisse gearbeitet. Die Kapitularien Karls des Großen beweisen eindrücklich, dass die gesamte christliche Gesellschaft im Fokus des Herrschers lag, der selbstverständlich Verfügungen für die Geistlichkeit seines Reiches erließ. Im Gegenzug beschränkte sich das zeitgenössische synodale Recht im 8. und 9. Jahrhundert nicht auf die rein kirchliche Seite, sondern hatte von Anfang an den Frieden im Reich im Sinn. Eherecht und Gesetze für Kapitalverbrechen machen einen hohen Anteil aus. Das Verfahrensrecht wurde durch die synodalen Beschlüsse festgelegt. Dabei nahm man sich durchaus auch das Recht, die Stellung des Herrschers in der Gemeinschaft zu definieren und damit auf die Verfasstheit der Christenheit einzuwirken. Auf den vier in Mainz, Paris, Lyon und Toulouse parallel abgehaltenen Synoden von 829 leitete man diese Kompetenz aus der Tatsache ab, dass die universale Kirche der Leib Christi sei, Christus selbst das Haupt[16]. Die Entscheidungskompetenz des Kopfes hatte sich schon im Gelasiusbrief an Anastasius manifestiert[17]. Dieser Rückbezug wurde aus der konkreten Situation heraus als Verwahrung gegen das karolingische Staatskirchentum interpretiert, doch beschränken sich wesentliche Passagen nicht auf das rein Säkulare. Vielmehr stand mit Gelasius die Bipolarität mit den unterschiedlichen Aufgaben und Kompetenzen vor Augen. Die Gesamtgesellschaft mit allen ihren Aspekten und Befindlichkeiten müsste vom König mit Augenmaß und Gerechtigkeit regiert werden, dem es obliegt, das Volk Gottes zu lenken. Frieden und Eintracht sind wie in der Anfangszeit das höchste zu erstrebende Ziel. Die Verteidigung der Kirchen und der Diener Gottes, der Witwen, Waisen und der übrigen Armen sowie der Notleidenden überhaupt ist dafür ebenso wichtig wie das Verhindern und Bestrafen von Unrecht. Die Aufgabe der bischöflichen Freiheit liege darin, für den Herrscher und sein Reich die Barmherzigkeit Gottes zu erbitten. Dass die Verantwortung für den Zustand des Friedens und für die Durchsetzung des Rechts beim Herrscher liegt, wurde damit konzediert. Eine Ausschlussregelung für die Bereiche des Sakralen und Religiösen war nicht intendiert.

Das „Kirchenrecht" als Verfassungsrecht einer bipolaren Christenheit

Was heute als Kirchenrecht bezeichnet wird, wurde im 9. Jahrhundert zum Recht für das politische System und die gesamte Gesellschaft im christlichen *imperium Romanum*. Die Synode von Tribur 895 formulierte ausdrücklich das Ziel, *regnum et imperium iure ecclesiastico regere* (das Königreich und Kaisertum nach kirchlichem Recht zu lenken)[18]. Auch anderswo im Westen sollte das zur Regel werden. Damit ist eine völlig andere Entwicklung als im östlich-byzantinischen Teil des einst zusammengehörenden Reiches zu verzeichnen. Eine Reform des kanonischen Rechts blieb in Konstantinopel ebenso aus wie die normative Kodifizierung[19].

Die Vorstellung, dass mit der Ausbildung des *Ius canonum* ein autonomer Bezirk der Kirche geschaffen wurde, ist nicht zeitadäquat. Die Trennung von Kirche und Welt, wie sie den griechischen Kaisern anfangs noch selbstverständlich gewesen sein mochte, wurde nicht mehr als erstrebenswert angesehen. So beschreiben weltliches und kirchliches Recht die Grundlagen der christlichen Gesellschaft nur aus der jeweils eigenen Perspektive. Der Einfluss des Römischen Rechts auf die Kirche war ebenso groß wie der Bezug weltlicher Gesetze und Rechtssammlungen auf die christlichen Regeln kirchlicher Ordnungssysteme. Die Rückbindung an die jeweils andere Hälfte blieb zur Schaffung von Gerechtigkeit im Diesseits zwingend. Sie wiederum war die Zugangsberechtigung zum Himmelreich für die Mächtigen der Welt. Die Annäherung erfolgte mit erheblicher Verzögerung übrigens auch im Osten, denn seit dem 12. Jahrhundert wurde die Auffassung vom Herrscheramte dort auf kirchenrechtlich nachprüfbare Konzessionen gegründet.

Die alten Rechtsgrundlagen blieben im Westen in weiten Teilen verbindlich, obwohl die Bedrohungen des ausgehenden 9. und beginnenden 10. Jahrhunderts auch im Rechtssystem Spuren hinterlassen haben. Der Verlust der Handschriften durch die Plünderungen der Normannen, Sarazenen und Ungarn war dabei nur ein Aspekt. Gerade in der Zeit der Bedrohungen wurde eine strenge Trennung, wie sie im systematisierenden Lehrbetrieb späterer Zeit zwischen weltlichem und kirchlichem Recht vorgenommen wurde, durch den Sitz des Rechts und der Rechtshandschriften im Leben gewissermaßen aufgehoben. Im Notfall war das Ineinander der separaten Sphären der letzte Garant der Ordnung. Als Konsequenz für die Verfassungsgeschichte ergibt sich, dass das Diktum von der Schriftlosigkeit des Verfassungsrechtes relativiert werden muss. Die staatstheoretischen Teile des vorgratianischen Kirchenrechts übernahmen diesen Part. Die kirchlichen Rechtsbücher beinhalten eine klare Verfassungslehre mit der Definition von geistlicher und weltlicher Gewalt. Es zeigt sich sogar eine Verfassungsentwicklung, die dem Ringen der beiden Positionen entspringt. Staatsrechtliche Vorgaben wurden dabei partiell dem Römischen Recht entnommen. Ein Ignorieren der ins Kirchenrecht implantierten staatsrechtlichen Vorschriften war, da das Kirchenrecht im Christentum verbindlich anerkannt und eingehalten werden musste, nicht möglich. Die Zusammenarbeit wurde auf höchster Ebene forciert, wenn etwa Otto III. eine Papsturkunde mit unterzeichnete[20]. Die Mischverhältnisse von römischen und kanonistischen Bestimmungen und auch die Anordnungsformen, die in einzelnen Rechtssammlungen des 10. und 11. Jahrhunderts adäquat schienen, sind von Varianz gekennzeichnet, so dass sie sich mit Blick auf das bipolare *imperium Romanum* charakterisieren lassen. Eine Separierung nahmen die Autoren nicht vor. Beide Quellenstränge flossen in die neu geschaffenen Werke ein, wie mit Hinweis auf die sog. „*Collectio in IX libris*" vom Anfang des 11. Jahrhunderts veranschaulicht sei, in der von einem Schreiber aus Benevent die christliche Ordnung mit ihrer Hierarchie, den Konzilien, den kirchlichen Pflichten und Diensten, dem Mönchswesen, der Taufe und schweren Sünden sowie ihrer Buße rechtlich fundiert wurde[21]. Kapitel aus der „*Epitome Juliani*" stehen in einheitlicher Zählung neben den Kirchenrechtsbestimmungen. Sie ergeben eine Einheit, wie sie den Zeitgenossen selbstverständlich schien. In anderen Sammlungen hatten sich die „*Epitome Juliani*" schon mit dem Register Gregors und den „*Regulae ecclesiasticae*" verbunden[22].

Im Kreis der Reichsbischöfe schuf Burchard von Worms († 1025) zur gleichen Zeit mit dem „Decretum" ein neues Rechtsbuch, das als Kompilation selbstverständlich aus den Vorlagen übernahm, was weiter Geltung haben sollte[23]. Das Verhältnis der beiden Gewalten wurde in den Fragen geregelt, wo Kontakte üblich waren. Ein Bischof, der seine Kirche durch den Gebrauch von Mächten der Welt erhalten hatte, sollte abgesetzt werden. Laien sollten auf Synoden nicht das Wort erheben und alle Fürsten sollten den Bischöfen gehorchen. Romreisen ohne Zustimmung des Bischofs wurden verboten, was der Zentralisierung päpstlicher Macht entgegenstand. Die Überordnung der geistlichen Gewalt, die hier im Bischofsamt allgemein gesehen wurde, ist so unzweifelhaft, dass berechtigt die Frage geäußert wurde, ob die Könige und Kaiser, mit denen Burchard zusammenarbeitete, zu den Fürsten der Erde und den Laien zu zählen seien[24]. In Gebrauch war das „Decretum", von dem circa 80 Handschriften erhalten geblieben sind, im Reich südlich und nördlich der Alpen, aber auch in Frankreich. Die Bände halfen, die alte Trennung von „Kirche" und „Staat" zu vergessen und ordneten den weltlichen Herrscher in die kirchliche Ordnung ein.

Am Ende dieser aus der Notzeit erwachsenen Symbiose aber trat in der Mitte des 11. Jahrhunderts die Eigenständigkeit der beiden Sphären wieder stärker ins Bewusstsein. Unter dem Schlagwort *libertas ecclesiae* versuchten die Vertreter der Geistlichkeit sich wieder auf ihre eigentlichen Aufgaben zu konzentrieren. In der gegenwärtigen Forschung wird die *libertas* als Schlüsselbegriff für die beginnende Säkularisierung verwendet, doch meint die Wiederherstellung der beiden Bereiche noch keine Loslösung des Weltlichen aus der *civitas Dei*. Heinrich IV. pochte 1076 in einem Manifest auf die *dualitas* von gleichberechtigten Gewalten, ohne sein Gottesgnadentum in Abrede zu stellen[25]. Vielmehr war es ein wichtiges Argument gegen einen Papst, der über den König richtete. Die Sammlung von Zweifelsfällen des Kirchenrechts, die Gratian († um 1150) zu Beginn des 12. Jahrhunderts erstellte, kennzeichnete Römisches und Synodales oder Päpstliches, bezog aber weiterhin die Vergangenheit in die Einheit von *imperium* und *sacerdotium* ein[26]. Auf dieser Grundlage konnte sich die Idee von der Kirche als *imperium Romanum* entwickeln[27]. Wie der oberste Gesetzgeber, so ist der Papst auch der oberste Richter, der *iudex ordinarius omnium*, nicht anders als der römische Kaiser, so urteilte ein Glossator[28]. Hostiensis († 1270) befand ebenso wie zuvor die „Summa Coloniensis" und die „Summa Parisiensis", dass der Papst der Inhaber des Römischen Reiches sei. *Papa est verus imperator* (Der Papst ist der wahre Kaiser) formulierte man dort selbstbewusst[29]. Papst Innozenz IV. gab dann 1245 zu Protokoll, dass Christus das Imperium an Petrus gegeben habe, nicht erst Konstantin[30]. Cinus von Pistoia († 1336/37), ein berühmter Jurist, der zuerst im Dienst Kaiser Heinrichs VII. aufscheint, dann aber zu den Päpsten überwechselte, sollte in der ersten Hälfte des 14. Jahrhunderts feststellen, dass die Kirche aufgrund des Begriffs der Sünde die ganze Rechtsprechung usurpiere.

Im Kirchenrecht und in den Glossierungen, die das Rechtsbuch Gratians bald erfuhr, wurde das Thema „Weltherrschaft" des *imperium Romanum* angesprochen. In der *„Concordantia discordantium canonum"*, die zusammen mit dem neu belebten Römischen Recht die europäische Rechtstradition im 12. Jahrhundert fundierte, schreibt Gratian dazu: „Von den römischen Fürsten habe der Gläubigste, nämlich Konstantin, in der ganzen Welt (*per universum orbem*) das Christentum erlaubt. Er habe ungeheure Schenkungen gemacht und der Peterskirche eine Ausstattung zukommen lassen, indem er selbst die *sedes imperialis* verlassen und dem Heiligen Petrus sowie seinen Nachfolgern übertragen habe". Petrus wird hier nicht allein als der Heilige aufgefasst, sondern als Rechtsperson der *sedes apostolica*. Konstantin war dieser Idealisierung gemäß nicht der Kaiser des *imperium Romanum*, so wie es heutige Forscher mit Wachstums- und Rückzugsphasen beschreiben, sondern Herrscher der ganzen Welt (*per universum orbem*). In den *„Paleae"* wurde dann die *„Konstantinische Schenkung"* an die Gratianische Sammlung angefügt[31]. Sie erhielt dadurch allgemeine Verbreitung. Nicht alle Juristen vergaßen aufgrund dieses Zusatzes die früheren Zustände im Reich. Simon von Bisignano († nach 1179) kommentierte kurz nach dem Frieden von Venedig 1177/79, man sage, dass es vorher *principes* gegeben habe, welche die Macht des Schwertes von Gott hatten, von dem alle Macht ist. Auch Huguccio († 1210), der an der Wende zum 13. Jahrhundert eine Summe zum Dekret Gratians verfasst hatte und damit die mittelalterliche Kanonistik dominierte, befand wenig später, es sei zu lesen, dass der Kaiser vor dem Papst und das Kaisertum vor dem Papsttum gewesen seien[32]. Die Frage, ob der französische und englische König nach römischen Recht (*secundum leges Romanas*) lebten, also zum *imperium Romanum* gehörten, wurde in diesem Kontext eindeutig bejaht, weil sie sich dem Kirchenrecht nicht widersetzten[33]. Sie unterständen dem Kaiser oder sollten dies zumindest, weil es nur einen Kaiser auf der Welt gäbe, urteilte Huguccio. In den Provinzen gäbe es verschiedene Könige, die unter dem Kaiser stehen. Das Kirchenrecht war also das den Kaiser stützende Instrument einer auf Frieden und Gerechtigkeit zielenden Ordnung, in der das Kaisertum sich durch Konstantins Handeln selbst beschränkt hatte, weil dies dem göttlichen Plan entsprach. Zur *„Konstantinischen Schenkung"* bemerkte Huguccio allerdings, dass seiner Meinung nach die Gewalten unabhängig seien und der Kaiser Würde und Schwert nicht vom Papst, sondern von der Wahl der Fürsten und des Volkes habe. Die *„Glossa ordinaria"* befand dagegen, dass die Ausübung des weltlichen Schwerts durch Kaiser und Könige von der Kirche übergeben werde.

Die Illuminationen in den Kirchenrechts-Handschriften des Mittelalters zeigen eine Wertschätzung der Passagen, die sich mit dem Verhältnis der beiden Gewalten auseinandersetzen[34]. Wichtig für die Theorie waren die Bemerkungen im Kapitel „de electione" des „Decretum Gratiani", die nicht allein die heute als rein kirchlich verstandenen Papst-, Bischofs- oder Abtswahlen behandeln, sondern die Wahl des Herrschers einbeziehen. Es erscheinen in der weiteren massenhaften Tradition des Textes auch Darstellungen der Kaiserkrönung. Eine aus Südwestfrankreich, vielleicht aus Toulouse stammende, um 1320 entstandene Handschrift, die heute in Berlin aufbewahrt wird, zeigt am Beginn des Kapitels eine Darstellung einer Krönung, bei welcher der Kaiser unter dem Papst steht[35]. Sie ist im Zuge der Auseinandersetzung zwischen Päpsten und Kaisern in der Zeit Ludwigs des Bayern entstanden, durch päpstliche Interessen geprägt und ein sichtbares Beispiel dafür, dass das Kirchenrecht als Staatsrecht des *imperium Romanum* benutzt wurde. Noch als Andreas von Regensburg († nach 1438) in der ersten Hälfte des 15. Jahrhunderts seine Geschichte der Päpste und Kaiser schrieb, hat er zur Frage, wer der erste Kaiser war, Hugguccio zitiert[36]. Die Durchmengung der Sphären und die Wechselseitigkeit der gegenseitigen Legitimierung von Kirche und Welt waren bis ins Spätmittelalter hinein von weiten Teilen anerkannt. Das „Kirchenrecht" wurde aber immer einseitiger zu Gunsten der Päpste verändert. Neuerungen waren nur noch durch päpstliche Bestimmung rechtmäßig. Die Synoden verloren ihre frühere Legitimation zur Rechtssetzung. Die Dekretalen des „Liber Sextus" und die „Clementinen" wurden von Dietrich von Niem († 1418) am Beginn des 15. Jahrhunderts deshalb als Instrument päpstlich-hierokratischen Anspruchs auf die Rechte des Imperiums verstanden[37]. Der Mangel an imperialer und überhaupt säkularer Beeinflussung der Rechtsinnovation führte zur endgültigen Loslösung von dem einen allseits anerkannten Reichsrecht, wie es das „Kirchenrecht" über Jahrhunderte gewesen war.

Die universitäre Wissenschaft vom Römischen Recht

Schon die Zeitgenossen Gratians hatten sich wieder auf die alten Unterschiede zwischen weltlichem und kirchlichem Recht besonnen, so dass an den Universitäten nicht einfach das Recht der Christenheit, sondern Römisches Recht und Kirchenrecht getrennt gelehrt und diskutiert wurden. Man nahm die von Gott gegebene Ordnung in zwei getrennten Systemen ernst, so dass kein einheitlicher Begriff eines römisch-kanonischen Rechts abgeleitet werden kann. Die Argumentationen in Rechtsdebatten waren so zweigleisig wie von der Verfassungsstruktur vorgegeben. Die Annäherungen und Rechtsvermischungen der Ottonen- und Salierzeit, die den Auftrag der Bipolarität in gelebte Wirklichkeit umgesetzt hatten, sollten nicht auf Dauer dazu führen, den eigentlichen Charakter der beiden Gewalten und ihres je eigenen Rechts zu verwässern. Die Nachkommen waren unzufrieden mit der mangelnden Transparenz, die sich bei der auf die Praxis orientierten Kopplung ergeben

hatte. Dies schuf die Notwendigkeit zu einer wissenschaftlichen Auseinandersetzung mit den beiden Rechten jeweils für sich, wenn sie im Sinne der bipolaren Ordnung weiterentwickelt werden sollten.

Kaiser Heinrich V. hatte für die Bewusstseinsbildung Wesentliches geleistet.
Die Erfolge stellten sich dann bei Friedrich I. ein. Der Kaiser musste sich für die
Definition seiner Position nicht mehr auf die gängigen Rechtskompilationen stützten, sondern konnte direkt auf den „*Codex Justinanus*" verweisen. Friedrich sorgte
sogar dafür, dass sein Privileg über die Studenten in den „*Codex Justinianus*" aufgenommen wurde[38]. Die Wahl der Thematik war äußerst klug, denn diejenigen, die
im 12. Jahrhundert über das antike Kaiserrecht wachten, haben die sie selbst betref-
fende Neuregelung stolz eingegliedert. Möglichen theoretischen Einwänden über
die Rechtmäßigkeit der Veränderung durch Ergänzung wurde der Wind aus den
Segeln genommen. Letztlich war der Akt symbolischer Natur zur Demonstration
der Stellung in der justinianischen Nachfolge und entsprang nicht dem Plan, eine
umfassende Aktualisierung durch Veränderung vorzunehmen. Das weitere Arbeiten mit dem Kaiserrecht beschränkte sich auf die Glossierung.

Friedrich II. sah dann ein halbes Jahrhundert später einen ganz engen Konnex
zwischen Kaisererhebung und der Kompetenz, Neuerungen in den „*Codex Justinianus*" zu integrieren. In dieser Zeit wurde auch die „*Decima collatio*" mit dem
Lehnrecht angefügt. Hier ist ein Bemühen zu spüren, das eigene mittelalterliche
Rechtssystem in das „*Corpus Iuris Civilis*" zu integrieren, das fortan für gelehrte Juristen von größter Bedeutung war. Das beständige Arbeiten mit dem „*Corpus Iuris
Civilis*" ist an den Apparatus und Glossen abzulesen[39]. Der Bologneser Legist Azo
(† 1220) hat in dieser Zeit mit der „*Summa in Codicem*" einen Kommentar zum
„*Codex Justinianus*" vorgelegt[40]. In der Rechtsrealität bedeutete die Reaktivierung
des Römischen Rechts, dass am besten beide Rechte, Weltliches und Kirchliches,
eingehalten und wichtige Entscheidungen im Konsens beider Mächte getroffen
wurden. Gleichzeitig wurde immer klarer über die Rechtssphären reflektiert, so
dass Friedrich II. als Reaktion auf seine Exkommunikation die folgenschwere Trennung zwischen der Kirche bzw. dem kirchlichen Amt einerseits und dem Träger
dieses Amtes andererseits vornehmen konnte. Die Transpersonalität der doppelten
Christusnachfolge erhielt dadurch ein verändertes Fundament. Aus dem Verhältnis zweier Instanzen konnte mehr und mehr das Verhältnis zweier Organisationen
werden. Die Position des Kaisers wurde ein Jahrhundert später gestärkt, als etwa
der Legist Bartolus de Saxoferrato († 1357), ein Schüler des Cinus von Pistoia, die
Weltherrschaft des Kaisers mit Rückgriff auf das christliche Heilsverständnis absi-
cherte: „Wenn jemand sagen sollte, dass der Herr Kaiser nicht der Herr und Monarch des ganzen Erdkreises ist, dann wäre er ein Ketzer"[41]. Die Rechtstheorie war
theologisch untermauert. Allein die Privilegien, die kaiserliche Vorgänger recht-

mäßig erteilt hatten, waren auch von den Nachfolgern einzuhalten[42]. Die exempte Stellung einzelner Machtbereiche aus der kaiserlichen Herrschaft wurde damit legitimiert. Die „*Konstantinische Schenkung*" ist dafür das Paradebeispiel, aber auch Privilegien Kaiser Valentinians für Frankreich und Anastasius' für Spanien wurden als faktenschaffend vorgebracht, obwohl immer intensiver darüber diskutiert wurde, ob die Kaiser zu derart weitreichenden Vergabungen überhaupt berechtigt gewesen waren. Gegen die Fürstenprivilegien Friedrichs II., die dem Reich Abbruch getan hatten, wurden aus Eigennutz keine Federn gespitzt, aber ähnliche Entscheidungen Wenzels für Reichsitalien hart abgestraft[43]. Das Recht der durch Verjährung erworbenen Gewohnheit musste in einem Rechtsstaat wie der kaiserlichen *monarchia mundi* anerkannt werden. Wie im kirchlichen Hierarchiegebäude wurde allerdings die Idee der Reservatrechte entwickelt, also betont, dass es Rechte gäbe, die der Kaiser *de iure* überall ausüben könne[44].

Der Sachsenspiegel und seine Wirkungen

Eike von Repgow († nach 1233) setzte in seinem Sachsenspiegel Kaiser und Papst auf einen gemeinsamen Stuhl. Die Bilderhandschriften des Sachsenspiegels zeigen beide Lenker des Reiches in Umarmung[45]. Gleich zu Beginn des Landrechts steht als „*Textus prologi*" ein Bekenntnis zur Rechtstradition Konstantins und Karls des Großen[46]. Auf letzteren führten die Sachsen ihr Recht zurück, aber auch die ältere Tradition blieb in der Erinnerung erhalten. Gleich darauf folgt am Beginn von Kapitel I eine Bezugnahme auf die Zwei-Schwerter-Lehre, die für die Gerichtsordnung in Sachsen von zentraler Bedeutung war. Gott bestimmte den Beschirmer des Reichs, war also der letzte Garant für die Einhaltung von Rechtsvorschriften. Er hat die Rechtssicherheit nicht in eine Hand gelegt, sondern sowohl Papst als auch Kaiser mit der Beschirmung der Christenheit betraut. Ein Glossator vermerkte dazu, dass der Hl. Petrus das eine Schwert hatte und dieses nun der Papst habe, während das andere von Johannes geführt worden sei. Dies habe nun der Kaiser[47]. Eike von Repgow ist durch diese Setzung ein zentraler Verfechter der bipolaren Weltordnung, die nicht nur gottgewollt schien, sondern auch rechtlich abgestützt wurde. Er kennt die Unterscheidung in Geistliches und Weltliches, für das je ein Schwert zur Verfügung gestellt wurde. So sei der Papst durch Gott in Besitz des geistlichen Schwerts, der König in Besitz des weltlichen. Der Bezugsrahmen ist hier erneut die Christenheit, nicht explizit das Reich. Genannt werden zudem die Vorrechte des Papstes, ohne dass dies für eine Rechtssystematik zwingend nötig wäre. Es diente zur Bestimmung der Rangunterschiede zwischen Papst und Kaiser.

Eike von Repgow schwankte in der Begrifflichkeit. Während bei der Zwei-Schwerter-Lehre der König auftritt, ist für die Rangfragen eindeutig an den Kaiser gedacht. Dieser habe dem Papst, wenn er auf dem Schimmel reitet, die Zügel zu halten und den Steigbügeldienst auszuüben. Grundsätzlich gelte, dass der Kaiser sein weltliches Schwert einsetzen müsse, wenn es dem Papst nicht gelinge, sich allein mit dem geistlichen durchzusetzen. Aber im Bedarfsfall solle auch der Papst dem weltlichen Recht helfen. Nach Festsetzung des Gerichtsstandes wird das Recht in die sechs Weltalter eingebunden. Analog dazu stünden die Heerschilde. Die Eigenständigkeit der Sachsen zeige sich in ihrem Sonderrecht, das auch nach der christlichen Rechtsreform Karls des Großen erhalten blieb. Es folgen keine Regeln für die Gerichtsverfahren im kirchlichen Bereich, aber dieser wird als normgebend an den Anfang gestellt. Weltliches Recht muss dazu in der Lage sein, die Interessen des Papstes zu vertreten.

Erst am Ende des Rechtsbuches wird das *imperium Romanum* im Ablauf der Weltreiche idealisiert. In einem Kapitel des Landrechts wird unter der Überschrift: *Wor sich daz riche erst erhup* ein Kontinuum von Babylonischen, Persischen, Griechischen und Römischen Reich gesehen, wobei betont wird, dass das Römische Reich mit Julius Caesar einsetze und die „Gewalt" seither behalten habe. Noch habe Rom die Gewalt inne und das weltliche Schwert. Das geistliche Schwert aber läge bei den Päpsten. Die Bezeichnung „Haupt aller Welt" erkläre sich daher. Die Kontinuität bestimmte das Denken, bevor die Trennung der Gewalten in weltliches Schwert und geistliches Schwert erfolgte. Mit Rückschluss auf die Eingangsworte darf man auf eine enge Verbindung zwischen *imperium Romanum* und Christenheit schließen. Die eigenen Vorfahren werden jedoch im Sachsenspiegel klug dem Heer Alexanders des Großen († 323 v. Chr.) zugewiesen, also der Tradition des Reiches vor der Übertragung an die Römer[48].

Betont wird der göttliche Auftrag, die Christenheit gegen innere und äußere Feinde zu schützen. Weltliches und geistliches Gericht müssten sich unterstützen. Dieser Punkt wird wenig später berührt, als unter der Überschrift *Waz Constantinus deme pabiste gap* zugebilligt wurde, dass Konstantin dem Papst auch Gewette, also die dem Richter zufallenden Strafsummen im weltlichen Gericht, übertragen habe, von denen eingangs bei der klaren Scheidung von weltlicher und geistlicher Gewalt noch keine Rede gewesen war. Erneut kommt der Gedanke der gegenseitigen Unterstützung zum Tragen, um die Durchsetzung des christlichen Rechts zu gewährleisten. Der Widerstand gegen eine der beiden Rechtsebenen solle durch die jeweils andere gebrochen werden. Dabei hat Eike das sichere Vertrauen, dass beide zusammen zur Durchsetzung des Rechts fähig sind. Ein Widerstehen gegen beide Schwerter ist in seinem Konzept nicht vorgesehen. Der Bann schade der Seele, ohne einem Christen den Leib zu nehmen. Das Gesetz „Du sollst nicht töten" konnte so bewahrt werden. Die Acht folgt auf den Bann. Die Rechtsräume unterliegen hierbei keiner geographischen Definition, sondern werden nach Rechtssphären geschieden.

Die Universalität der Kaiserherrschaft trat in den Hintergrund, vor allem weil im Weiteren die Ansprüche des Königs geregelt wurden. Dies war konform zur späteren Entwicklung, in der König und Kaiser kaum mehr geschieden wurden. Die Wirkung dieser Definition der bipolaren Weltordnung, die durch wechselseitige Absicherung den Frieden garantierte, war enorm, denn das Landrecht gehörte bis in die frühe Neuzeit zu den bestbekannten juristischen Texten in den nördlichen Teilen der Deutschen Lande. Im Süden wurde das Recht auf der Grundlage des Sachsenspiegels im Schwabenspiegel fixiert[49]. Der Blick auf das Reich und die Legitimation der Kaiserherrschaft hat sich gewandelt. Im Süden galt seither, dass Gott beide Schwerter an Petrus gegeben habe. Aus diesem Grund empfange der Kaiser das weltliche Schwert aus der Hand des Papstes.

Ein Zeugnis der aktuellen kaiserlichen Rechtssetzung des 15. Jahrhunderts mag den Fortbestand der bipolaren Idee belegen. In den „16 Artikeln zur Reichsordnung" von 1434 findet sich die Bestimmung, dass das geistliche Gericht mit dem weltlichen Schwert unterstützt werden soll und die weltliche Acht durch das geistliche Gericht mit dem Bann bekräftigt werden solle, *also daz ein swert dem andern geholfen und beigestendig sei*[50]. Gleichzeitig verwahrte man sich vor einem zu starken Eingreifen des geistlichen Schwertes. So sollten weltliche Angelegenheiten nicht vor geistlichen Gerichten ausgetragen werden und der Papst die kurfürstlichen Erzbistümer *nicht nach willen* geben und bestellen. Die weltlichen Botschafter beim Baseler Konzil sollten das Konzil ermahnen, den Papst zu unterstützen bzw. ihm Ruhe und Frieden zu geben.

Die Gültigkeit der „Konstantinischen Schenkung" als Rechtsproblem

Für die Vorstellungen der Bipolarität des Reiches und seines Rechts war seit dem 9. Jahrhundert die *„Konstantinische Schenkung"* von Gewicht. Seit Innozenz III., der mit einer Predigt zu Beginn des 13. Jahrhunderts für die Renaissance der *„Konstantinischen Schenkung"* und des Konstantin-Bildes sorgte[51], waren *donatio* und *constitutum* die zentralen Dokumente für Auseinandersetzungen über die Stellung von Papst und Kaiser im abendländischen Christentum. Dies war immer auch ein Problem der Juristen und des Rechts. Die Gültigkeit einer so weitreichenden Verfügung wie der Vergabe des Reiches rief die Interpreten der Rechtsbücher auf den Plan. Die Intensität der Auseinandersetzung mit dem Text und der Geschichte des Reiches schürte die Zweifel. In der Zeit nach dem Konstanzer Konzil trat die *„Konstantinische Schenkung"* mit all den Rechtsproblemen wieder in den Fokus. Die Gegner einer hierokratischen Papstmacht arbeiteten parallel am Nachweis der Fälschung und entlarvten das Machwerk späterer Zeit, um sich von den Fesseln zu lösen, die mit den bisherigen Klimmzügen zur Ausdeutung des Textes nicht abzustreichen gewesen waren. Formale Kriterien, rezeptionsgeschichtliche Beobachtungen und inhaltliche Argumente brachten das Stück um seine Rechtswirksamkeit. Bezugnahmen auf die „*Konstantinische Schenkung*" sind in der Zeit des Konziliarismus weiterhin zu verzeichnen. Antonio de Rosellis († 1466) verschweigt in seiner Schrift „*De monarchia*", in der er über die Macht im *imperium Romanum* und der *universalis ecclesia* debattiert, nicht, dass einige sagen, die *donatio* gelte nicht, weil sie nicht von Konstantin stamme[52]. Mit Nachdruck verweist er stattdessen auf den Eid Sigismunds an Papst Eugen IV., zumal der Text des Formulars von ihm selbst stammte, wie er stolz einfügt. Anschließend wendet sich Antonio Konstantin zu. Das *imperium* sei kein *corpus mysticum*. Konstantin konnte das Reich nicht für seine Nachfolger vergeben, aber jeder einzelne könne darauf verzichten, so wie es die Herrscher seither immer getan hätten.

Während des Baseler Konzils beschäftigte sich Nikolaus von Kues († 1464) in der „*Concordantia catholica*" mit der „*Konstantinischen Schenkung*"[53]. Getragen vom humanistischen Geist seiner Zeit war ihm aufgefallen, dass antike Zeugnisse über einen so wichtigen Akt, wie er durch die „*Konstantinische Schenkung*" vorgenommen worden sein soll, völlig fehlen. Kirchenväter und Konzilien wurden neben den verfügbaren Darstellungen zur römischen Geschichte analysiert. Mit keinem Wort ließ sich ein Bezug auf den Text ausmachen, den Nikolaus' Vorfahren seit Jahrhunderten als Urkunde Konstantins angesehen hatten. Konstantin war wieder in die Reihe der zentralen Kaiser aufzunehmen, aus der noch Dante ein Jahrhundert zuvor ihn gerade wegen der Veruntreuung von Gütern des *imperium Romanum* hatte verbannen wollen[54].

Auf der Grundlage dieser Kritik verfasste Lorenzo Valla († 1457) im Dienst Alphonsos V. von Neapel († 1458) seinen Traktat „*de falsa credita et ementita Constantini donatio*"[55]. Während des Konzils von Ferrara-Florenz, als mit den angereisten Griechen über die Einheit des Christentums verhandelt wurde, argumentierte Valla gegen den päpstlichen Primat. Eigene Urkundenkritik, die Rezeption der Plausibilitätsargumente des 14. Jahrhunderts und die Bezugnahme auf das Kirchenrecht führten Valla zum Ergebnis. Dass Gratian die Schenkung nicht aufgenommen hat, wird als Hinweis darauf gewertet, dass er sie für unecht gehalten habe. Seine Einsichten verbreiteten sich schnell, wurden aber vielerorts mit Blick auf die Stellung des Papsttums als nichtig betrachtet. Viele und gerade die zentralen Geschichtsbücher nannten die „*Konstantinische Schenkung*" bis zum Ende des Mittelalters als historisches Faktum. In der „*Reformatio Sigismundi*"[56] findet sich eine breite Bezugnahme auf Konstantin[57]. Simonie und Geiz seien in dieser Zeit entstanden, heißt es, bevor eine klare Definition der Güter des Patrimonium Petri vorgenommen wird. Hier kennt man sogar eine Aufteilung des geschenkten Gutes zwischen Papst und Kardinälen, wobei der Papst nur einen, die Kardinäle aber zwei Teile erhalten sollen. Der kaiserliche Schutz für die Kirche wurde noch immer als Absprache zwischen Konstantin und Silvester stilisiert. Erst als Ulrich von Hutten († 1523) zur Unterstützung protestantischer Ideen die Schrift Vallas in den Druck gab, konnte die Kritik in weiten Teilen des Reiches zur unzweifelhaften Tatsache aufsteigen. Die kritische Geschichtswissenschaft wurde als historisch-juristische Staatswissenschaft geboren. Sie war methodisch korrekt und doch nicht unparteiisch, sondern wurde mit klarem Impetus betrieben.

Die Zwei-Gewalten-Lehre in der politischen Theorie

Über die Notwendigkeit des regimen

In der irdischen Welt schien nicht nur den Realpolitikern und den Juristen, sondern auch den Theoretikern Leitung (*regimen*) offenbar notwendig[58]. Die Verbindung, in der staatlicher Verband und kirchliche Gemeinschaft miteinander verschmolzen waren, machte sehr verschiedene Formen der Kooperation denkbar. Zahlreiche Traktate und Positionspapiere stellten sich hinter das Konzept der gemeinsamen Leitung der Christenheit in zwei separaten Abteilungen. Da Politiktheorie über weite Zeiten kein akademisches Tätigkeitsfeld war, sondern im direkten Konnex zu den politischen Tagesproblemen entstand, blieben der Umfang der Äußerungen und die Erkenntnistiefe überschaubar. Nicht selten argumentierten die Betroffenen und ihr direktes Umfeld selbst. Erst mit der Schaffung von Universitäten nahmen die nun zumeist bestellten Wahrheiten eine größere Vielfalt an.

Spätantike Theorien zur Stellung von Kaiser und Papst

Papst Gelasius hat nicht nur Briefe an den Kaiser geschrieben[59], sondern auch einen Traktat verfasst, der sich mit dem Zwei-Gewalten-Problem auseinander setzt. Vor der Ankunft Christi seien nach dem Vorbild des Melchisedek Priestertum und Königtum miteinander verbunden gewesen[60]. Die antiken Herrscher hätten neben dem Kaisertum auch das Oberpriestertum ausgeübt. Mit der Geburt Jesu sei dann aber, so Gelasius wider die historisch belegten Tatsachen, von den Kaisern der priesterliche Name nicht mehr geführt worden. Tatsächlich hat erst Kaiser Gratian (367–383) davon Abstand genommen. Christus habe dann eingedenk der menschlichen Schwachheit die Ämter beider Gewalten nach ihren eigentümlichen Tätigkeitsfeldern (*actiones*) und Würden (*dignitates*) geschieden. Gelasius liefert dafür zwei Gründe: er habe die Seinen in heilsamer Demut (*humilitas*) bewahren und sie vor menschlichem Hochmut (*superbia*) schützen wollen. Deshalb sollten die Kaiser für das Ewige Leben der Priester (*sacerdotes*) bedürfen und die Priester ihrerseits im weltlichen Lauf die kaiserlichen Anordnungen (*dispositiones*) befolgen. Die geistliche *actio* solle sich nicht in weltliche Aufgaben einmischen und der Kaiser nicht in geistlichen Dingen Befehle geben. Die Selbstbeherrschung beider Seiten solle eingehalten werden, damit nicht die gegenseitige Unterstützung aufgehoben würde. Nur so könne eine adäquate Lenkung erfolgen. Von der weltlichen Seite könne der Pontifex weder gebunden noch gelöst werden. Kein Kaiser solle deshalb absolvieren, sondern nur die Absolution erbitten. In diesem einen Punkt wird das bipolare Konzept mit einem strengen Nebeneinander durchbrochen. Das Sacerdotium hat gemäß dem Traktat ebenso wie das Imperium *potestas*. Zwischen *potestas* und *auctoritas* wurde also nur im diplomatischen Briefverkehr, nicht grundsätzlich unterschieden. Die kaiserliche Seite verstand trotzdem, dass ihre Stellung eingeschränkt werden sollte und schlüpfte zumindest in künstlerischen Darstellungen provokativ in die Rolle des Melchisedek[61]. Die Konstruktion der „einen" Christenheit mit einem Dualismus von *imperium/regnum* und *sacerdotium* hat fortan die realen Verhältnisse mit schillernden Farben überzogen, die vor allem die säkulare Forschung stark irritierte. In einem Gedankengebäude, das die Dreieinigkeit Gottes kennt, war die Zweieinigkeit der Führung hingegen problemlos vorstellbar. Der Ursprung beider Gewalten lag in Gott, wie schon bei Paulus nachzulesen war[62]. Die theoretische Aufarbeitung verblieb bei Gelasius und bei vielen späteren Theoretikern nicht im luftleeren Gedankenraum des Vorstellbaren, sondern begleitete die Realpolitik eines Papstes, der sich gegen die Übergriffe des Kaisers in den Bereich der christlichen Lehre, also die *actio spiritualis*, zu erwehren suchte.

Der Kirchenvater Augustinus, dem die europäische Identität des Mittelalters nicht nur das Hoffen auf den reinen Gottesstaat, sondern auch Ideen von Freiheit und Menschenwürde verdankt, war da unabhängiger gewesen[63]. Als Bischof von Hippo war er davon überzeugt, dass das Christentum und das Römische Reich unausweichlich eine Einheit bilden, die er als gottgewollt akzeptierte, auch wenn dies nicht in allen Punkten einfach schien. Am problematischsten war die doppelte Loyalität zu Kaiser und christlichem Glauben. Die Gesetze des Weltlichen mussten ebenso eingehalten werden wie die Gebote der Kirche. Erst in der Ewigkeit würde der Glauben eine sichere Behausung finden. Augustinus hatte den Christus-König vor Augen, und sah die Kaiserstatuen im realen Alltag. Auch vom „herrschgierigen Weltstaat, dem die Völker dienen, und der gleichwohl von seinem eigenen Herrschaftsgelüst beherrscht wird" müsse sein Werk handeln[64]. Zunächst war dieser Weltstaat der Feind, der die Christen verfolgte. Aber er war Teil der eigenen Heilsgeschichte, weil die Märtyrer das Christentum bezeugten. Das Asylrecht der christlichen Stätten ist ihm eine zentrale Neuerung, weil es die Grenzen der Gewalt offenbart. Auch die weltliche Macht ist nicht allumfassend, sondern erkennt seit

Ausbreitung des Christentums geweihte Heiligkeit als Schutzraum und als Ort der Freiheit an. Anderen Tempeln der Antike wohnte diese Qualität nicht inne. Die Wirkung eines Herrschers in der Gesellschaft schien grundsätzlich positiv, weil das Volk durch Habgier und Üppigkeit verdorben nur den eigenen Vorteil kenne. Der anerkannte Herrscher konnte die Bedürfnisse regulieren. Doch der nach Ansicht der Gegner Christi ideale Staat kannte kein Korrektiv, weil man die Verbrechen und Schandtaten der Götter nachahmte sowie Reichtum und Frieden als wesentliche Leistungen des Staates ansah. Klage äußert Augustin, dass reiche Menschen sich die Armen untertan manchen und Unterwürfigkeit fordern. Gute Sitten und gute Menschen seien kein Ziel, vielmehr arrangiere man sich mit öffentlichen Dirnen, fordere Prunkbauten und Gelage. Wem dies aber missfalle, gelte als Staatsfeind. Das Staatliche konnte also den Christen nicht egal sein, die auf die Menschenwürde sowie ein gottesfürchtiges Leben in Demut und Bescheidenheit achteten. So trägt die Schrift, die sich nicht nur dem Verhältnis von Kirche und Staat widmen wollte, sondern dem Kampf gegen die alten Götter, Züge einer politischen Theorie. Der Staat, in dem man lebte, war auf die alten Götter begründet und insofern war Religion Staatssache. Auch der christliche Gott mit seiner allumfassenden Vorsehung hat sicher nicht gewollt, dass die Reiche der Menschen, die Fürsten mitsamt den Untertanen, den Gesetzen seiner Vorsehung entzogen seien. Also gab es eine Verbindung zwischen dem gegenwärtigen Reich der Römer und dem Plan Gottes. Die Zeitgenossen beschäftigte die Frage, warum der wahre Gott die Ausbreitung des römischen Reiches gefördert hat. Augustin verweist auf die Tüchtigkeit der Römer, auf Männer wie Caesar und Cato[65]. Nicht zu leugnen blieb, dass die Koinzidenz des Erscheinen Jesu und der Errichtung des Kaisertums einen Sinn haben musste wie der Sieg Konstantins, den Augustin zusammen mit Theodosius in seinem Werk eigens würdigte[66].

Bischof Facundus von Hermiane († nach 571) mischte sich in der Mitte des 6. Jahrhunderts in das zunehmende Staatskirchentum ein. Wie Johannes Chrysostomos († 407) verwies er auf den alttestamentlichen König Usija[67]. Gegen Gottes Willen habe sich dieser angemaßt, das Heiligtum zu verwalten, das nur dem Priester zukomme. Dies wurde von Gott mit Aussatz bestraft. Der Kaiser wurde zugleich ausdrücklich davor gewarnt, aus eigener Machtvollkommenheit neue Kanones zu erlassen, was nur der bischöflichen Synode zukomme. Gott habe seine Gaben verschieden zuerteilt. Er untersage den Königen, was zur Sphäre des Priesters gehört. Nach der Ankunft Christi sei die Verbindung von *sacerdotium* und *imperium* nicht mehr erlaubt. Auch die Könige müssten den Priestern gehorchen. Hier gibt es die Unterscheidung in weltliche und religiöse Bestimmungskompetenz, aber es handelt sich nicht um einen Dualismus von Kaiser und Papst, sondern um das Miteinander von Kaiser und Synode. Der Verfasser war geprägt durch die nordafrikanische

Tradition, so dass es kaum wundert, wenn der römische Bischof nicht mit einer Sonderrolle bedacht wurde.

Die Abwehr kaiserlicher Dogmensetzung durch verfassungsrechtliche Bipolarität

Papst Gregor II. offenbarte in seinen Schreiben an Kaiser Leo III., mit denen er sich gegen die Bilderverbote wehrte, eine bipolare Grundauffassung[68]. In einem ersten Brief berief sich der Papst auf seine *potestas* und *auctoritas*, die ihm vom Apostel Petrus verliehen wurde. Er kritisierte die kaiserlichen Ratgeber, nicht den Kaiser selbst, dessen Amt er zu schützen suchte. Nach einer abschlägigen Antwort des Kaisers fuhr Gregor II. theoretische und historische Geschütze auf. Eigentlich hätte er den Kaiser mit der Exkommunikation belegen wollen, da er Befugnis und Macht sowie Autorität vom heiligen Apostelfürsten Petrus habe, die Strafe über den Kaiser zu verhängen. Aber dieser habe selbst den Fluch auf sich geladen. Gregor drohte nur mit der Exkommunikation, sprach sie aber nicht aus. Er erkannte die Gleichheit beider Lenker insofern an, als er dem Kaiser zubilligte, sich selbst aus der Gemeinschaft auszuschließen. Gegen die kaiserlichen Entscheidungen in Lehrfragen hat Gregor dann den geistlichen Lenkungsbereich noch einmal definiert: „Du weißt, Kaiser, dass die Dogmen der heiligen Kirche nicht Dogmen der Kaiser, sondern der Priester sind, die sicher auferlegt werden müssen. Deshalb sind die Priester den Kirchen vorgesetzt und sollen sich von den Aufgaben des Staates fernhalten"[69]. Gleicherweise sollten sich auch die Kaiser von den kirchlichen Dingen fernhalten und das wahrnehmen, was ihnen selbst übertragen ist. Die eigentliche Idee der Bipolarität wird im Anschluss daran erklärt: „Der Rat aber der Christus liebenden Kaiser und der frommen Priester ist *eine* Kraft, sobald in Frieden und Liebe die Dinge verwaltet werden" (*consilium autem Christi amantium imperatorum et piorum pontificum virtus est una, quando cum pace et charitate res administrantur*, so im Authenticum aus dem Griechischen übertragen, wo für *virtus* das Wort *dynamis* verwendet wird[70]).

Mit Bezug auf Justinian hatte Kaiser Leo III. geschrieben, er sei Kaiser und Priester zugleich[71]. Die Vorstellung vom Priesterkönig wurde nicht rundweg abgelehnt, sondern der historische Vergleich bemüht. Diejenigen, die vor Leo III. Kaiser waren, hätten das durch Tat und Wort gezeigt. Sie hätten „gemeinsam mit den Priestern – von Leidenschaft und Eifer entzündet – die Sorge für die Kirche getragen und die Wahrheit des rechten Glaubens wie Konstantin der Große, Theodosius der Große, Valentinian der Große und Justinian der Große verbreitet. Jene Kaiser herrschten gottesfürchtig und beriefen Synoden mit den Priestern eines Sinnes und Urteils und spürten die Wahrheit der Dogmen auf und gründeten und schmückten die heiligen Kirchen. Diese seien Priester und Kaiser, die dies durch ihr Werk bezeugten"[72]. Leo aber habe, seitdem er sich die Herrschaft angemaßt habe, die Satzungen der Väter nicht bewahrt. Im Briefstil und mit Ehrfurcht vor der weltlichen Spitze im bipolaren Miteinander mahnte der Papst: „Höre unsere Niedrigkeit, Kaiser, lass ab und folge der heiligen Kirche, wie du sie vorgefunden und angenommen hast." Die Dogmen seien nicht die „Aufgabe der Kaiser, sondern der Priester, da sie den Sinn Christi haben". Die Anordnung der kirchlichen Verfügungen sei etwas anderes als das Weltliche: *alia est ecclesiarum constitutionum institutio et alius sensus saecularium*[73]. Deshalb belehre der Papst den Kaiser, welches die Unterschiede zwischen dem Palast und den Kirchen, zwischen den Kaisern und den Priestern seien. Der Kaiser solle dies erkennen und nicht streitsüchtig sein. Denn wie der Priester keine Berechtigung habe, „in den Palast einzusehen und königliche Würden vorzuschlagen", so habe auch nicht der Kaiser das Recht, „in die Kirchen einzusehen und Wahlen im Klerus vorzunehmen noch die Symbole der heiligen Sakramente zu weihen oder zu verwalten noch zu empfangen ohne Zutun des Priesters. Ein jeder von beiden bleibe in dem, wozu er von Gott berufen ist". Der Rückbezug auf die göttliche Einrichtung der doppelten Lenkung der Christenheit ist der Grund für den Papst, ein bipolares Konzept zu vertreten. Die realpolitische Macht des Kaisers hätte eine hierokratische Auffassung schnell dem Boden gleich gemacht. Aber auch diese Worte verhallten wirkungslos.

Bipolare Vorstellungen von der Karolingerzeit bis zu den frühen Saliern

Durch die Schaffung neuer Realitäten sollten die in der konkreten Auseinandersetzung mit Leo III. wirkungslosen Positionen unter den Nachfolgern Gregors II. so viel Kraft erhalten, dass die Bipolarität zu kippen drohte. Die neuen Kaiser wurden als Lenker des Weltlichen immer häufiger so beurteilt, als stamme ihre Macht nicht mehr von Gottes, sondern von des Papstes Gnaden. Dagegen wandte man sich noch nicht einmal im Umfeld Karls des Großen, wenn über Konzepte der bipolaren Gleichheit reflektiert wurde. Schon vor dem Krönungsakt von 800 war über die Kompetenzen gestritten worden. Alkuin († 804), der gelehrte Vertraute des Frankenkönigs, kreierte in seinen Briefen ein Gottesgnadentum, das zur Lenkung der Kirche befähigte[74]. Die Trennung der beiden Gewalten war dem karolingischen Staatstheoretiker ein Anliegen. Geteilt seien *potestas saecularis* und *potestas spiritualis*, schreibt Alkuin, denn die eine trüge das Schwert des Todes in der Hand, die andere den Schlüssel zum Leben auf der Zunge. Die Verteidigung der geistlichen Gewalt sei die Aufgabe der weltlichen Gewalt, die niedriger einzuschätzen sei, weil sie nicht zum ewigen Leben führe. Karl der Große selbst formulierte eine Trennung in Schutz nach außen und Festigung des Glaubens nach innen als seine Aufgabe[75].

Die Festigung ist aber wohl kaum mit der Lehrhoheit und einer Definition von Glaubensfragen gleichzusetzen, wie dies von den byzantinischen Kaisern praktiziert worden war. Dem Papst wies er die mosaische Aufgabe zu, bei Gott um Hilfe zu flehen, so dass die Definition des Glaubens als Aufgabe der geistlichen Gewalt unausgesprochen blieb, um den direkten Konflikt zu vermeiden. Als eine iberische Synode über den Adoptianismus beriet, gab der Kaiser jedoch als *rex et sacerdos* und *omnium Christianorum moderantissimus gubernator* (sehr gemäßigter Lenker aller Christen) die Marschrichtung vor[76]. Nach weiteren Einmischungen und dem Kapitulare von 791 schallte als Abwehrreaktion gegen den Priesterkönig Karl das gelasianische *Duo quippe sunt* aus Rom in den Westen, ohne dass Papst Hadrian noch gewusst hätte, wer es einst zur Verteidigung der päpstlichen Rechte benutzt hatte[77].

Dafür erhielten die Ideen Augustins in der Folgezeit starkes Gewicht. Unter Ludwig dem Frommen sollte Wala († 836) auf einem Reichstag zu Aachen eine Mahnrede über die zwei Gewalten halten, in der klare Kompetenzunterscheidungen vorgenommen wurden[78]. Der Herrscher möge sich nicht in Göttliches einmischen, denn Christus gebiete über die Kirche, gleichsam den anderen Staat. Damit ist der Gottesstaat Augustins gemeint. Die Lösung lag nicht in der Machttrennung in Diesseits und Jenseits, sondern in der Unterscheidung von weltlich organisierter Kirche und der unsichtbaren Kirche Christi. Die Synode von 829[79] und der Fürstenspiegel des Jonas von Orléans († 843)[80] spiegeln die intensive Auseinandersetzung mit der gelasianischen Zweigewaltenlehre wider, die ergänzt wurde durch die Zweckbenennung. Beide Gewalten seien aufeinander angewiesen, sie schützten und unterstützten sich gegenseitig. Jonas sieht dabei eine Rechenschaftspflicht der priesterlichen Seite über die Könige vor Gott vor, was zu ihrer Erhöhung führt. Nicht die Trennung von *imperium/regnum* und *sacerdotium* ist das Ziel, sondern die verstärkte Einheit. Die Führungskompetenz des Königs in Kirchenfragen gilt nur, insofern er richtig handelt. Andernfalls besteht die Möglichkeit des Entzugs. Am Ende des Jahrhunderts griff dann Karl der Kahle auf Gelasius zurück, um sich gegen die immer stärker werdende Hierokratie zu schützen[81]. Von Usurpation der weltlichen Angelegenheiten durch die geistliche Sphäre ist die Rede. Hinkmar von Reims († 882) bekräftigte die alte Auffassung, dass nur die Beschränkung der geistlichen und weltlichen Aufgaben und Wirkungskreise auf das jeweils eigene bei strenger Gleichordnung von *regnum/imperium* und *sacerdotium* zu einer nützlichen Zusammenarbeit im Sinne der christlichen Gemeinschaft führen könne[82].

Die gelasianischen Vorstellungen rückten ins Zentrum der Staatstheorie, als der Wechsel des Kaisertums auf die Ottonen vorbereitet wurde. Otto der Große wollte seine Herrschaft zum Kaisertum ausbauen und griff dafür auf die Denkmuster zurück, mit denen das Kaisertum legitimiert worden war. Er vertraute nicht auf die Kraft der Salbung und Benediktion, sondern begründete seine Herrschaft mit Schaffung von Gerechtigkeit, wirksamem Kirchenschutz und tatkräftiger Heidenmission. Unbenommen der Eingriffe auf die Besetzungen des Papststuhles durch die deutschen Herrscher zielten die Theorien der Zeit auf die Gleichordnung der beiden Gewalten in intensiver Beratungs- und Kooperationsgemeinschaft. Die Trennung der Sphären verwischt dabei, auch wenn der Titel *imperator Augustus et archiepiscopus in perpetuum* von Otto III. nicht prinzipiell geführt wurde[83]. Anerkannt blieb, dass die Gleichordnung nur bei einer klaren Trennung der beiden Bereiche erzielt werden kann. Die Theorie wurde zum Preisgedicht für Papst Gregor V. und endet dort mit einem Aufruf an beide: *Vos duo luminaria per terrarum spacia / illuminate ecclesias, effugate tenebras, / ut unus ferro vigeat, alter verbo tinniat* (Ihr zwei Lichter im Raum der Welt, erleuchtet die Kirchen und vertreibt die Finsternis, damit der eine mit dem Eisen mächtig ist, der andere mit Worten schelle)[84]. Heinrich II. sollte dann 1007 das gelasianische Diktum in eine Urkunde für das Bamberger Kloster Michelsberg aufnehmen[85]. Erst im 12. Jahrhundert wurde bei einer anderen Urkunde Heinrichs II. dieser Teil im Sinne kaiserlicher Suprematie über die Kirche verfälscht. Die Reformer der Zeit Heinrichs II., Konrads II. und Heinrichs III. setzten zweifelsohne sehr hohe Erwartungen in das Korrektiv kaiserlicher Macht gegen eine uneinsichtige, verfilzte Amtskirche. Petrus Damiani († 1072) forderte, dass die beiden Gewalten zusammenstehen und das Menschengeschlecht regieren sollten[86]. Durch einen Kitt gegenseitiger Liebe solle sowohl der König im römischen Bischof als auch der römische Bischof im König zu finden sein. Der Papst nimmt auf die Gerichtsbarkeit Einfluss und der König trifft Entscheidungen über die Seelen.

Das Festhalten an der bipolaren Einheit im Investiturstreit

Als in der Zeit des ausgehenden 11. und beginnenden 12. Jahrhunderts über *imperium* und *sacerdotium* gestritten wurde, fanden sich nicht nur Streiter für die eine oder die andere Seite, sondern auch etliche, die an der gottgewollten Zweiheit der Lenkung bewusst festhalten wollten. Einer von ihnen war Bruno von Trier († 1124), der in seinem „*Tractatus de investitura*" das Zusammenwirken von Bischof und König forderte. Das königliche Schwert und die *stola Petri* seien zwei Cherubime, die ihre Gesichter einander zukehren, wobei zu bedenken gilt, dass *karibu* „Beter" und „Fürbitter" heißt. Hier lag die zentrale Aufgabe für beide Gewalten vor dem göttlichen Thron. Als Begleiter Gottes offenbaren sie seine Gegenwart. Gezeichnet wird das Bild einer Heilsgemeinschaft, in der dem König gemäß der zweifachen Ordnung eine führende Rolle zugewiesen wird.

Die Kaderschmiede, die für Heinrich V. in Trier arbeitete, zielte auf das nutzbringende Miteinander der beiden Gewalten, wie auch die Werke des Berengoz von Trier († 1125/26) erkennen lassen. Die Hinführung zu Gedanken, die das Verhältnis von weltlicher und kirchlicher Gewalt charakterisieren, beginnt bei Berengoz mit dem Verweis auf die Speisung der 10000, für die zwei Fische und fünf Brote ausgereicht hätten[87]. Und da bei der Speisung weder Brot noch Fisch fehlen durften, seien auch *regnum* und *sacerdotium* nicht voneinander zu trennen. Erregt wird im Folgenden eine Person, die als *Christianus haereticus* bezeichnet wird, direkt angesprochen: sie scheue sich nicht, die beiden Personen, die in der Kirche immer eine besondere Stellung gehabt hätten, voneinander zu trennen. Dieser Person wird vorgehalten, sie wisse nicht, dass durch das alte Recht vorgeschrieben sei, dass *rex* und *sacerdos* nicht getrennt werden dürften. Vielmehr gebe es für beide bestimmte Bereiche, einer handele innen, der andere außen. Und deshalb sei es nicht gegen das christliche Gesetz, wenn zur Ehre des *regnum* und des *sacerdotium* der König dem Papst und der Papst dem König gehorche. Beide seien am Firmament der Kirche Lichter, das eine leuchte nachts, das größere tags. Beide werden von den übrigen Sternen am Himmel deutlich abgegrenzt: niemand stehe über ihnen.

Berengoz hielt es für nötig, dass die beiden Gewalten sich in wechselseitiger Liebe (*caritas*) gegenseitig Hilfe leisten und bekräftigen, dass der eine die Spiritualia leitet, während der andere das *onus carnalium* (die Last des Fleischlichen) trage. Durch die Abgrenzung der Bereiche können beide untereinander Frieden halten. Maria und Martha werden als weiterer Vergleich herangezogen, deren Zusammenarbeit wichtig gewesen sei: die eine habe die *vita activa* verkörpert, die andere die *vita contemplativa*. Genauso habe im Verhältnis zwischen *regnum* und *sacerdotium* die eine Seite in Ruhe, die andere in Arbeit zur Ehre der kirchlichen und weltlichen Würde beizutragen. Der Verfasser bringt ein drittes Vergleichsmodell, wenn er auf die in Leviticus V beschriebenen Opfer verweist: Opferlamm oder Opferziege, bzw. zwei Turteltauben (*turtures*) oder zwei Taubenjunge (*pulli columbarum*) seien geopfert worden. Auch diese Opfertiere seien mit weltlicher und geistlicher Macht zu deuten. Beide Parteien müssten – die bereits formulierte Mahnung wird noch einmal wiederholt – zusammenstehen; bei der Zuweisung der verschiedenen Tauben erhält die weltliche Seite die *columba*, die geistliche aber den *turtur*, wobei die *columba* in der Menge stehe, die als *societas bonorum* gesehen wird. Der *turtur* hingegen sei ein einsamer Vogel, vergleichbar mit dem verlassenen Spatzen auf dem Dach.

Die Gleichheit der beiden Seiten und das bewusste Eintreten für die Bipolarität schlossen nicht aus, dass Wertungen über die Nützlichkeit der beiden Seiten vorgenommen wurden. Damit arbeitete auch die päpstliche Seite, die sich vielfach auf das höhere Gewicht der päpstlichen Stellung berief. Humbert von Silva Candida

(† 1061) verglich die beiden Gewalten mit Seele und Körper[88]. Die Seele aber steche hervor und so auch die priesterliche Würde (*dignitas*). Hinsichtlich der Lehre müssten sich die Kaiser den Vorgaben des Papstes beugen. Grundsätzlich aber sollte das Schwert des Priesters das Schwert des Königs mildern, das Schwert des Königs aber das des Priesters schärfen. Im *„Liber de unitate ecclesiae"* wurde auf Augustin Bezug genommen und ein Übergreifen der geistlichen Sphäre auf das Weltliche beklagt[89]. Die Einheit schien nur bei strikter Trennung der beiden Bereiche möglich. Gottes Wille sei es, dass die, denen er das Weltregiment übertragen hat, gleichwertig und gleichberechtigt nebeneinander stünden. *Imperium* und *sacerdotium* nähmen ihren Ursprung in Christus. Bei der Trennung der Aufgaben liegt die Sühne von Verbrechen und die Durchsetzung der Gesetze in der Pflicht der weltlichen Seite und die Verbreitung des Wortes Gottes in der Verantwortung der geistlichen. Hugo von St. Viktor († 1141) nahm dies sogar in seine Sakramentenlehre auf: Die *ecclesia* habe als Menge der Gläubigen und *universitas christianorum* (Gemeinschaft der Christen) zwei Stände (*ordines*), nämlich Laien und Kleriker, und diese hätten je eine Spitze, die Weltliche den König und die Geistliche den Papst[90].

Das Fortleben der bipolaren Einheit im Spätmittelalter

Im Sinne der früheren Theorieschriften konnte Friedrich II. 1232 an Gregor IX. schreiben, dass es zwei Schwerter gäbe, aber nur eine Mutter *ecclesia*, die für beide die Scheide sei[91]. In dieser einen Scheide könnten aber nicht zwei Schwerter Platz finden, war sich Friedrich mit den deutschsprachigen Zeitgenossen einig, die ein Führen des weltlichen Schwertes durch den Papst ablehnten[92]. *Zwei swert in einer scheide / verderbent lichte beide*, dichtete Freidank († 1233)[93]. Beide Schwerter hätten eine Substanz, und deshalb würden Kaiser und Papst auch einmütig das Wohl des allgemeinen Glaubens umsorgen, näherte sich Friedrich dem Papst in der Zeit nach Rücknahme der Exkommunikation.

In der Mitte des 13. Jahrhunderts wurde im Fürstenspiegel Guiberts von Tournai († 1288) die alte gelasianische Vorstellung von der königlichen *potestas* und der priesterlichen *auctoritas* wieder aus dem Meer der Tradition ins Bewusstsein gespült[94]. Angelagert wurde die Herrscherpflicht zur *clementia* beim Gebrauch des weltlichen Schwertes. Dieses Schwert kam aus der Hand der Priester, aber der Rückbezug auf Konstantin lässt klar erkennen, dass hier keine päpstliche Weltherrschaft, sondern die oberste Lehrkompetenz zum Nutzen der Menschen erdacht wurde. Konstantin habe zwar das Konzil von Nicaea einberufen, aber nicht den ersten Platz einnehmen wollen. In seiner Stilisierung eines sich selbst beschränkenden Kaisertums konnte Guibert die Faktenlage historisch nicht ganz korrekt wiedergeben. Zu sehr zielte die Erinnerung auf die eigene Gegenwart und die Verherrlichung des eigenen Königs.

Der Gegenwartsbezug der Theorie ist als Grund dafür anzuführen, dass die politischen Traktate des 14. Jahrhunderts sich für die Vormacht einer der beiden Gewalten aussprachen und keine Argumente für das konziliante Gleichgewicht der Kräfte beisteuerten. Nach einer gewissen Ruhepause bzw. der Verlagerung der Debatten nach Böhmen und auf die Romfrage hin in der Zeit Karls IV. wurde das 15. Jahrhundert wieder durch Erwägungen gekennzeichnet, die das bipolare Konzept nicht nur als gottgegeben, sondern auch als zukunftsfähig charakterisierten.

Job Vener von Gmünd († 1447) hat in seinem „*Avisamentum*" von 1417 zur Reform des Heiligen Reiches aufgerufen[95]. Für die Reform des Kaisertums gelte in vielem das gleiche Prinzip wie bei der Reform des Papsttums. Die Verlagerung der Administration von den Fürsten auf die Räte wird damit begründet, dass die Fürsten selten das Reich unterstützten. Ihre Furcht vor unerträglichen Steuern wird als Motiv genannt, aber wenn die Freiheit gesichert sei, dann trügen alle zur Reichsreform bei (*ad sacri imperii reformationem*). Der Heilige Vater und der Heilige Kaiser können dann ohne große Sorgen leben, sie können das ganze Menschengeschlecht leiten. Das doppelte *regimen* von Papst und Kaiser wird hier ein weiteres Mal als Idee für das Reich und die Welt propagiert. Dies wurde sogar im Umfeld der Kurie so gesehen. Der Traktat des Antonio de Rosellis († 1466) „*De conciliis ac synodis generalibus*" weist nur eine leichte Tendenz in Richtung Hierokratie auf, so dass die Schrift mit ihrem bipolaren Grundkonzept hier eingeordnet sei. Antonio ist ein Dualist, der sich zunächst ein eigenständiges Funktionieren der beiden Sphären wünscht, aber auch um die Korrekturmechanismen weiß, falls sich in einer Seite Unzulänglichkeiten einschleichen[96]. Wenn sich beispielsweise die Kardinäle als *negligentes* (nachlässig) erweisen in einer Situation, wo der *defectus papae* (Fehler des Papstes) notorisch ist, stehe es dem Kaiser zu, das Konzil einzuberufen. Der Kaiser fungierte hier als Friedenswahrer im Notfall. Damit stand Antonio de Rosellis nicht allein, denn auch Francesco Zabarella († 1417) kannte dieses Handlungsmuster[97]. Hier wird nur zu deutlich, dass den theoretischen Konzepten für die organisatorische Spitzenfunktion des Papstes in Kirche und Welt die Praxis gegenüber stand, die es angeraten sein ließ, wenn nicht das völlige Gleichgewicht, so doch die Kompetenz zum Eingreifen als Verfassungsbestandteil zu bewahren.

Die Reformer behielten dies im Blick, als sie sich im 15. Jahrhundert weiter mit der Verfassungsfrage des Ranges von Papst und Kaiser auseinandersetzten. Nikolaus von Kues trat in seiner „*Concordantia catholica*" für einen starken Kaiser im bipolaren System ein[98]. Der Text beginnt im dritten Buch mit dem Zitat aus dem Römerbrief 13,1: „Alles, was von Gott stammt, ist notwendigerweise geordnet". In der katholischen Kirche gäbe es einen Herrn der Welt, der die anderen überragt und in der körperlich-weltlichen Hierarchie den Stand einnimmt, den in der priesterlich-geistlichen der römische Papst innehabe. Übereinstimmungen und

Unterschiede der beiden Gewalten werden im Folgenden untersucht, doch klar sei von Anfang an, „dass die kaiserliche Hoheit so über alle, die ihm im Reich unterstehen, von Rechts wegen Gewalt besitzt, wie der Römische Patriarch die der Römischen Kirche unterstehenden Bischöfe in seiner Gewalt hat"[99]. Wie unter allen Patriarchen der Römische der erste ist, so unter den Königen der Römische. Die überall verbreitete und bei Innozenz III. in der Bulle *Venerabilem* bekräftigte Meinung[100], Hadrian habe das Reich in der Gestalt Karls des Großen an die Deutschen übertragen, entbehre einer glaubwürdigen alten Quellengrundlage. Als Stephan II. Pippin gesalbt habe, wäre nicht das Kaisertum übertragen worden. Dieser grundsätzlichen Hochschätzung des Kaisertums steht die Kritik am Verfall des Reiches entgegen. Die Römer seien zu Recht Herren der Welt gewesen, der Kaiser sei aber nur noch Herr des Teils der Welt, über den er wirklich herrsche. Der Zustand des gegenwärtigen *regimen* wiche von den alten Vorgaben ab. Die Wahl durch die Kurfürsten bringe Gefahren für das Kaisertum, denn diese hätten nur ihren Vorteil im Sinne, den sie sich in den Wahlkapitulationen verbriefen ließen[101]. Die Störung der Ordnung würde letztlich das Volk gegen die Fürsten aufbringen. Heilung tue Not, und sie wird in den Rezepten gesucht, die Konstantin dem Reich verordnet hatte. Frieden müsse gesichert und Gerechtigkeit hergestellt werden.

Nikolaus von Kues sah die große Verantwortung der Kurfürsten. Sie müssten Wohl und Bewahrung des Reiches im Blick behalten, wenn sie zur Wahl schreiten. Die Beichte müsse dem Wahlakt vorangehen, „damit in ihrer Mitte Christus der Herr ist und die im Hymnus *Veni creator Spiritus* angerufene Gnade des Heiligen Geistes"[102]. Stimmzettel und ein Priester, der die Auszählung übernimmt, werden zur Besserung der Zustände empfohlen. Die Bestimmungen der Kaiser zu Bischofswahlen und zu Pfründenvergabungen seien rechtmäßig erfolgt. Seit Karl dem Großen zählte Nikolaus von Kues 86 Kapitel kirchlicher Regelungen durch die Kaiser. Nirgends lese man, der Papst sei um Bestätigung gebeten worden oder habe die Verbindlichkeit an seine Zustimmung geknüpft. Weitere Argumente fließen hinzu, die zu dem Schluss führen, dass ein Kaiser auch im kirchlichen Bereich selbständig Bestimmungen erlassen kann. Die Taten des neidischen Teufels hätten oft Spaltungen zwischen *sacerdotium* und *imperium* hervorgebracht, aber höchste Aufgabe sei es, „die Hierarchie der beiden Gewalten durch das Band der Eintracht zueinander unverletzt zu bewahren". Für die Gleichwertigkeit beider Schwerter wurde polemisch gekämpft: „Von wem, bitte sehr, hing das Kaisertum ab, als Paulus an den Kaiser appellierte oder Christus ihm zustimmte, indem er befahl, man solle dem Kaiser geben, was ihm gehört?"[103] Viele Briefe ließen sich anführen, in denen der Römische Bischof den Kaiser in viel stärkerem Maße ehrt als die Kaiser den Römischen Bischof. Nach Kirchenrecht lehnten es die Kaiser nicht ab, den Bischöfen Gehorsam zu leisten. Dies sollte genug sein bei all den Ehrungen, welche die Päpste von den Kaisern erhalten haben. Die Exempla reichen in die Zeit der griechischen Kaiser zurück, die dem auf Reichsreform zielenden Kirchenmann als verfassungsgültige Argumente dienten. Das Amtsverständnis, das im Hintergrund steht, sei noch hervorgehoben: der Kaiser sei nicht Herr alles Kaiserlichen, sondern nur sein Verwalter. Alles sei zum allgemeinen Wohl und zur Ehre Gottes bestimmt. Erst danach wird die geistliche Überordnung des Papstes über das Kaisertum angesprochen. Mittels der Eintracht wohne der Gottesgeist in der Kirche.

Die Zweigewaltenlehre am Hof Karls V.

Zu Beginn des 16. Jahrhunderts hielt Mercurino A. Gattinara († 1530) im Beraterstab Karls V. vor dem Hintergrund der spanischen Entdeckungen den Rechtsanspruch für gerecht, als Imperium den ganzen Weltkreis zu erobern, weil es gleichsam von Gott selbst dafür bestimmt worden sei[104]. Er forderte den Humanisten Erasmus von Rotterdam († 1536) dazu auf, Dantes „*De monarchia*"[105] zu edieren, damit die darin enthaltene Reichssicht weite Verbreitung fände. Gattinara trat nicht für dieses zum Kaisertum tendierende Modell ein, hielt es aber für nützlich, um das Gleichgewicht wieder herzustellen. Die christlichen Aufgaben des Kaisers in der Monarchie bestünden unvermindert. Gleichberechtigt sollte deshalb der Kaiser neben dem Papst stehen. Beide sollen einhellig für die Ausrichtung der Religion wie zwei große Himmelsleuchten zusammenwirken, so dass von ihnen der ganze Erdkreis erleuchtet wird. Dazu müsse der Kaiser den Papst begünstigen und beschützen. In einer Rede vor dem Kardinalskolleg strich er die Bedeutung Konstantins für das Reich heraus und betonte nicht nur die militärischen Erfolge, sondern auch seinen Beitrag am Konzil von Nikaia. Auch Theodosius und Valentinian werden von ihm als positiv belegte *exempla* gebraucht. Hinter dem Konzept steht die Vorstellung einer Erneuerung des Zustandes, in dem sich das *imperium Romanum*, die Christenheit und „Welt" decken. Die Kontinuität des *imperium Romanum* scheint ihm dabei selbstverständlich.

Die Weltreichsvorstellungen des Miguel de Ulcurrun fußen darauf in gleicher Weise[106]. Der Weltkaiser gilt ihm als Gesetzgeber. Er hob den Machtbereich des Kaisers von dem auf die Gläubigen begrenzten des Papstes ab: da die Ungläubigen nicht zur *ecclesia* gehören, sei der Papst auch nicht ihr Haupt. Das Vorbild ist Augustus, der in kurzer Zeit die ganze Welt zu einer Herrschaft zusammengefügt habe (*breviter totum mundum in unam monarchiam redegit*). Miguel de Ulcurrun steht mit diesem universalen Anspruch der kaiserlichen Herrschaft im Gegensatz zur Wirklichkeit, denn Spanien, Frankreich und England waren ja tatsächlich vom Imperium exempt. Was mit Blick auf die Welt Herrschaftspotential bot, war im internen System der Christenheit schon längst relativiert worden, wo die geistliche

Spitze trotz beginnender Reformation mehr Einfluss ausüben konnte als die weltliche. Im Hintergrund steht die Vorstellung einer erneuten *translatio* auf die *Hispania*, wobei Kaiser Trajan († 117) als Vorbild für Karl V. gedacht wurde. Die Aufspaltung der weltlichen Ordnung in diverse Regna, die bereits Raimundus Lullus († 1315/16) zwei Jahrhunderte zuvor wahrgenommen hatte, der zwar das Konzept der zwei Gewalten fortbestehen sah, innerhalb der weltlichen Seite aber nicht den Kaiser, sondern eine Menge der christlichen Könige vereinte[107], hatte sich verfestigt und bestimmte die Entwicklungen der Neuzeit. Erst Napoleon (1804–1814/15) sollte noch einmal den alten Idealen nacheifern.

Päpstliche Hierokratie gegen kaiserliche Weltlenkung

Gerade weil die doppelte Christusnachfolge in den Rang der göttlichen Anordnung gehoben worden war, hatte sie über die Jahrhunderte hinweg als Verfassungsidee ein erhebliches Potential, denn eine prinzipielle Ablehnung musste in der christlichen Gesellschaft zu erheblichen Legitimationsschwierigkeiten führen[108]. Die Unterscheidung von Rang und Würde deutet sich bereits in den die Gleichheit betonenden bipolaren Konzepten als Ausweg an, wenn der päpstlichen Stellung nicht zuletzt mit Blick auf das Seelenheil ein leichtes Plus eingeräumt werden sollte. Für die kaiserliche Stellung sprach die kontinuierliche Abfolge seit Augustus. Von der Mitte des gleichberechtigten Neben- und Miteinanders drifteten beide Seiten, Papst und Kaiser, immer wieder nicht nur in der Praxis ab, sondern es entstanden seit der Karolingerzeit auch politische Konzepte, die sich theoretisch vom schwierigen Verhältnis des Kräftegleichgewichts lösten. Für den Grad der Abweichung gab es sehr feine Maßeinheiten, für die Begründung des jeweils anderen Weltkonzepts unterschiedliche Ansätze. Oft blieb im generellen Verfassungsideal alles für die Bipolarität Wesentliche bestehen, um an einzelnen Stellen das Pendel auf die eine oder die andere Seite ausschlagen zu lassen.

Die Entwicklungsphasen der päpstlichen Hierokratie

Anfangs zielten die Bemühungen der römischen Bischöfe so sehr auf die Durchsetzung der eigenen Position unter den übrigen Patriarchen der Kirche, dass eine Überheblichkeit gegenüber den Kaisern unterblieb. Die Formulierung der Gleichrangigkeit, wie sie von Papst Gelasius vorgenommen wurde, war das Äußerste, was im Verhältnis zu den römischen Kaisern denkbar schien[109]. Ambrosius von Mailand († 397) hatte im direkten Kontakt mit einem die Regeln des Christentums verletzenden Kaiser die Maßstäbe gesetzt und in seiner Schrift *„de dignitate sacerdo-*

tali" mit den Analogien Gold und Blei für geistliche Sphäre und weltlichen Bereich klare Wertungen zugunsten des Religiösen vorgenommen[110]. Dem war aber keine grundsätzliche Parteinahme des Papstes gegen den Kaiser gefolgt, weil dies schlicht unzeitgemäß gewesen wäre.

Papst Symmachus hatte sich nicht nur die Freiheit von jedweder Justiz zuschreiben wollen, sondern hatte auch klare Vorstellungen über das Verhältnis der zwei Gewalten ausgebildet, die er in einem Brief an Anastasius formulierte: „Vergleichen wir aber die Ehre des Kaisers mit der Ehre des Priesters, so unterscheiden sich diese so sehr voneinander, als jener die Sorge um die menschlichen Dinge trägt, dieser die der himmlischen. Du Kaiser empfängst vom Priester die Taufe, nimmst die Sakramente entgegen, forderst das Gebet, erhoffst den Segen, erwartest die Strafe. Während Du das Menschliche verwaltest, erteilt Dir jener das Göttliche. Daher ist die Ehre, dass ich nicht sage höher, doch gewiss die gleiche."[111] Die Formulierung war der realen Machtsituation geschuldet und hat unter Assoziation, der Papst stehe über dem Kaiser, immerhin die Gleichheit konzediert. Dem liegt die Vorstellung zugrunde, dass das menschliche Geschlecht durch diese beiden Ämter vorzugsweise regiert werde: *praecipue his duobus officiis regitur humanum genus.* Hier ist ein Kern für die hierokratischen Ideen gelegt, denn die sakramentale Überordnung des Papstes ist im Christentum nicht ohne Werturteil zu verstehen. Anastasius hingegen verwahrte sich gegen diese Haltung, und auch Justinian übernahm dies trotz aller Annäherungen an die römische Kirche nicht.

Erst nach der Übertragung der Kaiserwürde in den Westen bestand für die Päpste und ihre Anhänger ein hinreichender Spielraum, um mehr zu fordern als nur die Parallelität von Kaiser und Papst in der Nachfolge Christi. Die zwielichtige Situation, in der ein Frankenkönig von imperialer Herrschaftskompetenz durch einen zweifelhaft legitimierten Gottesmann eine mit Byzanz strittige Ehre erhielt, verhinderte nicht, dass Karl der Große eine selbstbewusste Kaiserrolle einnahm. Er ließ sich nicht in eine Herrschaft von päpstlichen Gnaden hinabdrücken, sondern baute auf die göttliche Auserwähltheit. Die Kaiserkrönung seines Sohnes signalisierte allen, dass an der bisherigen Bipolarität mindestens gleich starker Regenten nicht zugunsten einer Silvester-Konstantin-Sukzession im Sinne der „*Actus Silvestri*" gerüttelt werden sollte. Auch Ludwig der Fromme befleißigte sich zunächst, diesen Kurs seines Vaters weiter zu befolgen. Doch die internen Probleme seiner Herrschaft sorgten für einen Wandel hin zu hierokratischen Denkweisen[112]. Papst Gregor IV. war in die Kritik geraten, den Eid gegen den Kaiser verletzt zu haben. Am Anfang seines Schreibens stehen die kaiserlichen und päpstlichen Befehle noch unter derselben Heiligkeit[113]. Der kaiserliche Befehl habe, so Gregor weiter, aber keinen Vorrang, sondern der päpstliche, weil das Regiment über die Seelen größer sei als das zeitliche der Kaiser. Das Argument des kaiserlichen Episkopats wird entkräftet mit dem Hinweis auf den Vorrang der Kathedra Petri vor allen Bischöfen und der Herrschaft über alle Priester. Wenn schon alle Geistlichen seinem Befehl gehorchten, um wie viel mehr müsste dieser dann den weltlichen Maßnahmen voranstehen. Gerade weil der Konflikt über die Einheit des Reiches im Sinne des augustinischen Verständnisses auch die Einheit der Kirche aufs Spiel setzte, musste der Papst sich einschalten, der 827 gemäß der „*Constitutio Romana*"[114] erst nach Prüfung der Wahl durch einen kaiserlichen *Missus* geweiht worden war. Nach dem Zeugnis Agobards von Lyon († 840) übernahm er die Worte, die Gregor von Nazianz († um 390), der Vorsteher des Konzils von Konstantinopel 381, dem Kaiser entgegen geworfen hatte. Dieser solle sich damit abfinden, dass Gott den Seelsorgern auch die höchsten Herrscher zugezählt, d. h. in ihre Obhut gegeben hätte. Die Bipolarität mit geistlichem Vorrang war also gottgewollte Ordnung. Sie bestimmte das Verhältnis der beiden Spitzen zueinander ebenso wie das zu den übrigen Kräften der Gemeinschaft, seien diese nun episkopal oder fürstlich. Wenige Jahre später wurde mit der Erinnerung an den alttestamentlichen König Usija erneut Politik betrieben. Die Politisierung der Bischofsherrschaft leitete sich daraus konsequent ab, die der Trennung der beiden Sphären zuwiderlief. Hrabanus Maurus († 856) versuchte gar, sich mit der Vorstellung durchzusetzen, nur die priesterliche Gewalt sei von Gott, die kaiserliche aber habe allein menschlichen Ursprung[115]. Dies widersprach allen bisherigen Theorien und wurde nicht zum Allgemeingut[116].

Die Überordnung im von Gott gesetzten bipolaren Verhältnis reichte zur Festigung der päpstlichen Macht und erlaubte ganz anders als eine völlige Sakralisierung des geistlichen Bereichs eine Einmischung in die weltlichen Dinge zwecks Kontrolle. Dies bekam Kaiser Michael von Byzanz zu spüren, den Papst Nikolaus I. mit langen Ausführungen über die Zweigewaltenlehre im Sinne des Gelasius belehrte[117]. Der Wertvergleich ist bipolar und kennt zwei gute Seiten, nämlich Sonne und Mond, die Tag und Nacht über die Christenheit wachen. Ein Dualismus von gut und böse ist nicht spürbar. Mit der Forderung einer unbedingten geistlichen Gerichtsbarkeit über Kleriker und Laien wurde aber ein zentrales Kernstück der weltlichen Macht in die geistliche Sphäre gerückt. Jedes Vergehen betraf, so die Argumentation, schließlich nicht nur den irdischen Staat, sondern auch das Seelenheil und damit das ewige Leben. Mit der Appellationsgerichtsbarkeit im kirchlich-geistlichen Bereich wurden die bisherigen Gerichtsorte zur Zwischeninstanz heruntergestuft. Hinzu trat die Funktionalisierung der Bischofsbesetzung und Palliumvergabe im Sinne eines hierarchischen Kirchengebäudes, an dessen Spitze der Papst steht. Die Bedeutung des Palliums war bei der Absetzung Papst Silverius' erstmals zum Ausdruck gekommen, denn die Beauftragten des Hofes nahmen ihm das Pallium vom Nacken her ab[118]. Im 9. Jahrhundert hatte bereits Nikolaus' Vorgänger Leo IV. in einem Brief an den Patriarchen von Konstantinopel Ignatios (847–858, † 877) betont, die römische Kirche sei Lehrerin und Haupt aller Kirchen[119]. Er könne Pallien nach ganz Europa verschicken. Unklar bleibt, ob er mit dem Bezug auf Europa seine Beschränkung auf den Westen einräumte. Die hierokratischen Ideen Papst Nikolaus' I. gipfelten in der Vorstellung, dass dem Papst das Recht zukommt, den Kaiserthron zu besetzen. Die päpstliche Autorität mit der Königs- bzw. Kaisersalbung und der Benediktion wurde neben die Erblegitimität gestellt, die sowohl in Byzanz als auch bei den Karolingern Geltung hatte. Wie stark sich zur gleichen Zeit die Patriarchen fühlten, demonstriert der Versuch Photios' († 891) aus den Jahren 885/886, die Stellung des Kaisers verfassungsmäßig zu definieren[120]. Dabei wurde der Vorrang des Kaisers gegenüber dem Patriarchen, der die Realität der vorangegangenen Jahrhunderte bestimmt hatte, beseitigt. Nicht der Kaiser, sondern der Patriarch galt demnach als lebendes Abbild Christi. Die völlige Übereinstimmung und Einmütigkeit von *imperium* und *sacerdotium* garantiere den Frieden und das Glück der Christen im Staat. Damit sollte theoretisch der Widerstand des Kaisers gegen das neue Konzept verhindert werden, den Photios als Reaktion auf die Umkehrung der Verhältnisse wohl erwartet haben dürfte. Dem Westen half dies zwar gegenüber dem byzantinischen Kaiser, konterkarierte aber die interne Primatstellung. Erst die Trennung vom griechisch-orthodoxen Christentum hat die Stellung des Papstes dann erheblich aufgewertet, denn im verbleibenden westlichen Teil des alten *imperium Romanum* hatte kein anderer Ort und keine andere Person auch nur annähernd dieselbe Legitimationsbasis.

Die Neudefinition der Zweigewaltenlehre auf der Synode von S. Marca in Fîmes begünstigte in der zweiten Hälfte des 9. Jahrhunderts klar die päpstliche Position[121]. Die grundsätzliche Trennung der Bereiche blieb bestehen, doch herrschte keine Gleichrangigkeit mehr, sondern eine höhere Kompetenz der geistlichen Seite, weil sie die Könige weiht und krönt sowie über die Könige vor Gott Rechenschaft ablegt. Die Priester gäben den Königen die Gesetze in die Hand, nach denen sie Untertanen regieren und die Priester ehren. Gleichzeitig fügte Hinkmar von Reims († 882) in die zur Formel erstarrten Wendung des Gelasius den Hinweis auf die Zusammenarbeit mit den Untertanen eines jeden besonderen Amtes ein. Die Erzbischöfe und Fürsten sollten bei der Lenkung der Christenheit ein gewichtiges Wort mitreden können. Die Bemühungen um eine Abschwächung der Spitzenposition von Papst und Kaiser liefen aber zunächst ins Leere. Die Einsetzung galt als gottgewollt und die Einheit der Gläubigen als Konsequenz der christlichen Gesellschaftsordnung. Das himmlische Reich mit Gottvater bzw. der Trinität an der Spitze galt als erstrebenswertes Vorbild. Man erwartete keine Oligarchie nach dem Tag des Jüngsten Gerichts, sondern allenfalls zwei Reiche, in denen endlich die Guten unter sich in Frieden leben konnten, weil den Schlechten der Zugang verwehrt würde. Im Wartestand auf diesen Zustand, den man immer noch als bald eintretend erwartete, sollten Kaiser und Papst das Beste aus den Realitäten machen. Immer öfter trauten einflussreiche Kräfte eher den Päpsten zu, die Christen in der Zwischenzeit nutzbringend für alle zum Heil zu führen. Geistliche und weltliche Gewalt wurden immer häufiger mit Seele und Leib verglichen, was bei Präferenz für das ewige Leben eine eindeutige Aufwertung der geistlichen Sphäre und ihrer Spitze bedeutete[122].

Wazo von Lüttich († 1048) blickte in der ersten Hälfte des 11. Jahrhunderts bei seinen Überlegungen nicht nur auf das Verhältnis zwischen Kaiser und Papst, sondern auch auf die prinzipiellen Kompetenzen des Kaisers in der Kirche[123]. Er versagte dem Kaiser das Recht, den Papststuhl zu besetzen und wollte ihm lediglich Lehnstreue, aber nicht in kirchlichen Dingen Gehorsam leisten. Bei der Salbung des Herrschers würde mit Öl, nicht mit Chrisma gearbeitet, was der Salbung selbst eine völlig andere Qualität gäbe. Diese Auffassungen fanden Anhänger. Bald wurde bei den Reformern nicht nur über Simonie und kanonische Wahl, sondern auch über das Verhältnis zwischen Kaiser und Bischof debattiert. Der Kaiser stünde nicht nur unter dem Papst, sondern sei allen Bischöfen im Rang nachgeordnet. Die höhere moralische Qualität der geistlichen Stellung begann, die Position des Kaisertums zu gefährden.

Papst Gregor VII. selbst hat zahlreiche seiner Briefe zum theoretischen Diskursraum für die Zweigewaltenlehre gemacht[124]. Er vertritt dabei eine als gemäßigt zu bezeichnende Haltung. Die Gleichwertigkeit kommt im Vergleich der beiden Gewalten mit den beiden Augen des Menschen zum Ausdruck[125]. In zwei Briefen trat der Papst ausdrücklich für die Gleichberechtigung der beiden Würden ein, die Gott allen anderen vorangestellt habe, und forderte die *unitas concordiae* (die Einheit der Einmütigkeit). Doch ihm schwebte ein päpstliches Aufsichtsrecht samt Kompetenz zur Behebung von Missständen vor, ohne dass zugleich auch der kaiserlichen Seite ein Korrektivrecht zugesprochen würde. Dadurch geriet die Gleichheit aus dem Lot. Die Vorherrschaft der geistlichen Seite in der religiösen Sphäre berechtige dazu, in der weltlichen über gut und böse zu urteilen. Die Folgen in der realen Politik konnten nicht ausbleiben.

Die Zisterzienser betrieben als Transformatoren des päpstlich ausgerichteten Kirchenrechts im 12. Jahrhundert auch politiktheoretisch eine Strategie zur Durchsetzung gegenüber den Cluniazensern, die bei enger Anbindung an aktuelle Debatten im Zweigewaltenstreit die Nähe zum Papsttum suchte. Bernhard von Clairvaux († 1153) paktierte mit den Regierenden und strebte beim Zusammenspiel von Papst und Kaiser nach der Superioriät der gereinigten Kirche. Mit Blick auf das Neue Testament stand die weltliche *potestas* für die Päpste nicht zur Debatte. Christus hatte Petrus eindeutig verboten, das Schwert zu führen. Dennoch gehörten beide Schwerter der Kirche. *Converte gladium tuum in vaginam* (Steck dein Schwert in die Scheide) wird so ausgelegt, dass *tuus gladius* einen Besitz ausdrücke. Andere müssten das Schwert auf den Wunsch der Nachfolger Petri als Besitzer führen. Hier ist das weltliche Schwert aber nicht unangefochten nur das Schwert des Kaisers, denn beide, Papst und Kaiser sollen den Gebrauch des weltlichen Schwertes anordnen: *ad nutum sacerdotis et iussum imperatoris* (auf den Wunsch des Priesters und den Befehl des Kaisers).

Der Erfolg dieser Setzung zeigt sich in den Modifikationen, die sie in den folgenden Jahrhunderten erhielt. Gregor IX. kürzte die kaiserliche Kompetenz heraus. Geschult an Aristoteles fügte Robert Grosseteste († 1253) sicherheitshalber ein *et dispositionem* (und Entscheidung) hinzu. Beides billigte er nicht wie Bernhard dem *sacerdos*, sondern den *principes ecclesiae* (Fürsten der Kirche) zu, was zwar die Kirche, nicht aber den Papst stärkte. Bonifaz VIII. blieb selbstverständlich bei der Einzahl und sah sich als den *sacerdos*, fügte aber *et patientiam* (und Nachsicht) hinzu. Das war sicher nicht polemisch gemeint wie spätere Zusätze, die mit „Untersuchung und Auftrag der Kirche und des Papstes" ergänzten. Die Idealisierung des *imperium Romanum* in der Sicht Papst Bonifaz' verleugnet jede eigenständige weltliche Gewalt von Gottes Gnaden[126]. Das *imperium Romanum* ist bei ihm in zwei Teile geschieden, den direkten Einflussbereich des Papstes und die Gebiete, in denen die Lenkung an das weltliche Schwert delegiert wurde. Zweck der Idealisierung ist es, die *sedes apostolica* und die *ecclesia Romana* als Rechtsnachfolgerin des antiken *imperium Romanum* zu stilisieren. Das *regimen* der Päpste steht in Ableitung der antiken Kaiserherrschaft auf der Grundlage der *„Konstantinischen Schenkung"*, was die Relativierung der weltlichen Herrschaft im Zwei-Gewalten-System zur Folge hatte. Bonifaz vertrat die Auffassung, die Ordnung der Welt sei auf einem einzigen Prinzip aufgebaut. Zwar gebe es zwei Schwerter, doch sei das weltliche dem geistlichen untergeordnet, stehe ihm zur Verfügung und sei mit Erlaubnis des Priesters zu führen. Wer behaupte, dass es zwei unabhängige Schwerter gäbe, sei Manichäer und verbreite eine falsche und häretische Lehre. Die Ausdeutung der Lukasstelle im Sinne des Gelasius war zur Ketzerei deklariert worden. Schon Thomas von Aquin († 1274) war der Auffassung gewesen, der Papst habe die *plenitudo potestatis* wie der König im Königreich. Der nachfolgende Vergleich zeigt, dass dies eher zur Stützung des Papstes innerhalb der geistlichen Sphäre und nicht mit Blick auf die grundsätzliche Oberhoheit formuliert worden sein dürfte: die Bischöfe nähmen einen Teil der Sorge wahr wie die Richter in einzelnen Städten.

Aegidius Romanus († 1316) wurde nach einer enttäuschenden Karriere im Dienst des französischen Königshauses zu einem bewussten Hierokraten. Die Zweigewaltenlehre stieß er deshalb nicht um. Es gäbe keine andere oberste Gewalt als Papst und Kaiser[127]. Zwei seien es, nicht mehr und nicht weniger. Von beiden würden Schwerter getragen. Eines davon habe Petrus geführt. Die scholastischen

Denker knüpften an die Bibelstelle viele Fragen. Wer hat eigentlich in der Zeit Christi das andere Schwert, wurde diskutiert und nicht selten wurde die Frage mit dem Hinweis auf Johannes beantwortet, was wiederum die These stützte, dass beide Schwerter der Kirche gehörten. Dies floss in die umstrittene Bulle „*Unam Sanctam*" von Papst Bonifaz VIII. ein[128]. Aegidius Romanus argumentierte in seiner Schrift „*de ecclesiastica potestate*" für die notwendige Unterordnung der weltlichen Gewalt unter die geistliche. Aufbauend auf Hugo von St. Viktor († 1141) benutzte er Jeremias 1, 10 mit der Verheißung der Regierung über Völker und Reiche. Die geistliche Gewalt sei für die Einsetzung des weltlichen Schwertes verantwortlich. Die pseudo-dionysische Hierarchienlehre trat hinzu und sicherte das Oben gegen das Unten ab. Stärker als durch die „*Konstantinische Schenkung*" war daraus abzuleiten, dass der Papst über dem Kaiser steht. Aristotelisch werden *potentia* und *actus* distinguiert. Der Körper stehe unter der Seele, welche die *actus* des Körpers steuere. Niemals seien zwei Dinge zusammengeordnet, die beide *in actu* oder *in potentia* seien. Die Subordination des weltlichen Schwertes sei damit erwiesen. Die Päpste überließen das weltliche Schwert nur dann den Fürsten, wenn sie der Kirche dienen und den Temporalienbesitz anerkennen. Ein Schwert würde eigentlich ausreichen, da das geistliche Schwert über die volle Jurisdiktionsgewalt auch *in temporalibus* verfüge. Ein zweites Schwert sei nötig wegen der geistlichen Verfehlungen. Die Verfolgung der weltlichen Vergehen sei dem weltlichen Schwert zu überlassen. Drei Schwerter seien nicht nötig, weil ein Unterschied nur zwischen Seele und Körper bestehe. Der geistlichen Gewalt zieme es nicht, das weltliche Schwert selbst zu führen, ohne dass so ein Mangel ihrer *potestas* festgestellt würde. Das System des Aegidius Romanus bezog sich nur noch auf die christliche Gesellschaft. Über die Stellung des Herrschers bei den Nicht-Christen wurde nicht debattiert.

Zeitgleich trat Heinrich von Cremona für die Verfügungsgewalt über Temporalien und eine Vorrangstellung der geistlichen Seite ein. Die Gleichursprünglichkeit beider Gewalten wurde widerlegt mit der naturrechtlichen Vorstellung von Körper und Seele. Der Papst würde das weltliche Schwert nicht führen, weil dies unter seiner Würde sei. Er sei Stellvertreter Christi, der unbestritten *rex* et *sacerdos* zugleich gewesen sei. Jakob von Viterbo († 1307/08) widmete seine Ideen zur Stärkung der päpstlichen Hierokratie Bonifaz VIII.[129] Er nannte sich im Sommer 1302 noch Universitätsprofessor, hatte aber die Übernahme des Erzbistums Benevent vor Augen, das ihm der Papst wenige Wochen nach Niederschrift des Werkes verleihen sollte. Hierokratie war in Rangerhöhung umzusetzen, wie seine Aufwertung zum Erzbischof von Neapel noch im gleichen Jahr nur zu klar zeigte. Etliche Abschriften entstanden in kurzer Zeit. Erneut ist die Christusnachfolge das Thema, mit dem die Papststellung über die des Kaisers gehoben wurde. Jakob setzt mit dem *regnum Christi* ein und reflektiert im Sinne Augustins die Kirche als *corpus permixtum*. In beiden Gewalten sei zwischen den priesterlichen und königlichen Aufgaben zu unterscheiden. Die beiden Herrschaftsformen bildeten die beiden Naturen Christi ab. Hinzu trat die Vorstellung aus der Apokalypse, die Christus mit einem zweifach geschliffenen Schwert zeichnet. Der Begriff der Gewalt wird analysiert. Die *potestas* Gottes liege bei Vater und Sohn und äußere sich in verschiedenen *actus*, nämlich der Schöpfung, der *potestas gubernativa* (lenkende Herrschaftsgewalt), der Erhaltung der Schöpfung und Führung bis zur Vollendung. Für die höhere Dignität der geistlichen Gewalt spricht ihr Herkommen von Gott ebenso wie ihr höherer Endzweck, der in der *beatitudo aeterna* (ewigen Glückseligkeit) liege. Diese Gewalt ermögliche der Kirche einen umfangreichen Temporalienbesitz, der unterschieden wird in denjenigen zum direkten Gebrauch für den eigenen Nutzen und den in Form der jurisdiktionellen Gewalt über die Temporalien.

Lupold von Bebenburg († 1363) sieht in seiner Schrift *„De iuribus regni et imperii"* (Über die Rechte von Königreich und Kaiserreich) eine besondere Verbindung zwischen Papst und Kaiser, ordnet aber klar den Kaiser unter den Papst[130]. Die Verfassungsbasis der Staatstheorie bietet auch hier das Kirchenrecht. Hinweise auf das Römische Recht fließen selbstverständlich hinzu. Er beruft sich dabei auf Innozenz IV. und Hostiensis. Sechs Punkte sind dafür zentral: Die Weihe und Prüfung des Kaisers durch den Papst, die Schutzpflicht des Kaisers für den Papst, der Eid des Kaisers, der Erhalt des Kaisertums und die Gerichtsherrschaft des Papstes bei Vakanz des Kaisertums. Viele andere Könige würden durch Bischöfe geweiht, der Kaiser allein durch den Papst. Die Prüfung entspricht der von Klerikern bei der Weihe, sie ist nicht die Approbation, wie Lupold in einem gesonderten Kapitel eigens darlegt[131]. Die Schutzfunktion ist nicht exklusiv. Im Streit mit Wilhelm von Ockham hielt er die Salbung und Krönung nicht für einen aus Gewohnheit vollzogenen Akt, sondern für substantiell hinsichtlich der Rangfrage. Johannes Quidort († 1306) vertrat die Auffassung, einer müsse das Volk lenken. In der Diözese sei dies der Bischof, in der Gesamtkirche der Papst[132]. Zwar wird noch anerkannt, dass für die Ordnung der weltlichen Herrschaft ein tüchtiger Regent nützlicher sei als mehrere, aber die Verschiedenheit der Völker, die mit verschiedenen Lebensformen und politischen Gebilden einhergehe, verhindere eine Weltregierung durch einen einzigen Regenten.

Am Ende dieser Diskussionen war das einstige „Haus Gottes" aufgeteilt in einen kirchlichen und einen weltlichen Bereich. Damit waren aber keineswegs die Voraussetzungen dafür geschaffen, dass sich künftig die Grundlagen für ein eigenständiges „staatliches" Gebilde mit eigenen Gesetzen und Normen herausbilden konnte, das neben die Kirche hätte treten können. Vielmehr war klar, dass die weltlichen Strukturen nur Hilfskonstruktionen darstellten, die allein nicht zum eigentlichen Ziel führen konnten, das begründet durch die Bibel immer noch im Jenseitigen lag. Ohne die Kirche und ihre oberste Spitze, den Papst, war der Eintritt ins Himmelreich verwehrt. Die weltlichen Helfer, denen das Schwert Konstantins von den Päpsten überlassen wurde, um sich selbst auf die eigentlich wichtigen Aufgaben konzentrieren zu können, agierten *ad nutum sacerdotis*, nicht selbstbewusst souverän zum Ziel eines rein innerweltlich gerechten Staates. Ein Korrektiv für das päpstliche Handeln wurde nur noch in der kirchlichen Seite gesehen. Die Debatte über die Zweigewaltenlehre wurde deshalb ergänzt von Schriften, die über die Macht von Papst und Konzil nachdachten[133]. Nicht selten kamen sie zu dem Ergebnis, dass die konziliaren Entscheidungen denen des Papstes vorzuziehen seien. Doch dies ist ein anderes Thema, das hier nicht näher betrachtet werden kann.

Die Behauptung einer selbstbewussten kaiserlichen Weltlenkung

Die weltliche Gegenseite stand diesen Bemühungen um die Aufwertung der eigenen Position in nichts nach. Schon Justinian hatte sich bemüht, theoretische Gründe für sein Eingreifen in die Welt der Kirche zu finden[134]. Seine Zuständigkeit für die zivile Wohlfahrt bildete die Grundlage, um daraus seine Verantwortung für die Bewahrung der kirchlichen Disziplin abzuleiten, die dann zur Gleichstellung der vier ökumenischen Konzilien mit den Evangelien und zur Ausrottung der Ketzer führte.

Die viel gelesene Enzyklopädie des Isidor von Sevilla († 633), dem das bipolare System nicht am Herzen lag, hatte mit ihren Normierungen gewissen Einfluss auf das abendländische Denken. Die Einordnung der Päpste in den zwölften Abschnitt „*De clericis*" des siebten Buches und die Bemerkungen zum Kaisertum im dritten Kapitel „*De regnis militiaeque vocabulis*" des neunten Buches sprechen nicht für ein ausgeprägtes Hineindenken in das Reich, das im Südwesten Spaniens aber immer noch insoweit wahrgenommen wurde, dass überhaupt Hinweise erscheinen. Die Kaiser waren dabei zentraler als der Papst, von dem nicht ganz klar ist, ob er überhaupt gemeint ist, wenn Isidor den *pontifex* als Führer der Priester anspricht. Er sei höchster Priester und *pontifex maximus*. Er kreiere die Priester und bestimmte alle kirchlichen Stellungen. Was ein jeder tun solle, zeige er. Einst hätte es Priesterkönige gegeben, denn es sei Sitte gewesen, dass der König auch Priester und Pontifex gewesen sei. Deshalb habe man die römischen Kaiser *pontifex* genannt. Im Abschnitt über die Apostel wird zwar Petrus mit einer Vorrangstellung bedacht, doch keinerlei Hinweis auf die Petrusnachfolge der römischen Bischöfe gegeben. Dagegen stehen die Kaiser schon im fünften Buch als Leitlinie der sechsten *aetas* in vollständiger Reihung von Octavian bis Herakleius bereit, weil nach ihnen die Zeit berechnet wurde. Am Rande finden sich Jahresangaben seit der Schöpfung (*ab orbe condito*). Im sechsten Buch wird bei der Geschichte der Konzilien an das Nicenum gedacht, das in die Zeit Kaiser Konstantins datiert wird. Unter den heidnischen Göttern wird auch der Kaiserkult erwähnt. Eine zentrale Stelle geht dann auf die Abfolge der Reiche in der Heilsgeschichte ein. Nach Assyrern, Medern, Persern, Ägyptern und Griechen seien die Römer gefolgt, die zusammen mit den Assyrern sogar eine besondere Stellung einnehmen, weil die einen die ersten, die anderen die letzten seien. Die einen stammten aus dem Osten, die anderen aus dem Westen. Die Regierungsformen des Königtums und des Konsulats werden vor der Kaiserherrschaft genannt. Das Caesarentum Julius Caesars wird erwähnt, bevor auf das Kaisertum der nachfolgenden Herrscher eingegangen wird. *Imperator* würde man nach der Befehlsgewalt über das Heer genannt. Den Titel hätten die *duces* angenommen, weshalb der Senat den Titel Augustus Caesar eingeführt habe[135].

Der Berater Karls des Großen, Alkuin († 804), der für die Definition der bipolaren Kompetenzen einiges geleistet hat, tendierte bei seiner Verteilung der Gewichte eindeutig zur weltlichen Seite[136]. Karl selbst hatte ihn gebeten, ihm die Bibelstellen Lukas 22 und Matthäus 26, die für das Verhältnis der beiden Gewalten seit jeher als zentral galten, zu erklären. Die beiden Schwerter seien wie Leib und Seele oder wie Glaube und Werk. Von den beiden Gewalten ist dort nicht die Rede. In einem anderen Brief versichert er Karl, beide Schwerter lägen in seinen Händen. Göttliche Macht habe sowohl die Linke als auch die Rechte des Herrschers bewaffnet, so dass der Herrscher mit beiden zum lobenswerten Sieger und ruhmreichen Triumphator würde. Karl habe sowohl das Schwert siegreicher Macht als auch die Posaune christlicher Predigt, heißt es zudem. Dadurch wurde Karl in den Augen seines Beraters zum Melchisedek. Aus diesem Einzelfall wird aber zunächst nicht auf eine grundsätzliche Vergabe beider Schwerter an jeden weltlichen Herrscher geschlossen. Die Gnade und Gerechtigkeit Gottes darf über das Verfassungsrecht ebenso hinweggehen wie es reformieren. In dieser Tradition war auch Otto der Große von der Trennung der beiden Bereiche nicht wirklich überzeugt. Stärker noch als die Karolinger förderte er die Kirchen des Reiches, um sie zum Dienst für Herrscher und Gemeinschaft zu befähigen. Er griff dann auf die Kirchen zurück, als seien sie Teile des Staatsapparates. Das *regale sacerdotium* fundierte den Anspruch auf die Unterordnung der Kirchen unter den König. Der *Primas Germaniae*, der Erzbischof von Mainz, war dagegen weitgehend machtlos. Er konnte den Prozess verzögern, aber nicht stoppen. Die Weihe zum König näherte sich schon rein liturgisch an die zum Bischof an. Das Glaubensbekenntnis wurde zum zentralen Mittelpunkt. In der Salbungsformel erscheint der Bezug auf die Könige des Alten Testaments, womit die Idee des Priesterkönigtums wieder belebt wurde. Die Nachfolge Samuels und Davids wurde politisiert[137].

Im 11. Jahrhundert räumte Odilo von Cluny († 1048) dem Kaiser das Recht ein, sorgsam über die *sedes apostolica* zu walten, doch sollte dies im Verbund mit den Geistlichen des *imperium Romanum* geschehen. Petrus Crassus bezog sich ganz auf die römische Idee vom Kaisertum[138]. Sein Verständnis der beiden Gewalten ist durch Justinians Rechtscorpus geprägt. Die göttliche Legitimation wurde durch die rechtliche ergänzt. Das römische Welterbe stärkte die kaiserliche Position gegenüber dem Papst. Die Ausdeutung der Salbung als Aufnahme in das bischöfliche Amt trat bei Wido von Ferrara († 1099) zur Stärkung der königlichen bzw. kaiserlichen Position hinzu, was Gegenwehr hervorrief und letztlich das Ritual der Salbung veränderte[139].

Benzo von Alba († 1086/90), der ein klares Verständnis vom Unterschied zwischen regional begrenzter Königsherrschaft und dem globalen Kaisertum in antiker Tradition hatte, führte die antiken Geschichtsschreiber sowie Orosius († nach 418) im Munde und schloss damit an das spätantike Verständnis von kaiserlicher Stellung im Christentum an[140]. Mit den Kräften und Waffen der Kaiser sei die ganze Welt unterworfen worden, so dass unter dem Gesetz und Gehorsam Roms Frieden, Wohlergehen und Überfluss herrschte. Noch nicht einmal die Papstgeschichte verschweige die Leistungen Konstantins, den Gott besonders liebte, weil das Kreuz ihn in das himmlische Kollegium einreiht. In dieses Konzept fügt sich ein, dass Benzo Heinrich IV. einen neuen Konstantin nennt. Es ist nicht notwendig, dafür direkte griechische Vorlagen zu vermuten, weil dieses heilsgeschichtliche Bild von Konstantin über die Kreuzfeste auch im Westen verbreitet war. Der Bezug wurde auf Herakleios ausgeweitet und mit einem Lob auf die Geschichte der *sex aetates* verbunden. Allein das Wissen um die Vergangenheit sorge dafür, dass die Menschen nicht wie das Vieh ohne Vernunft seien. Erst nach Konstantin und Herakleios wurde an Karl den Großen und Otto den Großen gedacht. Heinrich III., der Caesar Augustus, hatte so ruhmvoll den Frieden verteidigt, dass selbst Daniel es nicht vermocht hätte, darüber zu schreiben. Für sich selbst und sein Werk zieht sich Benzo deshalb auf Bescheidenheitstopik zurück. Die Dimensionen der zeitgenössischen Herrschaft sind durch die Eingangsverse aber zu genüge ausgebreitet. Eine Zäsur zwischen der Vergangenheit und der eigenen Gegenwart sieht Benzo nicht, der am Ende erneut zur Kaiserakklamation aufruft und für Heinrich IV. ein *Fiat, fiat fiat* hier und in Griechenland anstimmt.

In der Kanzlei Heinrichs IV. formulierte Gottschalk von Aachen († 1098) den Vorwurf an Papst Gregor VII., er versuche dem *regnum* seinen Rang zu rauben und ein einziges Schwert an die Stelle von beiden zu setzen[141]. Dabei berief sich Heinrich IV. auf seine Unterstellung unter Gott. Nur der dürfe ihn richten, wie einst die Bischöfe gegen Julian Apostata anerkannt hätten. Die *ordinatio Dei* habe zwei Gewalten vorgesehen, und das nicht für das römische Reich, sondern in der *ecclesia*; durch die beiden Schwerter sei alles Schädliche wegzuschneiden. Das priesterliche Schwert solle alle Menschen zum Gehorsam gegenüber dem König an

Gottes statt bewegen und das königliche sei zur Vertreibung der Feinde nach außen, nach innen aber zum Gehorsam gegenüber dem Priestertum einzusetzen. Die Verschränkung der Funktionen führt bei Gleichordnung zu wechselseitiger Subsidiarität. Die Verteidigung der alten Bipolarität war gepaart mit der Gleichsetzung des weltlichen Herrschers mit dem Regiment Gottes. Die Sakralität des Herrschers wurde demonstrativ dargestellt. Die in die Forschung eingebrachte These, die Sakralisierung sei nicht wesentlich für das ottonisch-frühsalische Königtum gewesen, hat berechtigte Kritik erfahren[142]. Vielmehr ist festzustellen, dass die Attribute des Kaisertums schon jetzt für den König in Anspruch genommen wurden. Diese Tendenz setzte sich unter den Staufern fort, konnte da aber nicht so klar hervortreten, weil das Königtum eine Zwischenstufe auf dem Weg zur Kaiserwürde blieb, wenn es nicht nur neben dem amtierenden Kaiser an den eigenen Sohn verliehen wurde, um die Nachfolge zu sichern.

Für ein starkes Kaisertum traten im 12. Jahrhundert die Rechtsgelehrten ein, die nicht nur Rechtsbücher glossierten, sondern auch Traktate über Rechtsfragen und Gutachten in Einzelfragen verfassten. Simon von Bisignano († nach 1179), ein kalabrischer Schüler Gratians, nahm in den 1170er Jahren in seiner *„Summa"* zum Dekret insofern für das Kaisertum Partei, als er an den Zustand erinnerte, wo die weltliche Macht zunächst von Gott gewesen sei. Die *„Konstantinische Schenkung"* begründete erst die päpstliche Position. Dies bereitete den Boden dafür, dass die Kaiser sich immer stärker für die Zeit vor Konstantin interessierten. Die Anknüpfung des Kaisertums an die Kaisererhebung Octavians wurde von Friedrich II. noch stärker propagiert als zuvor. Dies wirkte schon deshalb sehr stark nach, weil in der Zeit der immer heftiger werdenden Auseinandersetzung zwischen Kaiser und Papst neue Formen der Geschichtsschreibung entstanden, die als Papst-Kaiser-Chroniken seit Christi Geburt dieses Konzept zugrunde legten[143].

Die Angst vor der Häresie-Definition durch den Papst, der selbst den Kaiser zum Ketzer erklären konnte, war der Grund dafür, dass etliche antikuriale Traktate anonym blieben. Die Nennung des eigenen Namens war mit Gefahren verbunden, die im Sinne des Ruhmerwerbs nicht jeder auf sich nahm. Die *„quaestio disputata in utramque partem pro et contra pontificem potestatem"* ist hier zu nennen, die als Erwiderung auf die Bulle *„Ausculta fili"*, die Bonifaz VIII. an den französischen König Philipp den Schönen gesandt hatte, konzipiert worden sein dürfte[144]. Da die Bulle geheim gehalten wurde, ist der Verfasser im Umkreis des Königs zu suchen. Die Unabhängigkeit der Gewalten wird von ihm nachgewiesen. Das Reich stünde in einer Abhängigkeit von der römischen Kurie, erhalte aber seine Gewalt unmittelbar von Gott. Der französische König sei gar nicht betroffen. Die Bibel und das Römische Recht belegten die Unabhängigkeit der weltlichen Sphäre. Der Kern des Traktats besteht in der Erörterung der Herkunft des französischen *regnum* von Gott. Interessant ist die Idee von den *causae mixtae*, bei denen ein fallweises Eingreifen in die andere Sphäre legitim sei. Diese Vorstellungen prägten nicht nur die Zeitgenossen im 14. Jahrhundert, sondern nahmen zu Beginn des 16. Jahrhunderts auch Einfluss auf Kaiser Karl V.[145] Auch der Dominikaner Johannes von Paris († 1306) verteidigte die weltlichen Rechte mit Blick auf das französische Königtum. Er lehnte eine Ausdeutung der Lukasstelle hinsichtlich der beiden Gewalten ganz ab. Daraus könne überhaupt kein Argument gewonnen werden. Dante ging in seiner Schrift „*De monarchia*" mit der Verteidigung der weltlichen Gewalt noch weiter[146]. Er betrachtete nicht nur das aus dem Kontext gerissene Zitat der beiden Schwerter, das seit Gelasius die Theoretiker beschäftigt hatte, sondern verweist auf den Beginn der Textstelle, wo Christus seinen zwölf Jüngern den Auftrag gegeben hat, das Kleid zu verkaufen und ein Schwert zu erwerben. Insofern sei von zwölf Schwertern auszugehen. Petrus habe nur oberflächlich dahingeredet, als er an der zentralen Stelle der Zweischwerterlehre geantwortet habe. Die nachfolgenden Zitate stehen für ein insgesamt negatives Petrus-Bild, das von Dantes Vorbehalten gegenüber den Petrus-Nachfolgern geprägt ist. Die allegorische Ausdeutung der Stelle in der papsttreuen Form ginge völlig an der Sache vorbei. Zur Gewalt von Kaiser und Papst meint Dante, dass das zeitliche Reich sein Sein nicht vom geistlichen empfange; auch seine Kraft nicht, die mit seiner Autorität identisch sei; auch seine Tätigkeit, absolut betrachtet, empfange es nicht von geistlichen, vielmehr erhalte es etwas von ihm, damit es wirksamer tätig sei durch das Licht der Gnade, welches im Himmel und auf Erden der Segen des Papstes ihm eingießt.

Für das Verhältnis von Papst und Kaiser sieht Dante theoretisch drei verschiedene Möglichkeiten[147]. Entweder sie seien aufeinander zurückgeführt oder sie gehören zur gleichen Art oder sie müssen auf etwa Drittes bezogen werden. Da sie nicht untergeordnet seien und auch nicht von der gleichen Art, weil die Idee vom Papst nicht gleich der Idee vom Kaiser sei, müssen sie auf etwas zurückgeführt werden, in dem sie ihre Einheit finden. Dieses eine sei entweder Gott, in dem alle Beziehungen überhaupt geeint werden, oder aber eine niedere Substanz als Gott, die aber Papst und Kaiser übergeordnet ist. Die Autorität der Kirche sei nicht die Ursache der kaiserlichen Autorität. Das *imperium Romanum* sei schon voll leistungsfähig gewesen, als es die Kirche noch nicht gegeben habe. Die Fähigkeit, dem Reich Autorität zu verleihen, sei sogar gegen die Natur der Kirche. Für die Menschen gäbe es ein zweifaches Ziel, nämlich einerseits hinsichtlich seiner Vergänglichkeit und andererseits hinsichtlich seiner Unvergänglichkeit. Zwei Glückseligkeiten gäbe es, die mit verschiedenen Mitteln erwirkt werden, aber nicht frei seien von der menschlichen Begierde. Sie stehe dem entgegen und so brauche es zwei Lenker, nämlich Papst und Kaiser, die Einhalt zur rechten Zeit bieten. Die Bipolarität wurde unter Trennung der Sphären beibehalten: Päpste führen die Menschheit zur ewigen,

Kaiser zur zeitlichen Glückseligkeit. Diese Ordnung der Welt folgt der Ordnung der himmlischen Bewegung, und deshalb sei sie von dem bestimmt, der auch die ganze Ordnung des Himmels schaut, nämlich Gott. Die Kurfürsten sind in diesem Modell des bipolaren Reiches die Verkünder der göttlichen Vorsehung, was nicht ausschließe, dass sie zum Teil von der Begierde umnachtet seien. Aber die Autorität des zeitlichen Monarchen stamme direkt aus der Quelle der universalen Autorität. Ein versöhnlicher Schluss bindet dann aber doch den Kaiser an den Papst. Der Kaiser müsse Petrus jene Ehrfurcht erweisen, die der erstgeborene Sohn dem Vater schuldet.

Für Heinrich VII. wurde ein Gutachten verfasst, das den Papst auf den Schlüssel reduzierte, um ihm das Schwert, also die Kompetenz im Weltlichen, abzusprechen, die sich Clemens V. mit Blick auf das Reichsvikariat angemaßt hatte. Christus habe Petrus befohlen, das Schwert zurück in die Scheide zu stecken, damit er begreife, dass er das Schwert nicht gebrauchen solle, und ihm den Schlüssel gegeben, nicht das Schwert. Vorstellungen von der Bedeutung weltlichen Lenkung finden sich bei Raimundus Lullus, der die Bipolarität von Papst und Kaiser in seine *„arbor scientiae"* (Baum des Wissens) aufgenommen hat. Man hat Raimundus für altmodisch gehalten, weil er ein Konzept für kaiserliches Handeln bereitstellte, obwohl das Kaisertum seit langem unbesetzt geblieben war[148]. Heilsgeschichtlich bestand gar keine andere Möglichkeit[149]. Lulls mallorquinischer Blickwinkel spricht für die allgemeine Vorstellung von einem globalen Kaisertum. Er stellt so klare Erwartungen an die weltliche Spitze, dass ein Fehlen verschleiert wird. Bei der Definition der Begriffe weicht der im Kampf gegen die Muslime agierende Dominikaner deshalb darauf aus, für *imperator* das Synonym *princeps* anzubieten, das er im Folgenden beständig verwandte, so dass seine Leser den Punkt, in dem sich die Wurzeln der *arbor imperialis* versammeln, auch mit dem König von Mallorca oder dem König von Aragon identifizieren konnten. Die Früchte der *arbor imperialis* waren *pax* (Friede) und *iustitia* (Gerechtigkeit). In dieser Zeit wurde mit Blick auf Aristoteles' Staatstheorie nicht mehr nur von der Juristenfakultät, sondern auch von den Artisten betrieben. Lull machte gegen die Auffassung Front, nur Juristen könnten dazu etwas sagen. Sein Kapitel über den kaiserlichen Baum liest sich wie ein Fürstenspiegel, denn die *arbor imperialis* ist ein Katalog von Pflichten und Verhaltensregeln für die weltliche Sphäre.

Im Benediktinerkloster Admont befasste sich ein Gegner der Hierokratie mit Ursprung und Ende des Römischen Reiches. Engelbert († 1331) argumentierte aristotelisch mit Hinweis auf die Maxime *ars sequitur naturam* (Die Kunst folgt der Natur)[150]. Daraus wurde die Notwendigkeit einer übergreifenden Staatslenkung des Imperiums abgeleitet, das durch göttliche Fügung und im göttlichen Recht verankert war. Die ganze Menschheit unterstand dem Kaiser, wie mit Bezug auf Augustins Schrift „De civitate Dei", Buch 19 argumentiert wurde, weil es in der ganzen Welt nur ein göttliches Recht gäbe. Die heilstypische Funktion des Reiches, seine Schutzaufgabe für die Kirche und die naturrechtliche Gesamtordnung legitimieren Reich und Kaiser. Der weltliche Staat wird von der Bevormundung durch die Kirche befreit, dem Kaiser bleiben aber die Aufgaben im kirchlichen Bereich. Der Schutz vor den Heiden und die Ausbreitung des Glaubens sind seine vornehmsten Aufgaben.

Universitätsdozenten spielten zwar seit dem 12. Jahrhundert als Politikberater in Europa eine gewisse Rolle, doch erst seit Beginn des 14. Jahrhunderts erhielt der Einfluss des gelehrten, politiktheoretischen Wissens auf die konkrete Herrschaftsausübung und die Stabilisierung der Macht zentrale Bedeutung. Die Stellung der Pariser Universität im Dreiklang von *sacerdotium*, *imperium* und *studium* bildete den Hintergrund für die ausführlichen Debatten der Universitätsgelehrten über das Verhältnis von Kaiser und Papst. Johannes von Paris, Marsilius von Padua und Wilhelm von Ockham wenden, geschult durch die Lehrkonzepte, bei ihrer Interpretation des Verhältnisses von Papst und Kaiser schon die historisch-kritische Methode an. Bei der Auseinandersetzung mit den Interpretationen der Lukas-Stelle wird darauf verwiesen, dass die frühen Exegeten noch keine Zweigewaltenlehre gekannt hätten. Weder Augustin noch Ambrosius von Mailand hätten die allegorische Ausdeutung aufgenommen, vielmehr gemahnt, dass für derartiges *manifesta testimonia* (unumstößliche Zeugnisse) vorliegen müssten. Pierre Dubois († nach 1321) stellte fest, dass kein Mensch zwei Schwerter führen könne, also auch der Papst nicht. Damit war das weltliche Schwert für die Herrscher gegen die hierokratischen Ideen verteidigt.

Am wirkmächtigsten wurden die Ansichten des Marsilius von Padua, der mit dem „Defensor pacis" (Verteidiger des Friedens) eine politiktheoretische Schrift verfasste, die sich den aristotelischen Lehren verpflichtet sieht und kirchliches Politikverständnis anklagt[151]. Die Konfliktlagen der Gegenwart erklärte Marsilius mit der Usurpation weltlich-politischer Kompetenzen durch die Kirche seit Konstantin. Die Not des Daseinskampfes sieht er als Grund für die Vergesellschaftung an, nicht wie traditionell die kommunikative Existenz des Menschen. Das menschliche Leben würde nicht durch göttliche Ordnung, sondern durch Gesetze geregelt. Das höchste Ziel sei die Herstellung von Frieden im Diesseits. Die Kompetenzen zur Erlassung von Gesetzen gibt nicht ein Gottesgnadentum, sondern die Entscheidung der Bürger in ihrer Gesamtheit oder eines gewichtigen Teils. Die Kompetenzen der Kirche werden auf das Jenseits reduziert. Diese Auffassungen hatten ein politisches Nachspiel, das die reale Macht des Papsttums in der gelebten Gegenwart erkennen lässt. Als das Werk publik wurde, schaltete sich 1326 der bischöfliche Inquisitor ein, der neben Marsilius auch dessen Freund Johannes von Jandun († 1328) vor Gericht zog. Beide flohen aus der Diözese, um einer Verurteilung zu entgehen. Ludwig der Bayer nahm, da er sich selbst im Konflikt mit dem Papsttum befand, die beiden bereitwillig auf und gewährte ihnen Schutz[152]. Dies ermöglichte eine breite Rezeption des bald auch kurial verdammten Werkes, das sogar in die Volkssprachen übersetzt wurde. Marsilius verfasste zudem den Traktat „*De translatione imperii*", der sich mit der Übertragung des Kaisertums von den Römern der Antike auf die byzantinischen Kaiser und schließlich auf Karl den Großen und seine Nachfolger befasst. Auf der Grundlage eines an den Interessen des Papsttums orientierten Textes von Landolfo Colonna († 1331) schuf Marsilius mit beachtlichem Erfolg durch Bearbeitung ein Werk, das sich gegen die Rolle des Papsttums bei der Übertragung des Kaisertums wandte. Hinsichtlich der Approbationsansprüche der Päpste für den *rex Romanorum* hielt Marsilius das Argument der notwendigen Häresieprüfung für hergeholt, schließlich würden drei Erzbischöfe wählen, die von Christus gleiche bischöfliche und priesterliche Autorität hätten wie der römische Bischof[153].

Dietrich von Niem († 1418) vertrat am Beginn des 15. Jahrhunderts Positionen, die von einer strengen Gleichordnung der beiden Gewalten bis zu einer klaren Überordnung des Kaisertums reichten. In der „*Praefatio*" seiner Chronik wird das Sonne-Mond-Gleichnis bemüht, aber nicht hierokratisch, sondern im Sinne der getrennten Aufgaben ausgedeutet[154]. Nicht nur die gemeinsame Zusammenarbeit in Freundschaft und Gunst, sondern auch der Verzicht auf gegenseitige Attacken wurde von ihm thematisiert. *Status* und *gloria* sollten nicht verschwinden. Dabei sah er die Möglichkeit vor, dass eine Gewalt in die Sphäre der anderen hineinregierte. Zum Positiven der ganzen Christenheit sollten sie sich gegenseitig helfen. Die Zwietracht sei für den katholischen Glauben sehr schädlich. Jede der beiden Gewalten hänge unmittelbar von Gott ab, wie sogar den päpstlichen Dekreten zu entnehmen sei. Lachhaft sei es, gegen die Wahrheit zu behaupten, dass das weltliche Schwert vom Papst abhänge. Wie ein Verteidiger des Rechts trage der Kaiser das weltliche Schwert, das genauso von Gott stamme wie das geistliche. Wenn dem nicht so wäre, trügen Kaiser und König ihren Titel unnötig. Wer dies leugne, schüre den Streit zwischen Papst und Kaiser. Als Beleg wird Papst Bonifaz VIII. zitiert, der befunden hatte, dass Gott ihm das Priesteramt, dem Herrscher aber die Leitung der weltlichen Dinge zugewiesen habe. Der Kaiser stünde über den anderen Königen, alle Nationen seien ihm unterworfen, sogar die Juden. Die kuriale Translationstheorie übernahm Dietrich aus der Dekretale „*Venerabilem*" und der Glosse des Johannes Teutonicus († 1252) zu dieser Stelle[155]. Mit Ausnahme von Spanien sei das *regimen mundi* (Leitung der Welt) an die Deutschen übergeben worden, ohne damit eine Unterordnung des Kaisertums zu verbinden. Vielmehr zeige der Einfluss auf die Besetzung kirchlicher Ämter die Überordnung der weltlichen Seite an. Die Hoheit des Kaisers wurde mit Zitaten aus der Heiligen Schrift und aus dem

Römischen Recht belegt. Der Kaiser sei *minister Dei* und Richter, er sei der Vater aller nach Gott. Wer den Kaiser nicht ehre, könne bei Gott keinen Lohn erwarten. Das *per me reges regnant* (Spr. 8, 15), das auch auf der Kaiserkrone zu lesen war, legitimierte den Kaiser. Recht und Gerechtigkeit hingen von ihm ab. Die Kirche sollte sich unter den Schutz des Kaisers begeben und mit materieller Unterstützung entgelten. Kirchenmänner sollten wieder den Tribut zahlen, wenn sie nicht durch kaiserliches Wohlwollen davon befreit seien. Tributzahlung aber war seit alters her ein Zeichen von Abhängigkeit.

Dietrichs grundsätzliche Haltung zu einer *corrigibilitas* (Korrigierbarkeit) der Päpste mündete in der Einschränkung des in den Symmachianischen Fälschungen formulierten Privilegs der Päpste, von niemandem gerichtet werden zu dürfen. Die Zügellosigkeit der Päpste ließe dies nicht zu. Nicht nur bei Häresie und Verbrechen, sondern immer, wenn Päpste die Gesetze nicht einhielten, sei einzugreifen. Es sei nicht akzeptabel, dass sie gegen das Gemeinwohl verstoßen. Aufgabe des kaiserlichen Wächteramtes sei es, Eintracht und Disziplin der Kirche zu mehren. Dafür müssten die Fürsten Rechenschaft ablegen vor Gott. Ob sie den Frieden vermehrt haben oder nicht, kann mit Hilfe der *ratio* (Verstand) bestimmt werden, die den rechten Gebrauch in der geistlichen Ordnung der Kirche anweisen kann. Gott regiere durch den Kaiser, der Kaiser durch Gottes Gnade. Der Fürst galt Dietrich als Abbild oder Exekutive Gottes. Die Heiligkeit des Imperiums und des Kaisers stützten sich gegenseitig. Dies ist für die Kirche dringend erforderlich, denn die Schwäche des Kaisers hat Rückwirkungen auf *honor* und *status* der Kirche. Ehre und Macht des Reiches und Gedeihen der Kirche bedingen sich nach Dietrichs Ansicht gegenseitig. König Sigismund sprach in einem Schreiben an das Konstanzer Konzil sogar vom *binus status universalis machine, videlicet ecclesie et imperii*[156].

Die Reichsverfassungslehre des Peter von Andlau († 1480), die um 1460 entstand, ist ein Beleg für die fortwährende Gültigkeit des bipolaren Verfassungssystems[157]. Der Professor für Kirchenrecht verfasste einen „*Libellus de Caesare monarchia*", der nicht Vergangenes, sondern Gegenwärtiges im Blick hatte. Das Konzept fußt auf den Vorgaben der Kanonistik, die noch immer als adäquate Wissenschaft vom Staatsrecht angesehen wurde. Die Gegenwart ließ sich im 15. Jahrhundert nicht losgelöst von der Vergangenheit begreifen. So begann Peter von Andlau die Staatslehre mit der Geschichte nach der Vier-Reiche-Lehre bis zur *translatio imperii* an die Deutschen. Der nationale Aspekt wird vom Baseler Rechtsgelehrten stark hervorgehoben. Die Aufspaltung Europas nahm nach dem Fall von Konstantinopel immer grundsätzlichere Formen an. Der Adressat war der Kaiser, der offenbar belehrt werden sollte. Mit allen Mitteln der verfügbaren Staatstheorien wird belegt, dass weltliche Herrschaft von Gott ist. Im historischen Abriss steht die Geburt Christi vor allem übrigen[158]. Octavian habe zu dieser Zeit, im 42. Jahr seiner Herrschaft, als Kaiser nach Gottes Plan wahren und dauerhaften Frieden geschaffen. Im 715. Jahr nach der Gründung Roms, im 5199. Jahre seit Erschaffung der Welt wurde Christus geboren, der wahre König des Himmels und der Erde, der das Römische Reich durch seine Ankunft heiligte. Prophetisch wird auf die zweite Ankunft verwiesen, die das Ende des Römischen Reiches markieren würde, dem der Antichrist vorausginge. Eingefügt ist eine Diskussion über die beste Staatsform. Es werden viele Gründe dafür genannt, warum die Monarchie am besten ist. Die römische Weltherrschaft wurde durch den Plan der göttlichen Vorsehung für das Erscheinen Jesu gewählt, weil diese sich durch Tugenden auszeichne. Die Definition fußte nicht auf theologischen Argumenten, sondern blieb im Bürgerlichen. Auch die Heiden würden durch Tugenden geschmückt. Genannt werden die Liebe und Treue zum Staat, der Eifer für Gerechtigkeit und das Wohlwollen gegenüber dem Mitbürger.

Die Übertragung des kaiserlichen Regierungssitzes von den Römern zu den Griechen verweist auf Konstantin, der als 30. Kaiser nach Augustus im 1060. Jahr nach der Gründung Roms regiert habe[159]. Die Aussatzlegende floss in die Staatslehre ein. Auch der Text der *„Konstantinischen Schenkung"* wurde wörtlich ins Werk aufgenommen. Peter kritisierte die vielen übereifrigen Legisten, die bezweifelten, dass diese von Konstantin der Römischen Kirche gemachte Schenkung in Bezug auf die Reichsterritorien zu halten sei. Er setzt sich vor allem mit dem Legisten Bartolus von Sassoferrato auseinander, nimmt für seine eigene Argumentation aber Zuflucht zu alten Geschichtsbüchern und dem eingebürgerten Usus. So müsse der *Pontifex maximus* an Ostern die Krone tragen, der Kaiser aber am Festtag Petrus und Paulus. Die Verkehrung der Hauptfeste steht für die Verschränkung von Papsttum und Kaisertum seit Konstantin. Die Weitergabe des Reiches von Papst Leo III. an Karl den Großen ist dem Theoretiker eine Übertragung an die Deutschen, weil die Franken Deutsche seien. Unter dem griechischen Kaiser Herakleius seien die Völker vom Reich abgefallen, was Peter von Andlau mit der tyrannischen Herrschaft begründet[160]. Auch Mohammed († 632) ist Teil der historischen Betrachtung. Das Urteil ist eindeutig: das Gift seiner perversen und verlogenen Lehre bespritze fast den gesamten Orient, befand der dem Christentum verpflichtete Staatstheoretiker. Den Niederlagen Herakleius' stehen die Siege Pippins und Karls gegen die Sarazenen entgegen. Dass der Byzantiner immerhin das „wahre" Kreuz zurückerobern konnte, nimmt Peter von Andlau gar nicht zur Kenntnis. Sein Weltbild ist auf die Stärkung des westlichen Kaisertums aus. Dafür braucht er das Versagen der byzantinischen Seite. Die Kaiser von Konstantinopel seien nur noch dem Namen nach Kaiser gewesen. Deshalb sei das Reich nach 415 Jahren von Osten nach Westen transferiert worden, von den Griechen zu den Deutschen. Die genaue Geschichte sei wegen der Uneinheitlichkeit der Autoren unbekannt, befindet schon Peter. Wie stark man sich dafür interessierte, hatte der von Peter von Andlau zitierte Historiograph Landolfo Colonna vor Augen geführt, der die bekannten Stellen zusammengetragen hatte, dabei aber auch auf die Glosse „*de electione c. venerabilem*" verwies[161]. Auf einer Synode Hadrians I. habe Karl das Recht erhalten, den Apostolischen Stuhl zu besetzen. Als dann die Franken schwach wurden, übernahmen die Deutschen das Reich. Wieder musste das Kirchenrecht die Argumente liefern: Karl sei in Deutschland geboren, so Gratian. Der Historiograph Gottfried von Viterbo († 1192/1200) wusste, dass Karl römisch durch die Mutter, und deutsch durch den Vater gewesen sei. Das Römische Reich wurde auf jeden Fall durch die göttliche Vorsehung auf die edlen Deutschen übertragen, so mit Hinweis auf die Glosse zu „*de sacerdotis uncione, c. unico*"[162]. Alle die versuchen, die Rechte des Reiches zu schwächen, beleidigen nicht nur die kaiserliche Majestät, sondern auch die göttliche. Der Tadel an den anderen Nationen und den deutschen Fürsten, der von der Auffassung von den beiden Gewalten ausging, war harsch. Die Abstammung der Deutschen aus Rom sei der Grund für die Zwietracht. Hier taucht dann auch die Frage auf, ob die Kurfürsten einen Nicht-Deutschen wählen können. Der Bezug auf die Bulle „*Venerabilem*" wird ergänzt durch Stellungnahmen von Francesco Zabarella († 1417) und Panormitanus (= Nikolaus von Tudeschi, † 1445), auf Hostiensis († 1270) und Johannes Andreae († 1348). Ob das Recht der Wahl bei Untätigkeit auf den Papst übergehe, war eine strittige Verfassungsfrage. Sicher ist nur, dass der Herrscher des Erdkreises die dreifache Krone habe, nämlich die vom Kölner, die vom Mailänder, und die von Papst. Die kaiserliche Majestät überrage alle anderen an Ansehen, Autorität und Hoheitszeichen. Es sei nicht nur von Gott erwiesene Ehre, sondern biete mit Bezug auf die Rechte, die Augustus (42 v. Chr. –14) hatte, auch Steuereinnahmen. Das Römische Reich war jedenfalls früher vorhanden als die päpstliche Amtshoheit.

Nichts, so lässt sich am Ende dieser Durchsicht resümieren, scheint schwieriger zu sein als die Anerkennung eines Zustandes der Gleichrangigkeit. Wie eine Waage schwankte unter Einwurf von immer neuen Gewichten mit den Waagschalen päpstlicher und kaiserlicher Gewalt auch das Reich. Die ausgeglichene Stagnation der Gewichte, die anfangs als Ideal aufgefasst wurde, wurde zum Problem der Verfassungsrealität und zum Streitpunkt der politischen Theorie. Die Ansätze der Verfassungstheorien zeigen bis in die Zeit des Investiturstreits nur wenig systematische Analytik und methodisches Bewusstsein. Dies änderte sich erst mit dem Einziehen der Debatten in die Universitäten. Die eingesetzte Tinte legte aber schon zuvor offen, wo der empfundene Rechtfertigungsbedarf am größten war und sich die Schreiber durch ihre Werke auch persönlichen Vorteil erhofften. Sie änderten nichts daran, dass zumindest die Waage über die Jahrhunderte hinweg in Takt blieb. Keine der beiden Schalen konnte sich lösen und für sich allein die christliche Gesellschaft dominieren. Die Verschweißung der beiden Gewalten durch die Realitäten der Spätantike blieb bis zum Ausgang des Mittelalters tragfähig.

Die Symbolik der Bipolarität von Kaiser und Papst

Die Symbolik der beiden Schwerter

Die Verpflichtung zur *concordia* beider Gewalten fand ihren Ausdruck im symbolsprachlichen Ineinandergehen, das durch die einmütige Benutzung gleicher Symbole für ein Bewusstsein sorgte, dass letztlich nur zwei Komponenten dergleichen Sache in Erscheinung traten[163]. „Staat" und „Kirche" sowie Kaiser und Papst konnten mit den gleichen Analogien belegt werden. Die Gleichsetzung der beiden Gewalten von Kaiser und Papst mit zwei Schwertern ist schon angeklungen, weil das Bild in der politischen Theorie in besonderem Maße diskutiert wurde. Die Vorstellungen von den beiden Schwertern haben ihren Ursprung in der antiken Vorstellung von *merum imperium* (reine Befehlsgewalt) als *habere gladii potestatem* (die Macht des Schwertes besitzen). Der römische Rechtsgelehrte Ulpian († nach 228) hat dies explizit so definiert und betont, dieses Schwert diene zur Bestrafung von Verbrechern[164]. So rechtfertigte auch Paulus im Römerbrief 13,4 die Staatsgewalt in Form der Justiz. Sie sei Gottes Dienerin, weil durch die Justiz erreicht würde, dass sich, wer Böses tut, zu recht fürchten müsse. Im Epheserbrief 6, 13–17 wurde der Begriff vom geistlichen Schwert und dem Panzer der Gerechtigkeit noch im Kampf gegen die Herren der Welt geprägt, die in der Finsternis herrschen. Cyprian († 258) wollte mit dem geistlichen Schwert den Teufel töten. Das Wort Gottes galt als das geistliche Schwert (*gladius spiritus quod est verbum Dei*). Aus der Waffe eines jeden Christen, die aber auch die Waffe Christi meinen konnte, wurde schließlich der *gladius beati Petri* als Exkommunikation. Statt von *gladius* (Schwert) konnte auch von *ensis* (Schwert) oder *ferrum* (Eisen) bzw. schlicht von *arma* (Waffen) geredet werden, wenn die Schwerter der Zwei-Schwerter-Lehre gemeint waren. Zur Unterscheidung wurden den Schwertern der beiden Seiten bald klärende Adjektive beigeordnet. Für das weltliche Schwert stand der *gladius materialis* (materiell), *carnalis* (fleischlich), *humanus* (menschlich), *visibilis* (sichtbar), *ferri* (des Eisens), *temporalis* (zeitlich) oder *saecularis* (weltlich). Das geistliche Schwert erhielt die Bezeichnung als *spiritualis* (geistlich), *invisibilis* (unsichtbar) oder *eternis* (ewig). Unterschieden wurden auch der *gladius Constantini* und der *gladius Petri*[165].

Die Aufteilung schien also klar zu sein, aber dennoch wurde über die beiden Schwerter debattiert. Es war die Mehrheitsmeinung, dass Papst und Kaiser je ein Schwert führten. Dem wurden Ansichten entgegengestellt, die entweder beide

Schwerter in eine Hand gaben oder noch ein weiteres hinzufügten. Zwei Gewalten mit zwei Schwertern wurden nach der Übertragung des Kaisertums auf die Karolinger von Walafried Strabo († 849), Hrabanus Maurus († 856) und Angelomus († um 895) gesehen[166]. Für Petrus Damiani († 1072) waren sie im 11. Jahrhundert gemeinsam Zeichen des geistlichen und weltlichen Kondominiums, die sich gegenseitig Ehre zu erweisen haben und im glücklichen Bund ergänzen sollen. Das Bild kann aber auch zur Abgrenzung dienen, etwa wenn Placidus von Nonantola († nach 1112) 1111 auf dem Höhepunkt des Investiturstreits in seinem *„Liber de honore ecclesiae"* kaisertreu formulierte, das materielle Schwert solle in der Kirche durchsetzen, was dem geistlichen Schwert zu erreichen unmöglich sei. Gottfried von Vendôme († 1132) sah schließlich göttlichen Willen darin, dass geistliches und weltliches Schwert die Kirche verteidigen. Wenn das eine hingegen das andere stumpf mache, geschehe das gegen den Willen Christi. In der Schrift *„De anulo et baculo"* wurden die Wirkungsbereiche klar abgegrenzt. Das geistliche Schwert sei als das päpstliche für innen, das weltliche als das königliche für außen. Diese Unterscheidung der Kompetenzen mit getrennten Sphären schien dann in der Tradition auch Deusdedit († 1097/1100), Anselm von Laon († 1117), Hildebert von Lavardin († 1134) und Honorius Augustodunensis († vor 1150) plausibel. Alkuin († 804) und Ratbertus Paschasius († 859) urteilten hingegen, die zwei Schwerter befänden sich beide beim König. Demgegenüber sprach sich Christian von Stablo alias Druthmar von Corbie († nach 880) dafür aus, dass zwei Schwerter beim Papst lägen. Diese Auffassung wurde im Hochmittelalter durch Hugo von St. Viktor († 1141) und Bernhard von Clairvaux († 1153) sehr beliebt und hat bis zum Ausgang des Mittelalters gerade mit Blick auf die päpstliche Vergabe des Kaisertums an Karl den Großen weitere Anhänger gefunden. Da die Dopplung des Schwertes nicht natürlich begründet war, sind gelegentlich auch Versuche nachweisbar, das Symbol auf ein Schwert zu reduzieren. Doch diese Aufhebung der Bipolarität war ebenso eine Außenseitermeinung wie die Idee der drei Schwerter, die der Dreiteilung in *temporalia, corpora* und *spiritualia* entspricht und Aegidius Romanus († 1316) dem Heilsplan der drei biblischen Epochen adäquat schien[167]. Im Thronstreit formulierte jedenfalls Otto IV., als ihm *honor* (Ehre) und *profectus* (Erfolg) sowohl der Kirche als auch des Reichs und der gesamten Christenheit am Herz lagen, dass ihm und dem Papst zur Lenkung dieses Zeitalters zwei Schwerter anvertraut seien.

Generell ist festzustellen, dass das Schwert als Symbol in viel stärkerem Maße der weltlichen als der geistlichen Seite zugeordnet wurde, wie Parallelisierungen von weltlicher und geistlicher Gewalt in Form von „Schwert und Wort", „Schwert und Buch", „Schwert und Kreuz", „Schwert und Schlüssel" oder „Schwert und Mitra bzw. Pallium" zeigen. Die Abbildungen, die Kaiser und Papst gemeinsam zeigen, haben diese Formensprache übernommen. Auch Vergleiche von „Schwert und Hirtenstab", „Schwert und Kelch (*calix*)" oder „Schwert und Stola" lassen sich nach-weisen. Die Symbole für das geistliche Lenkungsamt waren also vielfältiger und zielten auf die liturgische Befähigung ab. Die Trennung beider Aktionsbereiche tritt in diesen Doppelpaaren in den Vordergrund.

Sonne und Mond als Symbole der Bipolarität

Spielraum für Interpretationen über eine Differenz der Stellung und der Aufgaben bot der häufig verwendete Vergleich von Papst und Kaiser mit Sonne und Mond. Bei der Lehre von den zwei Lichtern, die zum Nutzen der Welt von Gott einge-setzt worden seien, war mit Blick auf die natürliche Funktion von Sonne und Mond keine Reduktion vorzunehmen. Der Streit entzündete sich hier um die Frage, wel-ches Licht das größere und wichtigere darstellt. Im astronomischen Konzept der Vormoderne, in dem die Erde als Mittelpunkt galt, waren die physikalischen Zu-sammenhänge nicht exakt zu beschreiben. Sonnen- und Mondfinsternisse zeigten die gegenseitige Abhängigkeit, ließen aber Unklarheiten offen, so dass die Zuwei-sung nicht eindeutig war.

Mehrheitlich sah man allerdings den Papst als Sonne an. Innozenz III. ging da-bei in seiner Silvesterpredigt und in einem Schreiben an die Rektoren in Tuscien voran[168]. Wie in der Genesis Sonne und Mond geschaffen wurden, so stünden am Firmament der gesamten Christenheit zwei Dignitäten, die größere für den Tag, die kleinere für die Nacht, um über die Körper zu herrschen, nämlich die bischöfli-che Gewalt und die königliche Macht. Der Brief ist nur im Register Innozenz' III. erhalten, in dem sich von anderer Hand Korrekturen finden. So erscheinen sowohl die drei Buchstaben *min* von *Minori* und die Vorsilbe *pro* von *proficit* auf Rasur[169]. Allein eine Parallelüberlieferung, die fern des kurialen Machtzentrums erhalten ist, bringt die ursprüngliche Version, welche die Verhältnisse umdreht. So dürfte der Wortlaut letztlich bedeutet haben: je mehr sie (die *regalis potestas*) am Zusammen-schauen mit ihr (der *auctoritas pontificalis*) hängt, mit um so größerer Heiligkeit wird sie geziert und je mehr sie sich vom Hinblicken auf diese entfernt, desto mehr verliert sie an Glanz.

Das Bild der päpstlichen Sonne bestimmte die mittelalterlichen Vorstellungen vom Verhältnis der beiden Gewalten so stark, dass dies wie in Dantes „*De Mon-archia*" zu Reflexionen über das Sein des Mondes, seine Kraft und seine Tätigkeit führte[170]. Was das Sein betrifft, so hänge der Mond in keiner Weise von der Sonne ab, auch nicht bezüglich seiner Kraft und Tätigkeit, absolut gesehen, schreibt Dante. Seine Bewegung besitze der Mond durch seinen eigenen Beweger; sein Ein-fluss sei durch seine eigenen Strahlen bedingt. Er besitze nämlich ein gewisses Licht aus sich selbst, wie bei der Mondfinsternis offenkundig sei. Im verzweifelten Pessimismus formulierte er dann aber in der göttlichen Komödie: „Rom, das die Welt so gut geordnet hat, besaß zwei Sonnen einst, die beiden Wegen erstrahlten, dem der Welt und Gottes Pfad. Eins hat das andere Licht gelöscht."[171] In der Sprache der politischen Theorie wie der Herrscherpanegyrik blieb die Symbolik von Sonne und Mond auch danach weiterhin verfügbar. Noch König Sigismund benutzte dieses Bild im Vorfeld des Konstanzer Konzils in einem Brief an Papst Gregor XII. [172]

Weitere Analogien für das Verhältnis von Kaiser und Papst

Einige andere Analogien sprechen für die absolute Gleichrangigkeit und Gleichwertigkeit, weil die Vergleichsobjekte keine Differenzierung kennen. Dies gilt insbesondere für die Augen, mit denen Gregor VII. Papst und Kaiser verglichen hat[173]. Wie die beiden Augen des Körpers seien sie zu Obsorge und Umsicht verpflichtet. Das Handlungselement kaiserlicher und päpstlicher Stellung kommt beim Vergleich mit den beiden Händen zum Ausdruck, der bei Petrus Damiani († 1072) und Gregor VII. nachgewiesen ist. Auch hier gilt die Gleichheit, die zudem bei alttestamentlichen Analogien etwa mit den beiden Cherubim auf der Bundeslade oder den beiden Säulen des Tempels in Jerusalem aufscheint.

Die Gleichsetzung von weltlicher und geistlicher Gewalt mit Levi und Juda erwies sich für die Anhänger des Kaisertums als problematischer. Levi hatte durch Geburt den Vorrang, deshalb habe auch die Kirche der Autorität nach Vorrang vor dem Imperium, war das gängige Argument, mit dem sich Verfechter eines starken Kaisertums auseinandersetzen mussten. Dante versuchte in „De Monarchia" den Beweis zu erbringen, dass es überhaupt nicht auf die Stellung von Papst und Kaiser zu übertragen sei[174]. Schließlich wäre dadurch für Levi als dem Vater des Priestertums ein Vorrang gegenüber Juda als dem Vater der weltlichen Regierung impliziert gewesen, was Dantes Grundüberzeugungen widersprach. Gegen dieses Argument kann Dante nur mit dem Hinweis auf den formalen logischen Fehler vorgehen. Eine Nicht-Ursache werde als Ursache gesetzt. Leichter fiel ihm die Widerlegung des Vergleichs mit der Ein- und Absetzung Sauls durch Samuel, denn Saul sei nicht Stellvertreter, wie es Papst und Kaiser seien, sondern nur Beauftragter, so dass für ihn andere Rechte Gültigkeit hätten.

Ein Vergleich der beiden Gewalten, der auf die unabdingbare Zusammengehörigkeit von Kaiser und Papst zielt, ist der mit Leib und Seele. Die Seele war das eigentlich wichtige, auf das mit Blick auf das Jüngste Gericht geschaut wurde. Die Binde- und Lösegewalt des Papstes qualifizierte den Papst, denn sie gilt für die Seelen im Himmelreich, im *imperium Romanum* kann Petrus Erlasse und Gesetze nicht binden und lösen. In der Regel waren die Bilder für die Bipolarität in ihrem Grundbestand aber positiv. Zwei gute Lenker hatten die Verantwortung, und das

Miteinander führte zu einem Gewinn für die gesamte Gesellschaft. Gegen diese Identifizierung von Kaiser und Papst stand allein der Vergleich mit Kain und Abel, der seit der Zeit des Investiturstreits den Streit der beiden höchsten Gewalten als Bruderzwist versinnbildlichte. Als Beispiel für das moderne Unverständnis für die Symbolisierungen des bipolaren Verhältnisses mag der Vergleich der beiden Gewalten mit Kastor und Pollux dienen, der jüngst angelehnt an eine singuläre mittelalterliche Benutzung für das gesamte bipolare System unternommen wurde[175].

Die gemeinsamen Symbole des Kaisertums und des Papsttums

Neben den Symbolen für das bipolare Verhältnis sind auch die jeweils mit Blick auf einen der beiden Lenker verwendeten Symbole zu betrachten. Zur Mischung von weltlichem und geistlichem Bereich trug bei, dass sich Kaiser und Päpste vielfach der gleichen Herrschaftssymbole bedienten. Das Bewusstsein für die Verschiedenheit der Aufgaben konnte dabei zurücktreten. Nicht selten war man sich aber über die spezifische Gestaltung des kaiserlichen oder päpstlichen Symbols im Klaren. Die Herrschaft wurde durch die Krone symbolisiert. Hier ist Unterscheidung bestens möglich, da die Kaiserkrone und die Papsttiara sich eindeutig auseinander halten lassen. Jede Sphäre hatte ihre eigene Krone. Die Idee von der Übertragung der Krone Konstantins, die bei Ludwig dem Frommen aufscheint, blieb ohne nachhaltigen Erfolg, auch wenn die Päpste immer wieder versuchten, so ihren gegenüber den Kaisern höheren Rang zu symbolisieren. Gemäß den Legenden war die päpstliche Tiara das Geschenk Konstantins, so dass spitzfindige kaisertreue Theoretiker wähnten, aus eigener Kraft stünde sie den Päpsten nicht zu.

Wenn heute das Sprichwort „Kleider machen Leute" verwendet wird, so ist das Wissen über den Realitätsgehalt weitgehend abhanden gekommen. Für das bipolare Miteinander von Papst und Kaiser jedoch galt seit der Antike, dass die Amtshoheit in den kennzeichnenden Kleidungsstücken lag. Nicht nur Tiara und Krone machten den Papst zum Papst und den Kaiser zum Kaiser, sondern auch Papst- bzw. Kaisermantel. Bei Doppelwahlen interessierte weniger die Stimmenanzahl und noch nicht einmal das Gewicht der Stimmen, sondern auch die Frage, wer sich in die als rituell rechtmäßig anerkannten Kleider hüllen konnte. Die Einkleidung war ein ritueller Akt, bei dem die Macht des Amtes übertragen wurde. Sie stand an wichtiger Stelle im Initiationsritus. Beim Papst umfasste dieser Akt mehrere Schritte. Der Papst ergriff nach der Wahl vom Lateran Besitz, er wurde in St. Peter oder einer anderen Peterskirche inthronisiert und geweiht, erhielt Pallium und *ferula* überreicht. Die Immantierung, also die Anlegung des Mantels aus Purpurstoff, signalisierte die Angleichung an das Kaisertum[176]. Umso irritierender musste es der im Schisma gewählte Papst Alexander III. 1159 empfinden, dass der von nur zwei

Kardinälen gewählte Viktor IV. (Octavianus) sich unverschämt und wie ein Besessener des Mantels ermächtigte, der Alexander III. schon über die Schultern gelegt worden war[177]. Die beabsichtigte Schwächung war erreicht, doch ließ sich Alexander so einfach das Papsttum nicht abspenstig machen. Er drängte, die Mehrheit der Kardinäle hinter sich wissend, auf eine schnelle Krönung, die vierzehn Tage vor der Viktors stattfinden konnte. Das von Kaiser Friedrich Barbarossa befürwortete Schisma bis zum Tod Viktors 1164 und darüber hinaus aushaltend, änderte er schließlich das Papstwahlrecht auf der 3. Lateransynode von 1179. Seither wurde exkommuniziert, wer die Papstwürde beanspruchte, ohne von zwei Dritteln der Kardinäle gewählt worden zu sein[178].

Beim Farbcode konnte das kaiserliche Purpur der Spätantike sowohl für die Päpste als auch für die Kaiser verwendet werden. Karl IV. trug beim Empfang durch den Papst in Avignon 1365 über der Albe den roten Kaisermantel. Bei etlichen Königs- und Kaiserutensilien sowie bei den päpstlichen Ausstattungsstücken waren Perlen sowie Gold- und Silberfäden wichtiger als eine klare Zuweisung der Farbe. Das Rote konnte für den geistlichen Bereich, das Blaue hingegen für das Weltliche stehen, doch ist eine klare Bezugnahme auf die jeweiligen Spitzen wegen der Mischung der Aufgaben nicht durchgehalten worden.

In der Reihung der gemeinsam benutzten Symbole ist die Mitra zu nennen, die vom Herrscher als das Zeichen seiner königlichen bzw. kaiserlichen Bischofswürde getragen wurde. Doch wie beim Papst galt, dass er sie keineswegs exklusiv für sich in Anspruch nehmen konnte, nachdem Nikolaus II. Mitren auch an andere weltliche Fürsten verliehen hatte. Sowohl beim Kaiser als auch beim Papst trat die Krone neben die Mitra. Innozenz III. formulierte dann selbstbewusst, dass ihm die Mitra als geistliches Zeichen übergeben worden sei, die Krone aber als weltliches. Die Mitra stünde für sein Priesteramt, die Krone für sein Königtum.

Wie die antiken Kaisersymbole wurden auch Christussymbole oder Reliquien mit Christusbezug von Kaiser und Papst weiter benutzt. Besonders eindeutig wurde die Bedeutung der Christusverehrung Ludwig dem Bayern demonstriert, vor dem die Kanoniker von St. Peter 1328 das Schweißtuch der Veronika versteckten, damit er es nicht zu Gesicht bekam, also auch kein Heil daraus empfangen konnte[179]. Christussymbole wurden von beiden Seiten in Anspruch genommen, ohne dass mit Ausnahme des segnenden Handgestus eine Reduktion auf die beiden Führungsspitzen des *imperium Romanum* gelungen wäre. Die Christusnachfolge wurde nichtsdestotrotz von beiden Seiten zur symbolischen Aufwertung der eigenen Stellung herangezogen. Die Bezeichnung als *Lux mundi* führte Innozenz III. in der Christusnachfolge, die auch bei der Bezeichnung des Königs als *imago Dei* durchscheint. Kaiser und Papst sahen sich auch je als *angelus Dei*. Die Betonung der Christusnachfolge findet sich in den Herrscherurkunden im Christogramm (XP, C). Das

Christogramm steht der Tradition gemäß am Anfang des christlichen *imperium Romanum*. Das gibt Fragen auf, denn es kommt als christliches Symbol nur im Westen vor; als Symbol für den Christusnamen wurde es nicht verwendet. Schwer vorstellbar bleibt, wie dieses Zeichen 312 im Westen als ein allen verständliches christliches Erkennungszeichen, gar als Symbol Christi ausgegeben werden konnte, noch schwerer fällt es, sich zu erklären, wie Konstantin, wenn er denn ein christliches Symbol gesucht hat, auf dieses ganz ungebräuchliche Christogramm gekommen sein soll. Christus-Reliquien sind so exklusiv, dass sie zur Aufwertung königlicher und herzoglicher Stellung benutzt werden konnten. Alle Könige bemühten sich nach Kräften, sich selbst durch Christusreliquien in die Aura des Kaisertums zu bringen, doch blieb nicht zuletzt beim „wahren" Kreuz das Bewusstsein für die eigentlichen Zusammenhänge erhalten. Um die Stellung als Melchisedek rangen beide Seiten. Die Melchisedek-Rezeption als Instrument der Symbolisierung und Legitimierung innerhalb der bipolaren Ordnung ist bislang aber nicht hinreichend aufgearbeitet[180].

Zu den Kaisersymbolen, die auch vom Papst benutzt wurden, zählt der Schirm, der *umbrellino*, der mitunter auch als Baldachin dargestellt wird[181]. Ob er überhaupt von den spätantiken Kaisern benutzt wurde, ist nicht völlig sicher, aber mit Blick auf die Darstellung in der Kirche SS. Quattro Coronati wurde imaginiert, dass Konstantin ihn an Papst Silvester übergeben hat. Ein früher Nachweis für den Schirm bezieht sich nicht auf Kaiser und Papst, sondern auf König David. Im Utrechter Psalter in Hautvillers wurde in einer Miniatur zu Psalm 27, 4 dargestellt, wie ein Engel einen Schirm über David hält. Die Handschrift stammt aus dem 9. Jahrhundert, aber vermutlich von spätantiker Vorlage. Zeugnisse für die Benutzung eines Schirmes durch die Päpste lassen sich seit dem 12. Jahrhundert finden. Zuerst werden sie auf Intaglios benutzt, dann zu Beginn des 13. Jahrhunderts in einer Miniatur von Papst Innozenz III. in einem Weißenburger Codex. Die Rückprojektion in SS. Quattro Coronati reiht sich hier ein. Die Erzbischöfe von Mailand bekamen das Recht, den Schirm zu tragen, von den Päpsten verliehen, weshalb man dieses statuserhöhende Vorrecht auch in Pavia nutzen wollte und sich eine Urkunde fälschte. Bonifaz VIII. legte Wert auf dieses Attribut seiner Herrschaft, und so wurde er in Anagni mit Schirm und Tiara als Zeichen seines Papsttums dargestellt. Danach haben die Päpste das Symbol für einhundert Jahre nicht benutzt, was kaum als „Vergessen", sondern als „Vermeiden" zu werten ist. Erst Ulrich Richental († 1436/37) bildete Johannes XXIII. mit einem Schirm ab, wobei zu fragen bleibt, ob dies der Realität der Benutzung entsprach oder den auf dem Konzil abgesetzten Lenker der Kirche charakterisieren sollte. In der Zeit, als der Schirm bei den Päpsten wieder außer Gebrauch kam, konnten Zeugnisse der Verwendung beim *rex Romanorum* bzw. bei Kaisern nachgewiesen werden. Heinrich VII. und Karl IV. benutzten den

Schirm. Die Zeugnisse führen nach Italien. Im Jahre 1311 erscheint das Symbol beim Einzug in Genua und Jahrzehnte später wurde in der Chronik des Giovanni Sercambi († 1424) Karl IV. auf dem Weg nach Lucca beschirmt dargestellt. Benutzt wurden Schirme auch von den Königen in Sizilien und den Dogen von Venedig. Letztere sollen das Recht angeblich 1177 von Alexander III. verliehen bekommen haben als Dank für die Bemühungen um den Frieden mit Friedrich I. Vermutet wurde auch, dass es sich um Beute von der Eroberung Konstantinopels im Jahre 1204 handelte. In der Kunst wurde aber die Übergabe durch den Papst visualisiert. In den „*Grandes Chroniques de France*" wird Karl der Große nach der Eroberung von Saragossa mit Kaiserschirm dargestellt. Der Baldachin zeichnete den Stellvertreter Christi und Nachfolger Petri aus, wie Paris de Grassis († 1528) befand.

Das angemessene Sitzen war im Rahmen einer würdevollen Performanz für beide Lenker in der kaiserlichen und christlichen Nachfolge unerlässlich. Die Darstellung vom thronenden Christus und der thronenden Maria knüpfen an Vorstellungen an, die seit Homer den Thron mit den Herrschenden verbanden. Bei spätantiken Konzilien wurde der Thron Christi mit dem Evangelienbuch aufgestellt[182]. Erhebliche Teile der Repräsentanz von Kaiser und Papst wurden auf dem Thron im Sitzen vollzogen. So kam sowohl dem Papstsitz und als auch dem Kaiserthron eine herausragende Bedeutung zu. Auch wenn der Stuhl Petri nicht als Berührungsreliquie erhalten geblieben ist[183], wurde seit der Spätantike immer häufiger mit der Kathedra Petri oder der *sedes apostolica* argumentiert, so dass diese als Abstraktum die Lenkung und damit auch Herrschaft ausdrückten. Unter den Sitzen der Bischöfe war der römische der gewichtigste. Im antiken Kaisertum war das sitzende Regieren weniger symbolträchtig, so dass Darstellungen den Kaiser meistens stehend zeigten. Der Kaiser und z. T. auch seine Familie nahmen jedoch bei Empfängen auf dem mit Rücken- und Armlehne versehenen Thron Platz. Der Baldachin konnte als ein Thron fungieren. Undatiert sind die Anfänge des im 10. Jahrhundert bekannten Usus, dass der Kaiser wochentags rechts auf dem Thron sitzt und die linke Seite Christus freihält, am Sonntag aber Christus rechts sitzt und man vom „leeren" Thron spricht. Im Kaiserpalast von Konstantinopel gab es mehrere Throne. Der Thron Konstantins wurde seit Arkadios nicht mehr benutzt, dafür erhielt der Thron des Salomon, der von Kaiser Theophilos († 842) im 9. Jahrhundert rekonstruiert worden war, als Legitimationssymbol gegen den westlichen Kaiser Bedeutung. Die Thronsetzung war für das westliche Herrschertum schon bei der Königserhebung eines der wichtigen Initiationsrituale, das mit der Altarsetzung des *rex Romanorum* neue christliche Symbolisierungen inkorporierte. Der Thron in Aachen ist zur Königserhebung Ottos dem Großen erstmals bezeugt, wurde aber seit Otto von Freising († 1158) Karl dem Großen zugeschrieben. Das Thronsitzen wurde immer wichtiger, wie in den Kaisersiegeln zum Ausdruck gebracht wurde, wo das seit der Antike übliche Profilbild 962 durch eine Thronsessel-Frontale abgelöst wurde, die Kaiser Otto den Großen mit Krone, Schwert und Reichsapfel als Weltherrscher darstellt. Trotz der hohen Bedeutung der Kathedra Petri bzw. *sedes apostolica* blieben die päpstlichen Bullen ohne Throndarstellungen, sondern zeigten die Köpfe von Petrus und Paulus, die schon im Eschatokoll der Papsturkunden in der Rota in Erinnerung gerufen wurden.

Der Schimmel, auf dem Kaiser und Papst ritten, war ein symbolisches Bekenntnis. Das Pferd diente als Insigne, seit die antiken Kaiser es als Herrschaftszeichen benutzt hatten, um sich aus der Masse der anderen Reiter abzuheben. Wie beim Schirm so ist auch für den päpstlichen Schimmel die *„Konstantinische Schenkung"* der zentrale Legitimationshintergrund. Erneut ist auf die Darstellung in der Kirche SS. Quattro Coronati zu verweisen, aber auch andere Abbildungen zeigen den reitenden Papst auf einem Schimmel[184]. Der politische Sinn der Darstellung war die Abbildung des *papa triumphans* in der Kaisernachfolge. Zügel- und Bügeldienst treten in der Symbolsprache hinzu und betreffen die Rangordnung zwischen beiden. Die Ungleichheit wurde nirgends so deutlich wie in diesem Ritual. Schimmelabgaben an den Papst lassen sich nachweisen. Das paarweise Reiten auf zwei Schimmeln symbolisierte hingegen den gleichberechtigten Dualismus der beiden Hauptvertreter irdischer Macht. Papst Urban V. schenkte Karl IV. 1365 bei dessen Besuch in Avignon ein weißes Pferd, das mit einer Seidendecke bedeckt war, die ihrerseits mit einem goldenen Adler und Wappen des Kaisers verziert war[185]. Wenn 1489 auf der Weingartener Tafel der Blutreliquie hingegen Leo IX. auf dem Maultier und Heinrich III. auf dem Schimmel dargestellt wurden, so stehen Christusnachfolge und Kaisersukzession in verschiedenen Symboltraditionen. Bei den Doppelbildern ritt der Papst immer an der rechten Seite des Kaisers. Auch dies war ein Symbol. Das Hintereinander wurde vermieden, um den augustinischen Gedanken der gottgewollten Zweiheit von geistlicher und weltlicher Macht auszudrücken. Das Nebeneinander betonte die imperiale Parität, das ehrenvolle Rechts aber die Erhabenheit des Sakralen. In dieser ungleichen Gleichheit war der Kaiser bloß der irdische Abglanz des Papstes. Auch hier finden sich Abbildungen zuerst auf den Intaglios. Darstellungen von Innozenz III. und Bonifaz VIII. als reitende Päpste sind hingegen anscheinend nicht nachzuweisen. Erst im 16. Jahrhundert wurde die päpstliche Weltherrschaft so dargestellt. Theologisch wurden der Papst zu Pferd und das Bild Christi ineinandergeführt. Christus und seine Stellvertreter werden in der Imperator-Ikonographie des Schimmelreiters transzendent. Kritik daran konnte nicht ausbleiben, weil die Bibel zwar den Eintritt auf dem Esel, aber kein Kaisergebaren kannte. Die Verkehrung dieses Ehrensymbols lag im Ritt rücklings auf dem Esel, der nur für abgesetzte Päpste belegt ist[186]. Die wenigen abgesetzten römischen Könige und Kaiser waren Manns genug, um ein solches Schauspiel zu verhindern.

Kaiserliche Symbole

Die königlichen und kaiserlichen Insignien werden noch im 15. Jahrhundert von Peter von Andlau als exklusiv bezeichnet[187]. Andere Könige würden sie nicht usurpieren, weil niemand außer dem Kaiser Herr der Welt sei. Bei der Krönung geht er auf die Krone ein, die aus Gold sei, das von allen Metallen das Vornehmste sei. So müsste auch der Kaiser in seiner Macht und Gerechtigkeit hervorragender sein als die Könige und Fürsten. Das Schwert würde auch anderen Königen vorangetragen, aber es sei dennoch das besondere Insigne des Königs oder Kaisers, weil nach der Zweischwerterlehre ein Schwert dem Kaiser, das andere dem Papst gegeben sei. Das Szepter wird als drittes Insigne benannt. Auch andere Könige würden es führen, aber die Äußerungen der Psalmen und des Kirchenrechts stünden für das kaiserliche Szepter, das als Stab der Milde und des Friedens fungiere.

Der goldene Apfel oder der goldene Globus, wie der Reichsapfel genannt wird, stünde für die Welt und den Erdkreis. Er bedeute, dass der Kaiser Herr der Welt sei. Das Kreuz und die Lanze waren Reichsinsignien und herausstechende Reliquien in einem, so wie auch sonst im Reich die Vermengung von Weltlichem und Geistlichen nachzuweisen ist. Nur hinsichtlich der Schwerter wurde klar geschieden. Durch die Exklusivität, welche diese Insignien garantierten, konnte das Kaisertum mit der Symbolausstattung der Päpste bestens mithalten. Die Davidsymbolik war hingegen zwar eindeutig auf den weltlichen Herrscher bezogen, aber nicht exklusiv kaiserlich. Mit Blick auf die geistliche Sphäre hatte dieses Königtum mehr zu bieten als das Kaisertum bipolarer Prägung.

Papstsymbole

Für den Papst sind das Pallium und die Ferula als der mit Kreuz geschmückte Stab, kennzeichnend. Letzterer hebt den Papst aus der Gruppe der Krummstäbe haltendenden Bischöfe heraus. Bei Darstellungen von Papst und Kaiser konnte es im 15. Jahrhundert passieren, dass dem Papst ein Krummstab gegeben wurde, was seine Sonderstellung ignorierte und seine Würde schmälerte. Der Fischerring wurde erstmals unter Clemens IV. erwähnt und erhielt erst seit Nikolaus V. seinen beständigen Platz in der Ausstattung des Papstes. Zwecks Besiegelung der päpstlichen Breven war er eher ein Funktionsgerät als ein wirkliches Ehrenzeichen.

Singulär für den Papst waren die Petrus-Symbole. Hier gebührte den Schlüsseln ein besonderes Gewicht, weil sie die Ungleichheit zwischen Papst und Kaiser symbolisierten. Nur der Papst konnte das Himmelreich aufschließen. Die Schlüssel spielen in der Papst-Heraldik eine wichtige Rolle. Partizipieren ließ Leo III. den Herrscher nicht daran, aber immerhin gewährte Benedikt VII. Otto II. Zugang zum Petrusgrab, als er ihm 975 nicht nur ein Meldungsschreiben über seine Wahl, sondern auch die Schlüssel zum Grab Petri sowie die Fahne der Stadt Rom übersandte. Die kaiserliche Kontaktnahme zu Petrus war nicht durch Symbolbenutzung, sondern nur in symbolischer Reverenz möglich. Die Stiftung von Weihekronen auf den Altar von St. Peter war üblich. Vorbilder für dieses Verhalten sind im Griechischen zu suchen, wo die Altarlegung von Kronen als Übergabe der Herrschaft in göttliche Hand etabliert war. Bei den westlichen Altarlegungen verblieb die Krone im Sakralen und wurde nicht durch Selbst- oder Fremdkrönung gleich wieder aufs eigene Haupt gesetzt[188].

Symbole des Reiches als Symbole für Kaiser und Papst

Symbole des Reiches wurden auch als Symbole für Kaiser und Papst verwandt, allen voran der Adler als zentrales Symbol aus der Zeit des frühen Kaisertums. Der Adler taucht bei Päpsten seltener auf. Als Wappentier und Siegelvogel hat er, um Peter von Andlau zu zitieren, seine Flügel über Europa ausgestreckt[189]. Seit dem 15. Jahrhundert inkorporierte er immer öfter einen Kruzifixus, der auf dem Rumpf dargestellt wurde[190]. Wenn die Päpste sich als Stadtherren Roms darstellen ließen wie auf einem Druck der „*Mirabilia urbis Romae*", der 1494 in Rom besorgt wurde, trat das Doppeladler-Wappen neben die Tiara, das SPQR und das persönliche Papstwappen[191]. Kleidungsstücke des Kaisers wurden selbstverständlich mit Adlern versehen. Lebende Adler wurden als Zeichen der Kaiserwürde vom Kaiser mitgeführt, wie beim Empfang Karls IV. 1365 ausdrücklich in den Berichten vermerkt wurde, wo auch die Pferdedecke mit einem Adler geziert war[192]. In Siena wurde Maria mit einem Schleier ausgestattet, dessen Goldstoff mit Reichsadlern durchwirkt war. Interessant ist eine Federzeichnung aus der Zeit Sigismunds, auf der zwei Adler gemeinsam abgebildet wurden[193]. Der eine Adler sollte das *sacerdotium* symbolisieren: er ist doppelköpfig und weiß, hat die Petrusschlüssel am Kragen und das Schwert im Schnabel. Der schwarze Adler des Kaisers ist einköpfig und hat eine Krone auf dem Haupt, steht im Bild unter dem päpstlichen Adler und hat viele seiner Federn verloren, die zerzaust unter dem nach Quarternionen-Adler-Haltung aufgestellten Tier herumliegen. Sie sind ausgerissen und symbolisieren, dass die weltliche Macht ihre Würde verloren hat, während die päpstliche intakt erscheint. Die Realitäten der Zeit des Konstanzer Konzils sahen eigentlich anders aus[194]. Die Suche nach den Räumen der Kaiserherrschaft und auch des päpstlichen Reichsbewusstseins wird sich in Zukunft lohnend mit der Darstellung von Adlern befassen, Ergebnisse stehen bislang aber noch aus. Hier ist nur festzuhalten, dass der Adler als Symbol für Kaiser und Papst Verwendung fand, wobei der Schwerpunkt eindeutig bei den Kaisern lag. Eine Darstellung zur Kaiserkrönung 1530 zeigte jedoch Papst und Kaiser vereint unter einem Baldachin, auf dem ein übergroßer Adler prangte[195].

Symbolische Umgangsformen

Die Verwendung der lateinischen Sprache kann als offenbares Zeichen für die Hinwendung zum antiken Rom gewertet werden, das Symbolcharakter annehmen konnte. In der Stadt der Päpste gab es in der Spätantike einen erheblichen Anteil Griechen, so dass lateinisch keineswegs die einzige Umgangssprache darstellte. Das Lateinische symbolisierte aber die Kontinuität des Reiches. Insofern ist es eine Selbstaussage, wenn es nördlich der Alpen zur Abwendung vom Latein kam und die Nationalsprachen für den jeweiligen Kontakt zu den Königslandschaften benutzt wurden. In den Kontext der Sprachsymbolik gehört die Verwendung des Gotteswortes zur Schaffung einer unanfechtbaren Wahrheit, hinter die keiner zurück konnte, und zur Herstellung von Verpflichtungen, die nicht wegargumentiert werden durften, weil die Worte die Garantie des Heils inkorporiert hatten. Die Kennzeichnung der Bibelzitate in den kaiserlichen wie päpstlichen Urkunden lässt die Intensität erkennen, mit der dieses Mittel benutzt wurde.

Die Symbolkraft der Titel, die beide führten, ist nicht zu unterschätzen. Der *imperator augustus*-Titel knüpfte an die ruhmreiche, von den Päpsten unabhängige Stellung des Kaisertums an. Friedrich Barbarossa wurde von Otto von Freising († 1158) mit den Kaisertiteln Justinians bezeichnet[196], Lothar III. hatte sich im Lehnsgesetz von 1136 als *Servus servorum Dei* bezeichnet und damit die Papsttitulatur imitiert. Die dahinterliegende Theorie lehrte, dass die göttliche Ordnung gestört sei, wenn *nomen* und *potestas* sich nicht deckten.

Die Münzen der Herrscher wurden mit Münzbildern ausgestattet, die ihnen Autorität verleihen sollten. Sie symbolisierten die Macht. Wie übermächtig die byzantinischen Kaiser als Garanten für die Sicherheit noch im 8. Jahrhundert waren, zeigen die unter Gregor III. geprägten Geldstücke, die noch den Kaiser als Staatsoberhaupt zeigen. Erst Hadrian I. prägte aus eigener Machtvollkommenheit Münzen. Leo III. hat dann gemeinsam mit Karl dem Großen Gemeinschaftsprägungen veranstaltet, was die *concordia* der Gewalten symbolisiert. Üblich blieb diese Form der Kooperation bis in die Mitte des 11. Jahrhunderts. Die Betonung der Weltherrschaft durch Bonifaz VIII. spiegelt sich auch auf seinen Münzen wider, aber erst seit 1450 gab es mit dem Giubileo Heilig-Jahr-Münzen, die das weltliche Geldgeschäft in religiöse Dienste stellten. Die Münzen, die ein Kreuz zeigen, lassen die Frage offen, ob das kaiserliche Symbol in der Nachfolge Konstantins oder das religiöse Zeichen gemeint sein soll. Beides vermischte sich immer stärker. Zur Kaisersymbolik zählte jedenfalls seit Konstantin auch das wahre Kreuz bzw. das Holz vom Holz des Kreuzes Christi.

Die Symbolkraft der kirchlichen Feiertage war nicht zu unterschätzen. Das Osterfest wurde als Reichsfest, Weihnachten als Kaiserfest gefeiert. Dies wurde vor allem in Rom deutlich, wo der Papst nicht nur in jeder Papstmesse für den Kaiser betete, sondern gerade am Karfreitag ein Gebet sprach, Gott möge den Bestand des Reiches sichern. Zu Weihnachten feierte er zumindest in Frühmittelalter eine zweite Messe in S. Anastasia am Palatin, also in der kaiserlichen Hofkirche der offiziellen Kaiserresidenz[197]. Die Anlehnung an die kaiserliche Seite zeigt sich im griechischen Einfluss in der Liturgie, insbesondere in der Aufnahme von griechischen Heiligen und Herrenfesten wie Ypapanti, das am 2. Februar begangen wurde[198]. Es war im Westen zunächst ein beliebter Termin für die Kaiserkrönung, wurde dann aber 1440 symbolisch zum Termin für die Wahl Friedrichs III. Das Kaisertum war in dieser Symbolsprache nicht mehr von der Krönung abhängig. Die genaue Betrachtung der Liturgie erklärt vielfach die Ausdeutung der Ereignisse. So waren die weltlichen Fürsten an Maria Lichtmess bei der Austeilung der Kerzen vor den Prälaten an der Reihe. Als Heinrich VII. den 2. Februar als den vom Papst vorgeschlagenen Termin für seine Kaiserkrönung zurückwies, obwohl bereits Otto der Große an diesem Tag gekrönt worden war, und die Krönung am 29. Juni, also am Tag der Apostel Peter und Paul durchsetzte, symbolisierte dies seinen sakralen Rang in der Heilsgeschichte. Von hoher Symbolkraft und wichtig für die Vorstellungen vom Reich waren aber auch der 25. März mit der Feier von Mariae Empfängnis sowie die Feiern von *„Inventio"* und *„Exaltatio crucis"*.

Am Ende sei noch der Symbole gedacht, die nicht direkt Kaiser und Papst, sondern die Subordination unter ihre Oberhoheit zum Ausdruck bringen. Eine klare Unterscheidung der beiden Sphären hat sich hier erst entwickeln müssen, denn anfangs lag die Oberhoheit allein beim Kaiser, wie bei der Vergabe von Pallien besonders deutlich wird. Bei der Palliumsvergabe an Dritte fragten die Päpste im 6. Jahrhundert bei den Kaisern nach, bevor sie jemandem auszeichneten, woraus zu schließen ist, dass der Papst sie lediglich als kaiserlicher Delegierter übertrug. Die Metropoliten von Ravenna erhielten ihr Pallium noch im 7. Jahrhundert direkt von den Kaisern verliehen. Zu tragen waren die Pallien am Kaiserhof und bei Ausübung der Amtshandlungen. Daraus entwickelte sich der Brauch, dass Pallien von Papst und Bischöfen nur in der Kirche getragen werden. Das vom Papst an die Erzbischöfe und Bischöfe vergebene Pallium stellte dann über das gesamte Mittelalter hinweg das geistliche Band zwischen der Lenkungsspitze und den Teilkirchen dar. Damit ist es den Lehnssymbolen wie Stab, Fahne und Ring ähnlich, die der *rex Romanorum* und der Kaiser vergaben, so dass sie als Subordinationssymbole zu werten sind. Im rein Weltlichen diente die Schwertleite durch den Kaiser als Symbol imperialer Macht.

Die Praxis der Bipolarität im Ritual

Der gegenseitige Umgang von Kaiser und Papst

Im Alltag war die Kontaktpflege zwischen Kaiser und Papst durch geschriebene Dokumente und Vermittler bestimmt[199]. Die kontinuierliche Absprache zwecks Lenkung des christlichen *imperium Romanum* überließ man oft den nachgeordneten Aufgabenträgern, seien sie nun mit einem längeren Dienstauftrag ausgestattet, wie die Apokrisiare, oder temporär bestimmt, wie die päpstlichen Legaten. In byzantinischer Zeit zeigte der Apokrisiar, der als ständiger Vertreter des Papstes am Kaiserhof weilte, nicht nur die Kooperation, sondern auch die Ausrichtung der doppelten Spitze auf den Kaiser hin[200]. Wie wichtig die Position des Apokrisiars war, lässt sich daran ablesen, dass viele Apokrisiare später Papst geworden sind. Das erste berühmte Beispiel bildete Gregor I., der aufgrund seiner „Lehrjahre" im diplomatischen Dienst die Stellung des Papsttums in der Gesamtkirche entscheidend aufwerten konnte. Die Unterstellung Roms und des Papstes unter die kaiserliche Macht war in dieser Zeit aber noch dadurch sichtbar, dass Miliz in Trastevere und über dem Trajansforum stationiert war und byzantinische Verwaltungsbeamte ihren Aufgaben nachkamen.

Für Reisen nach Konstantinopel wiesen die Kaiser ihre Beamten an, den Papst so zu empfangen, als wäre er der Kaiser selbst. Die Päpste Johannes I., Agapit I., Vigilius und Konstantin I. sind in der neuen Kaiserstadt mit den Kaisern zusammengetroffen, um Fragen der Kirche und des Glaubens zu besprechen[201]. Mit Kerzen und Kreuzen ging ihnen die Bevölkerung von Konstantinopel entgegen. „*Laudes*" und ein Adventushymnus wurden gesungen, um den hohen Gast zu ehren. Beim Empfang vor den Toren wurden sie mit kaiserlichen Pferden ausgestattet, die mit vergoldeten Satteln und Zügeln geschmückt waren. Kaiser Justin ging Papst Johannes I. eine Strecke entgegen, Justinian II. war, als Papst Konstantin in Konstantinopel eintraf, selbst in Nicaea und bot in einer Mitteilung ein Treffen auf halbem Weg in Nikomedia an. Für Agapit I. berichtet die Papstgeschichtsschreibung des „*Liber pontificalis*" von einer kaiserlichen Proskynese. Justin soll Johannes I. „angebetet" haben (*adoravit*), wobei man über die Tiefe der Proskynese in der Forschung streitet. Auch ob die Päpste mit mehr Ehrungen empfangen wurden als der Patriarch von Konstantinopel ist strittig. Sicher ist aber, dass Johannes I. in der Kirche zur Rechten Kaisers Justins saß und eine Ostermesse in lateinischer Sprache zelebrierte, um im Anschluss daran eine Festkrönung zu vollziehen, also die bisherige papstunabhängige Würde sakral zu erneuern. Quellen belegen, dass der Kaiser Johannes so aufnahm, als ob er der Hl. Petrus selbst wäre. Von Konstantin I. wird nur berichtet, dass er dem Kaiser die Kommunion gespendet habe, während der Herrscher ihn bat, für die Vergebung seiner Sünden zu beten. Auffällig bleibt, dass die lateinischen Quellen den Ruhm der Papstempfänge verkünden, während die griechische Schrifttradition ihre Anwesenheit kaum zur Kenntnis nahm. Für die Apostelverehrung im lebenden Papst sprechen immerhin die kaiserlichen Briefe an die Päpste aus der „*Collectio Avellana*", freilich wieder in lateinischer Sprache. Justinian I. soll ausdrücklich um Apostelreliquien gebeten haben, um den Palastbezirk mit einer Kirche zu Ehren der Apostel ausschmücken zu können. Die Gegenseitigkeit des Schenkens und Beschenktwerdens gehört seit archaischen Zeiten zum Alphabet des diplomatischen Verkehrs und prägte in Zukunft die Kaiser-Papst-Treffen, die auch durch wechselseitig ausgerichtete Gastmähler gefeiert wurden.

Das allgemeine Papstritual in Rom ist als Kopie des Kaiserrituals zu erkennen. Der bewussten Abgrenzung vom Prunk aus christlichen Idealen war bald ein Arrangieren mit der imperialen Symbolsprache zum Zweck der eigenen Statusdefinition gefolgt. Der Staatsapparat des Kaisers tolerierte, dass die Päpste den Spielraum ausnutzten, welchen die räumliche Trennung von Papst und Kaiser bot. So lässt sich im späten 5. Jahrhundert der Brauch nachweisen, dass sich Päpste bei Prozessionen in Rom Kerzen und Weihrauch vorantragen ließen. Diese Ausstattung war zuvor exklusiv bei Kaiserprozessionen üblich gewesen. Solange das Bildnis eines neuen Kaisers vom Papst und seinem Hof ehrenvoll in die Stadt Rom eingeholt und in Prozession zum Palatin gebracht wurde und die Päpste die Anlehnung an die griechischen Lehren aus politischer Entscheidung vollzogen, sahen die Kaiser offenbar keinen Anlass, sich über derartige Mimikry zu ereifern. Sie war vielmehr ein Zeichen für das Fortbestehen des Wertesystems trotz physischer Abwesenheit.

Das politische Handeln von Kaisern und Päpsten wurde nach der Übertragung der Kaiserwürde in den Westen bis in die Neuzeit hinein von Legaten oder sonstigen Beauftragten der jeweils anderen Seite begleitet. Da es keine Kaiserstadt mit fester Residenz gab, wurde das fest installierte Amt des Apokrisiars nicht dauerhaft erneuert. Die Teilnahme der päpstlichen Legaten stellte aber weiterhin eine wichtige Konstante im politischen Geschäft dar, wie Zeugenlisten erkennen lassen. Diese päpstlichen Legaten und kaiserlichen *Missi* oder Gesandte stellten den regelmäßigen Austausch zwischen beiden Lenkern sicher, an dem die Nachwelt nur insoweit partizipieren kann, als die Briefe, die von ihnen als Boten übermittelt wurden, erhalten geblieben sind. Offizielle Delegierte und Vertraute hatten als Horchposten an zentralen Ereignissen Anteil. Die gegenseitige Hochachtung prägte die Sprache des bilateralen Verkehrs. In Krisenzeiten konnte Heinrich IV. aber dem Papst auch seinen Titel verweigern und ihn lediglich als falschen Mönch anraunen[202].

Direkte Treffen zwischen Kaiser und Papst

Papst-Kaiser-Treffen waren eine besondere Form der Diplomatie, die sich nicht mit den Treffen von Königen der europäischen *regna* mit dem Papst vergleichen ließen und keine Entsprechung im Umgang des Kaisers mit den übrigen Bischöfen hatte. Bei der Zusammenkunft waren Rangfragen gar nicht zu vermeiden, denn bei der Aufladung von links und rechts, vorn und hinten mit Statusfragen waren Sitz- und andere Repräsentationsstreitigkeiten kein unnötiges Geplänkel, sondern Ausdruck der eigenen Stellung und des Ansehens innerhalb der Gemeinschaft[203]. Es ist zu bedenken, welchen konkreten Bedingungen die Perzeption eines Ritualakts im realen Leben unterlag. Komplexe Rituale im Umgang von Kaiser und Papst wie die römische Einholung waren selbst für Augenzeugen nicht in toto zu erfassen. Nicht selten wurde das eigene Erleben mit tradierten Worten ausgedrückt. Projektion und Idealisierung waren noch stärker als sonst die Begleiter der Zeitzeugen, wenn Unfassliches und bislang nicht Erlebtes geschildert werden sollte. Publikumserwartung und Auftraggeberinteressen spielen ebenso eine Rolle wie die eigene Verwicklung in die Vorgänge, die superlative Verherrlichung ebenso bedingen kann wie abgrundtiefes Gespött.

Bei den Treffen von Kaiser und Papst ebenso wie bei den Zusammenkünften mit Beauftragten sind die verfassungsmäßig vorgeschriebenen von den aktuell in Krisenzeiten einberufenen zu unterscheiden[204]. Mit den Verfassungsänderungen wandelte sich auch die Pflicht zum Papst-Kaiser-Treffen. Am deutlichsten lässt sich dies bei der Kaiserkrönung ablesen. Das römische Kaisertum kannte nach der Übernahme des Christentums als Staatsreligion sakrale Teile der Krönungszeremonie, die den Patriarchen von Konstantinopel rituell aufwerteten. Der griechische Kaiser wurde mit kirchlichem Segen ausgestattet, aber die Krone hat er auf den Altar niedergelegt und entweder selbst wieder vom Altar genommen, um sie sich aufzusetzen, oder vom Patriarchen erhalten. Das Ritual ähnelt dem von Lehnsauftragungen, bei denen die Heiligen des Altars als Lehnsgeber fungieren. Die Bindung an den sakralen Bereich war durch diesen Akt viel eindeutiger als bei der Krönung durch die heilige Hand des Papstes als Vermittler. Die ständige Vertretung des Papstes in Konstantinopel wurde durch den Patriarchen als dem höheren Kirchenmann in den Schatten gestellt. Aus historischen Gründen war eine Präsenz des Papstes nicht vorgesehen.

Erst mit der *translatio imperii* auf die Franken wurde mit der verfassungsmäßigen Stellung von Kaiser und Papst auch das Ritual der Kaiserkrönung geändert. Anfangs war große Unsicherheit über die adäquate Form spürbar, wie die sehr unterschiedlichen Krönungen der Karolingerzeit zeigen[205]. Als der von seinem Vater zum Kaiser gekrönte Ludwig der Fromme 816 mit Papst Stephan IV. zusammentraf, warf er sich demütig dreimal mit ganzem Körper zu Füßen des Papstes auf die Erde. Danach begrüßte er den geistlichen Lenker, wieder stehend, mit den Worten des 117. Psalmes: „Hochgepriesen sei der, der im Namen des Herrn kommt. Gott der Herr erleuchte Euch". Die Wiederbelebung antiker Epiphanietopoi steht im Hintergrund. Die Antwort des Papstes lautete unter Ignorierung des Kaisertitels: „Gelobt sei unser Herr, der es ermöglicht, mit unseren Augen den zweiten König David zu sehen". Danach umarmten sich beide und gaben sich den Friedenskuss, bevor sie zur Kirche aufbrachen. Die Kaiserkrönung Karls des Großen wurde zum Vorbild für die Ottos des Großen und damit normierend für die weiteren Jahrhunderte. Ohne den Gang nach Rom sollte es bis zum Ende des Mittelalters keine Rangerhöhung geben, und selbst Maximilian nannte sich nur *erwählt*, nachdem er sich in Trient hatte zum Kaiser ausrufen lassen. Die Vorgespräche für diesen zentralen Akt der Reichsverfassung konnten zum eigenständigen Politikum werden. Das Beispiel Rudolfs von Habsburg zeigt, wie mühsam die Kontaktnahme bei ständig wechselnden Amtsträgern sein konnte[206]. Verabredete Termine wurden immer wieder verschoben oder mussten aufgrund des voreiligen Todes eines Papstes wieder ad acta gelegt werden. Das Interesse der Päpste an der Zusammenarbeit hatte deutlich nachgelassen, seit sie sich bei Vakanz des Kaiserthrons selbst kaiserliche Rechte zubilligten. Die Verpflichtung zur Kaiserkrönung blieb bestehen, auch wenn Kardinäle die Vertretung übernehmen mussten, wie dies bei Kaiser Heinrich VII. der Fall war, weil der Papst in Avignon weilte und nicht eigens zur Zeremonie anreiste. Dadurch wurde aber das Bewusstsein für den Missstand geschärft, in dem sich das Reich befand. Man kehrte noch im 14. Jahrhundert wieder zur alten Tradition zurück.

Die Salbung des Kaisers in der Tradition der Königssalbungen

Die Salbung der Herrscher hatte im Westen seit Pippin für die Legitimation des Königs eine entscheidende Bedeutung bekommen. Neben der Wahl durch die Franken, der akklamatorischen Huldigung und einer förmlichen Thronsetzung wurde eine bischöfliche Salbung des Herrschers vorgenommen, an der auch die Herrscherin partizipierte. Die Vorbilder dafür bot das Alte Testament. Göttliche Erwählung und Begnadung wurden dadurch zum Ausdruck gebracht, was in der Legitimationskrise beim Wechsel von den Merowingerkönigen auf die ehemaligen Hausmeier eine wichtige Stärkung bedeutete. Als Termin für die Salbung wurde vermutlich das Weihnachtsfest gewählt. Wie notwendig die mit der Salbung verbundene sakrale Aufwertung des neuen Königs war, zeigt die Wiederholung des Aktes durch Papst Stephan II. in St. Denis[207]. Die Salbung wurde zur neuen Stütze der dynastischen Kontinuität im Sinne der Erben Pippins. Bei der Salbung Karls des Kahlen wurde die Heilstradition betont, die Priester, Könige, Propheten und Märtyrer verband und im himmlischen Königreich Nutzen versprach. Die *unctio in regem* wurde von der Salbung *in imperatorem* unterschieden. Die Salbung des Kaisers fand entweder am Mauritius-Altar statt oder wurde am Hauptaltar von St. Peter vollzogen. Die Vorbilder Saul, David und Salomon waren Auftrag und Gnade. Der Herrscher wurde zum *christus Domini*; wer sich gegen ihn erhob, stellte das Christentum in Frage und sollte durch das geistliche Schwert umkommen[208].

Gemäß dem deutschen Krönungsordo wurde bei der Handsalbung des neuen Königs auf die Salbung Davids verwiesen. Im politischen Rangstreit der beiden Gewalten wurde dies unter Heinrich IV. und Gregor VII. zum Argument. Gegen einen *christus Domini* durfte selbst ein Papst nicht die Hand erheben, so die Position des Königs. Da die Salbung aber immer aus der Hand eines hohen Kirchenmanns, des für ein Königreich wichtigsten Bischofs oder des Papstes selbst kam, eignete sich das Ritual in der Theoriedebatte auch für die Überordnung der geistlichen Gewalt gegenüber der weltlichen. Nach dem Akt aber schuf die Salbung eine sakramentale Wirklichkeit, in der die *caritas Dei* den König zu einem anderen Mann verwandelte und ihn zum Teilhaber (*particeps*) des göttlichen *numen* machte, wie es im Umfeld Konrads II. Wipo († nach 1046) ausdrückte, der den Herrscher *vicarius Christi* nannte[209]. Weihe und Krönung sind auf eine politisch organisierte Heilsgemeinschaft ausgerichtet, in der sich das Volk als Volk Gottes, der Herrscher als Abraham, Moses, Josua und David versteht. Während der Salbung wurde ein Gebet gesprochen, das den allmächtigen Gott bittet: *huic famulo tuo prosperum imperatorie dignitatis concedas effectum, ut in tua dispositione constituto ad regendam ecclesiam tuam sanctam nihil ei presentia officiant* (Gewähre diesem deinem Diener eine fruchtbare Vollendung der kaiserlichen Würde, damit ihm durch deine Entscheidung zum Regieren deiner heiligen Kirche nichts entgegensteht)[210]. Ungeachtet der Benutzungskontexte, in denen die Formel vorher und nachher erscheint, ist im Moment der Salbung die Bestimmmung des Gesalbten zur Kirchenherrschaft im Gebet ausgesprochen. Die Nähe zur Bischofssalbung wurde gerade durch diese Sequenz für die Umstehenden überdeutlich. Mitra und Krone vereinten sich auf dem Kopf des Kaisers. Bei der Aufsetzung der Krone wurde ausgedrückt, wo die Unterscheidung von geistlicher und weltlicher Gewalt durch die Wirkungsfelder aufscheint. Die Priester seien für die inneren Angelegenheiten, der König für die Verteidigung nach außen zuständig. Die Krone ist zugleich ein Zeichen der *sanctitas*. Die Krönung begründete das Christusvikariat. Die Reichskrone weist auf David und auf Jerusalem hin, nicht auf den päpstlichen Koronator.

Der Fußkuss für den Papst und der verbindende Friedenskuss

Unterschiede des Rituals finden sich in den Zeremoniebüchern für die Kaiserkrönung, wie sie seit der Ottonenzeit in den Ordines für die lateinische Krönung erhalten sind. Die lebendige Varianz der rituellen Formensprache entzieht sich in ihrer gelebten Wirklichkeit dem heutigen Betrachter, doch zeigen sich selbst in der Schrifttradition einige eindeutige Spuren des Wandels. So ist der Fußkuss des zu Krönenden für den Papst erst seit 1111 zu verzeichnen, der die Rangerhebung durch das päpstliche Handeln visualisiert. Erst durch die nachfolgende Umarmung und den Kuss des Papstes wird der zu Krönende in eine Position gebracht, die den künftigen Kaiser aus der Unterordnung herausnimmt. Derartiges war kein zufälliger Wandel, sondern entsprach der in den Streitschriften des 11. Jahrhunderts gefestigten Hierokratie.

Bis zum Ausgang des Mittelalters sollte der dreifache Kuss auf Fuß, Hand und Mund üblich bleiben. Erst Friedrich III. sollte bei seinem zweiten Rombesuch 1468 den Fußkuss als für ihn unwürdig verweigern, doch Karl V. hat ihn 1530 bei seiner Krönung erneut geleistet[211]. Die höhere Wertigkeit des geistlichen Oberhaupts kam durch diese Zeremonie klar zum Ausdruck und wurde verstärkt dadurch, dass der Papst bei den ersten beiden Küssen sitzen blieb, während sich der zu Krönende vor ihm beugen musste. Luthers Papstkritik hat sich gerade an diesem Zeremoniell entfacht. Der Fußkuss, der seit Diokletian († 313) Teil des kaiserlichen Begrüßungsrituals war, hatte keine päpstliche Entsprechung und brachte die gleichberechtigte Bipolarität aus dem Lot. Die päpstliche Historiographie versicherte, dass selbst Justinian 526 und Justinian II. 711 den amtierenden Päpsten als Zeichen der Reverenz die Füße geküsst hatten[212].

Die rituelle Aufnahme der Weltherrschaft

Im „*Cronicon maius*" des Galvaneus Flamma, das an der Wende vom 13. zum 14. Jahrhundert verfasst wurde, war im Kapitel über die Kaiserkrönung ein ritueller Akt vorgesehen, der den imperialen Weltherrschaftsanspruch zum Ausdruck brachte. Der Monte Mario außerhalb Roms war für die Könige und Kaiser deshalb von zentraler Bedeutung, weil er mit Bezug auf Konstantin als der Ort galt, der vom himmlischen Kaiser der Leitung der Päpste übergeben sei. Am Tag nach der Krönung seien die Kaiser auf den Monte Mario gegangen und hätten dort mit ausgestrecktem rechten Arm eine Kreisdrehung vollzogen. Zusammen mit den Worten „Alles, was wir sehen, ist unser und möge zu unserer Weisung kommen", die der neue Kaiser gleichzeitig sprach, wurde der Anspruch auf globale Anerkennung formuliert. Der Chronist schließt daraus die völlige Abhängigkeit des *ius imperatoris* vom Papst.

Diese Position fand nördlich der Alpen wenig Zustimmung. Ludwig der Bayer hat das Ritual ohne Zustimmung des Papstes vollzogen.

Die wechselseitige Eidesverpflichtung

Von zentraler Bedeutung für das Verhältnis von Kaiser und Papst waren die Eide, die rituell geleistet wurden. Ihre Wirkung nahmen die wechselseitigen eidlichen Verpflichtungen aber auch dann, wenn sie nicht vis-à-vis, sondern durch Vertreter abgelegt wurden. Nicht selten wurden Eide mehrfach erneuert. So hat Friedrich III. bereits beim Betreten des Kirchenstaates einen ersten Sicherungseid geleistet. Das Mixtum aus Religion und Recht, das für das bipolare Verhältnis kennzeichnend ist, war im Eid prinzipiell angelegt, denn die Eide bezogen sich immer auf eine sakrale Ebene. Mit der Selbstverfluchung nahmen sie außerweltlich die höchste Strafe vorweg. Das Ritual der Eidesleistung wurde sakralisiert dadurch, dass der Eid auf Kreuzreliquien, Heiligenreliquien oder die Evangelien abgelegt wurde. Eide waren von hoher Symbolkraft, wie am Beispiel Ottos I. verdeutlicht sei, der Kreuzreliquien an Quedlinburg geschenkt hat, auf die er bei seiner Kaiserkrönung den Eid abgelegt hatte[213]. Der Sicherheitseid, den Heinrich VII. durch Vermittler für Papst Clemens V. am 2. Juni 1309 ablegen ließ, wurde beim Vater und dem Sohn und dem heiligen Geist, bei diesen heiligen Evangelien Gottes, bei diesem Holz des lebenspendenden Kreuzes und bei Reliquien der Heiligen geschworen[214]. Damit verpflichtete sich der *rex Romanorum*, der das Kaisertum anstrebte, keinen Hoftag in Rom abzuhalten, keine Verfügung über den Besitz des Papstes und der Römer ohne Rat und Zustimmung des Papstes zu treffen, Kirchenland zurückzuerstatten und einen Eid der Verweser für die Toskana und die Lombardei zu fordern, der diese zu Unterstützern und Beschützern des Patrimonium Petri machte. Die sakrale Absicherung galt nicht nur für die Eide von Kaiser und Papst, band diese aber umso kräftiger an die wechselseitig ausgesprochene Pflicht zur Unterstützung.

Auf dem Konstanzer Konzil leistete nach dem Bericht Fillastres († 1428) Sigismund am 24. Januar im Konsistorium vor Martin V. einen Eid wie er im Kirchenrecht vorgeschrieben war, nachdem dieser ihn für das Kaiseramt würdig erklärt hatte[215]. Dazu wurde das Kreuz mit dem Holz vom „wahren" Kreuze über dem Thron im Angesicht des Papstes gebracht. Mit gebeugten Knien und die rechte Hand auf das Kreuz gelegt schwor Sigismund, dass er, wenn er *permittente deo* (wenn Gott dies zulässt) nach Rom kommt, die Heilige römische Kirche und Martin als ihren Lenker (*rector*) erhöhen werde. Danach folgt er weitgehend dem Formular, das auch Heinrich VII. benutzt hatte. Auch diesmal war der Bischof von Chur vor Ort, der in Konstanz aber nur eine Lobrede auf den Herrscher gehalten hatte und nicht anstelle des Herrschers die Eidesformel sprach. Hinter diese rechtlich vorgeschriebenen Versprechungen konnte kein Herrscher zurück. Eidbruch war nicht nur ein Straftatbestand im weltlichen Recht, der mit dem Entzug der Güter und der Stellung geahndet wurde. Ein Kaiser, der den Papst nicht gemäß seinem Eid unterstützte, verwirkte sein Kaisertum und genauso wurde die Absetzung eines Papstes legitimiert, der den Eid brach. Eidbruch zerstörte die Hoffnung auf göttliche Gnade im Jenseits.

Der Strator- und der Zügeldienst

Kaiser und Papst benutzten gemäß den tradierten Verhaltensmustern die Pferde auch während des gemeinsamen Auftretens in der Öffentlichkeit. In vollem Ornat bedurften beide beim Auf- und Absitzen fremder Hilfe. Die Rekonstruktion von Kaiser-Papst-Zusammenkünften, die mehrfaches Auf- und wieder Absteigen im Rahmen des feierlichen Zeremoniells akzeptiert, scheint sich der Problematik nicht immer bewusst zu sein, die sich gerade für die Kronen ergab, die trotz ihres beachtlichen Gewichts nicht vom Kopf fallen durften, weil dies als schlechtes Omen gewertet worden wäre. Das Halten der Steigbügel oder das Reichen der Hand waren nicht ursächlich rituell, sondern lebenspraktisch notwendig. Bei jedem normalen Ausritt hatten Kaiser und Papst Bedienstete bei sich, die ob dieser Aufgabe Marschall oder *strator* genannt wurden. Für päpstliche Prozessionen wurde der Geleitdienst durch die Ordines geregelt. Wenn Kaiser und Papst gemeinsam zu Pferd unterwegs waren, trat die diplomatische Etikette in den Vordergrund, die sich der Diskussion über Rang und Würde nicht entziehen konnte. Der Stratordienst ist Teil der „*Konstantinischen Schenkung*", wobei darüber gestritten wurde, ob der Fälscher selbst oder erst ein späterer Interpolator für die Passage verantwortlich ist. Mit Bekanntwerden des Textes galten der Strator- und Zügeldienst als seit Konstantin verbrieftes Recht der Päpste, ohne dass für den Zügeldienst klare Regieanweisungen gegeben würden. Der Zügeldienst war ein reiner Ehrendienst wie das Entgegengehen. Die Distanz des abzuschreitenden Weges wurde entweder durch einen Steinwurf oder einen Pfeilschuss definiert. Unter Umständen genügte „ein Stück weit".

Die spärlichen Quellen der byzantinischen Treffen erlauben das Urteil, dass die byzantinischen Kaiser den Dienst nicht geleistet haben. In ihrem Umfeld bedachte man die westlichen Neuerungen mit Spott. Treffen von Kaiser und Patriarch von Konstantinopel sahen vor, dass beide vom Pferd stiegen, sich begrüßten und hinterher gemeinsam weiter ritten. Im Westen war es schon in der Karolingerzeit üblich, dass der weltliche Herrscher dem Papst behilflich war, dieser seinerseits aber weder dem König noch dem Kaiser zur Hand ging. Die Gegner eines deutschen Kaisertums hatten sich in der Zeit Lothars III. des Themas angenommen. Ihrem Bericht sollte die Nachwelt entnehmen, dass Lothar sich durch den Stratorsdienst zum *homo* des Papstes gemacht hatte[216]. Die Darstellung lotharischer Papstunter-werfung im Lateran heizte die Stimmung an, zumal nördlich der Alpen mit Gerhoch von Reichersberg († 1169) ein Wortführer der Reform verbreitete, die Bilder zeigten Lothar als Strator. Für Friedrich I. wurde der Stratordienst zum Reizthema. Als der Papst von Nepi aus kommend mit dem König in Sutri zusammentraf, sollte Friedrich ihm vor der großen Zahl des Gefolges, das den Papst gemäß dem Protokoll feierlich eingeholt hatte, den Stratordienst leisten und ihm den Steigbügel halten[217]. Der auf dem Pferd sitzende Papst bedurfte der Hilfe und hielt den auf die Krönung in Rom hoffenden Friedrich für den in dieser Situation würdigen Stallknecht. Friedrich fühlte sich dazu nicht verpflichtet, so dass – da auch die Kardinäle in Sorge waren, dass einer von ihnen als Ersatz die durch die Situation unwürdig gemachte Nächstenpflicht ausüben müsse, in die zweite Reihe getreten waren – der Papst ohne fremde Hilfe vom Pferd stieg und auf dem bereitgestellten Faltsessel Platz nahm, um den Rest des Begrüßungsrituals entgegenzunehmen. Friedrich fiel daraufhin tatsächlich dem Papst zu Füßen und leistete den Fußkuss. Jetzt revanchierte sich der Papst mit einem zweiten Ritualbruch, indem er den König nicht zum Friedenskuss zuließ. Erst wenn dieser den Stratordienst geleistet hätte, sei er dazu bereit. Die hergebrachte rituelle Demonstration der *concordia* war im Jetzt der Ansprüche auf die eigenen Rechte zum Eklat geworden. Beratungen schlossen sich an. Zeugen der Vorgänge unter Lothar III., vor allem aber alte Dokumente sprachen für die Position des Papstes.

Welche Unsicherheit herrschte, zeigt das Fürstenurteil, das Friedrich I. zur Bedingung für ein Einlenken machte, dem die Billigung der gesamten Hofversammlung folgte. Friedrich wollte die Ehre des Reiches nicht allein und aus Eigennutz verletzt haben. Für den Folgetag wurde ein erneutes „erstes" Treffen inszeniert, bei dem der König nicht nur das Pferd des Papstes die letzten Meter führte, sondern diesem auch beim Absteigen half. Das Ritual wurde ordnungsgemäß vollzogen und gemäß dem kurialen Bericht von Friedrich nicht verballhornt. Helmold von Bosau, ein norddeutscher Chronist, der mit einigem zeitlichen Abstand schrieb, berichtet hingegen davon, dass der König nicht den rechten, sondern den linken Bügel gehalten habe. Damit war das Ritual konterkariert. Der Papst echauffierte sich dem Bericht gemäß, und wurde dafür laut Quelle sogar verspottet, da Friedrich sich auf Unwissenheit wegen bisheriger Unbekanntheit des Rituals zurückzog. Die Argumente gingen hin und her. Das Mitführen eines Textes der „*Konstantinischen Schenkung*" wird man dahin deuten dürfen, dass die päpstliche Seite um die Strittigkeit wusste und sich präpariert hatte. Letztlich brachte keine Seite die verabredete Krönung in Gefahr.

Im Sachsenspiegel findet sich der Stratordienst im Recht verankert[218]. Beachtenswert scheint, dass die Darstellungen in den Bilderhandschriften den Kaiser immer ohne seinen Kaisermantel zeigen. Ritualbeschreibungen lassen darauf schlie-ßen, dass das Ablegen des Mantels, und damit eines wichtigen Symbols für das Kaisertum, tatsächlich praktiziert wurde. Dies aber bedeutet, dass der persönliche Dienst und die Amtswürde klar geschieden wurden.

Die Kaiserkrönung von 1452

Die letzte Kaiserkrönung in Rom im Jahre 1452 führte den Statuswandel vor Augen, den der Herrscher als gekrönter König erfuhr, wenn ihm die Kaiserwürde übertragen wurde. Der deutsche König, der gemäß der Bulle *„Venerabilem"* und der *„Goldenen Bulle"* von 1356 als *electus in imperium Romanum promovendus* galt[219], musste den Kardinälen den Vortritt lassen, denn nicht durch die Krönung in Aachen, sondern erst mit dem römischen Erhebungsakt war er ihnen im Rang nicht mehr nachgeordnet. Aenaea Silvio Piccolomini († 1464) nutzte in seiner Beschreibung der Vorgänge die Gelegenheit, die römische Haltung zum Königtum auszubreiten[220]. Er stellte sich damit gegen den Zeitgeist, denn in ganz Europa bauten die Könige ihre Stellung weiter aus. Hier aber wurde an die Vertreibung des Tarquinius im Jahr 510 v. Chr. erinnert und die Verabscheuung des Königstitels mit historischen Beispielen belegt. Selbst Karl der Große habe sich nicht König, sondern Kaiser und Mehrer des Reiches nennen lassen. Die Bezeichnung des in Aachen gekrönten als *rex Romanorum* stilisiert er als Zugeständnis der Päpste.

Beim Krönungsakt selbst blieben die verschiedenen Sphären, in denen sich Papst und Kaiser bewegten, durch die Nutzung des Kircheninneren sichtbar. Die Kaiserkrönung war gekennzeichnet durch die Einbindung von Kardinälen aus vielen Teilen des Reiches. Diese Partizipation ist nicht im Sinne des säkularen Staates als rein kirchlich zu werten, denn wichtig war nicht nur der Kardinalsrang, sondern auch die Delegation aus den verschiedenen Teilen des *imperium*[221]. In den Regionen selbst identifizierte man sich mit der Teilhabe am Krönungsakt für den Kaiser. Innerhalb des Reiches führte dies prinzipiell zur Aufwertung des geistlichen Teils, denn innerhalb des Ritus hatten die weltlichen Fürsten keine Funktion. Weder die Anwesenheit der Kurfürsten noch die der übrigen Regenten war für den Einweisungsakt notwendig. Sie konnten ehrenhalber zusehen und partizipierten auch tatsächlich. Der Papst nahm den Thronsessel vor dem Hochaltar ein, zu seiner Rechten die Kardinäle und zu seiner Linken die Bischöfe und die übrigen anwesenden Prälaten. Nicht im Bereich des Altars, sondern vor dem Gitter, das diesen vom Kirchenschiff abtrennte, befanden sich Stühle für das zu krönende Ehepaar. Beide erhielten die Weihe, aber das Ritual unterschied sich erheblich. Nicht die Kaiserin, sondern nur der Kaiser hatte die exklusive Stellung als Verteidiger der Kirche.

Eleonore († 1467), die Gattin Friedrichs III., saß zunächst allein auf den Stühlen für die zu Krönenden, denn ihr Gatte wurde für die Leistung des Eides auf den Hl. Petrus, den amtierenden Papst Nikolaus und dessen Nachfolger von einigen Kardinälen in die Kapelle zwischen den Türmen geführt[222]. Der Eid, mit dem sich der Herrscher an das Papsttum band, war Voraussetzung für die nachfolgende Kaiserkrönung. Andere Berichterstatter vermelden ihn sogar außerhalb des liturgischen Krönungsaktes. Der Eid war ein heikler Punkt im Verständnis der höchsten Gewalt, aber die Tradition reichte gemäß den päpstlichen Dekreten in die Zeit Karls des Großen zurück. Die Eidesleistung fand im Abgeschiedenen statt, sie benötigte den Hl. Petrus und Gott als Zeugen, nicht die Anhänger des künftigen Kaisers. Auch im Verbergen zeigt sich, dass dieser Teil der Zeremonie von Schamaspekten begleitet war, auf die von päpstlicher Seite Rücksicht genommen wurde. Der zukünftige Kaiser versprach vor Gott und dem Hl. Petrus, gelobte und sicherte zu, im Folgenden den Schutz und die Verteidigung der römischen Kirche und dem Papst sowie seinen Nachfolgern zu leisten sowie die Besitzungen, Ehren und Rechte des Papstes nach Wissen und Können zu bewachen und zu bewahren.

Die nachfolgende Einkleidung zum neuen Kaiser war dann ein mehrstufiger Akt, dem große Bedeutung zugemessen wurde. Denn die Wandlung der Person vom König zum Kaiser war an den Kleidern ablesbar. Schon in der Kapelle, wo er den Eid geleistet hatte, empfing er die Alba, mit der Friedrich wie seine Vorgänger zum Chorherren von St. Peter wurde. Die kurialen Zeremoniebücher lassen erkennen, dass der Klerus bei der Aufnahme des Kaisers in das Domkapitel von St. Peter, die eigentlich am Grab des Apostelfürsten stattfinden sollte, einen Text anstimmten, der auf den Primat des Papstes aufmerksam macht[223]. Der Kaiser wurde also durch das Zeremoniell mit den Grundfesten päpstlicher Selbsteinschätzung vertraut gemacht. Dies ist ein für die Wertigkeit von Papst und Kaiser im Ritual interessantes Zeugnis. In der Georgskapelle zog er Sandalen an, legte die Tunika über und empfing den Kaisermantel. Erst bei der Salbung am Altar des Hl. Mauritius, den man in mittelalterlicher Tradition nicht selten mit dem Kaiser Mauritius verschmelzen ließ, wurde seine Frau in das Zeremoniell integriert. Beide gingen dann gemeinsam zurück zu ihren Sitzen. Im Hochamt wurden Friedrich nacheinander das Szepter, der Reichsapfel und das Schwert übergeben, bevor ihm Papst Nikolaus V. die Krone auf das Haupt setzte. Dabei wäre es im Miteinander von Papst und Kaiser beinahe zu einem interpretierbaren Omen gekommen, denn fast hätte der Papst, weil er sich zu sehr vorbeugte, seine Mitra verloren, was aber nicht geschah. Die Kaiserin erhielt die Krone ebenfalls aus der Hand des Papstes. Der sakrale Akt war damit abgeschlossen. Die Kaiserin zog sich zurück, während Papst und Kaiser gemeinsam die Stufen der Basilika hinabgingen.

Der Papst bestieg seinen Schimmel und wurde vom Kaiser wie von einem Marschall geführt. Der Streit um den Stratordienst, der das 12. Jahrhundert geprägt hatte[224], war ohne tieferen Nachhall geblieben. Ebenso sinnfällig wie das Aufsatteln war der sich anschließende gemeinsame Ritt durch die Stadt. Meist begab man sich gemeinsam zum Lateran, wo mehr als einmal auch ein abschließendes Krönungsfest stattgefunden hat. Dies war keineswegs immer möglich, denn die Stadtrömer mussten für diesen Teil der Weltherrschaftsdarstellung im bipolaren Miteinander ihr Einvernehmen geben. Zwischen der Wahl Heinrichs III. 1046 und der Karls IV. 1355, also 300 Jahre lang, war nicht daran zu denken. Bei den Absprachen mussten sich die zur Krönung anreisenden Könige in der Regel für den Papst entscheiden, was Loyalitäten zum Stadtadel problematisch erscheinen ließ. Zuvor hatten die Herrscher nicht nur dem Papst, sondern auch den Römern einen Eid geleistet. Der Geist des neubelebten *imperium Romanum* erlaubte es Friedrich III., der schon ob des Sicherheitseides seinen Unmut geäußert hatte, die Ablegung des Eides und damit die Bindung an die Adligen der Stadt zu vermeiden. Er konnte die Stadt jenseits des Tiber betreten, um nach der Krönung zusammen mit dem Papst die Kirche Santa Maria in Cosmedin mit der Schola der Griechen aufzusuchen. Dort erhielt der Kaiser vom Papst eine goldene Rose, die nach Tradition am Tag einer Kaiserkrönung geweiht wurde. Sie war kein exklusives Kaisersymbol, sondern wurde auch anderen Fürsten und Korporationen vom Papst verliehen. Sie stand für Tugendhaftigkeit und Festigkeit im Glauben[225]. Damit endete das offizielle Programm, das beide Spitzen des Reiches am Tag einer Krönung absolvierten. Der Papst zog sich daraufhin zurück. Der Kaiser nahm seine ersten Amtsgeschäfte wahr, indem er auf der Hadriansbrücke zahlreichen Herzögen und Grafen, aber auch seinem Bruder Albrecht den Ritterschlag erteilte.

Einheitsstiftendes rituelles Handeln als Ausdrucksform des doppelten regimen

Das Treffen von Papst und Kaiser auf gemeinsam abgehaltenen Synoden entsprach den Vorstellungen der bipolaren Lenkung des Reiches. Dabei mussten keineswegs immer Entscheidungen gefällt werden, die sich als tradierungswürdige Fakten eigneten. Vielmehr wurde im Ritual der Synode die Einheit liturgisch demonstriert. Die Einheit von Kaiser und Kirche wurde in gemeinsam gefeierten Synoden ausgedrückt[226]. Der Papst musste nicht zwangsläufig dabei sein, wie sich aus der Genese der synodalen Treffen in der Obhut des Kaisers ergab. Noch zu Beginn des 11. Jahrhunderts findet sich bei der Darstellung des Konzils von Chalkedon 451 keine Versammlung von Papst und Bischöfen, sondern eine kleine Ansammlung von Gelehrten, denen der Kaiser Marcian vorsitzt[227]. Gesandte wurden als Mittelsmänner oft zu den eigentlichen Trägern der Einheit. Papst Johannes VIII. feierte 878 zusammen mit Ludwig dem Stammler († 879) eine Synode und nutzte das zum Austausch von Geschenken, obwohl Ludwig seine Erbansprüche auf das Kaisertum letztlich nicht durchsetzen konnte. Konrad II. saß Synoden seiner Zeit ehrenhalber vor. In der modernen Forschung ist gemutmaßt worden, dass er sich aber dabei nicht recht wohl gefühlt haben dürfte[228], doch ist dagegen die historische Entwicklung gerade der ökumenischen Synoden zu setzen. In der Tradition war es ein völlig normaler Akt, dass der Herrscher der Synode vorsaß. Darstellungen von spätantiken Synoden vermittelten dies[229].

Die Sitzordnung des Konzils von Florenz zeigte dann eine neue Geometrie der Weltlenkung[230]. Den Vorsitz der Sitzungen führte Papst Eugen IV. Für die beiden Kaiser, den byzantinisch-römischen oder östlichen wie den deutsch-römischen oder westlichen waren Ehrensitze an den Seiten der Versammlung vorgesehen. Auf gleicher Höhe und mit gleichem Rang sollten sie der Unionserklärung beiwohnen, aber der deutsch-römische Stuhl blieb leer, weil nach dem Tod Sigismunds noch kein Nachfolger bestimmt war. So war das Dreigestirn von Papst und Doppelkaisertum im rituellen Missverhältnis. Auch die Union geriet sofort nach der Erklärung in Schieflage und wurde von zahlreichen wichtigen Kirchenvertretern der griechischen Kirche abgelehnt.

Rituale, die Einheit stiften

Der punktuellen Einheit bei Zusammenkünften und im gemeinsamen Handeln lag die Einheit in Gedanken zugrunde, was insbesondere das auf Unabhängigkeit und Vorrang zielende Papsttum an den Kaiser band. Das Gebet des Papstes für den Kaiser bestimmte den Alltag, selbst wenn keine konkreten Kontakte nachzuweisen sind. Reichsweite Gebetsbünde und die Gleichzeitigkeit des Betens an den zentralen Christusfesten und einigen neu eingerichteten Feiertagen waren nicht nur ein religiöser, sondern auch ein politisch relevanter Akt[231]. Im Dom von Worms, der das Petruspatrozinium führte, und im Dom von Speyer, der Maria geweiht ist, feierte die Herrscherfamilie an hohen Festtagen eine Festkrönung, die mit ritualisierter Symbolik an die Erstkrönung in Rom erinnerte.

Für die einseitige Ritualität im Gedanken an die gemeinsame Lenkung wichtig wurde die Ausgestaltung der Kaiserorte nach dem römischen Vorbild. Schon Konstantin orientierte sich bei der Ausgestaltung von Byzanz zur Kaiserstadt Konstantinopel an Rom. Andere Kaiserresidenzen der Spätantike, wie Trier, Mailand und Ravenna wurden für das kaiserliche Hofzeremoniell und die Repräsentationsbedürfnisse ausgestaltet und erhielten eine für das religiöse Zeremoniell adäquate sakrale Struktur. Daran orientierten sich die westlichen Kaiser, als etwa Karl der

Große sich um die Erhöhung Paderborns bemühte, das zugunsten eines romähnlichen Aachen bald fallen gelassen wurde, oder als Otto der Große Magdeburg zum neuen Zentrum und zur *secunda Roma* ausgestaltete. Insbesondere die liturgisch-religiöse Ausstattung zeigt den Anspruch. Bamberg wurde Rom gleich und konnte wie zuvor Paderborn sogar einen Papst als Gast empfangen[232]. Speyer stand dem in nichts nach. Für Palermo, Prag, Wien und Sevilla gilt dies gleichermaßen. Alle Plätze wurden zum symbolischen Rom, wenn sie als Schauplätze für das kaiserliche Herrscherhandeln dienten.

Papst und Kaiser stellten sich nicht nur selbst in einträchtige Gemeinsamkeit, sondern wurden in der Kunst so dargestellt. Wenn auf einer Tabula für St. Peter zusammen mit Christus, Petrus, Paulus und Andreas auch Papst Leo IV. und Kaiser Lothar I. wortlos in eine Heilssphäre integriert werden, visualisiert das die Gleichrangigkeit ebenso wie das gemeinsame Gebet vor Maria auf der süddeutschen Altartafel, die heute in Esztergom aufbewahrt ist[233]. Im Ritual der christlichen Anbetung von Christus und Maria zeigte sich der Rang der beiden Spitzen. Die Gesamtheit der Christenheit stand hinter den beiden Lenkern, die an erster Stelle in die Knie gingen. Das Fehlen des sich gegenseitig ehrenden oder sogar des gemeinsamen Ritualvollzugs kennzeichnete die kaiser- und papstlosen Zeiten für die Zeitgenossen am stärksten.

Handlungsbereiche bipolarer Lenkung

Anspruchssphären

Die Christenheit wurde in Gestalt von Reich und Kirche durch Kaiser und Papst gelenkt[234]. Das *regimen* von Kaiser und Papst bezog sich gemäß der christlichen Vorstellungen auf das christliche *imperium Romanum*, das als Weltreich galt. Die Globalität des christlich werdenden Reiches war im 4. Jahrhundert reale Wirklichkeit. Sie wurde als historische Tatsache selbst in Zeiten tradiert, in denen die Zeitgenossen eher das Wort *regnum* als das Wort *imperium* für den sie umgebenen Herrschaftsverbund benutzten, die naheliegende Einheit also die übergeordnete in den Hintergrund drängte. *Mundus, imperium* und *ecclesia* konnten von 300 bis 1500 als Synonyme gebraucht werden; für *imperium* und *ecclesia* galt, dass sie für sehr unterschiedliche Bezugsgrößen verwendet werden konnten. In einer Gesellschaft ohne realweltbeschreibende Kartographie und exakte Flächenvermessungen definierten Identitäten, Zuständigkeiten und Lebensmittelpunkte, was das Reich und die *ecclesia Romana* waren. Geographische Großräume und die kirchlichen Organisationseinheiten bestimmten die Vorstellungen nachhaltiger als die schnellem

Wechsel unterlegene Ordnung der Königreiche oder gar die mit dem Lateinischen überwundenen Sprach- und Kulturgrenzen.

Das Reich musste sich in der auf Christus zurückverweisenden Form messen lassen mit den Glanzzeiten eines Augustus und Konstantin, auch wenn sich durch die Verlagerung der Schwerpunkte die Machtkonstellationen im Inneren und die Beziehungen zu den nichtchristlichen Nachbargesellschaften nach Außen verändert hatten. Als am Beginn des 10. Jahrhunderts die beiden potentiellen Universalgewalten, Kaisertum und Papsttum, zu Kleinherrschaften verkümmert waren, trugen sie dennoch die aus dem Erbe erwachsenen Aufgaben in sich, die sich wider alle Realitäten weiterhin auf den *totus mundus* bezogen. Gottes Wirken wurde weltumfassend gedeutet und damit auch den beiden Spitzen Weltgeltung zugewiesen. Insbesondere neu entdeckte Länder und neu christianisierte Gebiete waren nicht außerhalb der bipolaren Macht, sondern grundsätzlich einbezogen[235]. Die Missionierung der noch nicht christianisierten Gebiete galt Kaiser und Papst als vornehmste Aufgabe, um die christliche Botschaft vollenden zu können. Die Annahme des Christentums an den Rändern des Reiches war seit der Spätantike ein Integrationsfaktor mit religiös-politischer Wirkung. Über allen standen Kaiser und Papst zumindest von Rechts wegen (*de iure*). Was bereits einmal zum Reich gehört hatte und wo bereits Christen gelebt hatten, blieb in Erinnerung und markierte Ansprüche, die von den jeweils amtierenden Spitzen kaum mehr erfüllt werden konnten.

Die Versuche der christlichen Expansion stießen nicht immer auf ein ungeteilt positives Echo. Als Beispiel sei ein Fall ausgewählt, der in der späten Karolingerzeit das Streben nach Weltgeltung verdeutlicht[236]. Im Kampf gegen die Normannen bzw. Dänen rang Karl III. den Feind, der sein Reich bedroht hatte, 882 nicht erbarmungslos nieder, sondern sorgte sich um die Ausweitung des christlichen *imperium Romanum*. Dazu schloss er Frieden mit dem Anführer Gottfried († 885), der das Christentum annahm. Karl selbst hob ihn aus der Taufe, was innerhalb der christlichen Religion ein Verwandtschaftsverhältnis begründete[237]. Eingegliedert in das Christentum konnte Karl ihn für die Herrschaft in Friesland vorsehen und ihm Gisela († 907), eine Tochter Lothars II. († 869), zur Frau geben. Dies war das gängige Konzept für die Vergrößerung des christlichen Imperiums. Eine Anschubfinanzierung zum Aufbau schien die sinnvolle Zukunftsinvestition. Reliquien wurden in das Missionsgebiet überführt. Im Reich selbst war dieses Handeln nicht überall positiv zu kommunizieren, denn die Militärs sahen sich um ihren Gewinn betrogen. Dem Annalisten des Klosters Fulda ging dieses Herrscherhandeln zu weit, der sich mit Blick auf die Regelungen von 850 über die Verschleuderung beklagte. Auch von anderen Zeitgenossen wurde beklagt, dass Gottfried eigentlich hätte tributpflichtig gemacht werden sollen. Die weiteren Angriffe der Normannen gaben den Kritikern Recht. Für eine friedliche christliche Gesellschaft war dieses Herrscherverhalten dennoch normkonform. Nach außen erschienen zunächst allein die Kaiser, nach 1050 immer häufiger allein die Päpste als wesentliche Verhandlungs- und Ansprechpartner. Im Brief Innozenz' III. an Johann I. Ohneland von England († 1216) sieht sich der Papst als *rex regum* et *dominus dominantium*. Jesus Christus habe nach dem Ordo des Melchisedek so Königtum und Priestertum in der Kirche eingerichtet, dass das Königtum priesterlich und das Priestertum königlich sei.

Die Verantwortung von Päpsten und Kaisern bezog sich theoretisch auf die ganze Christenheit und war in dieser Bindung nicht von den Ereignissen an den Stätten Christi zu trennen, obwohl sich mit der Schwerpunktverlagerung des religiösen Mittelpunkts nach Rom Entfremdungen nicht verleugnen ließen. Die Päpste der frühen Zeit waren Bischöfe von Rom. Nichts lässt diese Beschränkung klarer hervortreten als die Frage, wie sie sich um die Christus-Stätten bemühten. Die direkte Apostelnachfolge musste ersetzen, was den anderen Zentren des frühen Christentums als heilsgeschichtlicher Vorschuss gezahlt worden war. Die vielfältigen Brüche der Geschichte haben das über die Jahrhunderte verdeckt, aber beim Eintritt des Christentums in das *imperium Romanum* war noch klar zu spüren, dass hebräische und griechische Zeugnisse direkter auf das Leben Jesu verwiesen als die lateinischen Übertragungen, die vom wachsenden Interesse in allen Teilen des Reiches zeugen. Die erste Stadt des Christentums war seit den Konzilien der Spätantike Rom. Ihr galt das beständige Augenmerk. Der Verlust der Reichsgebiete im Heiligen Land erleichterte den Päpsten die Durchsetzung. Die Bemühungen der Rückeroberung verschlissen sich hingegen immer wieder an den Realitäten.

Beiden Gewalten trat im Mittelmeerraum seit dem 1. Kreuzzug das französische Königtum zur Seite, das sich stark engagierte und deshalb während des Spätmittelalters im diplomatischen Verkehr mit Nichtchristen eine Schlüsselstellung einnehmen konnte. Venedig und Genua gelang es sogar, den beständigen Kontakt durch eigene Stützpunkte an den Küsten des östlichen Mittelmeeres und des Schwarzen Meeres zu institutionalisieren. Die prinzipielle Oberhoheit von Kaiser und/oder Papst blieb in diesen Regionen Teil der Diplomatie wie bei den Beziehungen zu Litauen und Moskau, die von den polnischen Königen dominiert wurden, auch wenn der Deutsche Orden und die Hanse eigene Kontakte pflegten.

Kaiser und Papst waren auch für die Nichtchristen im Inneren des Reiches zuständig. Der kaiserliche Schutz für die Juden als einer angefeindeten Bevölkerungsgruppe ging auf die Spätantike zurück. Konstantin der Große hat das Judentum nicht aktiv befördert, aber in seinem Bestand gewahrt. Julian, der Gesetze gegen die Christen erließ, hat die Rückkehr der Juden nach Jerusalem initiiert und mit seiner Gesetzgebung abgesichert. Die christlichen Kaiser der Spätantike führten dann die Politik Konstantins fort. Im Jahre 429 wurde die Institution des Patriarchen der Juden aufgelöst und der *fiscus judeus* dem kaiserlichen Schatzamt einverleibt. Nach der Übertragung des Kaisertums in den Westen haben die Herrscher den kaiserlichen Judenschutz praktiziert bzw. Bischöfe der Städte, in denen Juden angesiedelt waren, mit der Durchsetzung beauftragt. In Judenprivilegien wurde immer wieder die besondere Obsorge des Kaisers für seine jüdischen Kammerknechte (*servi camere nostre*) betont. Der Begriff ist nicht von Friedrich II. erfunden worden, sondern wurde schon 1176 in Aragon und dann in Frankreich, Großbritannien und selbst in Deutschland gebraucht. Von einer Exklusivität kaiserlicher Stellung in Judenfragen im gesamten Europa kann also keine Rede sein. Bedeutsamer wurden die Judenartikel der ökumenischen Konzilien, insbesondere die Bestimmungen des 4. Laterankonzils von 1215. Sie sorgten dadurch, dass sie keine Trennung von sephardischem und askenasischem Judentum kannten, für eine Vereinheitlichung des Umgangs und brachten für die jüdischen Gemeinden in ganz Europa Einschränkungen[238].

Akzeptanzräume

Der Bipolarität lag seit der Spätantike in der praktischen Ausgestaltung ein gemeinsamer Auftrag zugrunde. Beide Gewalten sollten mit den ihnen gegebenen Mitteln für Gerechtigkeit in der Gesellschaft sorgen, um die Einheit und das Seelenheil der Christenheit soweit möglich zu garantieren. Das Funktionieren der gemeinsamen Führung zeigte sich, so die Vorstellungen, im Diesseitigen durch die Schaffung von Rechtgläubigkeit, Frieden und einer gottgefälligen Ordnung. Die Kontaktpflege zwischen beiden Gewalten war also nicht nur, wie die Rituale der Herrschertreffen suggerieren könnten, zur Klärung, Demonstration und Bewahrung des Verhältnisses untereinander notwendig, sondern diente einerseits der ordnungsgemäßen Verwaltung der christlichen Gesellschaft und andererseits, insbesondere bei Krisen und zentralen Normverstößen durch Dritte, der Koordinierung der Maßnahmen. Wenn beide Gewalten eine Haltung einnahmen, war dem in der Christenheit nicht zu widerstehen. Zeiten ohne Doppelspitze wurden, ob allein in einer Heilsrhetorik oder wahrhaftig ist schwer zu klären, als Mangelzeiten empfunden.

Die Entwicklungsgeschichte des bipolaren Verhältnisses war begleitet von der Ausformung der Binnenstruktur des *imperium Romanum*. Noch nicht einmal die beiden Zentren blieben unverändert. Das Papsttum war zunächst mit seinem Sitz in Rom stabil. Die Formel *Ubi papa, ibi Roma* (wo der Papst ist, da ist Rom)[239] wurde zum Legitimationsmodell für die von Avignon aus zentralisierte Weltherrschaft der Päpste. Der direkte Einflussbereich der Kaiser verschob sich von Konstantinopel zum fränkischen und ottonisch-salischen Reich. Die Regierungszeit Friedrichs II. zeigte, dass die Bündelung von Herrschaftsgebieten bis hin zum Heiligen Land unter dem alten Legitimationsgerüst der Kaiserwürde noch möglich war[240]. In der als *monarcha mundi* verstandenen Herrschaft befanden sich das „römisch-deutsche" Reich mit seinen Herzogtümern und Grafschaften im heutigen Deutschland und in Norditalien sowie die Königreiche Sizilien und Jerusalem; anerkannt war die Oberherrschaft beim König von Arelat, im gerade erst eingerichteten Königreich Böhmen, in Armenien und Zypern, beim Fürsten von Antiochia, beim Emir von Tunis, bei den Meistern des Schwertbrüderordens und des Deutschen Ordens sowie bei den Bischöfen von Riga und von Dorpat. Als angestrebte, aber gescheiterte Pläne sind die Eingliederungen Dänemarks, Sardiniens, Ungarns und Litauens zu werten. Die Eigenständigkeit von Frankreich und der Königreiche der Iberischen Halbinsel wurde vom Weltherrscher faktisch akzeptiert. Bei Karl IV. und Sigismund ist schließlich eine Verschiebung des direkten kaiserlichen Radius auf die osteuropäischen Königreiche, insbesondere nach Böhmen, Litauen und Ungarn zu verzeichnen, während Karl V. die Ausweitung auf die Iberische Halbinsel gelang.

In den Regionen änderten sich die politischen Konstellationen gleichermaßen. Die Entwicklung ging von Britannien zu den Königreichen England und Schottland. England erneuerte seine alte Bindung an das Reich durch politische Koalitionen bis zur Reformation hin immer wieder, stellte durchaus Anwärter auf das Kaisertum und war vor allem durch die Lehnsbindung an den Papst geprägt. Die Hispania konnte mit den Königreichen der Iberischen Halbinsel Stück für Stück wieder in das christliche Reich zurückfinden, weil die islamische Periode durch die Reconquista, die Region für Region zurückeroberte, 1492 erfolgreich beendet werden konnte. Auch hier sind die Anwartschaft auf das Kaisertum und die päpstliche Lehnshoheit charakteristisch. Einen Sonderfall stellt Frankreich dar. Die Kritik an Kaiser und Papst, die im Umfeld des französischen Königs formuliert wurde, wandte sich nicht prinzipiell gegen die Weltordnung mit Doppelspitze, sondern argumentierte nur dafür, dass Frankreich selbst ausgeschlossen blieb[241]. Für den Rest der Welt wurde das System anerkannt, ja sogar als notwendig empfunden, um für Ordnung zu sorgen. Als machtvolles *regnum* der Merowinger und im Erbe Karls des Großen war ein Selbstbewusstsein entstanden, das Frankreich im Hoch- und Spätmittelalter auf den letztlich erfolglosen Weg zum Kaisertum führte[242]. Philipp II. August († 1223) nahm den kaiserlichen Titel an, Ludwig der Heilige († 1270) versuchte eine Aufwertung seiner Stellung mit Hilfe des Kreuzzugs. Als Kaiser Karl IV. und sein Sohn Wenzel von Karl V. von Frankreich († 1380) zum Gastmahl am Dreikönigstag 1377 in Paris geladen wurden, schien es, dass er bei aller Reverenz als ein ranggleicher Monarch, also als König seines Kaiserreiches angesehen wurde. Nur die zeitgenössischen Abbildungen in den französischen Abschriften der „*Grandes Chroniques*" zeigen im Bild die Lenkungsgewalt des Kaisers, dessen Weisungsbefugnis in der Geste der fast zum Segen erhobenen Hand ausgedrückt wurde[243]. Das hohe französische Selbstbewusstsein beeinflusste bei letztendlicher Anerkennung der Superiorität auch das Verhältnis zum Papsttum. Johannes Gerson († 1429) polemisierte, der Papst wolle alle Rechte an sich ziehen und sei deshalb ein Dieb, denn man könne nicht nur Gold und Silber stehlen, sondern auch Würden, Rechte, Amt und Ehre[244]. Eine Unabhängigkeit der Kirchen des Königreiches vom Papst ist aber nicht zu verzeichnen.

Zu beobachten ist die verspätete Integration in den Teilen Osteuropas, die nicht zum antiken *imperium Romanum* gehört hatten, also Teile Ungarns und insbesondere Polen und Litauen. Hier blieb es bei der Schutz- und Lehnsbindung in Abhängigkeit von den beiden Gewalten. Ein eigenständiger Zugang zum Kaisertum oder die Besetzung des Papststuhls lag bis zum Ausgang des Mittelalters außerhalb der politischen Reichweite. Dafür wurde die Kunst besonders gut beherrscht, die eigenen Spielräume im bipolaren System so groß wie möglich zu gestalten. Pannonien und Illyrien gerieten zwischen Ost und West in ein sich dynamisch entwickelndes Spannungsfeld der wechselnden Mehrheiten. Das byzantinische Reich entwickelte sich vom Zentrum des Imperiums zur marginalisierten Konkurrenz und dann wieder zum Partner. Zwischen dem östlichen und dem westlichen Christentum verblieb mit unterschiedlicher Gewichtung und starken jüdischen wie muslimischen Einflüssen der Süden Italiens. Durch die normannische Eroberung und die Staufer erhielt die Region neue Impulse und vervielfältigte die ererbte multikulturelle Ausprägung, bevor sie zum Zankapfel zwischen den Anjou und Aragon wurde.

Das christliche *imperium Romanum* mit seiner Dopplung in zwei Sphären und die einzelnen Teile passten sich den Bedingungen und den Machtverhältnissen an. Große Kontinuität herrschte allein in der Struktur der christlichen Diözesen. Diese Strukturierung des *imperium Romanum* wird im kartographisch beschränkten Blick der Moderne oft vernachlässigt. Es bedürfte der politischen Karten, die im Hintergrund immer mit dieser weitgehend fest bestehenden Organisationsstruktur unterlegt sind. Zwei verschiedene Rechtsordnungen (*duplices leges*) für Laien und Geistliche waren innerhalb der weltlichen und kirchlichen Ordnung parallelisiert und flossen nur bei internem Dissens an den beiden Spitzen zusammen. Die *ecclesia* agierte als *imperium Romanum*, der Kaiser bzw. König war *figura et imago Christi* und der Papst stand in der Nachfolge Melchisedeks. Doppelt waren nicht nur die Bezugssysteme, sondern auch die Person der beiden Herrscher[245]. Der Kaiser war Mensch *ex natura* und Gott *de gratia*. Beziehungen zum Papst wurden sowohl um der „Kirche" willen als auch um des „Reiches" willen gepflegt. Beziehungen zum Kaiser blieben nicht weltlich um des „Reiches" willen, sondern hatten das Potential, um der „Kirche" willen geschlossen zu werden. Im politischen Alltag floss beides ohnehin zusammen[246]. Aus der Perspektive von oben, also aus der Sicht der Päpste und Kaiser, gestalteten sich die Konkretisierungen anders als beim Blick auf sie. Bei der Perspektive von unten ergab sich die Frage, wer sich dazu äußern durfte und wer

Gehör fand, wenn er sprach. Neben den Königen, dem jeweils zuständigen Primas, den Bischöfen und den Gelehrten stand die Bevölkerung, die, wenn sie nach Rom pilgerte, wahrhaft mit den Füssen abstimmte.

Gemeinsame Eingriffe in die Ordnungsstrukturen der christianitas

Den Ausgangspunkt der internen Struktur des *imperium Romanum* definierte Diocletian († 313) mit der Schaffung von Verwaltungseinheiten, die Diözesen genannt wurden und denen kleinere Provinzen zugeordnet waren[247]. Konstantin veränderte die Diözesen Italiens und separierte das Gebiet von den Alpen bis Florenz als fiskalische Einheit zur Finanzierung des Kaiserhofes in Mailand, während die südliche Hälfte mit den Inseln zur Versorgung Roms ausersehen war. Die Verwaltungsstützpunkte in Mailand und Rom bleiben Antagonisten über die Zeiten hinweg. Noch Justinian nahm die Reform der weltlichen Verwaltungsstrukturen allein vor und bestimmte selbst, dass jede Stadt eine kirchliche Diözese bilden müsse. Erst danach sind Eingriffe in die Struktur der *christianitas,* wie sie bei Bistumsgründungen und der Errichtung von Erzbistümern notwendig waren, im Konsens von Papst und Kaiser vorgenommen worden. Die Rangerhöhung Salzburgs 798 entsprang dem Zusammenspiel von Papst und dem auf das Kaisertum wartenden Karl, der selbst aber bereits das *imperium* für sich beanspruchte[248]. Die Errichtung des Erzbistums Magdeburg war die Folge einer intensiven Kaiser-Papst-Diplomatie im Zuge der Kaiserkrönung Ottos des Großen[249]. Der Akt von Gnesen im Kontext der polnischen Königserhebung des Jahres 1000 gab der polnischen Kirche ihre bleibende Struktur bei Kooperation von Kaiser und Papst[250]. Als ein Jahr später Gran zum Erzsitz für Ungarn bestimmt wurde, war dies wiederum ein Akt beider Gewalten. Bei der Gründung von Bamberg wurde kaiserliche Superiorität zur Schau gestellt, dann aber bipolare Einordnung praktiziert[251]. Bei der Errichtung von neuen Bistümern war die wachsende Konkurrenz der Könige besonders spürbar, denn der Kaiser war nicht mehr grundsätzlich beteiligt, sondern nur in den Gebieten, die als das „Reich" gelten. In Frankreich und auf der Iberischen Halbinsel wurden die Kontrakte über die Kirchenstruktur mit den dortigen weltlichen Regenten geschlossen[252]. Dies versuchte 1039 auch Bretislav I. von Böhmen († 1055), als er die Gebeine des Hl. Adalbert von Gnesen nach Prag brachte, um die Erhebung zum Erzbistum zu erreichen. Papst Benedikt IX., dessen eigene Stellung nur wenig gefestigt war, zeigte sich aber nicht bereit, da die Zustimmung Heinrichs III. zu einer auf Raub begründeten Rangerhöhung nicht zu erwarten stand, die zudem eine Verkleinerung des im Reich wichtigen Erzbistums Mainz zur Folge gehabt hätte[253]. Heinrich führte schließlich sogar Krieg, um die Ordnung in seinem Reich wiederherzustellen. Die Erhebung Prags wurde auf unbestimmte Zeit vertagt, weil sich auch der Bischof von Prag von einem Herzog trennte, der nicht vor Sakrilegien zurückschreckte. Die christlichen Grundregeln hatten aufgrund des Zusammenspiels und der gegenseitigen Kontrolle von weltlicher und geistlicher Macht ihre Wirksamkeit bewiesen. Erst in der Mitte des 14. Jahrhunderts wurde Prag dann auf Betreiben Karls IV. aus dem Mainzer Metropolitansprengel in friedlicher Kooperation von weltlicher und päpstlicher Gewalt exkludiert[254]. Die Gewichtsverschiebungen zugunsten des Papsttums, das Vakanzen auf dem Kaiserthron nicht mehr abwartete, sondern für eigene Entscheidungen nutzte, zeigen sich in Toulouse, dessen Sprengel 1317 neu strukturiert wurde. Aus der ehemaligen Diözese wurden sechs Bistümer aufgrund päpstlicher Entscheidung herausgelöst, gleichzeitig Toulouse zum Erzsitz für den Sprengel aus diesen Neugründungen erhoben. Die Abspaltung der Bistümer Wien und Wiener Neustadt aus der Diözese Passau im Jahr 1469 belegt erneut die enge Zusammenarbeit der beiden Gewalten[255].

Eingriffe in die weltliche Strukturierung mussten die römischen Kaiser der Spätantike aufgrund der militärischen Schwäche konzedieren. Sie ließen die Bildung von Königreichen der *gentes* zu, denen ein *rex* oder *regulus* vorstand. Noch Friedrich II. formulierte in der Bestätigungsurkunde für das neu erhobene Königreich Böhmen, dass es zur Zier und Macht des Reiches gehöre, dass nicht nur die Würden der Fürsten, sondern auch die Königsszepter von seiner Majestät verliehen wurden (*non solum ceterorum principum dignitates verus etiam sceptra regalia a nostra conferantur maiestate*)[256]. Karl IV. richtete 1358 als *mundi monarcha* sein Interesse nach Osten, als er im Brief an Olgerd von Litauen zur Bekehrung zum Christentum aufforderte[257]. Die weltlichen Herrschaften durften anfangs nur vom Kaiser strukturiert werden, nach der Übertragung der Kaiserwürde in den Westen agierten die beiden Spitzen zusammen, seit dem Investiturstreit war dann immer öfter der Papst allein für Neuerungen in der Landschaft der europäischen Königreiche verantwortlich[258].

Formen des Kontakts zu Kaiser und Papst

Die exklusive Kompetenz zur Verteilung von althergebrachten Ehren, von bestimmten Positionen und besonderen Vergünstigungen hat die Positionen von Kaiser und Papst innerhalb der Christenheit bis zum Ausgang des Mittelalters entscheidend gefestigt. Die Aufwertung der eigenen weltlichen Herrschaft vom Fürstenrang zur Herzogswürde oder gar zum Königstitel war ein Garant sowohl für momentane Anerkennung wie für beständige Unterordnung. Der Zugriff auf bestimmte Ämter, die, wenn sie legal vakant geworden waren, wieder ausgegeben werden durften und sogar mussten, um die Ordnung sicher zu stellen, gab immer wieder Spielraum für Gunsterweise. Die zunehmende Bündelung der Vergabungen in der Familie des jeweiligen Regenten gehörte zu den Realitäten[259], die erkennen ließen, dass die Kaiser die ihnen zugewiesene Stellung der übergeordneten Gerechtigkeit, die ob göttlicher Gnade Eigennutz nicht nötig hatte, nicht mehr auszufüllen vermochten. Die Erblichkeit der weltlichen Lehen schränkte die Handlungsspielräume in der weltlichen Sphäre immer stärker ein. Die real festzustellende Verschiebung des Ansehens von Kaiser und Papst zugunsten der Päpste hatte darin eine kräftige Wurzel. Im kirchlichen Raum waren die Stellenbesetzungen gelebter Ausdruck der Übereinstimmung von Zuwendungs- und Interessenraum der päpstlichen Gewalt. Die tatsächlichen Pfründenlisten der Kardinäle sind Beweise für die globale Kirche. Die Rechtsgrundlagen für den Zugriff der Päpste auf die Pfründen der Teilkirchen wurden immer weiter ausgebaut.

Je mehr eine Person, Institution oder subordinierte Verwaltungsorganisation von der durch die allgemeinen Gesetze bestimmten Normen des Reiches und der Kirche abweichen wollte, desto mehr brauchte sie von Rechts wegen Kaiser und Papst, denn nur die beiden Spitzen konnten Normverstöße durch Privileg im Einzelfall legitimieren und grundsätzlich zur neuen Norm erklären. Jede Ausnahme minderte die Homogenität, war aber im Ehrenhandel des Reiches eine Bindung besonderer Güte, denn selbst das Privileg der Exemption mit der Ausnahme von den Pflichten mehrte das Zugehörigkeitsgefühl, das sich – für modernes Denken kurios – gerade im Ausschluss manifestierte. Verstöße gegen das christliche Eherecht verbanden die europäischen Regenten mit dem Papsttum und festigten dadurch auch die weltliche Stellung der Päpste. In Polen war die Erneuerung der Kontakte zum Papsttum in der Zeit Boleslaws III. Schiefmund († 1138) mit klaren Eigeninteressen verbunden[260]. Er nominierte Balduin als Nachfolger auf dem Bischofsstuhl in Krakau und sandte ihn dann als Boten zu Papst Paschal II., damit er 1103 in Rom geweiht wurde. Gleichzeitig erwirkte der neue Bischof eine päpstliche Dispens für die Ehe Boleslaws mit einer Tochter des Großfürsten Svjatopolks II. von Kiew († 1113), deren Ehe wegen zu naher Verwandtschaft nicht den kirchlichen Regeln entsprach. Die Verknüpfung der Kurie und damit der geistlichen Spitze mit den Regionen der Christenheit durch ähnlich gelagerte Fälle ist jedenfalls nicht zu unterschätzen.

Weitere päpstliche Maßnahmen, die in der Petrusnachfolge zu globaler Geltung verhalfen, sind im Spätmittelalter neben den Pallienverleihungen vor allem die Heiligsprechungen. In früheren Zeiten hatten eher Privilegierungen der Abtwahlfreiheit, Besitzbestätigungen, Exemptionen aus der bischöflichen Gewalt, Befreiungen von der Synodalpflicht und Immunitätsgarantien sowie Ehrenrechte und die Herstellung von Vikariaten und Primaten für das Zusammenrücken von Spitze und Teilkirchen gesorgt[261]. Die Ermahnungen zur Einheit lassen im Einzelfall an der Funktionsfähigkeit zweifeln, können aber auch nur besondere Erwartungen zum

Ausdruck bringen. Die Reichsklöster als zentrale Kulturzentren und Infrastrukturknotenpunkte stellten sich bewusst in den Schutz von Papst und Kaiser, wie die Privilegien beider Kanzleien nachdrücklich belegen. Die beiden Gewalten waren keine sich gegenseitig ausschließenden Herrschaftsstrukturen, sondern boten bei gemeinsamer Lenkung doppelten Schutz für die Institutionen, die sich dem Reich verpflichtet fühlten. Diese Orte des Reiches stellen sich in die bipolare Ordnung, indem sie sich nicht allein vom König bzw. Kaiser oder vom Papst bestätigen ließen, sondern beide Seiten um Bestätigung baten. Für die Herstellung von Frieden nahmen diese Privilegierungen einen wichtigen Stellenwert ein. Etliche Kopialbücher und Chartulare beginnen die Aufzeichnungen ehrenvoll mit den Stücken aus kaiserlicher und päpstlicher Kanzlei als den Grundfesten der Ordnung.

Leichter als namhafte wirtschaftliche Vorteile waren der Rat der bipolaren Spitze und die Vermittlung konsensualer Entscheidungen bei Streit zu erreichen. Rat und Unterweisung wurde im Frühmittelalter von den Kirchen der Iberischen Halbinsel mehrfach beim Bischof von Rom gesucht, dem damit gegenüber den anderen Bischöfen des Reiches eine Sonderstellung zukam[262]. Die Garantierung der bestehenden Verhältnisse durch Kaiser und/oder Papst erwies sich bei expansiven Nachbarn als wichtiges Argument für den Erhalt der eigenen Stellung, weil diese die Mahnung verstanden und eine Machtprobe in der Regel vermieden.

Die Anerkennung Karls IV. und des Papstes war in Lucca sehr eindrücklich. Wie jüngste Studien ergeben, zeigte man nicht nur hohe Reverenz gegenüber dem Volto santo, der als *imago imperatoris* den gekreuzigten Kaiser abbildete, sondern verstand auch die Bipolarität als Garanten der städtischen Freiheit[263]. In der Buchmalerei zur Stadtchronik des Giovanni Sercambi († 1424) finden sich mehrfach Papst und Kaiser als Beschützer der Kommune. Die Ausdrucksformen, in denen die Zugehörigkeit dargestellt wurde, waren ebenso vielfältig wie die Medien, die man für Bekundungen dieser Art benutzt. Das Missale der Diözese Płock, das 1520 in Krakau gedruckt wurde, zeigt beispielsweise Papst und Kaiser unter einer im Strahlenkranz stehenden Maria[264]. Der Papst wurde mit Bischofsmütze und Krummstab, der Kaiser mit Krone, Szepter und Reichsapfel gekennzeichnet. Der christliche Glaube blieb von den Anfängen bis zur Reformation die tragfähige Brücke für die Geltung der beiden Spitzen des *imperium Romanum*.

Die gemeinsame Rechtsprechung von Kaiser und Papst

Jede Sphäre, die geistliche wie die weltliche hatte ihr Gerichtssystem. Wenn es aber nicht gelang, die Geltung der Urteile innerhalb einer Gerichtssphäre durchzusetzen, war die andere Sphäre verpflichtet, ihre Strafmittel ergänzend zur Verfügung zu stellen. Die Geschichte der Mischung beider Foren ist noch ungeschrieben, da die traditionelle Geschichtsschreibung allzu sehr an den Kontroversen zwischen Kirche und Staat interessiert war und sich fast immer entweder an der einen oder der anderen Front aufgestellt hat. Die Kompetenzen und die Kooperation von Kaiser und Papst, von weltlicher und geistlicher Gewalt, zeigen sich in der Rechtsprechung am eindeutigsten im Krisenfall der Nichtanerkennung römischer Glaubenslehrsätze. Der Ketzerkampf ist ein herausragender Spezialfall der gemeinsamen Aktionen, weil er als systemisch anzusehen ist. Seit der frühen Kirche war es immer wieder zu Abweichungen in der Schriftauslegung gekommen. Den Anspruch kaiserlichen Handelns, Ketzergesetze erlassen zu dürfen, hat bereits Konstantin durchgesetzt[265]. Die *causa Lutheri* hat deutlich vor Augen geführt[266], dass die gemeinsame, abgestimmte Jurisdiktion bis zum Ausgang des Mittelalters praktiziert wurde.

Das gemeinsame Sitzen von Kaiser und Papst auf einem Thron ist ein gängiges Bild des Spätmittelalters. Seit dem Sachsenspiegel wurden die beiden Spitzen immer wieder so abgebildet[267]. Sie schauen entweder den Betrachter oder sich gegenseitig an und sind mit Herrschaftszeichen in ihrem Rang gekennzeichnet. Noch in der gedruckten Chronik des Hartmann Schedel († 1514) lässt sich diese interpretierbare Zusammenrückung nachweisen, wo der Papst mit Tiara, Buch und Kreuzstab, der Kaiser mit Krone, dem mit Kreuz geschmückten Szepter und dem Reichsapfel dargestellt wurde. Der Papst- und der Kaisermantel gehörten zur Ausstattung. Beim Papst stehen ein Kardinal und ein Bischof an der Lehne des Throns, beim Kaiser vornehm gekleidete junge Adlige mit Federn am Hut und Schwert in der Hand. In der Realität waren Kaiser und Papst nur selten gemeinsam auf dem Richterstuhl zu sehen, am ehesten noch in Rom. In stadtrömischen Rechtsfällen war dies gemäß der „*constitutio Romana*" vorgeschrieben[268], aber auch bei Majestätsverbrechen traten beide gemeinsam als Richter auf. Eine gemeinsame Gerichtsverhandlung von Papst und Kaiser wurde im Mai 855 in der Angelegenheit der *Magistri militum* Daniel und Gratian abgehalten, wie der Bericht der Vita Leos IV. zu erkennen gibt[269]. Daniel hatte berichtet, Gratian wolle die Franken mit Hilfe der Griechen vertreiben. Daraufhin eilte Kaiser Ludwig nach Rom und wurde von Leo IV. an den Stufen von St. Peter empfangen. Die Gerichtsverhandlung fand in der *domus Leoniana* bei St. Peter statt. Wegen falscher Anklage wurde Daniel nach römischem Recht Gratian überstellt. Auf Bitten Ludwigs wurde der Denunziant falscher Behauptungen dann aber begnadigt. Gängig war, dass eine der beiden Gewalten zusammen mit Vertretern der anderen Gewalt ein Urteil fällte, das auf bipolarer Machtkonstellation beruhte. Das Bemühen Papst Leos IV. um kaiserliche Zustimmung ist mehrfach zu spüren. Als weiteres Beispiel mag ein Placitum dienen, das in der Mitte des 11. Jahrhunderts in Anwesenheit von Papst, Kardinälen, dem Bischof von Lucca, dem Abt von Brême und dem Kanzler für Italien Wibert Recht über Leno als Zentrum der salischen Herrschaft in Oberitalien und den Ortsbischof fällte. Die Datierung offenbart, dass es im Sinne der doppelten Ordnung erfolgte, denn es werden die Regierungsjahre von Nikolaus II. und Heinrich IV. mit dem Kommentar *nullo imperante* (es gab keinen Kaiser) gezählt[270].

Die Akzeptanz eines bipolaren Systems, in dem Papst und Kaiser wechselseitig für die Einhaltung des Rechts im Reich verantwortlich zeichnen, schimmert in einem Brief des Mainzer Erzbischofs Hatto I. († 913) an den Papst durch[271]. Dieser rechtfertigte sich, zum Schirmer des Reiches einen sechsjährigen Knaben bestimmt zu haben, ohne zuvor den Rat des Papstes eingeholt zu haben. Gerechte Gründe hätten gegen eine Einbeziehung des Papstes gesprochen. Hier dürfte weniger ein frühes Approbationsrecht der Päpste zum Ausdruck kommen als vielmehr die Bitte, einen Verstoß gegen das Erbrecht zu tolerieren. Die Übertragung des Reiches an einen Knaben bei Umgehung seines älteren Bruders musste im Sinne der beiderseitigen Verantwortung für die Einhaltung des Rechts den vorauseilenden Rechtfertigungsgehorsam hervorrufen. Der Rechtsbruch schien dem Erzbischof ebenso bewusst wie die Aufgabe des Papstes, derlei Unrecht im christlichen *imperium Romanum* zu unterbinden. Für den Papst musste Zwentibold († 900), dessen Name auf mährische Verwandte hindeutet, nicht als illigitimer Sohn von namenloser Mutter gelten, sondern als Spross aus einer Verbindung, die nach christlichen Regeln als Ehe anzusehen war. Der eigene Vater hatte ihn 889 für die Nachfolge im Reich vorgesehen und selbst zwei Jahre nach der Geburt Ludwigs († 911) 895 in Worms die Königswahl Zwentibolds durchgesetzt[272]. Die Königswähler hatten also eine ihnen opportune Entscheidung getroffen und dafür das Recht hintangestellt. Dies galt es zu rechtfertigen, weil Papst und Kaiser bekanntermaßen als Schützer des Rechts fungierten.

Die Notare des Reiches

Unter den Formen der Rechtssicherung, die als Indikator für die Vorstellungen vom fortbestehenden *imperium Romanum* dienen können, ist das Notariat besonders hervorzuheben. Die mittelalterlichen Notare wurden entweder vom Kaiser bzw. König oder vom Papst bestallt und mit den notwendigen Rechtskompetenzen ausgestattet[273]. Bei der Bezeichnung *notarius imperialis* ist der Bezug zum Reich schon im Titel gegeben, aber auch für die *notarii sacri palatii* und die *notarii domini imperatoris*, ja selbst bei bloßer Nennung als *notarii* ist eine Funktionsträgerschaft im Dienst des Reiches ausgedrückt, die ihren Ursprung im spätantiken Notariatswesen hatte. Justinian hatte die Rechtsgrundlagen definiert, die in unterschiedlicher Form weiterbenutzt und wiederbelebt oder in lebendiger Verfassungstradition fortentwickelt wurden.

Die Notare unterstanden den Päpsten und Kaisern als den Lenkern des Reiches. Diese konnten nicht nur Notare ernennen, sondern auch die Kreation an Dritte delegieren. In der Karolingerzeit nahmen die *missi* diese Aufgabe wahr. Die Überprüfung sorgsamer Notariatsvollziehung lag bei den Lenkern des Reiches und bei den *missi*. Es erscheinen schon im Frühmittelalter Notare, die Bischöfen und Äbten von Reichsabteien zugeordnet waren. Für diese wurde aber anfangs offenbar kein Bestallungsrecht erteilt. Erst 962 gestattete Kaiser Otto dem Bischof von Parma das Recht, Notare zu ernennen. Die Bestätigung durch Heinrich II. 1004 lässt erkennen, dass die Kompetenzen, die insbesondere das Testierrecht betrafen, weiterhin von Interesse blieben. Ernennungsdiplome als Zeugnisse von persönlichen Rechten für die Notare sind anfangs nicht im Original überliefert, weil sie ihren Wert spätestens mit dem Tod des Notars verloren. Durch Abschriften sind wir aber darüber unterrichtet, dass Bestallungsurkunden auch nach Ende der Karolingerzeit weiter ausgestellt wurden. Das Reich funktionierte als System der Rechtswahrung nach spätantikem Muster in weiten Teilen des ursprünglichen *imperium Romanum* fort. Als Amtsträger des Reiches fungierten entweder Persönlichkeiten der öffentlichen Ordnung qua Amt oder Mitglieder eigens privilegierter Familien. Nördlich der Alpen, insbesondere dort, wo das Notariatswesen keine spätantiken Wurzeln hatte, wurden andere Mechanismen der Rechtssicherung genutzt. Erst im Spätmittelalter hat man das Notariatsinstitut dort übernommen. Damit sind die Notare ein Beleg dafür, dass das Reich und die Funktionen des Kaisers im Spätmittelalter nicht in den Hintergrund traten, sondern in bestimmten Bereichen sogar gestärkt wurden.

Seit der Mitte des 11. Jahrhunderts wurden Notare von den Päpsten und ihren Delegierten autorisiert. Die Päpste beschränkten sich nicht mehr auf Rom und das Patrimonium Petri, wo sie *scriniarii sancte Romanae ecclesiae* mit Notariatsrechten kreiert hatten, sondern sahen sich allgemein in der spätantiken Reichstradition zur Bestallung von Notaren berechtigt. Die Rechtsgrundlage bildete anfangs offenbar die Übertragung der Rechte an Papst Viktor II., die Heinrich III. auf dem Sterbebett in der Sorge für Sohn und Reich vollzogen hatte. Hinsichtlich der Tätigkeitsfelder und des Kundenkreises konnten für die Notare päpstlicher Bestallung keine Besonderheiten festgestellt werden. Seit der Zeit, als die Päpste ihre Kaisersukzession auf der Basis des *dictatus Papae*[274] und der „*Konstantinischen Schenkung*" betonten, wurde das Recht nicht mehr nur in kaiserlicher Delegation ausgeübt. Die Antwort darauf war nach dem Affront von Besançon[275], dass Friedrich I. seit 1167 seinerseits in Rom kaiserliche Notare autorisierte. Der Kampf zwischen Papst und Kaiser wurde auf der Ebene der Rechtssicherung mit Leben erfüllt. Seit dieser Zeit wurde die Idee des römisch kaiserlichen Reiches immer häufiger in der Titulatur der Notare sichtbar. Die gleiche Person nannte sich 1153 noch schlicht *iudex et notarius* und nach dem Eklat dann förmlich *iudex sacri palatii serensissimi Federici im-*

peratoris idemque notarius. Lebendig war das Reich auch vorher gewesen, doch trat es im Konflikt aus der Selbstverständlichkeit heraus und wurde zum Prestigeobjekt kaiserlicher Geltungsrechte. Notariatsregister sind dann seit der Zeit Friedrichs II. quer durch Europa erhalten. In Spanien und selbst in Frankreich haben sich diese Zeugnisse einer im Kaiserrecht begründeten Ordnung erhalten. In Italien wurden sie massenhaft angelegt und kontinuierlich benutzt.

Grenzen der Geltung

Die Transpersonalität der Ämter konnte die Wirkmacht der Persönlichkeiten nicht vollständig überblenden. Die Akzeptanz, die dem Handeln von Kaiser und Papst allein und in bipolarer Dopplung in der Gemeinschaft aller Christen entgegengebracht wurde, blieb trotz gedachter göttlicher Planung eine variable Größe. Während das *regimen* von Kaiser und Papst gemäß den Theorien für die ganze Welt gelten sollte, zeigten sich in der Realität Beschränkungen. Es ist von Beginn im 4. Jahrhundert an eine Auftrennung in Einflusszonen zu beobachten, in denen entweder die eine oder die andere Gewalt die vorrangige, in der Regel sogar die alleinige Beratungs- und Führungsposition im Sinne des *regimen* einnahm. Die Akzeptanz des kaiserlichen und päpstlichen Handelns hatte sich bereits in der Spätantike stark ausdifferenziert. Die theoretisch formulierte Lenkung stand einer Realität gegenüber, in der persönliche, rechtliche und geographische Nähe große Bedeutung hatten. Die Machtansprüche der regionalen Kräfte konnten weder im geistlichen noch im weltlichen Bereich ignoriert werden[276]. Beschränkungen der Lenkung gab es nicht nur für den Kaiser, sondern trotz der Theorie über die *plenitudo potestatis* auch für die Päpste[277]. Dies bot den Handlungsrahmen für politische Koalitionen mit den lokalen Gegnern der Mächtigen in zeitlichem Wandel[278].

Die prinzipielle Anerkennung der Führung von Kaiser und Papst schloss die kritische Haltung zu einzelnen Entscheidungen der amtierenden Amtsträger ebenso wenig aus wie die Skepsis gegen die Person, die mit der Lenkung betraut war. Seit Hölle und Fegefeuer im Spätmittelalter in der Kunst immer plastischer ausgestaltet wurden, fanden sich neben Gaunern und Taugenichtsen immer häufiger auch Päpste und Kaiser im Reich des Teufels, weil sie die mit ihrer Position verbundenen Aufgaben nicht im Sinne des göttlichen Auftrags ausgefüllt hatten, sondern die Laster der Welt in sich vereinten. Gerade im Dissens der beiden Gewalten wurden auch Kritikpunkte von Dritten geäußert. Da die Anerkennung der bipolaren Lenkung immer auch mit der Aufgabe eigener Machtkompetenz und nicht zuletzt mit der Zahlung von Geldern verbunden war, kam es immer wieder zum Bestreben, sich weitgehend unabhängig zu machen. Akzeptiert wurde die Konstruktion vor allem dann, wenn mit der Anlehnung an Kaiser oder Papst Gewinne im regionalen Machtgefüge erzielt werden konnten. Waren diese Vorteile nicht zu erblicken, erlahmte auch die Kontaktnahme. Wenn der Archipoeta den Kaiser als „Herrn der Welt" und „Fürst der Fürsten auf Erden" betitelte, so diente dies schon im 12. Jahrhundert zur Sicherung des Lebensunterhalts[279]. Zu Zeiten des Baldus de Ubaldis wies das Imperium eine nicht nur den politischen Parteigängern der autonomen Kommunen und der sich souverän gerierenden Königreiche selbstverständliche, sondern auch den Legisten offenkundig differenzierte Herrschaftsstruktur auf. Der Kaiser als *dominus mundi* ist ein Begriff, der in den Vorlesungen und Kommentaren zu den Büchern des „*Corpus Iuris Civilis*" einer Erläuterung bedarf[280]. In Vordergrund steht nicht die Erläuterung einer *de iure* – *de facto*-Opposition. Es geht vielmehr um die „Ausgestaltung der legalen Strukturen im Inneren dieser Herrschaftsbereiche, für die auf die Existenz eines *princeps* als Garanten des weiterbestehenden universalen Systems des *ius commune* nicht (oder noch nicht) verzichtet werden" konnte[281].

1 Die Miniatur eröffnet den Text der „*Concordantia discordantium canonum*" Gratians in einer Handschrift der vatikanischen Bibliothek (Vat. Lat. 1366). Der thronende Christus trägt Buch und Schwert in seinen Händen. Engel geben das Buch bei der Krönung zusammen mit der Tiara an den Papst und das Schwert bei der Krönung zusammen mit der Kaiserkrone an den Kaiser. Beide Herrscher empfangen die Symbole ihres göttlichen Auftrages in kniender Gebetshaltung. Kleriker und Mönche umringen den geistlichen Lenker, Fürsten und Ritter den weltlichen. Im Hintergrund sind eine Kirche und ein Palast abgebildet, was die Gleichwertigkeit der Gewalten im Bildprogramm noch unterstreicht.

2 a–c Auf einem Weihwasserkessel des beginnenden 11. Jahrhunderts, der heute in Aachen aufbewahrt wird, ist ein thronender Kaiser mit Zepter und Weltkugel ebenso abgebildet wie ein Papst. In der Forschung werden sie mit Kaiser Otto III. und Papst Silvester II. in Verbindung gebracht.

3 Die spätmittelalterliche Darstellung der Pippinischen Schenkung zeigt König Pippin in kniender Haltung vor Papst Stephan, der mit Heiligenschein dargestellt ist und die Gabe auf einem Thron sitzend annimmt.

4 Die Szene, in der die Taufe Konstantins durch Papst Silvester I. dargestellt ist, stammt aus der Freskenabfolge in der römischen Kirche SS. Quattro Coronati. Die Männer des Kaisers verwahren während des Taufaktes den Kaisermantel und die Krone.

5 Das Eröffnungsbild der Lucceser Stadtchronik des Giovanni Sercambi († 1424) zeigt die Anbetung des Kreuzes, über dem in der Mandorla Gott thront und dem die Heiligen der Stadt mit ihren Wappen eingeschrieben sind. Papst und Kaiser scheinen ihre Hände an das Kreuz zu halten. Der Schlüssel des Hl. Petrus und das Schwert Karls des Großen reichen an das himmliche Halbrund mit Engeln und Mandorla heran.

6 In der Lucceser Stadtchronik des Giovanni Sercambi werden Papst und Kaiser mehrfach gemeinsam abgebildet. Die Darstellung zeigt beide, wie sie die Stadt Lucca beschützen. Der Papst verweist auf den Himmel, der Kaiser auf die Stadt.

7 Papst und Kaiser werden bei der gemeinsamen Kreuzverehrung auf dem unteren Schaft des Kreuzes Urbans V. dargestellt, das Karl IV. nach dem Treffen in Rom 1368 in Auftrag gab. Der Papst übergibt dem Herrscher den Lendenschurz Christi.

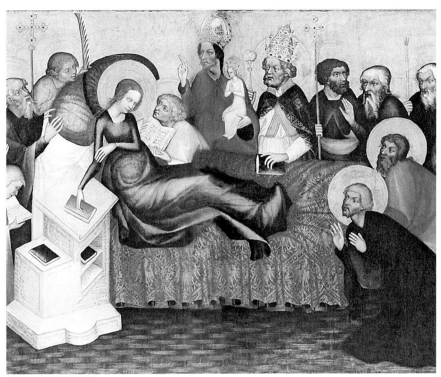

8 Im unteren Mittelbild des Polyptychons von Grudziądz wird ein Marientod dargestellt. Am Totenbett steht Christus zwischen den Jüngern, die Maria zu sich gerufen hatte. Die Seele seiner Mutter trägt er bereits in seinem linken Arm, während die rechte Hand zum Segen erhoben ist. Christus trägt die Kaiserkrone und hat ein Antlitz, das aus Darstellungen Kaiser Sigismunds bekannt ist, was die bisherige Datierung auf ca. 1390 relativiert. Der neben ihm stehende Petrus ist mit der Papsttiara ausgestattet, so dass sich dem Betrachter eine Papst-Kaiser-Darstellung zeigt, in der die weltliche Krone mit höherer Kompetenz für das Seelenheil ausgewiesen wird als die päpstliche.

9 Bei der Darstellung der Schutzmantelmadonna stehen Papst und Kaiser zur linken und rechten Seite der Gottesmutter betend mit ihren Kronen auf dem Haupt vor dem übrigen Christenvolk. Enguerrand Charonton stellte die Tafel, welche ein Stifterpaar in Anbetung der hier abgebildeten Madonna zeigt, 1452 im Auftrag der Familie Cadard her. Der Bildtypus der Schutzmantelmadonna mit Papst und Kaiser findet sich auch andernorts.

10 Die Darstellung von Papst und Kaiser auf einem gemeinsamen Thron findet sich in der Initiale am Beginn einer Papst-Kaiser-Chronik-Handschrift des 15. Jahrhunderts. Am Anfang des Textes wird über den Beginn der Zwei-Gewalten-Herrschaft zur Zeit des Octavianus Augustus berichtet, die seither als kontinuierlich fortdauernd gedacht wurde.

11 Im Druck der Schedelschen Weltchronik von 1493 wurden Papst Pius II. und Kaiser Friedrich III. auf einem gemeinsamen Thron dargestellt. Der Papst hält den Kreuzstab und das Buch, der Kaiser das Szepter und den Reichsapfel in Händen. Beide sind mit ihren Kronen und Mänteln ausgestattet. Hinter dem Thron stehen auf der päpstlichen Seite ein Kardinal und ein Bischof, auf der kaiserlichen vornehm gekleidete Ritter, von denen einer sehr demonstrativ das Schwert für den Kaiser hält.

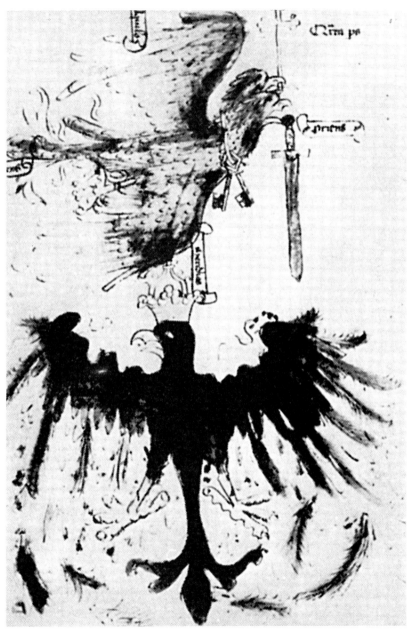

12 Aus einer Handschrift der vatikanischen Bibliothek stammt diese symbolische Darstellung der beiden Gewalten in Form von zwei Adlern. Der weiße Doppeladler ist durch die Schlüssel als Sinnbild für die päpstliche Macht gekennzeichnet. In den Schnäbeln werden das Kreuz und das Schwert getragen. Der mit der Krone dargestellte schwarze Adler als Sinnbild der kaiserlichen Macht hat etliche seiner Federn verloren und sieht sehr mitgenommen aus.

13 Die Freskendarstellung aus der Heilig-Kreuz-Kirche in Loffenau (Baden-Württemberg) zeigt eine mystische Mühle, in der Christus zu Brot und Wein für die Rettung der Christenheit zermahlen wird. Die Kirchenväter und die Apostel betreiben die Mühle. Papst und Kaiser halten umringt vom Christenvolk Kelch und Patene, um die Heilmittel aufzufangen. Dabei fasst der als Priester gekleidete Kaiser zusammen mit dem Papst den Abendmahlskelch.

14 Das Altarbild von 1492 zeigt eine Darstellung der Trinität mit Gottvater, gemartertem Christus und der Taube. Gottvater trägt die Bügelkrone. Zu seinen Füßen steht der Reichsapfel.

15 Auf den Türen zur St. Peters-Kirche in Rom ist Papst Eugen IV. zusammen mit dem grie-
chischen Kaiser als Reiter abgebildet. Während der Papst seine rechte Hand mit gestreckten
Zeige- und Mittelfinger zum Segen erhebt, streckt der Kaiser nur den Zeigefinger, was seine
Weisungsbefugnis verdeutlicht.

16   In der protestantischen Polemik „*Antithesis Figurata Vitae Christi et Antichristi*" von 1521 zeigt ein von Lukas Cranach d. Ä. gefertigter Holzschnitt unter der Überschrift *Antichristus*, dass der Papst auf einem durch zwei Stufen erhöhten Thron sitzt und den Kaiser segnet, der ihm kniend den Fuß küsst. Die Beischrift kritisiert dies als Imitation tyrannischer Fürsten und einen Widerspruch zum Kirchenrecht.

17 Papst Clemens VII. und Kaiser Karl V. reiten in einer Darstellung des Nikolaus Hogenberg während einer feierlichen Prozession gemeinsam unter einem adlergeschmückten Baldachin.

Die Einheit der westlichen Christenheit unter Kaiser und Papst

Um ein Bild vom Verhältnis zwischen Kaiser und Papst zu erhalten, wurden sowohl die zufällig erhaltenen Zeugnisse wie die Traditionsbildungen herangezogen. Neben die traditionell hoch geschätzten Schriftquellen sind die Bild- und Sachquellen getreten. Die beiden Ordnungsprinzipien, die ausgerichtet auf Kaiser und Papst ausgeformt wurden, erwuchsen – so das Ergebnis – zum festen Bestandteil der christlichen Gesellschaft, ohne je für sich allein absolute Geltung durchsetzen zu können. Vielmehr galt die Einmütigkeit der beiden Gewalten und der doppelten Lenkung als erstrebenswertes Ideal einer einheitlichen christlichen Weltordnung, auch wenn die Schwierigkeiten der Konsensfindung von Beginn an hervortraten. Die Beachtung der Parallelität von Maßnahmen von Kaiser und Papst für die Einheit der Christenheit führt zu einem Paradigmenwechsel. Selbst der Streit um die richtige Führung, der nicht immer zu vermeiden war, erweist sich als Kennzeichen der zugrundeliegenden Einheit. Die Dualität von Kaiser und Papst bildete ein positives Spannungsverhältnis mit wechselseitiger Kontrolle, obwohl sie Konfliktpotential in sich barg. Die Verkettung wies eine Nachhaltigkeit auf, die über Jahrhunderte für Stabilität sorgte. Wer im mittelalterlichen Reich Diener des HERRN war, sah sich zwangsläufig als Diener zweier Herren, des geistlichen wie des weltlichen. Die Mächtigen in der europäischen Christenheit richteten sich auf das Konzept mit zwei Spitzen aus und diejenigen, die nach Macht strebten, nutzten mehr als einmal die Chance, ihre Position mit Hilfe von Kaiser und/oder Papst aufzuwerten. Selbst naturalistische Vorstellungen von der Gesellschaft als einem Körper mit einem Kopf, die seit dem Spätmittelalter für die Einheit der Christenheit allein unter päpstlicher Führung plädierten, konnten letztlich keine bleibenden Zweifel an der über Jahrhunderte geübten und theologisch legitimierten Praxis einer doppelten Spitze mit wechselseitiger Achtung und Kontrolle wecken.

Wechselspiele im gelebten Verfassungsdiskurs

Das Nebeneinander von Kaiser und Papst und damit das Miteinander der beiden Spitzen von weltlicher und geistlicher Gewalt haben sich auf der Grundlage der Gesellschaftsordnung des Römischen Reiches seit der Zeit Konstantins herausgebildet. Die christliche Vorstellung, dass alles in der Welt nach dem Plan göttlicher Weisung geschehe, erklärte die Doppelung der Führung früh als göttliche

Maßnahme gegen Machtmissbrauch. Die staatliche Einmischung in Religionsfragen und der sakrale Rang des Herrschers wurden nach den Toleranzedikten für das Christentum im 4. Jahrhundert heilsgeschichtlich aufgewertet, um das *imperium Romanum* als Aktionsrahmen für die christliche Lehre nutzen zu können. Die Zeit Konstantins bot aber noch keine eindeutigen Antworten auf die Frage, wie die Kooperation von *imperium* und *ecclesia* im Einzelnen auszugestalten sei. Die Ansprüche kaiserlicher Allmacht setzten sich weniger rigide und autoritär gegen die sich ausbildenden christlichen Strukturen durch, als dies zuvor der Fall gewesen war, blieben aber klar vorhanden. Der Bischof von Rom erhielt durch die Bedeutung der Stadt für das römische Weltreich und durch die Apostelnachfolge eine besondere Stellung. Im Sinne einer gleichberechtigten Bipolarität zur Herstellung der Ordnung im Reich, das sich gerade erst dem Christentum öffnete, war er noch nicht die zweite Spitze innerhalb eines auf Gewaltenteilung angelegten Gesellschaftssystems. Die Funktion der Glaubensdefinition und der Aufsicht über die Rechtgläubigkeit nahmen die Konzilien wahr, denen der Kaiser oder seine Vertreter vorsaßen, was den Beschlüssen jenseits der Anerkennung unter den Christen auch Rechtskraft im Reich verlieh. Die Förderung der Kirchen veränderte die Gestalt der Siedlungen überall im Reich. Mehrere Generationen nach Konstantin und Silvester verfestigte sich mit Rückbezug auf die Zeit der Toleranzedikte die Vorstellung, wie Papst und Kaiser miteinander in Beziehung stehen sollten. Die Taufe Konstantins wurde zum Kristallisationspunkt für populäre Legenden, in denen der Papst seiner Funktion als Nachfolger Petri gerecht wurde.

Die räumliche Distanz zwischen Kaisersitz und Papstkirche, wie sie durch die Verlagerung der Kaiserresidenz nach Konstantinopel entstanden war, verminderte in der Folgezeit weder die wechselseitigen Erwartungen noch die gegenseitige Kontrolle. Die Kaiser demonstrierten ihre Superiorität in dieser Periode nicht nur im weltlichen Bereich, sondern nahmen aktiven Einfluss auf die Glaubensinhalte. Dadurch wurden die Kompetenzen der geistlichen Seite stark eingeschränkt, was die christlichen Bischöfe und der zu ihrer Spitze aufsteigende Papst nur im Rahmen des machtpolitisch Unvermeidbaren anerkannten. Als Reaktion wurde dem Kaiser die Kompetenz zur Klärung von Glaubensfragen abgesprochen. Die Realitäten sahen in der Zeit des byzantinischen Kaisertums anders aus. Für das direkte Miteinander von Kaiser und Papst schien nach dem Machtkampf der Päpste mit Kaiser Leo III. im 8. Jahrhundert die Idee des Gewaltenkonsenses der Päpste mit dem karolingischen Königshaus unter theologisch-dogmatischer Führung des Papsttums eine Lösung der Probleme eines Verfassungskonzepts, das in den Vorstellungen der Zeitgenossen die Unzulänglichkeiten des Diesseits aufgrund göttlicher Weisung verkörpert hatte. Die Päpste versuchten, sich mit Hilfe der Karolinger von der kaiserlichen Fessel ihrer Lehrhoheit zu befreien, doch die Traditionswahrung hat die

Idee vom antik-byzantinischen Kaisermodell in den Westen gebracht. Den Wissenstransfer dominierten weniger die zeitgenössischen Amtsinterpretationen der griechischen Kaiser des 8. Jahrhunderts als vielmehr die Anfänge bei Konstantin und die Ausgestaltungen durch Justinian, die nicht zuletzt deshalb, weil sie in lateinischer Sprache vorlagen, zum Argument im sich ständig erneuernden bipolaren Gefüge wurden. Die Aneignung derartigen Wissens, wie sie in den Bibliotheken des Westens nachgewiesen werden kann, ist ein Zeichen des Kontinuitätswunsches in einem grundsätzlich akzeptierten bipolaren Ordnungs- und Wertesystem. Die Verfügungsgewalt über das Wissen und der eigenständige Zugriff auf die Rechtstexte, die theologischen Traktakte der Spätantike zum Verhältnis von „Staat" (imperium) und „Kirche" (ecclesia) sowie die Daten der sich fortentwickelnden Heilsgeschichte hatten machtpolitische Konsequenzen.

Seit Karl dem Großen stand auch im Westen die alte Praxis mit einem starken, religiös engagierten Herrscher nicht nur als Idee bereit, sondern wurde in die gelebte Realität umgesetzt. Die beiden Gewalten ließen sich nach der translatio imperii nicht strikt in zwei Bereiche, hier weltlich, da geistlich trennen, sondern hatten sich in der neuen Mischung wechselseitiger Unterstützung und Kontrolle vermengt. Mit Bezug auf Augustinus wurde dies zum Normalzustand innerhalb der christlichen Gesellschaft[1]. Zu beobachten ist nicht nur die Selbstdefinition der herrscherlichen Unabhängigkeit von geistlicher Bevormundung und ein direktes Gottesgnadentum, sondern ein Argumentieren für eine unabhängige religiöse Kompetenz des Herrschers, dessen Partizipation an der Heilsgeschichte auf unterschiedliche Weise belegt wurde. Die Kaiserkrönung Karls des Großen durch den Papst hatte Irritationen hervorgerufen. In der direkten Nachfolge wurde ein solcher Akt bewusst vermieden. Die Päpste wurden in Anlehnung an die Pippinische Schenkung mit Kompetenzen in Rom und im Patrimonium Petri ausgestattet, aber seit der „Constitutio Romana" von 824 eidlich an die Kaiser gebunden. Die divergierenden Vorstellungen vom Erbrecht unter den Söhnen Ludwigs des Frommen destabilisierten das Kaisertum in der zweiten Hälfte des 9. Jahrhunderts. Die Päpste versuchten dabei ihren Entscheidungsspielraum auszubauen. Die schnelle Abfolge der Amtsinhaber und die Macht des stadtrömischen Adels regulierten jedoch den Kompetenzzuwachs der Päpste.

Die Ottonen haben ihre Position als Kaiser mit Rückgriff auf die Antike und das Kaisertum Karls des Großen selbstbewusst wahrgenommen. Die ottonischen Kaiser bemühten sich um eine Wiedervereinigung mit dem östlichen Kaisertum, ohne dafür von den byzantinischen Kaisern ausreichende Unterstützung zu erlangen. Die Annäherung brachte zunächst mit Kaiserin Theophanu byzantinischen Glanz ins westliche Reich. Die Papstabsetzungen dieser Periode bezeugen ein Herrschaftsverständnis, das sich von wichtigen Vorgaben getrennt hatte, die dem legendär geformten Konstantinbild eigen waren. Moralische Integrität forderten die ottonischen Kaiser von den Päpsten vor allem aus politischem Eigennutz, aber mit kirchenrechtlich solider Begründung. Die Durchsetzung eigener Liturgieregeln zeigte die geistliche Kompetenz ottonischer Herrschaft und die zumindest zeitweise Schwächung des römischen Stadtadels die politischen Erfolge.

In der Salierzeit schien die Weiterführung des christlichen Kaisergedankens der Antike, der seit der Ottonenzeit verstärkt rezipiert worden war, eine abgestimmte Lenkung unter bipolarer Führung für die gesamte Christenheit hervorzubringen. Die Glanzphase für die Kirchen des Reiches in der Zeit Heinrichs III. währte aber nur kurz. Die nachfolgenden Jahrzehnte waren durch das Ausloten der Kompetenzen geprägt, was nicht nur heftige Diskussionen, sondern auch bürgerkriegsartige Zustände zur Folge hatte. Der minderjährige Heinrich IV. konnte nicht kraftvoll an seine Vorgänger anschließen. Seine Regierungszeit blieb begleitet vom Machtzerfall in der Kaisernachfolge und einer Stärkung des Papsttums. Die Reformbewegung der Zeit einte die Kirche unter römischer Leitung. Zeitgleich wurden die Ansprüche der europäischen Könige auf eigene Entscheidungskompetenz nicht zuletzt deshalb gestützt, weil ihre Truppen dem Christentum im Heiligen Land zu neuer Geltung verhalfen. Heinrich IV. und sein Sohn Heinrich V. hingegen brachten nicht die Autorität auf, die Einheit der Kirche und des Reiches zu verwirklichen. Sie nahmen Konflikte in Kauf statt Frieden zu schaffen und belasteten mit hörigen Gegenpäpsten sowie einem nationalen Herrschaftsgebaren die Grundfesten des Römischen Reiches.

Die Staufer drängten auf die erneute Emanzipation der Kaiserstellung im Sinne der antiken Vorbilder. Das Entgegenkommen gegenüber dem päpstlichen Vorrang in Einzelfragen wurde immer wieder durch den Verweis auf die Ehre des Kaisers und des Reiches relativiert. Der Konflikt war unausweichlich, weil die Primatvorstellungen innerhalb der kirchlichen Hierarchie sich immer intensiver mit der Ansicht verbanden, der Papst sei der wahre Kaiser. Friedrich Barbarossa musste sich schließlich Alexander III. beugen, was die weitere Verschiebung im bipolaren Mächtegewicht zugunsten der Päpste einleitete. Die Doppelwahl von 1198 begünstigte diese Entwicklung. Bei strittigen Königswahlen bestand seither aufgrund der Mehrstufigkeit des Erhebungsaktes von der Wahl zum König bis zur Kaiserkrönung erhebliches Konfliktpotential. Die von den Päpsten beanspruchte Approbation des neugewählten Königs stieß auf Widerstand bei den Kurfürsten wie bei den Kandidaten. Die nachfolgenden Kaiser traten dem, soweit möglich, entgegen. Kaiser Otto IV. musste allerdings erkennen, dass ein bloßes Ignorieren der taktisch übernommenen Verpflichtungen keine gangbaren Wege bahnte. Auch sein Nachfolger Friedrich II., der in der ersten Hälfte des 13. Jahrhunderts unumstritten zur europäischen Zentralfigur aufstieg, war am Ende nicht stark genug, um diese schwierige Aufgabe zukunftsorientiert zu lösen. Alle auf sein Kaisertum verfassten Lobeshymnen werden gedämpft durch die Verwerfungen zwischen Papsttum und Kaisertum, mit denen die Christenheit nach seinem Tod ein volles Jahrhundert lang zu kämpfen hatte.

Die Verfassungsjuristen im Dienste des Papstes erhoben immer lauter den Anspruch, dass das bipolare System für die Heilsgeschichte gar nicht notwendig sei, weil allein die Existenz eines Papstes für die Friedenswahrung und Sicherung der Christenheit ausreiche. Diese Theorien wurden trotz aller päpstlichen Argumentationskniffe nicht allgemein und unumstößlich anerkannt. Der Konflikt zwischen „Staat" und „Kirche" war durch die Nichtbesetzung des Kaiserthrons nach dem Tod Friedrichs II. keineswegs aufgehoben. Vielmehr trat das griechische Kaisertum wieder stärker ins Bewusstsein. Die Päpste lenkten ihre Diplomatie auf die Frage der Kirchenunion mit Konstantinopel. Die Ausdehnung der griechisch-imperialen Einflusssphäre auf den Westen und eine endgültige Rückführung zu einem geeinten christlichen Kaisertum war nicht am Horizont erkennbar, weil die theologischen Positionen zu unterschiedlich waren. Das II. Konzil von Lyon 1274 stellte die Weichen für eine neue Kooperation zwischen dem von den Kurfürsten gewählten *rex Romanorum* und den Päpsten, doch verhinderten die Realitäten die Kaiserkrönung Rudolfs von Habsburg. Im Westen wurde erst 1312 mit Heinrich VII. wieder ein Kaiser gekrönt. Auch nach dem verfrühten Tod Heinrichs 1313 drängten die Deutschen unter der Führung der Kurfürsten verstärkt auf die ihnen seit alters zustehende Würde. Die Vorstellungen vom Kaisertum wiesen Kontinuitätslinien auf, die es nach Zeiten der Verwirrung immer wieder erlaubten, die bipolare Führung der Christenheit erneut zu dem Zweck mit Leben zu erfüllen, der durch die Heilsgeschichte vorgegeben schien. Weil keine Einigung erzielt werden konnte, kam es im Zuge der Kaiserkrönung Ludwigs des Bayern wieder einmal zur Dopplung der Papstwürde aus reichspolitischen Gründen. Das Ende dieses Kaisers, der definitiv aus eigener Macht regieren wollte, bedeutete nicht das Scheitern des hoch- und spätmittelalterlichen Ineinanders von Papsttum und Kaisertum, wie das politische Handeln Karls IV. und die Kunst in seinem Umfeld belegen. Sigismund, Friedrich III. und Maximilian traten in die Fußstapfen der Kaiser seit Konstantin. Die Internationalisierung der Lebensverhältnisse im Spätmittelalter war nicht zuletzt die Folge der Rückbesinnung auf die Anfänge des christlichen Reiches. Die Ziele kaiserlicher und päpstlicher Lenkung konnten zum Teil besser erreicht werden als in den von der nationalen Historiographie hochgerühmten Kaiserzeiten des hohen Mittelalters. Die Neubelebung des Notariats nördlich der Alpen zeigt eine Vermehrung der Reichskompetenzen, aber keinen Zerfall im sich ausgestaltenden Territorialgefüge.

Die Entwicklung gerade der letzten Jahrzehnte vor der Reformation war geprägt durch die reformorientierte Auseinandersetzung mit dem bipolaren Konzept bei gesteigertem Interesse der weltlichen Herrscher aus ganz Europa, selbst Kaiser zu werden. Erhebliche Finanzmittel wurden in den Deutschen Landen, in Frankreich und Ungarn aufgewandt, um einerseits die Antike in allen Bereichen wieder zum Leben zu erwecken und andererseits um konkret die Position zu erlangen, in der eine Kaiserkrönung berechtigterweise vorgenommen werden konnte. Die militärische Überlegenheit vor den anderen christlichen Königen war seit dem Fall von Konstantinopel und dem Christentag von Regensburg von größerer Bedeutung als die Verteidigung der Christenheit und des Papstes. Die Loslösung des Titels und der mit ihm verbundenen Aufgaben von den ursprünglichen Ideen des christlichen Kaisertums unterspülte die Fundamente des *sacrum imperium Romanum*, von dem jetzt immer häufiger gesagt wurde, dass es nicht in der Kontinuität zu Augustus und Konstantin stand. Der Untergang des Römischen Reiches im 5. Jahrhundert, von dem zuvor nur ganz selten und ohne große Wirkung auf die Zeitgenossen gesprochen worden war, eroberte sich einen festen Platz im Geschichtsbild des Abendlandes. Unter Kaiser Karl V. funktionierten die Lenkungsmechanismen zwar noch gemäß der alten Tradition, aber sie konnten keine Einheit in der Christenheit mehr erzielen. Die Reformation brachte mit der Infragestellung des Papsttums das Ende einer Verfassungskonstruktion für das christliche *imperium Romanum*. In den protestantischen Gebieten wurde die Heilsnotwendigkeit des Papstgehorsams nicht mehr anerkannt. Das „Landesherrliche Kirchenregiment" lässt sich jedoch als Aneignung konstantinischer Lenkungshoheit über Religiöses im eigenen Reich verstehen. Trotz des beständigen Ringens um die konkrete Ausgestaltung, so ist zu resümieren, hatte das bipolare Miteinander von Kaiser und Papst als den Spitzen der weltlichen und geistlichen Gewalt eintausend Jahre die Geschicke des Christentums und die Geschichte des Abendlandes bestimmt.

Potestas, regimen, auctoritas, dignitas und honor

Das antike Kaisertum war die Spitze einer funktionierenden Hierarchie im Staatswesen, in dem das Befehlsprinzip in weltlichen wie religiösen Fragen wirksam werden konnte, wann immer dies geboten schien. Die geistliche Gewalt zur Entscheidung über religiöse Streitfragen lag beim Kaiser, der den Rat der Synoden einholte und Religionsgespräche als Herrscheraufgabe verstand. Im zum Christentum konvertierenden lateinischen Westen wurde die Lenkungsgewalt immer konsequenter vom Papst als dem Nachfolger Petri beansprucht und ausgeübt. Mit Hinweis auf die höhere Wertigkeit des Geistlichen in der Welt wussten die Päpste ihre Positionen als Apostelnachfolger global auszubauen. Beim Blick auf Herrschafts- und Machtfragen wird vor allem auf der päpstlichen Seite ein Streben beobachtet, die eigene Stellung möglichst effektiv zu erhöhen. Die Verantwortung für die christliche Gesellschaft, die Ausweitung des christlichen Glaubens und die Rechtssicherung standen auf beiden Seiten mit Vorrang neben der reinen Machtebene. Dies endete mehr als einmal im Streit mit dem Kaiser und prinzipiell jeder weltlichen Gewalt. Im Kern war der Zwist theologisch, denn die jeweilige Haltung war gebunden an die Frage, wer in der gelebten Gegenwart als *verus Christi vicarius* anzusehen sei. Auch die Frage, ob ein weltlicher Herrscher nach Christi Geburt noch wie Melchisedek geistliche und weltliche Herrschaft vereinen dürfe, war tangiert. Das Priesterkönigtum der weltlichen Herrscher weckte die Begehrlichkeiten für den Papst nach Macht- und Kapazitätsressourcen, so dass die Päpste für sich die Stellung des Melchisedek in Anspruch nahmen.

Auf der Kaiserseite ist eine Bewegung von der *potestas* des spätantiken Reichslenkers zum *regimen* des christlich-sorgenden Koordinators zu erkennen, während die Papstseite nach der Legitimierung des *regimen* für die gesamte Christenheit aus apostolischer Tradition immer stärker auf *potestas* drängte, was Auswirkungen in Form von Abgabenzahlungen, aber auch des eigentlich nicht adäquaten Hineinregierens in weltliche und kirchliche Hierarchiestufen zeitigte. Nicht das Beharren im ruhmvollen Glanz der Vergangenheit, sondern das geschickte Ausdeuten der historischen Legitimierung verzeichnete immer neue Erfolge in der sich wandelnden mittelalterlichen Gegenwart. Die Stellung von Papst und Kaiser kann nicht in erster Linie als Herrschaft in Gestalt von Verfügungsgewalt über Menschen und Güter, über Land und Leute angesehen werden. Die institutionalisierte, in der Rechtsordnung der Gesellschaft abgesicherte Machtausübung, die zur Differenzierung von sozialen Schichten in Herrschende und Beherrschte führt, war nach der Spätantike weder Kaiser noch Papst in der gesamten Christenheit übertragen. Vielmehr agierten Kaiser und Papst als wesentliche Regulatoren in einem die *christianitas* umgreifenden, auf das Seelenheil zielenden Rückversicherungssystem. In der tatsächlichen Ausgestaltung der Lebenswelt lässt sich nachweisen, dass das Prinzip der Papst-Kaiser-Dualität sich zu einem Notfallkontrollsystem entwickelt hatte. Die Weltkompetenz von Kaiser und Papst zeigte sich also nicht in jedem Alltagsgeschäft, sondern in der prinzipiellen Obsorge für die Gesamtheit der Christen. Herrschaft (*potestas*) und Lenkung (*regimen*) der Kaiser und Päpste bedeuteten innerhalb der bestehenden, tradierten Strukturen in erster Linie, dass sie schlechte Herrschaft mit ihrer Macht oder auch nur ihrer *auctoritas* verhinderten und sie als Richter in Streitfällen sogar über die Mächtigen fungierten[2]. Dies war die wichtigste Wurzel nicht nur für eigene Entscheidungsspielräume und Freiheit innerhalb des europäischen Christentums[3], sondern auch die Wiege des vorauseilenden Gehorsams, der ein freiwilliges Sich-Ausrichten auf die Erwartungen den direkten Anweisungen oder gar Korrekturen vorzog. Diese Haltung findet sich sogar bei den Kaiseranwärtern. Das Handeln der Regierenden im Streben um die Kaiserwürde war oftmals zukunftsträchtiger als die Taten während der Amtsführung selbst.

Einzelne aus der antiken Kaiserstellung abgeleitete Kompetenzen verblieben innerhalb der weltlichen Ordnung als sog. *iura reservata* (Reservatrechte) beim Kaiser. Die Päpste waren im geistlichen Bereich ihrerseits darum bemüht, für sich eine Fixierung der Reservatrechte zu erlangen, was allerdings bis zur Reformation dem Diskurs mit den Teilkirchen unterworfen blieb[4]. Rangerhöhungen zum Herzog oder König und die definitive Bannung waren die wesentlichen Mittel von Kaiser und Papst, auf die Christenheit einzuwirken. Das Recht zur Legitimation eines neuen Königtums wurde von keiner anderen Macht der Christenheit okkupiert. Für andere systemrelevante Veränderungen war ein vom allgemeinen Konsens getragener Entscheid von Papst und/oder Kaiser ebenfalls notwendig. Wenn dieser aufgrund von Streitigkeiten verhindert wurde, herrschte verfassungsmäßiger Stillstand.

Die Erwartungen, dass Kaiser und Päpste als Friedensstifter fungierten, waren nicht selten verbunden mit Hoffnungen auf einen unerreichbaren Zustand, in dem jedem zu seinem Recht verholfen werden konnte[5]. Die Abwesenheit von kaiserlicher und päpstlicher Kompetenzausübung in Zeiten des Friedens und bei Ordnungswahrung im Sinne der christlichen Gesellschaft ist kein Argument für ihre Schwäche, sondern beweist das Funktionieren des auf Obsorge und Kontrolle, nicht auf absolute Befehlsbefugnis ausgerichteten Konzepts der Gewaltenteilung. Die Konkurrenz um die oberste Stellung, das vielfältige Verwahren gegen Einmischungen und selbst der Streit zwischen beiden Gewalten wurden im Sinne der wechselseitigen Kontrolle zum Verfassungsprinzip, in dem die internen Hierarchien der weltlichen und geistlichen Gewalt auf Delegation der Kompetenzen beruhten, nicht auf befehlsempfangender Unterordnung. Die Dezentralisierung war vom Kirchenvater Augustinus positiv bewertet worden[6], so dass es den Kaisern wie Päpsten weniger auf die strikte Durchorganisation der Verbindlichkeiten, als auf ein effizientes Zusammenspiel aller Regionalmächte ankommen musste, die allerdings der Kontrolle durch die übergeordneten Spitzen unterstellt blieben, was die Begierden nach unumschränkter Macht dämpfte. Ein Mehr an Delegation erhöhte die Effektivität, sie untergrub nicht die *auctoritas*. Die zunehmende Institutionalisierung nahm den Einzelpersonen, denen durch göttliche Fügung die Lenkung als Kaiser oder Papst anvertraut war, nicht die Eigenverantwortung für das Funktionieren der Gesellschaft vor Gott.

Der Fortbestand des Reiches in der beständigen Erneuerung der Kontrakte zwischen Kaiser und Papst produzierte ein Geflecht von komplizierten Bindungsmechanismen. Sie wurden nicht festgefügt von Amtsträger zu Amtsträger weitergereicht, sondern immer wieder aktuell austariert. Dies galt für das bipolare Verhältnis der beiden Spitzen zueinander ebenso wie für die bilateralen Kontakte jeder der beiden Spitzen zu den übrigen Gliedern der christlichen Gesellschaft. Beide für die lebenspraktische Umsetzung der christlichen Ordnung in letzter Instanz Verantwortlichen wiesen den Bischöfen eine herausragende Stellung zu. Aus der alten Episkopalstruktur der Kirche konnten sich die Bischöfe auch ganz unabhängig legitimieren, doch scheiterten sie damit immer häufiger realpolitisch an den heilsrelevanten Vorgaben der beiden Spitzen der Christenheit. Die Bischöfe garantierten bis ins späte Mittelalter hinein für das Miteinander von Kaiser und Papst, weil sie mit ihrem meist ausgleichenden synodalen Urteil über die Rechtmäßigkeit kaiserlicher wie päpstlicher Forderungen und Ansichten Konsens schufen. Die Zuweisung von Urteilskompetenzen an einen gelehrten Juristenstand seit dem 12. Jahrhundert bestimmte daneben zunächst mehr die Debatten als die Entscheidungen. Prinzipiell war das juristische Urteil zur Stabilisierung kaiserlicher und päpstlicher Lenkung konzipiert worden. Mit Blick auf die neuzeitlichen Entwicklungen Europas erhielt diese weniger auf Neutralität denn auf rationale, unangreifbare Argumentationen aufbauende Legitimierung zukunftsweisende Bedeutung.

Übergeordnetes Ziel war es innerhalb der christlichen Gesellschaft nicht, möglichst effiziente Verwaltungsstrukturen optimal zu nutzen, sondern die Chancen eines jeden einzelnen und der Gemeinschaft für die Erlangung des Heils zu stärken. Wirtschaftliche, soziale und kulturelle Vorteile blieben im Wertesystem des Mittelalters von geringerer Bedeutung als die Sorge um das Seelenheil. Handlungsmaximen sind nicht mit heutigen Maß zu beurteilen, sondern zeitimmanent. Papst Gregor der Große formulierte in seinem Kommentar zum 1. Buch der Könige: „Der Gesalbte, der vom Herrn bestellt ist, über andere zu herrschen, erhält die geistlichen Gnadengaben, die ihm erlauben, den anderen nützlich zu sein". Die Nützlichkeit für den Frieden in der Gesellschaft wurde höher bewertet als tyrannisch-anmutende Machtoptimierung, als Prunk in der Hofhaltung und Herrscherallüren. Die Gerechtigkeit wurde zum wesentlichen Legitimationsargument für die beiden obersten Spitzen, weil die Auffassung vertreten wurde, dass ein Herrscher, der durch göttliche Segnung die oberste Stellung erlangt hat, gerechter sein kann als all diejenigen, denen die Erwähltheit fehlt[7].

Die ältere Idee des Kaisertums mit den Idealen von multikultureller Integration im Reichsgebiet und Friedenswahrung durch einen höchsten Richter ging nicht unter, als sich das *imperium Romanum* regional ausdifferenzierte. Die Bindung an römische und christliche Wurzeln gleichermaßen bildete die Grundlage für all die Gemeinsamkeiten im Wertesystem, im politischen Bewusstsein und in der Kultur. Da der Kaiser für die Einheit des Reiches, nicht nur des Christentums sorgen sollte, musste er den Zugang zu allen Religionsgruppen und Kulturen haben. Juden und Muslime konnten mit Blick auf die aus der Antike herrührenden Vorstellungen vom Kaisertum als der maßgeblichen multireligiösen wie multikulturellen Schutzinstanz über Jahrhunderte hinweg den fruchtbaren Dialog mit der Christenheit führen. Selbst ein Papst, der für sich als Nachfolger Konstantins die weltlichen Befugnisse im Reich beanspruchte, konnte diesen Part der Aufgaben offenbar nicht ignorieren. Jedenfalls übernahmen die Päpste den Judenschutz in quasi-kaiserlicher Obsorge für das Reich. Ohne eine machtvolle kaiserliche oder päpstliche Entscheidung für den überkonfessionellen Frieden im Abendland griffen Pogrome Raum.

Zentral für die Stellung des mittelalterlichen Kaisers wurde die Statusveränderung des Herrschers, die mit der gottinspirierten Wahl und der *benedictio imperii* einherging. Der Kaiser wurde dadurch nicht zum König mit universalem Machtanspruch, sondern zum sakral legitimierten Funktionsträger im christlichen Imperium. Das Verbot der Bischofsinvestitur im 11. Jahrhundert reduzierte die Aufgaben, brachte aber keinen säkularen Herrscher hervor, da die Idee vom Gottesstaat nicht aufgegeben, sondern sogar intensiviert wurde. Schon zuvor war seit der Antike strittig gewesen, ob die Kaiser den Papst und die Bischöfe auf dem Weg zum christlichen Heil benötigten. Jeder Kaiser konnte sich als ein dem Papst gleichgestellter Nachfolger Christi sehen und wurde in dieser Rolle auch von Dritten anerkannt. Nur strikte Hierokraten versuchten mit ihren Kampfschriften daran etwas zu ändern, blieben aber nicht ohne Erwiderungen. Zu sehr wusste die Gemeinschaft der Christen, wie wenig ihr Glaube in den Zeiten vermocht hatte, als römische Kaiser die Verfolgung angeordnet und selbst die Bischöfe von Rom zu Märtyrern gemacht hatten. Dieser Teil der eigenen Geschichte wurde nicht verdrängt, sondern durch die Heiligenverehrung der frühen Märtyrer im allgemeinen Bewusstsein gehalten. Der Kaiser partizipierte nach mittelalterlicher Auffassung schon bei der Kreuzigung Christi an der Herstellung des Heils. Ein Kaiser war aber immer auch König, weil der nach christlicher Vorstellung mächtigste Herrscher, Jesus, König auf Erden gewesen war. Die Vermischung der Titel ist nicht der Nachlässigkeit des Spätmittelalters geschuldet, sondern entspringt einer Christus-Theologie, die den *rex regum* als höchste Instanz kennt. Eine Steigerung war aus dieser Perspektive eigentlich nicht notwendig. Der griechische *basileios*-Titel hatte dies deutlich gemacht. Wenn der Kaisergedanke bis zum Ausgang des Mittelalters in Anlehnung an Kaiser Augustus das wesentliche Denkmodell für die weltumspannende weltliche Führungskompetenz blieb, dann in der Pluralität der Vorstellungsebenen, die dem mit dem Römischen Reich vereinten Christentum eigen ist, das Eindeutigkeiten nicht im Ausschlussverfahren herstellte, sondern eine Varianz der Vorstellungen in der Regel tolerierte und jedenfalls nicht strikt zur Entscheidung zwischen Christus-König oder Kaiser zwang.

Die Ausbildung einer von der Kanonistik geprägten politischen Theorie von Königtum und Kaiserstellung im bipolaren System erklärt sich nicht allein daraus, dass die Kirche als dominanter Träger der Schriftlichkeit fungierte, während ein sich säkularisierendes Staatswesen schriftlos geblieben wäre. Die Selbstdarstellung der Herrscher wie die Reflexe der Umwelt zeugen bis ins beginnende 16. Jahrhundert von einer Verinnerlichung theologisch legitimierter Herrschaft und letztlich religiös definierter Regierungsplanung auf der Ebene von Königtum und Kaiserwürde. Die Begrenzung der Herrschaft war nicht innerweltlich, sondern jenseitig. Beide Gewalten blieben dem Urteil Gottes unterworfen, der nach den geltenden Vorschriften für ein christliches Leben urteilen würde, die allen bekannt waren und für alle Geltung hatten. Beide Seiten, Kaiser und Päpste, mussten ihre Entscheidungen auf der Interpretation der biblischen Schriften und der tradierten christlichen Normen gründen. Die Richtschnur, nach der gemessen wurde, blieb die christliche Lehre, die früh Erwartungen an ein christliches Herrschertum entwickelt hatte. Die Rechenschaftspflicht vor Gott schuf eine Verantwortung im Handeln. Unterstützung konnten Kaiser und Papst bei Christus und Maria finden, die entscheidende Integrationskraft aufwiesen. Im gemeinsamen Beten wurde in synchroner Gleichförmigkeit eine Einheit geschaffen, selbst wenn die Akteure an den verschiedenen Orten selbst nicht dazu in der Lage waren, dies zu erfassen. Christusreliquien dienten als wesentliches Band, das nicht nur von den Märtyrern des frühen Christentums, sondern auch von den Aposteln und vor allem von Maria gefestigt wurde. Sie einten Christenheit und christliches Reich über die Gräben hinweg, die durch propagandistisch ausstaffierte politische Heilige der verschiedenen Königreiche geschaffen wurden. Vor Maria und dem Gottessohn beugten Papst und Kaiser die Knie ohne Anspruch auf eigene Verehrung.

Die Anerkennung des höheren Ranges geistlicher Entscheidung innerhalb der auf den Gottesstaat strebenden Gesellschaft führte zur Selbstbegrenzung der weltlichen Macht und zur Bindung der Mächtigen an christliche Werte. Letztlich handelte es sich um eine Selbstbeschränkung in Erfurcht vor Gott und dem Jüngsten Gericht. Bischöfe und Päpste sollten den Kaisern helfen, wenn ihnen die göttliche Gnade fehlte, wenn also göttliche Zeichen nahe legten, dass Umkehr geboten schien. Dies war ein erfolgreiches Mittel zur Vermeidung von Konflikten und konnte zum Erhalt und Ausbau der eigenen weltlichen Position benutzt werden. Es war eine Strategie, die Ordnungsbehauptung „Kaisertum" jenseits rigider militärischer und zwangsstaatlicher Maßnahmen über Jahrhunderte hinweg durchzusetzen. Die Angriffe von Seiten des Papsttums gegen die weltliche Gewalt konnten damit ebenso abgewehrt werden wie die Kompetenzen der anderen Könige und sogar der Fürsten in den Territorien des Reiches. Die Selbstbegrenzung der kaiserlichen Position durfte jedoch nicht die Ehre des Reiches betreffen, die sich bei der transpersonalen Ordnung in der Ehre des amtierenden Kaisers konkretisierte. Die Ehre des Reiches und des Kaisers sind eng verwandte Begriffe, die ohne Rückblick in die Geschichte der Spätantike nicht zu verstehen sind. Ehre war kein neues Recht, sondern alt hergebrachtes Kennzeichen eines neben dem geistlichen Rang gleichberechtigten Kaisertums. Wenn die Forderungen der Päpste auf alleinige Führung der Christenheit in weltlichen wie religiösen Fragen die Rechte und damit die Ehre des Reiches tangierten, wurde vom Widerstandsrecht Gebrauch gemacht. Das Recht zum Widerspruch galt als ein sichtbares Zeichen eines Gottesgnadentums.

Die Folgen der Gewaltenteilung

Aus dem anfänglich einfach scheinenden Konzept, die Lenkungsbefugnisse zu verdoppeln, entstanden das Bewusstsein der geteilten Führungsrolle und die Gewaltenteilung bei wechselseitiger Kontrolle. Die Gewaltendopplung hat eine Dopplung der Ansprüche auf höchste Ehre und auf letzte Verbindlichkeit der Handlungsanweisungen hervorgebracht. Schon in der Spätantike wurde beobachtet, dass auch die jeweils höchsten Garanten der christlichen Ordnung sich aus Eigeninteresse oder Opportunismus vom anerkannten Grundkonsens trennten und es keine andere Möglichkeit gab, dies einzudämmen, als gegenseitige Kontrolle vorzusehen und Kompetenzen zum Eingreifen zu schaffen. Obwohl in den Gesetzen Konstantins und den Symmachianischen Fälschungen die Befreiung des Papstes von Gerichtsverfahren aufscheint und auch Gerichte über den Kaiser in der Spätantike nicht rechtens schienen, wurde das Bedürfnis verspürt, in wechselseitiger *correctio* nicht nur die Missstände im Diesseits zu beheben, sondern die beiderseitige Verantwortung für die christliche Gesamtgesellschaft vor Gott ernst zu nehmen. Die wechselseitige Korrektivlizenz garantierte innerhalb einer Frieden ersehnenden Christenheit, dass sich keiner der beiden Ordnungskomplexe auf Dauer von der gedanklichen Mitte des Lebens in der doppelten Christusnachfolge entfernen konnte, um totalitäre Macht- und Einflussstrukturen zu etablieren. Gewaltenteilung sorgte zwar für die Verlangsamung von politischen und gesellschaftlichen Prozessen, weil Absprachen notwendig wurden, aber sie schuf Sicherheiten für die gesamte christliche Bevölkerung mit all ihren Hierarchiestufen. Die anderen gesellschaftsrelevanten Kräfte, also weltliche Könige und Fürsten wie Bischöfe, aber auch fremde, nichtchristliche Machthaber konnten dieses labile Gleichgewicht ausnutzen, um Gerechtigkeit herzustellen oder Eigeninteressen durchzusetzen. Die Kunst der vormodernen Politik lag gerade im Austarieren der Möglichkeiten im Spannungsfeld von oberster weltlicher und oberster geistlicher Macht. Das Ziel einer friedlichen Gesellschaft, die sich als Gesamtheit und jedes einzelne Glied möglichst gut auf die Zeit in der *civitas Dei* vorbereiten wollte, schien in transpersonaler Kontinuität von Kaisern und Päpsten erreichbar zu sein.

Wenn Kaiser und Papst mit einer Stimme sprachen, schien der göttliche Wille offenbar. Wenn sie nicht in Eintracht agierten, begrenzten sie gegenseitig ihre Machtausübung und ihr *regimen*. Waren beide Spitzen nicht einer Meinung, gab es auf der Grundlage der christlichen Lehre nur mehr oder weniger gut begründete oder instinktiv eingenommene Haltungen zu den Auffassungen, die eine der beiden Spitzen im Disput zur anderen einnahm. Mit den sich im Streit gegenseitig behindernden Hierarchie- und Machtstrukturen musste jede Generation der Kaiser und Päpste neu fertig werden. Die früheren Rechtssetzungen von Kaiser und Papst tangierten die Macht der lebenden Amtsträger ebenso wie Glaubenspositionen, in denen Erwartungen an die Spitzen formuliert wurden. Möglichkeiten zur Veränderung gab es nur in Form von Privilegien, die wiederum nach Römischem Recht durch eine klare Umschreibung der privilegierten Gruppe gekennzeichnet waren. Privilegien erhielten nicht nur die Könige der *gentes*, sondern auch die Kirchen. Daneben halfen im Mittelalter unerkannte Fälschungen dabei, die erstrebten Veränderungen mit Legitimität zu füllen. Das Paradebeispiel stellt die *„Konstantinische Schenkung"* dar, doch finden sich auch für *regna* und Territorien vergleichbare Rückbezüge auf fingierte Vorrechte, die seit der Antike oder immerhin schon lange Geltung hatten. Der Konsens von Kaiser und Papst, der eigentlich gleichermaßen im gesamten Christentum gelten sollte, wurde aufbauend auf solchen Einzelprivilegierungen im Lauf der Zeit durch Einflusssphären ersetzt, was Streitpunkte über die Ausgestaltung der räumlichen Zuständigkeiten nicht ausschloss. Der Kirchenstaat, die römisch-christlichen Regionen auf dem Balkan und auf der Iberischen Halbinsel wurden ebenso wie die Britischen Inseln zu weitgehend päpstlichen Einflussgebieten. Das „Reich" und „Reichsitalien" sind als Sphären durchgesetzter Doppelführung zu werten, in denen sowohl die Erzbischöfe und Bischöfe als auch die Herzöge und Fürsten mit ihren territorialen Machtkomplexen die eigenen Kompetenzen im Dualismus der übergeordneten Lenkung ausweiteten. Das Rechtssystem imaginierte die Kontinuität. Die Verleihung von Privilegien, welche die Rechte der Nationen und Territorien sicherten, stellte die Kompetenzen von Kaiser und Papst nicht in Frage, sondern rief sie vielmehr immer wieder ins Bewusstsein, wenn die Glieder des Reiches ihre eigene Stellung mit Hinweis auf die erteilten Begünstigungen legitimierten. Allein die französischen Könige erwuchsen zum beständigen Widerpart für beide Seiten, weil sie die Sonderstellung des Königreichs juristisch und faktisch durchzusetzen wussten. Die französischen Könige operierten aber nicht grundsätzlich gegen das bipolare Konzept, sondern versuchten als allerchristlichste Könige nur den Zugriff der beiden Spitzen auf ihr eigenes Königreich zu verhindern und damit ihre aus Rechtsdokumenten abgeleitete eigene Unabhängigkeit zu festigen.

Die Christen des Abendlandes lernten unter doppelter Führung von Kaiser und Papst die eigenen Rechte und Freiheiten zu formulieren und durchzusetzen. Sie gewöhnten sich daran, eigenverantwortlich zu handeln und das Handeln anderer zu beurteilen. Es war legitim, grenzüberschreitend nach der Berechtigung von päpstlichen Entscheidungen und kaiserlichen Anordnungen zu fragen, weil die Grenzen nur Verwaltungseinheiten geschaffen hatten, keine autonomen Staatsgebilde oder gar eigene, separate Gesellschaften. Immer häufiger erhob nicht nur die jeweils andere Spitze das Wort zur kritischen Beurteilung der Sachlage. Auch die Könige und andere Partikularkräfte brachten ihre Auffassungen in die Debatten über ein gottgefälliges Leben und die christlichen Gesetzen gehorchende Politik ein. In die Ratschläge für notwendige Korrekturen zum Wohl der Christenheit, die Könige und Metropoliten gaben, mischten sich immer selbstbewusster und deutlicher Eigeninteressen. Akzeptanz konnten nur diejenigen finden, deren Erklärungen von argumentativen oder doch mindestens suggestiven Rückbezügen auf das Wort Gottes, die bisherige Heilsgeschichte und das Recht geprägt waren. Die Arengen in Urkunden zeugen davon ebenso wie die politischen Theorieschriften. Über das Herrscherhandeln im Weltlichen wie im Geistlichen konnte im Europa des Spätmittelalters auch deshalb gestritten werden, weil nach der Abspaltung der griechisch-orthodoxen östlichen Reichshälfte alle Latein als die durch die geschichtliche Tradition gefestigte, einheitliche Sprache sprachen und dem gleichen Wertekonzept verpflichtet waren.

Die Vielfalt der Einzelinteressen behielt die integrativen Heilsvorstellungen für die gesamte *christianitas* bei. Dies spornte überall im christlichen Westen zu allerchristlichem Herrscherhandeln an, entweder um die eigene möglichst unabhängige Stellung zu bewahren oder um eine erneute *translatio imperii* zu erzielen. Im praktischen Alltag mochte man den Kaisern die Vorrechte absprechen, als Leitmotiv für eigenes Handeln blieb die Idee vom christlichen Kaisertum aber europa-umspannend erhalten. In diesem Punkt war das Reich mit dem Kaiser an der Spitze nicht rückständig, sondern hatte die herausgehobene Vorrangstellung aus der Tradition für die jeweils eigene Gegenwart bewahrt. Das Kaisertum wurde von den Königen des christlichen Europa im Rahmen der eigenen Möglichkeiten nachgeahmt. Der imperiale Krönungsordo wurde ebenso zum Vorbild wie die Reichsinsignien. Die Könige traten mit der Salbung in die geistliche Sphäre ein und wurden wie die Kaiser als Vermittler des christlichen Heils angesehen. Die Klage der Zeitgenossen, die im Zwist der beiden Gewalten einen Hinweis auf das nahe Weltende sahen, weil die Gewaltenteilung zum Dauerkonflikt ausgeartet war und ihre positive Rolle als Friedensgarant verloren hatte, lässt jedoch erkennen, welche Idealbilder von der rechten Ordnung in der *civitas terrena* weiterhin die Vorstellungen prägten. Die Verdopplung der Kompetenzen, die *geminatio*, schien beklagenswert, denn zwei Gewalten sollten in Eintracht die Christenheit lenken, nicht je zwei Kaiser und Päpste im Streit.

Die Gewaltenteilung verhinderte ein übersteigertes Kaisergebahren totalitärer Herrschaftsvergötterung ebenso wie einen papalistischen Christentumsstaat, in dem alle Mechanismen der Eingrenzung persönlichen Fehlverhaltens der Päpste ausgeschaltet gewesen wären. Mit Hilfe der weltlichen Macht konnte verhindert werden, dass die Synoden, und mit ihnen jeder einzelne Metropolit oder Bischof, zu Ausführungsgehilfen eines zentralistisch-absolutistischen Institutionalismus degradiert wurden. Die päpstlich-kurialen Primatsvorstellungen und die wachsende Hierokratie rieben sich an dieser unabhängigen Kontrollinstanz. Im 13. Jahrhundert wurde die Unterordnung der Synoden als entscheidungsberechtigte Zusammenkunft der Kirchenführer von den Päpsten mit Erfolg erprobt. Nach einer kurzzeitigen Aufwertung der Synoden durch das Große Abendländische Schisma setzten sich letztlich die Päpste durch. Die Folgen einer Entrückung des Papstamtes aus der Kritik durch Kaiser und Konzil zeigten sich am Ende des 15. Jahrhunderts in voller Schärfe, als das Ignorieren von Kritik und fehlende Korrektur bei persönlichen Exzessen zur Systemkrise führte. Machtfragen hatten die Wertbezogenheit päpstlicher Handlungen so sehr relativiert, dass dies nicht mehr zur Unterordnung führte, sondern mit der Auflösung des bipolaren Systems beantwortet wurde.

Anhang

Anmerkungen

Gewaltenteilung als Prinzip

1 Mierau, Handschriftenliste.
2 Vgl. etwa Die Deutschen Herrscher des Mittelalters; Schneidmüller, Die Kaiser des Mittelalters; Fuhrmann, Die Päpste; Schimmelpfennig, Das Papsttum.
3 Kaiser und Papst im Konflikt; Miethke, Kaiser und Papst, vgl. ferner unten Anm. 132 und Anm. 298.
4 Vgl. Ottmann, Geschichte des politischen Denkens S. 2.
5 Römerbrief 13,1.
6 Baar, Die kirchliche Lehre; Goez, Translatio imperii.

Politik im Spannungsverhältnis von Kaiser und Papst

1 Auswahl der für das Kapitel wichtigen jüngeren Forschungsliteratur: Ando, Imperial Ideology; Bleicken, Constantin der Große; Girardet, Die Konstantinische Wende; Konstantin der Große. Geschichte – Archäologie – Rezeption; Konstantin der Große – das Bild des Kaisers; Konstantin der Große. Der Kaiser und die Christen; Schimmelpfennig, Das Papsttum.
2 Eusebius 28–32.
3 K. M. Girardet, Konstantin und das Christentum S. 76–80.
4 Eine dt. Übers. der Rede in: Des Eusebius Pamphili ausgewählte Schriften 1 (Bibliothek der Kirchenväter 9) Kempten/München 1913 S. 191 ff.
5 Girardet, Konstantin und das Christentum und ders., Das Christentum im Denken.
6 Laktanz, Institutiones Divinae 5, 8, 8–9.
7 Ambrosius, De obitu Theodosii c. 48.
8 Eph. 4, 3 und 5,1; Kor. 8, 6 und 11, 18; Phil. 2, 2.
9 Gottfried von Viterbo, Speculum regum vgl. MGH SS 22, S. 80 und Vinzenz von Beauvais, Speculum historiale, c. 101.
10 Liber Pontificalis im Abschnitt zu Silvester I.
11 Hieronymus, Eusebius Historia Ecclesistica und Rufin, Fortsetzung zu Eusebius Historiae ecclesistaicae X.
12 Cassiodor, Historia Ecclesiastica Tripartita IV, 24, 42–57, vgl. Ulrich, Die Anfänge.
13 Vgl. z. B. Codex Justinianus 1.2.1, 1.13.1 oder 3.12.2 sowie Decretum Gratiani C 12, q. 1, c. 15.
14 Vgl. Franz Alto Bauer, Das Bild der Stadt Rom im Frühmittelalter. Papststiftungen im Spiegel des Liber Pontificalis von Gregor dem Dritten bis zu Leo dem Dritten (Palilia 14) Wiesbaden 2004.

15　Vgl. etwa einen Brief an Miltiades von 313, den Eusebius, Historia Ecclesiastica X, 5 18–20 tradiert.

16　Ambrosius, De obitu Theodosii c. 48.

17　Vgl. insb. Augustin, De civitate Dei V, 1, 8, 11 und 12.

18　Ebd. V, 25.

19　Vgl. Wilhelm Pohlkamp, Textfassungen, literarische Formen und geschichtliche Funktionen der römischen Silvester-Akten, in: Francia 19,1, 1992, S. 115–196.

20　Fried, "Donation of Constantine"; ders., Zu Herkunft und Entstehungszeit; Miethke, Die Konstantinische Schenkung; Fuhrmann, Einfluß und Verbreitung; Henderson, „Si non est vera donatio ..."; Kablitz, Lorenzo Vallas Konzept; Maffei, La donazione di Costantino; Zechiel-Eckes, Ein Blick in Pseudoisidors Werkstatt; Backus, Historical Method.

21　Dist 96, vgl. Fried, "Donation of Constantine" S. 25 u.ö.

22　C 10, q. 1, c. 1.

23　C 16, q. 1, c. 40.

24　C 12, q. 1, c. 15.

25　D 15 c. 1, Isidor von Sevilla, Etymologiae VI 16,3.

26　D 15 c. 2.

27　Andreas Sohn, Bilder als Zeichen der Herrschaft. Die Silvesterkapelle in SS. Quattro Coronati (Rom) in: Archivum historiae pontificiae 35, 1997, S. 7–47.

28　Mansi XXVIII 527, siehe dazu auch unten S. 143.

29　Auswahl der für das Kapitel wichtigen jüngeren Forschungsliteratur: Lilie, Einführung; Cottrell, Auctoritas and potestas; Ekonomou, Byzantine Rome and the Greek Popes; Ensslin, Auctoritas und Potestas; Gross Albenhausen, Imperator christianissimus; Hack, Das Empfangszeremoniell; Just, Imperator et Episcopus; Kaiser, Authentizität und Geltung; Kessler, Kirche und Staat; Klausnitzer, Der Primat; Lenski, Failure of Europe; Maas, Exegesis and Empire; M. Meier, Das andere Zeitalter Justinians; Millar, A Greek Roman Empire; Riché, Gregor der Große; Schimmelpfennig, Das Papsttum; Stockmeier, Leo I.; Wirbelauer, Zwei Päpste in Rom; Brennecke, Heiligkeit als Herrschaftslegitimation; Chadwick, Augustine of Hippo.

30　Ulrich, Die Anfänge S. 111 ff. und 130 ff.

31　Klausnitzer, Primat.

32　Ulrich, Die Anfänge S. 25 u.ö.

33　2 Könige 15; 2 Chron. 26.

34　Martin von Troppau, Chronicon, zu Innozenz I. S. 417.

35　Augustinus, De civitate Dei, 18, 1.

36　Ebd. 19, 17 ff.

37　Leo d. Gr., Sermones 3,4.

38　Mirbt, Quellen zur Geschichte des Papsttums, Nr. 180.

39　Gelasius I., Brief 12.

40　Mirbt, Quellen zur Geschichte des Papsttums Nr. 185.

41　Gelasius I., Brief 12.

42　Ebd. Kap. 2 – 3.

43 Vgl. Knabe, Die gelasianische Zweigewaltentheorie S. 11–15.

44 So der vielgelesene Martin von Troppau, Chronicon in der Papstreihe auf der Grundlage von Zeugnissen aus der Zeit des Investiturstreits.

45 Schimmelpfennig, Das Papsttum S. 42.

46 Ebd.

47 So aus Gilberts Papstgeschichte auch bei Martin von Troppau, Chronicon S. 419.

48 Novellen 7, 2, 1; vgl. auch Ritter, Kirche und Staat S. 246–249 Nr. 67.

49 Novellen 105, 2, 4.

50 Junillus Africanus, Instituta Regularia Divini Legis, vgl. Maas, Exegesis and Empire.

51 Prokop, Geheimgeschichte 10.

52 Liber Pontificalis zu Silverius.

53 Schimmelpfennig, Das Papsttum S. 62.

54 So Martin von Troppau, Chronicon S. 457.

55 Ralph-Johannes Lilie, Byzantinische Kaisertestamente, in: Herrscher- und Fürstentestamente im westeuropäischen Mittelalter, hg. von Brigitte Kasten (Norm und Struktur 29) Köln u.a. 2008, S. 667–685, 667 f.

56 Ekonomou, Byzantine Rome S. 300.

57 Auswahl der für das Kapitel wichtigen jüngeren Forschungsliteratur: Schieffer, Die Karolinger; S. Scholz, Politik; Herbers, Papst Leo IV.; Angenendt, Das geistliche Bündnis; Beumann, Nomen imperatoris; Classen, Karl der Große, Deér, Die Vorrechte des Kaisers; Fried, Papst Leo III.; F. Hartmann, Hadrian I.; Kunst und Kultur der Karolingerzeit; Lilie, Byzanz unter Eirene; Morrison, The two Kingdoms; Schimmelpfennig, Das Papsttum; Schneidmüller, Die Kaiser.

58 RI I 1 328k, MGH Poetae Latinae I, ed. E. Dümmler, 1881, S. 113 f.

59 So Martin von Troppau, Chronicon S. 461

60 RI I 1 324a und 358a.

61 Schneidmüller, Die Kaiser S. 29. Vgl. auch RI I 4,2 323 zur Renovierung unter Leo IV.

62 R I I 1 370c.

63 Vgl. Rudolf Schieffer, Neues von der Kaiserkrönung Karls des Großen (Bayer. Akad. Wiss, SB 2004, 2).

64 RI I 1 370c.

65 Liber Pontificalis zu Leo III.

66 RI I 1 370c.

67 RI I 1 369f und 370a, vgl. Fried, Papst Leo III.

68 Siehe oben S. 33 f. mit Anm. 45.

69 So Fried, Papst Leo III.

70 RI I 1 370c.

71 RI I 1 382, MGH Capit. Nr. 33 S. 91–99, c. 2.

72 RI I 1 407a und 408a.

73 RI I 1 441c.

74 RI I 1 470b.

75 Miethke, Die Konstantinische Schenkung.

76 So Martin von Troppau, Chronicon S. 426.

77 RI I 82. Vgl. D Karol 1 S. 55–58 Nr. † 40.

78 RI I 643.

79 RI I 1 479b; DGQD 1, S. 79–81 Nr. 14.

80 Kahl, Grundlagen S. 66.

81 RI I 1 633a; Thegans Text in DGQD 1, S. 80–81 Nr. 14.2, Einhards Vita und die Reichsannalen ebd. S. 79–81 Nr. 14.1, 14.3.

82 DGQD 1, S. 79–81 Nr. 14.4.

83 Schimmelpfennig, Das Papsttum S. 62.

84 RI I 1 770a.

85 RI I 1 793b. Zur Deutung Herbers, Papst Leo VI. S. 203 ff.

86 Herbers, Papst Leo IV. S. 203 f.

87 RI I 1 919a. DGQD 1, S. 89–97 Nr. 17.

88 RI I 2,1 283. DGQD 1, S. 97–100 Nr. 18.1.

89 RI I 1 1142a und 1179a.

90 RI I 1 1296a und 1315d.

91 RI I 3,1 174.

92 RI I 1 1316b.

93 RI I 3,2 802.

94 Annales Fuldenses (MGH SS rer. Germ. 7, S. 115–117), dt. in: AQ 32, S. 2–3 Nr. 1.

95 RI I 3,2, 863 und 899. Zimmermann, Papstabsetzungen S. 53.

96 DGQD 1, S. 110–112 Nr. 22.

97 Zimmermann, Papstabsetzungen S. 54–60.

98 RI 3,2 1313; Martin von Troppau, Chronicon S. 464–465.

99 Auswahl der für das Kapitel wichtigen jüngeren Forschungsliteratur: Althoff, Die Ottonen; Schimmelpfennig, Das Papsttum; Schneidmüller, Die Kaiser; The empress Theophanu; Fried, Otto III.; Gerbert l'Europén; Görich, Otto III.; Kortüm, Gerbertus qui et Silvester; Schieffer, Mediator cleri et plebis; Schneider, Die Generatio Imperatoris; S. Scholz, Politik; Zimmermann, Papstabsetzungen.

100 RI II 2,1 196a.

101 RI II 1,1 307e.

102 RI II 1,1 309c.

103 RI II 1,1 240g-i. Widukind, Res gestae Saxonicae cap. 44.

104 AQ 32, S. 40/41 Nr. 11b.

105 Jüngst wurde diese Zäsur durch die Ausstellung „Heilig – Römisch – Deutsch" mit neuem Leben gefüllt.

106 RI II,1 315.

107 AQ 32 S. 44/45, Nr. 11b.

108 MGH D O I 235, dt. in: AQ 32, S. 46/47–54/55, Nr. 12 „Pactum Ottonianum".

109 Siehe oben S. 49–51.

110 RI II 5 305 zur Eidpflicht des Papstes.

111 RI II 5 304.

112 RI II 1,1 431a.

113 AQ 8, S. 411 u. ö. Zu früheren Beziehungen zwischen Berengar und Liutprand vgl. RI I 3,3 2128.
114 RI II 1,1 350a.
115 Schimmelpfennig, Das Papsttum S. 126 f.
116 RI II 5 381.
117 RI II 1,1 463b und II,2 592g.
118 RI II 1,1 536b.
119 Schimmelpfennig, Das Papsttum S. 122.
120 RI II 2 770a.
121 RI II 2 898b.
122 RI II 3 956q und r.
123 RI II 3 1019k.
124 RI II 3 1174a.
125 Kortüm, Gerbertus.
126 Görich, Otto III.
127 RI II 3 1349e. MGH SS 9, S. 429, dt. in: DGQD 1, S. 200–202 Nr. 43.
128 RI II 3 1346.
129 MGH D O III 389, vgl. DGQD 1, S. 196–200 Nr. 42.
130 RI II 5 828 und 817, 819 sowie II 3 1261c und 1262a.
131 Brun von Querfurt, Vita quinque fratrum MGH SS 15, 2 S. 718.
132 Auswahl der für das Kapitel wichtigen jüngeren Forschungsliteratur: Althoff, Heinrich IV.; Blumenthal, Gregor VII.; Fried, Der Pakt von Canossa; Goez, Kirchenreform; Hartmann, Der Investiturstreit; Millotat, Transpersonale Staatsvorstellungen; Schneidmüller, Regni aut ecclesie turbator; Salisches Kaisertum und neues Europa; Schimmelpfennig, Das Papsttum; Schneidmüller, Die Kaiser; Somerville, Pope Urban II.; Struve, Kaisertum und Romgedanke; Terlizzi, La regalità sacra; Vom Umbruch zur Erneuerung? Weinfurter, Das Jahrhundert; ders., Canossa.
133 Siehe oben S. 61 f.
134 RI II 5 862 und II 4,1 1524a.
135 RI II 4,1 1645a, dt. in: AQ 32, S. 74–79 Nr. 20a; den Abschluss bildet die Herrscherurkunde MGH D H II 143, dt. in: ebd. 20b. Vgl. Herbers / Neuhaus, Das Heilige Römische Reich S. 72.
136 Weinfurter, Reich; zur Auflösung ebd. S. 112 ff.
137 Zum Stand der Forschung vgl. Bischof Burchard.
138 Siehe dazu unten S. 167–171.
139 RI II 4,1 1800b.
140 Vgl. die Privilegien des Herrschers für Cluny in dieser Zeit: RI II 4,1 1550, 1766, 1790c, 1807 und 2027c.
141 RI II 4,1 1619a und 2041a.
142 Vgl. zu diesem Punkt bereits oben S. 46 f.
143 MGH Const. 1, S. 71–78, dt. in: DGQD 1, Nr. 48 S. 214–223.
144 Ebd. S. 221.
145 Schneidmüller, Die Kaiser S. 58.

146 RI II 4,1 2063a.
147 RI III 1 n.m und n.n.
148 RI III 1 59a.
149 RI III 1 73c.
150 RI III 5 1 79.
151 RI III 1 140a.
152 Wolfram, Konrad II. S. 133. Zu den Kontakten vgl. RI III 1 134.
153 RI III 1 192a.
154 Wipo, MGH SS rer. germ. (61) S. 61. Schneidmüller, Die Kaiser S. 59 und Müller-Mertens, Römisches Reich S.84–86.
155 Sie war 926 von Heinrich I. im Tausch mit Ruldof II. von Hochburgund erworben worden, vgl. DGQD 1, S. 139–1142 Nr. 32.
156 C. Meier, Gemma spiritualis.
157 Ehlers, Metropolis Germaniae.
158 RI III 1 179a, 237b, 195a und 210a.
159 RI III 1 254b und 296a.
160 RI III 5,1 266 ff.
161 RI III 5 1 327. Zimmermann, Papstabsetzungen S. 119 ff.
162 Gresser, Clemens II.
163 Vgl. insbesondere den *ordo* zur Herrscherweihe im Pontificale romano-germanicum, dt. in: AQ 32, S. 41–47 Nr. 11b.
164 Schimmelpfennig, Das Papsttum S. 148–150.
165 Siehe oben S. 46 f. und 64.
166 Bayer, Spaltung S. 211.
167 MGH D KdG Nr.273, S. 403–405 (Aachen 804 Dez. 19). Die Fälschung datiert in die zweite Hälfte des 11. Jahrhunderts.
168 RI III 2,3 82.
169 RI III, 2,3 252.
170 Schieffer, Die Entstehung S. 7 f.
171 MGH Libelli de lite; vgl. Melve, Inventing the Public Sphere.
172 Lampert von Hersfeld, Annalen, MGH SSrer. Germ. in us. 38, dt. in: AQ 13, S. 125–128.
173 Unter Einflussnahme Hildebrands war 1059 ein Papstwahldekret erlassen worden.
174 Register Gregors II, 31: MGH Epp. Sel. 2,1 165–168, dt. in: DGQD 1, S. 288–292 Nr. 63.2.
175 Register Gregors II, 55 a: MGH Epp. Sel. 2,1 201–208, dt. in: AQ 12a. S. 148–152.
176 MGH Dt. Mittelalter 1, S. 14–17, dt. in: AQ 12, S. 63–69.
177 Register Gregors III, 10a MGH Epp. Sel. 2,1 207–209.
178 Lampert von Hersfeld, Annalen zu 1076, MGH SSrer. Germ. in us. 38, 276–283, dt. in: AQ 13, S. 383–393.
179 Vgl. zu Quellen und Forschungsansätzen Werner Goez, Canossa als deditio?, in: Studien zur Geschichte des Mittelalters, Jürgen Petersohn zum 65. Geburtstag, hg. von Matthias Thumser u.a., S. 92–99.

180 So Otto von Freising in seiner Weltchronik AQ 16, S. 490/491.

181 Fried, Der Pakt von Canossa.

182 So im Eid Heinrichs IV. vom 28. Januar 1077, vgl. AQ 32 S. 138/139 Nr. 35.

183 Brunos Buch vom Sachsenkriege zu 1077, AQ 12a, S. 246–249.

184 Mierau, Das Reich S. 548, Fried, Der Pakt von Canossa.

185 Schimmelpfennig, Das Papsttum S. 155.

186 Siehe unten S. 157.

187 DGQD 1, S. 322–326 Nr. 73.

188 Siehe unten S. 184.

189 AQ 32 S. 174–177 Nr. 47b.

190 Zum plötzlichen Aufleben vgl. Kenneth Pennington, Roman Law, 12th-century Law and Legislation, in: Von der Ordnung zur Norm: Statuten in Mittelalter und Früher Neuzeit, hg. von Gisela Drossbach, Paderborn 2010, S. 17–38, der allerdings keinen Bezug zur realen Politik der Zeit hergestellt hat.

191 MGH Const. 1 S. 144–148 Nr. 96, dt. in: AQ 32, S. 176–179 Nr. 47c.

192 Weinfurter, Canossa S. 192.

193 AQ 32, S. 182/83–184/185, Nr. 49ab, vgl. Beate Schilling, Ist das Wormser Konkordat überhaupt nicht geschlossen worden? Ein Beitrag zur hochmittelalterlichen Vertragstechnik, in: Deutsches Archiv 58, 2002, S. 123–191.

194 Gerd Althoff, Heinrich V. (1106–1125) in: Die Deutschen Herrscher des Mittelalters S. 181–200, 198.

195 Auswahl der für das Kapitel wichtigen jüngeren Forschungsliteratur: Engels, Die Staufer; Felten, Impero e papato; Görich, Die Ehre; Haverkamp, 12. Jahrhundert; Kempf, Papsttum und Kaisertum; Moore, Pope Innocent III; Das Papsttum in der Welt des 12. Jahrhunderts; Schimmelpfennig, Das Papsttum; Schneidmüller, Die Kaiser; Schneidmüller, Die Welfen; Zerbi, Papato, imperio e repubblica cristiana.

196 MGH SS 12, S. 510–512, dt. in: DGQD 1, S. 340–344 Nr. 78.

197 Narratio de electione Lotharii in regem Romanorum (MGH SS 12) Hannover 1856 S. 509–512.

198 RI IV 1,1 266. Erst die Vita Hadrians IV. kennt erneut den Stratordienst; die zeitgenössischen Chroniken sprechen nur von einem ehrenvollen Empfang.

199 RI IV 1,1 353; vgl. auch den Hinweis von Stefan Weinfürter, Wie das Reich heilig wurde, in: Die Macht des Königs S. 190–204, S. 199 zu Lothar III. als *sanctus imperator*.

200 RI IV 1,1 631 und 632.

201 RI IV 1,2 86.

202 Zum Kreuzzug vgl. AQ 32, S. 200–203 Nr. 54a und b.

203 Siehe oben S. 74.

204 Vgl. RI IV 1,2 168, 228 u.ö.

205 RI IV 1,2 422.

206 Siehe unten S. 184

207 RI IV 1,2, 538.

208 RI IV 1,2, 606.

209 AQ 16 S. 290/291–296/297, das Zitat S. 291 Z. 18 ff.

210 MGH D F I 5, dt. in: AQ 32, S. 189–191.

211 Ebd. Siehe oben Anm. 42.

212 MGH D F I 52, dt. in: AQ 32 S. 223–227 Nr. 58.

213 Ebd.

214 MGH D F I Nr. 243, S. 39 f., dt. in: DGQD 1, S. 356–357, Nr. 82.

215 Siehe unten S. 229.

216 RI IV 2,1 319.

217 RI IV 2,1 316.

218 Herbers / Neuhaus, Das Heilige Römische Reich S. 10–12.

219 RI IV 2,1 491.

220 Siehe unten S. 212 f.

221 RI IV 2,2 819.

222 RI IV 2,3 2171.

223 RI IV 2,3 2278.

224 RI IV, 2,3 2282, siehe unten S. 229.

225 Horst Fuhrmann, Einladung ins Mittelalter, München 1989, S. 33.

226 MGH D F I 795, dt. in: DGQD 1, S. 363–368 Nr. 85.

227 Schimmelpfennig, Das Papsttum S. 184.

228 DGQD 1, S. 375–380, Nr. 88.

229 Beide zeigten ihre Wahl dem Papst an, vgl. AQ 32, S. 318–332 Nr. 81 und S. 322–327 Nr. 82.

230 Regestum Innocentii III. super negotio Romani imperii, hg. von Friedrich Kempf, 1947, S. 167–175, dt. in: AQ 32, S. 340–349 Nr. 85.

231 Michael Menzel, Feindliche Übernahme. Die ludovicianischen Züge der Goldenen Bulle in: Die Goldene Bulle, S. 39–63, S. 40 ff.

232 DGQD 1, S. 380–384 Nr. 89.

233 Constitutiones Concilii quarti Lateranensis una cum commentariis glossatorum, ed. Antonius, Garcia y Garcia (Monumenta Iuris Canonici A 2), Vatikan 1981.

234 Siehe oben S. 17 f.

235 Auswahl der für das Kapitel wichtigen jüngeren Forschungsliteratur: Kaiser Friedrich II. (1194–1250); Mierau, Exkommunikation; Schimmelpfennig, Das Papsttum; Schneidmüller, Die Kaiser; Stürner, Friedrich II.; Ullmann, Frederick II's Opponent.

236 MGH Const. 2, S. 129–131 Nr. 102.

237 MGH Const. 2, S. 60 f., dt. in: AQ 32 S. 358–365 Nr. 89.

238 RI V 1,1 1097a.

239 Regestum Innocentii III. super negotio Romani imperii, hg. von Friedrich Kempf, 1947, S. 167–175, dt. in: AQ 32, S. 340–349 Nr. 85.

240 MGH Const. 2, S. 89–91, dt. in: AQ 32 S. 377–383, Nr. 95

241 MGH Const. 2, S. 211–213, dt. in: DGQD 1, S 404–409 Nr. 95.

242 So etwa bei Hugo von St. Viktor und Otto von Freising.

243 Siehe oben S. 91.

244 Andrea Sommerlechner, Stupor mundi. Kaiser Friedrich II. und die mittelalterliche Geschichtsschreibung (Publikationen des Hist. Instituts beim Österreichischen Kulturinstitut in Rom I, 11) Wien 1999.

245 Quellen zur Geschichte des Deutschen Ordens, hg. v. Walther Hubatsch, Göttingen u.a. 1954, S. 46–52, dt. in: DGQD 1, S. 396–399 Nr. 93.

246 MGH Epp. Saec. XIII 1, Nr. 368. Friedrich verwahrte sich dagegen, vgl. MGH Const. 2 S. 148–156 Nr. 116.

247 So Hannes Möhring, Der Weltkaiser der Endzeit: Entstehung, Wandel und Wirkung einer tausendjährigen Weissagung (Mittelalter-Forschungen 3) Stuttgart 2000, S. 209.

248 MGH Epp. Saec. XIII 1, S. 293–294 Nr. 376.

249 MGH Const 2 S. 160–168 Nr. 120–123.

250 MGH Const. 2 S. 170–183 Nr. 126–149.

251 Stürner, Friedrich II. 2 S. 468 mit Anm. 20.

252 PL 216, Sp. 823–825.

253 Siehe unten S. 234–237.

254 MGH Const. 2, S. 508–512, dt. in: DGQD 1, S. 430–440 Nr. 101.

255 Stürner, Friedrich II. 2 S. 548 ff.

256 Stürner, Friedrich II., 2 S. 474.

257 So Martin von Troppau, Chronicon S. 472.

258 MGH Const. 2, S. 385–388, dt. in: DGQD 1, S. 441–446 Nr. 102.

259 Klaus van Eickels, Die Testamente der späten Staufer, in: Herrscher- und Fürstentestamente S. 361–371.

260 Auswahl der für das Kapitel wichtigen jüngeren Forschungsliteratur: Jäschke, Europa; Kaufhold, Deutsches Interregnum; Schimmelpfennig, Das Papsttum; Schneidmüller, Die Kaiser; M. Fuhrmann, Alexander von Roes; Kelly, The New Solomon; Krieger, Die Habsburger; Le Pogam, De la „cite de dieu"; Mierau, Gerüchte als Medium; O'Callaghan, The Learned King; Scholz, Die Publizistik.

261 RI V 1,2 4507a, 4865d und 7634a.

262 RI V 1,2 4519c und V 2,4 11504b.

263 RI V 2,3 7876a.

264 So Martin von Troppau, Chronicon S. 472.

265 MGH Const 2, S. 484–485, dt. in AQ 33 S. 42–45.

266 Siehe oben S. 92 und 93.

267 RI V 2,4 11169 und V 1,1 2291. Die Wahlanzeige des Kölner Erzbischofs blieb bezüglich der Qualitäten Richards sehr vage, vgl. Const. 2 S. 484, dt. in: DGQD 2 S. 57–59 Nr. 2.2.

268 MGH Const. 2, S. 523–531, dt. in: AQ 33, S. 52–77 Nr. 15.

269 MGH Const. 3, S. 17–18, dt. in: AQ 33, S. 85–89 Nr. 19a.

270 Ebd.

271 MGH Const. 3, S. 18–19, dt. in: AQ 33, S. 88 Nr. 19b.

272 Heinrich Raspe war in einer Ausnahmesituation gewählt worden, siehe oben S. 97.

273 MGH Const. 3, S. 19–20, dt. in: AQ 33, S. 90–93 Nr. 19c.

274 Ebd. S. 93.

275 MGH Const. 3, S. 23–24, dt. in: AQ 33, S. 92–93 Nr. 19d.

276 MGH Const 3, S. 56 Nr. 66, dt. in: AQ 33, S. 106–109, Nr. 25.

277 Schimmelpfennig, Das Papsttum S. 205.

278 Dante, Divina comedia, Inferno XIX.

279 Alexander von Roes, Memoriale, dt. in: DGQD 2, S. 102–104 Nr. 11.1.

280 Schimmelpfennig, Das Papsttum S. 219.

281 Siehe zur Genese des Diktums S. 169.

282 Const. 4,1 S. 80–81 Nr. 105, dt. in: AQ 33, S. 222–227 Nr. 67.

283 Franz-Reiner Erkens, Kurfürsten und Königswahl. Zu neuen Theorien über den Königswahlparagraphen im Sachsenspiegel und die Entstehung des Kurfürstenkollegiums (MGH Studien und Texte 30) Hannover 2002.

284 In der Forschung bekannt als sog. Kurfürstenfabel, vgl. Max Buchner, Die Entstehung und Ausbildung der Kurfürstenfabel. Eine historiographische Studie, Freiburg 1912. Zu den Verbreitern zählt Martin von Troppau.

285 AQ 33, S. 222–227 Nr. 67, S. 223.

286 DGQD 2, S. 104–107 Nr. 11.2.

287 Siehe auch unten S. 208–210.

288 Maccarrone, Ubi est papa.

289 Jäschke, Europa S. 90.

290 Boniface VIII en procès.

291 DGQD 2, S. 113–115 Nr. 12.1.

292 Const. 4,1 S. 230 Nr. 262, dt. in: AQ 33, S. 230–233 Nr. 70.

293 Diese Politik wurde mit Eheplänen fortgesetzt, vgl. Jäschke, Europa S. 120.

294 Schimmelpfennig, Das Papsttum S. 234.

295 Kaiser Heinrichs Romfahrt.

296 AQ 33, S. 232–235 Nr. 71.

297 Siehe unten S. 201 f.

298 Auswahl der für das Kapitel wichtigen jüngeren Forschungsliteratur: Erkens, Sol iustitiae; Felten, Kommunikation; Kaiser Ludwig der Bayer; Kaufhold, Gladius spiritualis; Miethke, Kaiser und Papst; Schimmelpfennig, Das Papsttum; Schneidmüller, Die Kaiser; Tabacco, La relazione; La Vie culturelle.

299 Augustinus, De civitate Dei V, 25.

300 Siehe oben S. 112.

301 Vgl. das Schreiben Urbans IV. von 1263, siehe dazu oben S. 102 f.

302 DGQD 2, S. 129–135 Nr. 13.2.

303 Siehe oben Anm. 284.

304 DGQD 2, S. 124–128 Nr. 13.1.

305 Zur Goldenen Bulle siehe unten S. 134–136.

306 Unverhau, Approbatio.

307 So die Goldene Bulle von 1356, vgl. MGH Font. Iur. XI und Const 11, dt. in: AQ 33, S. 314–395 Nr. 94.

308 Kelly, The New Solomon.

309 DGQD 2, S. 136–138 Nr. 14.

310 Dante, Monarchia I xiii 6–8.

311 Unverhau, Approbatio.

312 Vgl. Ulrich Horst, Evangelische Armut und päpstliches Lehramt. Minoritentheologen im Konflikt mit Papst Johannes XXII. (1316–34) (Münchener Kirchenhistorische Studien 8) Stuttgart 1996.

313 Const. 6, S. 72–74 Nr. 105, dt. in: AQ 33, S. 269–273 Nr. 83.

314 DGQD 2 S. 143–147 Nr. 16.

315 Martin von Troppau, Chronicon S. 408.

316 Siehe oben S. 84.

317 DGQD 2, S. 153–162 Nr. 18 mit Angaben zu Gesamtdruck und Übersetzung.

318 AQ 33, S. 296–291 Nr. 88.

319 Ebd. S. 289 die folgenden Zitate im Fortlauf des Textes.

320 AQ 33, S. 290–293 Nr. 89.

321 Ebd. S. 293.

322 Siehe oben S. 33 u. 39.

323 Diese Bewegung war bereits im 12. Jahrhundert zu verzeichnen (siehe oben S. 81), verstärkte sich dann bis zur Mitte des 14. Jahrhundert und endete mit Cola di Rienzo in revolutionären Träumen, die mit Gewalt niedergeworfen wurden.

324 Dies in eigener Sache, weil Margarethe Maultasch nach ihrer Scheidung von Johann Heinrich von Luxemburg den Sohn Ludwigs des Bayern, Markgraf Ludwig von Brandenburg heiratete.

325 Zur Bedeutung des Termins vgl. Gregor Gresser, Petrinische Ekklesiologie und Eschatologie bei Gregor VII. und ihre Auswirkung auf die päpstliche Synode, in: What is „Theology" in the Middle Ages? S. 473–486, S. 484.

326 DGQD 2 S. 166–170 Nr. 20.

327 Auswahl der für das Kapitel wichtigen jüngeren Forschungsliteratur: Bauch, Öffentliche Frömmigkeit; Bogade, Kaiser Karl IV.; Karl IV., Kaiser von Gottes Gnaden; Mierau, Karl IV.; Pauler, Die Auseinandersetzungen; Rosario, Art and Propaganda; Seidel/Silva, The Power of Images; Vones, Urban V.; Schimmelpfennig, Das Papsttum; Schneidmüller, Die Kaiser.

328 Zur Entstehung des Phänomens vgl. Schieffer, Motu proprio.

329 Sie verblieben bei Ludwig. Zur Bedeutung der Symbole siehe unten S. 217. Die Übertragung des Reichsvikariats an Balduin war ein Mittel, diesen Mangel zu überspielen, vgl. Const. 8, S. 223–226 Nr. 144, dt. in: AQ 33, S. 300–311 Nr. 91.

330 RI VIII 1079a.

331 Petrarca, Sen. 7 (Venedig 29. Juni <1364 oder 1366>). Vgl. auch die Briefe Sen. 9, 1; 11, 17 und Var. 3.

332 AQ 33, S. 300–311 Nr. 91.

333 Pauler, Die Auseinandersetzungen.

334 Abb. in Karl IV., Kaiser von Gottes Gnaden. Zum Fortbestand der sakralen Obliegenheiten nach dem Investiturstreit auch Klaus van Eickels, Tradierte Konzepte

in neuen Ordnungen. Personale Bindungen im 12. und 13. Jahrhundert, in: Ordnungskonfigurationen S. 93–125, hier S. 95.

335 Dies änderte sich auch in den folgenden Jahrzehnten nicht, vgl. Enea Silvio di Piccolomini, Pentalogus von 1443 (AQ 39 S. 251–291 Nr. 31) und den Ratschlag der Kurfürsten von 1455 (AQ 39 S. 315–324 Nr. 35).

336 Zum Ritual der Kaiserkrönung vgl. unten S. 230–232.

337 Vgl. Mierau, Karl IV.

338 Martin von Troppau, Chronicon.

339 Siehe oben S. 124.

340 Siehe oben S. 89 f.

341 Siehe oben S. 102 f.

342 AQ 33, S. 334–337.

343 Augustinus, De civitate Dei V 12, 18 und 22.

344 RI VIII 1806a.

345 http:www.mgh.de/datenbanken/papst-und-kaiserchroniken.

346 Auswahl der für das Kapitel wichtigen jüngeren Forschungsliteratur: Brandmüller, Das Konzil von Konstanz; Enea Silvio Piccolomini; Heinig, Friedrich III.; Minnich, Councils; Scheller, Imperial themes; Schimmelpfennig, Das Papsttum; Schneidmüller, Die Kaiser; Sigismund von Luxemburg; Stadtwald, Roman popes; Rom und das Reich; Stieber, Pope Eugenius IV; Studt, Papst Martin V.; Vagedes, Das Konzil über dem Papst?

347 AQ 33, S. 204–213 Nr. 63.

348 RI VIII 5600b.

349 RI VIII 5636b.

350 Siehe oben S. 106 f.

351 RTA III, 205 und 206; AQ 33, S. 434–439 Nr. 107.

352 Ebd.

353 AQ 33, S. 432–433 Nr. 106. Dies stand auf der Grundlage der Goldenen Bulle von 1356.

354 Wilhelm von Ockham, I Dialogus VI 38 u.ö.

355 RI Regg. Pfalzgrafen 2 5755 und 5788 und RTA VI 298 und 369.

356 Die italienischen Reichsteile forderten ihn zwar zur Romfahrt auf (RI Regg. Pfalzgrafen 2, 568,630, 868 und 918), doch forderte dies kostspielige Zugeständnisse nördlich der Alpen (ebd. 1013, 1014, 1571, 1603 u.ö.).

357 RI Regg. Pfalzgrafen 2 1671 und 1702 sowie 2832–2835.

358 Rufin, Historia Ecclesiastica.

359 Mansi XXVIII 527.

360 Zu den Legitimationsgründen siehe oben S. 125 f. und unten S. 134–137.

361 Acta Concilii Constanciensis III S. 66–74 Nr. 29, vgl. auch AQ 38a S. 306–311 Nr. 6.

362 MGH Staatsschriften VI S. 50–353, z.T. dt. in: AQ 39, S. 226–247, bes. S. 228 und DGQD 2, S. 403–414 Nr. 45.

363 Ebd.

364 AQ 38b S. 468–499 Nr. 31.

365 Vgl. auch die „*Reformatio Sigismundi*" AQ 39, S. 228.

366 Kg. Albrecht II. pflegte hingegen ein enges bipolares Verhältnis zu Eugen, vgl. RI XII 38 sowie 63 und 239 (Interventionen beim Konzil), ferner RTA 13, 172 und RTA 14, 2.

367 Johannes Helmrath, Diffusion des Humanismus und Antikenrezeption auf den Konzilien von Konstanz, Basel und Ferrara/Florenz, in: Die Präsenz der Antike im Übergang vom Mittelalter zur Frühen Neuzeit. Bericht über Kolloquien der Kommission zur Erforschung der Kultur des Spätmittelalters 1999 bis 2002, hg. von Ludger Grenzmann, Klaus Grubmüller, Fidel Rädle und Martin Staehelin (Abhandlungen der Akademie der Wissenschaften zu Göttingen, Phil-Hist..Klasse 3. Folge 263) Göttingen 2004, S. 9–54, hier S. 43 ff.

368 Siehe oben S. 46 f. u. 64.

369 RI Regg. F. III, 11.74, 13.31, 17.78 und 13,60 AQ 33, S. 498–507 Nr. 127.

370 Friedrich III. hatte ihn dazu bereits 1447 aufgefordert, vgl. RI Regg. F. III Chmel 2252.

371 RI Regg. F. III Chmel 2776 und Anhang CA–96 und CA–97.

372 DGQD 2, S. 426–432 Nr. 48.

373 DGQD 2, S.S. 432–434 Nr. 49.

374 RI Regg. F. III 12.266 und 343.

375 John B.L. Toews, The View of Empire in Aeneas Sylvius Piccolomini (Pope Pius II), in: Traditio 24, 1968, S. 471–487 spricht S. 473 von "The imperial dream of Aeneas"; die Wirklichkeit des 15. Jahrhunderts glich sich dem an.

376 Enea Silvio Piccolomini, Briefe, übersetzt und eingeleitet von Max Mell, Jena 1911, S. 268–282, hier S. 270 ff.

377 Ebd. S. 270.

378 Ebd. S. 271.

379 Ebd. S. 275.

380 Ebd. S. 279.

381 RI Regg. F. III 15.263, 264; 7.331; 11.400; Chmel 6431; 4.545,546.

382 RI Regg. F. III 9.237, vgl. aber auch 10.406 und 11.449.

383 Vgl. Seidel/Silva, The Power of Images.

384 Abb. in: Mistyczne średniowiecze. The Mystic Middle ages, Skarby Muzeum Muzeum narodowe Warzawie, Lesko o.J. Nr. 17b, vgl. Abb. 8.

385 Erkens, Vicarius S. 31 f.

386 Vgl. die Kunstkarte des Wallraff Richartz-Museum Nr. 142 sowie http://commons. wikipedia.org/wiki/File:Thomasaltar_meister_des_bartholomaeusaltars_wrm179. jpg; eine Abbildung Ludwigs in: Kaiser Ludwig der Bayer 1282–1347. Katalog zur Ausstellung im Stadtmuseum Fürstenfeldbruck 25. Juli bis 12. Oktober 1997, hg. von Angelika Mundorff u. Renate Wedl-Bruognolo, Fürstenfeldbruck 1997.

387 Vgl. den Ausschnitt auf der Kunstkarte des Aries-Verlag München Nr. 853, die Gott bei der Erschaffung von Sonne und Mond mit einem leeren Buch in der linken Hand und der segnenden rechten Hand zeigt; vgl. Janez Höfler, Die graphischen Vorlagen für die Fresken in Hrastovlje, in: Acta historiae artis Slovenica 3, 1998, S. 23–38.

388 Vgl. die Kunstkarte des Raffael-Verlages Ittigen Nr. 0691, vgl. ferner Abb. 14 in diesem Band.

389 Auswahl der für das Kapitel wichtigen jüngeren Forschungsliteratur: Burns, Lordship; Charles Quint et la monarchie universelle; Edwards, The Spain of the catholic Monarchs; Karl V., Politik und politisches System; Karl V. 1500–1558; König, Monarchia Mundi; Reinhardt, Der unheimliche Papst; Rublack, Die Reformation; Schimmelpfennig, Das Papsttum; Schneidmüller, Die Kaiser; Schorn-Schütte, Die Reformation; dies., Karl V.; Tewes, Die römische Kurie; Wiesflecker, Neue Beiträge; ders., Maximilian I.

390 Vgl. Eberhard Holtz, Eine Portugiesin in Österreich, Eleonore, Gemahlin Kaiser Friedrichs III., in: Fürstinnen und Städterinnen, Frauen im Mittelalter, hg. von Gerald Beyreuther u.a., Freiburg 1993, S. 255–282. Auch die Päpste klagten über das Schlafen des Kaisers, vgl. Tewes, Zwischen Universalismus S. 78.

391 RTA 22.

392 AQGN 14, S. 35–38 Nr. 5 und S. 38- 49 Nr. 6.

393 RI Regg. F. III. Chmel 7808, ein Bericht in AQGN 14, S. 43–47 Nr. 9.

394 RI XIV 1 2791, 2795, 2826, 2852.

395 RTA 5,1,1 512 und 52, 1722; DGQD 3, S. 38–43

396 AQ 33, S. 538 Nr. 136 sowie AQ 39, S. 465–473 Nr. 53 und S. 485–489 Nr. 57 sowie RI XIV 3,2 14407.

397 RI XIV 1 1480, 2680 u.ö., vgl. AQGN 14, S. 66–79, Nr. 15.

398 RI XIV 2 6808, vgl. AQGN 14, S. 61–65 Nr. 14.

399 RI XIV 2 4169, 7902.

400 AQ 39, S. 380–411 Nr. 47, S. 400/401 zu möglichen Reaktionen auf die Kaisererhebung eines Franzosen durch den Papst.

401 Vgl. Nikolaus Burgmann, Hinweise in Repertorium fontium I (1962) Sp. 612.

402 Zu den Spannungen vgl. RI XIV 1, 3551. Vgl. ferner Scheller, Imperial themes S. 44b mit dem Hinweis, Karl VIII. habe den Titel des *imperator Graecorum* benutzt.

403 Vgl. RI XIV 4,1 19795 mit freiwilliger Unterwerfung unter seine Herrschaft.

404 RI XIV 2 4515 und 6422; zum Konzil 5287.

405 DGQD 3, S. 30–32 Nr. 2.

406 Vgl. auch AQGN 14, S. 268 ff. Nr. 77.

407 Vgl. das Testament AQGN 14, S. 289 ff. Nr. 82.

408 RTA jR I, 1 S. 843–853 Nr. 378, 379 und 380, DGQD 3, S 72–84, Nr. 15.

409 RTA jR I, 1 S. 408–410 Nr. 145.

410 König, Monarchia Mundi S. 164.

411 Ebd. S. 184 und S. 188.

412 Ebd.. S. 105.

413 Stefano Infessura, Römisches Tagebuch, übers. von Hermann Hefele, Jena 1913, S. 143 ff.

414 Schimmelpfennig, Das Papsttum S. 267.

415 Vgl. DGQD 3 S. 111–119 Nr. 20 und 21.

416 DGQD 3 S 153–161 Nr. 25.

417 DGQD 3 S. 126–148 Nr. 23.
418 DGQD 3 S. 161–162 Nr. 26.
419 DGQD 3 S. 162–169 Nr. 27.
420 DGQD 3 S. 169–183 Nr. 28.
421 RTA jR II Nr. 192, 193, 194 u.ö.
422 DGQD 3 S. 177–183 Nr. 28.4.
423 DGQD 3 S. 371–383 Nr. 64.
424 DGQD 3 S. 379–381 Nr. 64.3.
425 Siehe oben S. 134–136.
426 Schmoeckel, Fragen zur Konfession.
427 Weinfurter, Das Reich S. 243.

Kaiser und Papst im Mittelalter

1 Auswahl der für das Kapitel wichtigen jüngeren Forschungsliteratur: Calasso, I glossatori; Caspary, Späthumanismus; Conring, Der Ursprung; Erdö, Geschichte; Funder, Reichsidee; Hartmann, Kirche und Kirchenrecht; Landau, Sakramentalität und Jurisdiktion; ders., Die Entwicklung des kanonischen Rechts; ders., Der Entstehungsort des Sachsenspiegels; Link, Kirchliche Rechtsgeschichte; von Moos, Krise und Kritik; Muldoon, Empire and Order; Pennington, The Prince; Prodi, Una storia della giustizia; Schmoeckel, Fragen zur Konfession; Science politique et droit public; Willoweit, Deutsche Verfassungsgeschichte.
2 Augustinus, De civitate Dei XV-XVIII.
3 Rudolf von Habsburg bewahrt allerdings die Vorstellung der Lösung des *moderator imperii Romani* bei Betonung der Anerkennung der *lex naturalis*, vgl. AQ 33, 158–162 Nr. 47b.
4 Codex Justinianus 1, 1, 1 = Codex Theodosianus 16, 1, 2.
5 Codex Justinianus 1, 1, 8.
6 Codex Justinianus 1, 2, 1.
7 Codex Justinianus 1, 3, 35.
8 Codex Justinianus 1, 5.
9 Siehe oben S. 35.
10 Siehe oben S. 36.
11 Erdö, Geschichte.
12 Ebd.
13 Die Angaben zur Rezeption des Römischen Rechts fußen auf Hartmann, Kirche und Kirchenrecht.
14 Gratian, Decretum C XIII Romana lex.
15 Ebd.
16 Borgolte, Christen S. 372.
17 Siehe oben S. 32 f.
18 Knabe, Die gelasianische Zweigewaltentheorie S. 93 f.
19 Borgolte, Christen S. 320.

20 Knabe, Die gelasianische Zweigewaltentheorie S. 103 ff. Belege für die Akzeptanz intensiver Kooperation bieten zwei Fälschungen, vgl. D Karol S. 405–408 †274 und D O III. †437.

21 Kaiser, Die Epitome Iuliani S. 619 ff.

22 Ebd. S. 856.

23 Vgl. Burchard von Worms.

24 Rudolf Schieffer, Burchard von Worms. Ein Reichsbischof und das Königtum, in: Burchard von Worms S. 29–49.

25 MGH Const: 1, Nr. 62, dt. in: AQ 12, S 64–69.

26 Vgl. M. Graulich, Das Verhältnis zwischen Theologie und Recht im Decretum Gratiani, in: What is Theology“ in the Middle Ages? S. 507–516, hier S. 511.

27 Sägmüller, Die Idee.

28 Ebd. S. 69 mit Bezug auf die Glosse zu c. 20 X de foro compet. II, 2 Casus.

29 H. Fuhrmann, „Der wahre Kaiser ist der Papst“.

30 Sägmüller, Die Idee S. 76 ff.

31 Fried, "Donation of Constantine" S. 25 u.ö.

32 Hoffmann, Die beiden Schwerter S. 100.

33 Maffei, La donazione S. 43

34 Vgl. BAV Vat Lat. 1366 fol. 1 mit der Übertragung von Buch und Schwert an Papst und Kaiser durch Engel vor dem thronenden Christus, vgl. Abb. 1.

35 Abgebildet in: Heiliges Römisches Reich Deutscher Nation 962–1808. Von Otto dem Großen bis zum Ausgang des Mittelalters, Dresden 2006 S. 95 Nr. 54.

36 Andreas von Regensburg, Sämtliche Werke, hg. v. Georg Leidinger (Quellen und Erörterungen zur bayerischen und deutschen Geschichte N. F. 1) München 1903, Nachdruck Aalen 1969, S. 5.

37 Funder, Reichsidee S. 82.

38 AQ 32, S. 258–259, Nr. 67, eingefügt in Codex Justinianus IV 13.

39 Vgl. etwa Mario Viora (Hg.) Accursii Glossa in Digestum, Turin 1968 und ders. Accursii Glossa in Digestum novum, Turin 1969.

40 John W. Perrin, Azo, Roman law and Sovereign European States, in: Studia Gratiana 15, 1972, S. 87–101.

41 Fasolt, Limits S. 185; Borgolte, Christen S. 427.

42 B. Stollberg-Rilinger, Das Heilige Römische Reich S. 11 betont die Unübersichtlichkeit der Rechtsgrundlagen.

43 Siehe oben S. 92 f. u. 140.

44 Vgl. B. Stollberg-Rilinger, Das Heilige Römische Reich S. 14.

45 Roderich Schmidt, Das Verhältnis von Kaiser und Papst im Sachsenspiegel und seine bildliche Darstellung (1986) wieder abgedruckt in: Ders., Weltordnung – Herrschaftsordnung (Bibliotheca Eruditorum 14) Goldbach 2004, S. 231–251.

46 Sachsenspiegel, Landrecht I, Textus prologi.

47 Siehe unten S. 208 f.

48 Sachsenspiegel, Landrecht III, LXIII.

49 DGQD 2, S. 87–92 Nr. 8.2.

50 AQ 39, S. 124–127 Nr. 22, hier 126 c. 8.
51 Jürgen Miethke, Die Konstantinische Schenkung im Verständnis des Mittelalters. Umrisse einer Wirkungsgeschichte, in: Konstantin der Große. Geschichte – Archäologie – Rezeption, S. 259–272.
52 Antonio de Rosellis, Monarchia c. 67 ff.
53 Nikolaus von Kues, Concordantia catholica z.T. dt. in: AQ 39, S. 170–225, Nr. 28.
54 Dante, Monarchia III, x.
55 Kablitz, Lorenzo Vallas Konzept.
56 Siehe oben S. 144 f.
57 AQ 39 S. 226–247 Nr. 29 hier S. 228 und 234.
58 Auswahl der für das Kapitel wichtigen Forschungsliteratur: Black, A World History; Borst, Der Streit; Dagron, Empereur et prêtre; Fasolt, The Limits; Garfagnini, *Cuius est potentia*; Hoffmann, Die beiden Schwerter; Helmrath, „Geistlich und werntlich"; Knabe, Die gelasianische Zweigewaltentheorie; König, Monarchia Mundi; Mayer, Papsttum und Kaisertum; Miethke, Kirchenstruktur; Millotat, Transpersonale Staatsvorstellungen; Ottmann, Geschichte des politischen Denkens; Sacerdozio e regno; Von sacerdotium und regnum; Staat und Kirche; Weitz, Der Traktat; Zippelius, Staat und Kirche.
59 Siehe oben S. 32.
60 Knabe, Die gelasianische Zweigewaltentheorie S. 14 f.
61 Vgl. die Darstellung Justinians in der Galla Placidia in Ravenna.
62 Paulus, Römerbrief 13.
63 Siehe oben S. 29 f.
64 Augustinus, De civitate Dei I, Vorrede.
65 Ebd. V 21.
66 Siehe oben S. 23.
67 PL 67 Sp. 546–548; zu Chrysothomos siehe oben S. 33.
68 Knabe, Die gelasianische Zweigewaltentheorie S. 25–29.
69 Ebd. S. 26.
70 Ebd. S. 26 Anm. 41.
71 Ebd. S. 27.
72 Die Zitate gemäß der Übersetzung von Mansi XII 976–977 bei Knabe.
73 Ebd. Anm. 46.
74 Levison, Die mittelalterliche Lehre S. 27.
75 Knabe, Die gelasianische Zweigewaltentheorie S. 37.
76 Ebd. S. 38.
77 Ebd. S. 39.
78 Ebd. S. 47.
79 Siehe oben S. 167.
80 AQ 45, S. 46–99 Nr. 1, hier S. 44 und 57.
81 Knabe, Die gelasianische Zweigewaltentheorie S. 83.
82 Ebd. S. 85.
83 Ebd. S. 106 sowie Görich, Otto III.

84 Knabe, Die gelasianische Zweigewaltentheorie S. 109. Anm. 56.

85 Ebd. S. 111.

86 Levison, Die mittelalterliche Lehre S. 29 und Hoffmann, Die beiden Schwerter S. 79.

87 Berengoz von St. Maximin, De mysterio ligni dominici et de luce visibili et invisibili, PL 160 981–1010 (vgl. auch den Druck von 1555 und die Handschrift Gent, Bibl. publ. Nr. 245), hier PL 160 Sp. 1006 ff.

88 Hoffmann, Die beiden Schwerter S. 82 f.

89 Knabe, Die gelasianische Zweigewaltentheorie S. 135–138.

90 Hoffmann, Die beiden Schwerter S. 96.

91 Borst, Der Streit S. 108 f

92 Acta Imperii Inedita 2, S. 53 Nr. 48.

93 Fridankes Bescheidenheit 152, 12 f.

94 AQ 45 S. 288–446 Nr. 7, hier S. 418–425 II, II c. 7.

95 AQ 39, S. 85–86 Nr. 10.

96 Antonio de Rosellis, Monarchia c. 28 zur Eigenständigkeit der weltlichen Sphäre. Weitere Belege bei Weitz, Der Traktat S. 135.

97 Zum Eingriffsrecht des Kaisers, das sich auch bei Zarabella findet, ebd. S. 171.

98 Nikolaus von Kues, Concordantia catholica, AQ 39, c. 41 S. 212–213 (571–573).

99 Ebd. S. 182–183, c. 32 (507–509).

100 Regestum Innocentii III Nr. 62, dt. in: AQ 32, S. 340–349 Nr. 85.

101 Nikolaus von Kues, Concordantia catholica, AQ 39, c. 30 S. 178–179.

102 Siehe oben S. 104.

103 König, Monarchia Mundi S. 67.

104 DGQD 3, S. 85–88 Nr.16.

105 Siehe unten S. 201 u. 210 f.

106 König, Monarchia mundi S. 85 ff.

107 Vgl. Ramon Lull, Das Buch vom Heiden und den drei Weisen, hg. von Theodor Pindl, Stuttgart 1998, S. 271 mit einer Abbildung aus seinem Werk.

108 Auswahl der für das Kapitel wichtigen jüngeren Forschungsliteratur: Cheneval, Die Rezeption der Monarchia; Eckermann, Studien; Friedberg, Isenmann, König oder Monarch?; Krüger, Der Traktat ‚De ecclesiastica potestate'; Mantey, Zwei Schwerter – Zwei Reiche; Melve, Inventing the Public Sphere; Miethke, Die Arbor imperialis; Nederman, Empire and the Historiography; Sägmüller, Die Idee; Schimmelpfennig, Utriusque potestatis monarchia; Stickler, Imperator vicarius papae; Vacca, Prima sedes.

109 Siehe oben S. 32.

110 Ambrosius von Mailand, De dignitate sacerdotali, PL 17, 569 f.

111 Knabe, Die gelasianische Zweigewaltentheorie S. 19.

112 Siehe oben S. 51.

113 Knabe, Die gelasianische Zweigewaltentheorie S. 54–56.

114 Siehe oben S. 49–51.

115 Knabe, Die gelasianische Zweigewaltentheorie S. 57 f.

116 Stickler, Imperator vicarius papae S. 207.
117 Levison, Die mittelalterliche Lehre S. 24.
118 Siehe oben S. 36.
119 Borgolte, Christen S. 436.
120 Photius Patriarcha, Eisagoge, dt. in: Ritter, Kirche und Staat S. 258–267 Nr. 69 u. 70.
121 PL 125, Sp. 1071.
122 Vgl. Hoffmann, Die beiden Schwerter. Zu den Wurzeln dieser Vorstellung in der Spätantike vgl. bereits Karl Voigt, Staat und Kirche von Konstantin dem Großen bis zum Ende der Karolingerzeit, Stuttgart 1936, ND Aalen 1965 S. 94.
123 Borst, Der Streit S. 102.
124 Vgl. insbesondere das Schreiben an Herzog Rudolf von Schwaben von 1073, AQ 12a S. 44–47 und den Brief an Heinrich IV. ?1075, in: AQ 12a, S. 196–205.
125 Walther, Imperiales Königtum S. 36 Anm. 11 zu Gregor Reg I, 19, S. 31, vgl. auch ebd. VII. 25 S. 505.
126 Borgolte, Christen S. 464.
127 Vgl. zum folgenden Krüger, Der Traktat.
128 Siehe oben S. 111.
129 Zum Werk vgl. Helmut Walther, Aegidius Romanus und Jakob von Viterbo – oder: was vermag Aristoteles, was Augustinus nicht kann?, in: Politische Reflexionen in der Welt des späten Mittelalters. Political Thought in the Age of Scholasticism, Essays in Honour of Jürgen Miethke, hg. von Martin Kaufhold (Studies in Medieval and Reformation Traditions 103), Leiden 2004, S. 151–169.
130 Lupold von Bebenburg, De iuribus regni et imperii S. 131.
131 Vgl. Unverhau, Approbatio.
132 Borgolte, Christen S. 467.
133 Vgl. Vagedes, Das Konzil über dem Papst? und Nach dem Basler Konzil.
134 Siehe oben S. 35 u. 164 f.
135 Isidor, Etymologiae IX, 3.
136 Siehe oben S. 181.
137 Walther, Imperiales Königtum S. 35; Erkens, Vicarius S. 9.
138 Walther, Imperiales Königtum S. 41.
139 Knabe, Die gelasianische Zweigewaltentheorie S. 131.
140 Benzo von Alba, Sieben Bücher an Kaiser Heinrich IV. (MGH SS rer. germ. 65) Hannover 1996, S. 87 ff. in der Widmung.
141 Levison, Die mittelalterliche Lehre S. 30.
142 Thomas Ertl, Von der Entsakralisierung zur Entpolitisierung ist es nur ein kleiner Schritt. Gedanken zur Rolle des Politischen und Rituellen anlässlich einer neueren Arbeit zum ottonischen Königtum, in: Zeitschrift für Geschichtswissenschaft 52, 2004, S. 301–317.
143 Siehe oben S. 8.
144 Mantey, Zwei Schwerter.
145 König, Monarchia Mundi S. 4 u.ö.

146 Dante, Monarchia III ix.

147 Ebd. III xi.

148 Miethke, Die Arbor imperialis S. 175.

149 Borgolte, Christen S. 411.

150 Vgl. zum Folgenden Borst, Der Streit.

151 DGQD 2, S. 153–162 Nr.18 mit weiteren Angaben.

152 Siehe oben S. 124.

153 Borgolte, Christen S. 423.

154 Funder, Reichsidee S. 158.

155 Siehe oben S. 89.

156 Acta Concilli Constanciensis 3, S. 466–468, Nr. 204, hier S. 467.

157 Peter von Andlau, Kaiser und Reich S. 24/25.

158 Ebd. S. 70/71.

159 Ebd. S. 104 ff.

160 Ebd. S. 126/127.

161 Ebd. S. 130–135. Siehe oben S. 89.

162 Ebd. S. 146/147.

163 Bojcov, Der Schirm des Papstes; Carlen, Zeremoniell und Symbolik; Deckers, Konstantin und Christus; Grass, Königskirche und Staatssymbolik; Hageneder, Das Sonne-Mond-Gleichnis; Huth, Reichsinsignien und Herrschaftsentzug; Levison, Die mittelalterliche Lehre; Petersohn, Über monarchische Insignien; Schramm, Herrschaftszeichen; Sieber-Lehmann, Um 1079; Stickler, Der Schwertbegriff bei Huguccio; Walter, Papal Political Imagery.

164 Levison, Die mittelalterliche Lehre S. 17.

165 Ebd. S. 24 f.

166 Vgl. zum folgenden Hoffmann, Die beiden Schwerter.

167 Krüger, Der Traktat.

168 Siehe oben S. 24.

169 Hageneder, Das Sonne-Mond-Gleichnis.

170 Dante, Monarchia III iv; siehe auch oben S. 201.

171 Dante, Comedia divina, Purgatorium XVI.

172 Vgl. im Schreiben vom Dezember 1413 (Acta Concilli Constanciensis 3, S. 314–316 Nr. 141) wurde formuliert, dass beide verpflichtet seien, zusammen für Frieden in der Welt zu sorgen. Beide Seiten sollten sich gegenseitig Schutz und Hilfe geben.

173 Im Brief an Herzog Rudolf von Schwaben AQ 12a, S. 44–47.

174 Dante, Monarchia III v.

175 Sieber-Lehmann, um 1079.

176 Schimmelpfennig, Das Papsttum S. 155.

177 H. Fuhrmann, Päpste S. 64.

178 Schimmelpfennig, Das Papsttum S. 179 f.

179 Hack, Das Empfangszeremoniell S. 156.

180 Vgl. aber Walter Ullmann, Frederick II's Opponent, Innocent IV, as Melchisedek, in: Law and Jurisdiction 1988, S. 53–81

181 Vgl. zum folgenden Bojcov, Der Schirm.

182 Sieben, Konzilsdarstellungen S. 10.

183 Siehe oben S. 53.

184 Traeger, Der reitende Papst.

185 Hack, Das Empfangszeremoniell S. 553.

186 K. Schreiner, Gregor VIII., nackt auf einem Esel. Entehrende Entblößung und schandbares Reiten im Spiegel einer Miniatur der „Sächsischen Weltchronik", in: Ecclesia et regnum. Beiträge zur Geschichte von Kirche, Recht und Staat im Mittelalter. Festschrift für F.-J. Schmale , hg. von D. Berg und H.-W. Goetz, Bochum 1989, S. 155–202.

187 Peter von Andlau, Kaiser und Reich, S. 218/219 und 226/227.

188 Kahl, Grundlagen S. 66.

189 Peter von Andlau, Kaiser und Reich, S. 168/169.

190 Vgl. z. B. den Holzschnitt von Hans Burgkmair von 1510.

191 Abgebildet in: La vita nei libri.

192 Hack, Das Empfangszeremoniell S. 553.

193 Siehe Abb. 12.

194 Siehe oben S. 143 f.

195 Siehe Abb. 17.

196 Otto von Freising, Gesta Friderici (MGH SS rer. Germ. (46) 1912 S. 47, 187, 309 und 319).

197 Schimmelpfennig, Papsttum S. 63. Im Reich betete man an diesem Tag für Papst und Kaiser. Erwähnung findet in den Quellen, wenn dies in einer Sondersituation nicht geschah, vgl. den Beschluss vom April 1416 aus Venedig, am Karfreitag, beim Gebet für Papst und Kaiser den Namen Johanns und Sigismunds nicht zu nennen (Acta Concilii Constanciensis 3, S. 286–287, Nr. 131).

198 Fried, Der Pakt von Canossa.

199 Auswahl der für das Kapitel wichtigen jüngeren Forschungsliteratur: Althoff, Die Macht der Rituale; Bölling, Das Papstzeremoniell; Bojcov, Wie der Kaiser; Hack, Das Empfangszeremoniell; Investitur- und Krönungsrituale; Mazal, Handbuch; Miethke, Rituelle Symbolik; Schwedler, Herrschertreffen; Traeger, Der reitende Papst; Spektakel der Macht; Stollberg-Rilinger, Knien vor Gott; Weinfurter, Das Ritual.

200 Schimmelpfennig, Das Papsttum S. 63.

201 Hack, Das Empfangszeremoniell S. 386 ff.

202 MGH Const. 1, S. 110–111, dt. in: AQ 12, S. 65–69.

203 Dies beobachtete schon Traeger, Der reitende Papst S. 63 und 67 f.

204 Eine weiter zu ergänzende Liste, die lediglich Treffen in Rom von denen andernorts scheidet, bei Hack, Das Empfangszeremoniell S. 603–640.

205 Siehe oben S. 44 u. 48.

206 Siehe oben S. 107 u. 109.

207 Schieffer, Die Karolinger S. 62.

208 Schieffer, Die Entstehung S. 19 mit Anm. 48; Heinrich IV. argumentierte so gegen Gregor VII., vgl. MGH Const. 1, S. 110–111, dt. in: AQ 12, S. 65–69.

209 Erkens, Vicarius.

210 AQ 32, Nr. 10.

211 Hack, Das Empfangszeremoniell S. 148.

212 So der Liber Pontificalis.

213 RI II 1,1, 3096.

214 MGH Const. 4, S. 258f., dt. in: AQ 33, S. 233–235.

215 Acta Concilli Constanciensis 2, S. 163.

216 Siehe oben S. 78 f.

217 Vgl zum Folgenden Miethke, Rituelle Symbolik.

218 Vgl. Hack, Das Empfangszeremoniell Abb. vor S. 1 aus der Handschrift Wolfenbüttel Cod. Guelf 3.1. Aug 2 fol 10r.

219 Siehe oben S. 89 und S. 134–136.

220 DGQD 2, S. 426–432 Nr. 48.

221 MGH SS rer. Germ. n.s. 19, S. 152.

222 DGQD 2, S. 426–432 Nr. 48.

223 Bölling, Das Papstzeremoniell S. 210.

224 Siehe oben S. 229.

225 PL 217, Sp. 393–398, vgl. Vones, Urban V. S. 477 zur Verleihung an Johanna von Neapel.

226 Zur Synode von 1022 siehe oben S. 65 f. Vgl. Zur Synode von Pavia 1160 vgl. Borgolte, Christen S. 403.

227 Sieben, Konzilsdarstellungen.

228 Wolfram, Konrad II. , in: Die Deutschen Herrscher des Mittelalters S. 134.

229 Sieben, Konzilsdarstellungen.

230 Herbert Schneider (München) hat dies in seinem Vortrag auf dem International Congress of Medieval Canon Law in Eszterdom 2008 thematisiert. Für die Überlassung des Manuskripts danke ich herzlich.

231 Gerd Tellenbach, Römischer und christlicher Reichsgedanke in der Liturgie des frühen Mittelalters (Sitzungsberichte der Heidelberger Akademie der Wissenschaften, Philosophisch-historische Klasse, Jahrgang 1934/35, 1) Heidelberg 1934 S. 26 verweist auf die Hinzufügung von Bitten für Könige.

232 Siehe oben S. 43 u. 64.

233 Siehe die Abbildung auf dem Schutzumschlag.

234 Auswahl der für das Kapitel wichtigen jüngeren Forschungsliteratur: Chazan, The Jews; Deutschland und der Westen; Eckbert, Nichthäretische Papstkritik; Felten, Päpstliche Personalpolitik?; Jaspert, Die Kreuzzüge; Meyer, *Felix et inclitus notarius*; Regnum et Imperium; Schmidt, Die Vielfalt der Sprachen; Seidel /Silva, The Power of Images; Thorau, Die Kreuzzüge.

235 Siehe oben S. 94.

236 Borgolte, Christen S. 374.

237 Arnold Angenendt, Kaiserherrschaft und Königstaufe (Arbeiten zur Frühmittelalterforschung 15), Berlin u. a. 1984.

238 Chazan, The Jews. Zum Judenschutz Papst Martins V. vgl. Sudmann, Das Basler Konzil. S. 275.

239 Siehe oben S. 112.

240 B. U. Hucker, Der Weltherrschaftsgedanke bei Kaiser Friedrich II., in: Kaiser Friedrich II., S. 92–103.

241 Fasolt, Limits S. 193; Zippelius, Staat und Kirche S. 64 mit Hinweis auf die Nationalsynode von Bourges von 1438, auf der die Appellation an den Papst eingeschränkt wurde. Zu Dantes Kritik an dieser Haltung vgl. Karl F. Werner, Das Imperium und Frankreich im Urteil Dantes, in: Geschichtsschreibung und geistiges Leben im Mittelalter, Festschrift für H. Löwe zum 65. Geburtstag, hg. von K. Hauck und H. Mordek, Köln/Wien 1978, S. 546–564.

242 Borgolte, Christen S. 410; vgl. für das Spätmittelalter insb. Michael Zingel, Frankreich, das Reich und Burgund im Urteil der burgundischen Historiographie des 15. Jahrhunderts (Vorträge und Forschungen Sonderband 40) Sigmaringen 1995.

243 Vgl. Marie Thérèse Gousset, Die Miniaturen in den Grandes Chroniques de France, in: Jean Fouquet, Die Bilder der Grandes Chroniques de France, Graz 1987, S. 115–263, S. 260 ff. zu Tafel 49; vgl. zum segnenden Kaiser auch Traeger, Der reitende Papst S. 61.

244 Das Zitat bei Funder, Reichsidee S. 96 Anm. 117; Vgl. zu Gersons Positionen auch G. H. M. Postumus Meyjes, Jean Gerson, Apostle of Unity. His Church Politics and Ecclesiology (Studies in the History of ChristianThought 94) Leiden u.a. 1999, S. 347 ff.

245 Kantorowicz, Die zwei Körper.

246 Vgl. für das Frühmittelalter Herwig Wolfram, Ethnographie und die Entstehung neuer ethnischer Identitäten im Frühmittelalter, in: Europas Identitäten. Mythen, Konflikte, Konstruktionen, hg. von Monika Mokre, Gilberg Weiss, Rainer Bauböck, Frankfurt/Main 2003, S. 25–35, der S. 34 formuliert: „ohne den Kitt der römischen, die christliche Heilsgeschichte einschließenden Historie ... wären jedoch die partikularen Überlieferungen auseinandergefallen".

247 Schimmelpfennig, Papsttum S. 43.

248 Zum Anspruch auf das imperium vgl. Schieffer, Die Karolinger S. 100 ff.; ders. Neues von der Kaiserkrönung und Lilie, Byzanz S. 181.

249 RI II 1,1 310 sowie II 5 298 und 304.

250 Zu den Vorgängen Fried, Otto III.

251 Siehe oben S. 62–64.

252 Klaus Herbers, Geschichte Spaniens im Mittelalter. Vom Westgotenreich bis zum Ende des 15. Jahrhunderts, Stuttgart 2006, S. 157 ff.

253 Siehe oben S. 68.

254 Rosario, Art and Propaganda; Karl IV.

255 RI Chmel 5592.

256 RI V 1,1 671.

257 Borgolte, Christen S. 427.

258 Siehe oben S. 90

259 Dies ist vor allem bei Rudolf von Habsburg und Karl IV. zu verzeichnen.

260 Premyslaw Nowak, Die polnische Kirchenprovinz Gnesen und die Kurie im 12. Jahrhundert, in: Römisches Zentrum S. 191–206, 195 f.

261 Johrendt, Papsttum.

262 Schimmelpfennig, Das Papsttum S. 51,

263 Seidel/ Silva, The Power of Images S. 54 Abb. 43 und S. 183 Abb. 178 u.ö. sowie Abb. 5 und 6 in diesem Band.

264 Bertelli, Sacralità Vorsatzblatt.

265 Siehe oben S. 17 f.; zu Justinian vgl. Schimmelpfennig, Papsttum S. 61 f.

266 Siehe oben S. 157–159. Von den zahlreichen gemeinsamen Aktionen sei noch auf die Urbans V. und Karls IV. verwiesen, weil der Kaiser mit Rückgriff auf die Ketzergesetze Friedrichs II. nachdrücklich darauf bestand, bei der Ausübung des Kirchenschutzes allein aufgrund der kaiserlichen, ihm unmittelbar von Gott übertragene Machtfülle zu handeln, vgl. dazu Vones, Urban V. S. 468. Thomas Scharff, Häretikerverfolgung und Schriftlichkeit. Die Wirkung der Ketzergesetze auf die oberitalienischen Kommunalstatuten im 13. Jahrhundert (Gesellschaft, Kultur und Schrift – Mediävistische Beiträge 4), Frankfurt u.a. 1996 hat die Zusammenhänge im Zwei-Gewalten-Konflikt ignoriert.

267 Siehe oben S. 173 f. sowie Abb. 10 und 11.

268 Siehe oben S. 49–51.

269 Herbers, Papst Leo IV. S. 224.

270 Vgl. auch RI III 2,3 276 mit der Versetzung des Abtes von Leno nach Niederaltaich durch Heinrich IV.

271 Den Vorgang deutet Borgolte, Christen S. 376 nicht aus.

272 RI I 1 1955c; 1 –1; vgl. auch den Streit mit den Großen im Jahr 900 RI I 1 1983 und insgesamt Schieffer, Die Karolinger S. 192–194.

273 Vgl. zum folgenden Meyer, Felix et inclitus notarius.

274 Siehe oben S. 71.

275 Siehe oben S. 84.

276 Vgl. allerdings die Bemerkungen bei Dante, Monarchia II, I und dazu Rosario La Terra Bellina, Mon. II. I: Note per la datazione, in: Pensiero politico medievale I, 2003, S. 41–45.

277 Tewes, Zwischen Universalismus S. 85.

278 Tewes, Zwischen Universalismus S. 53 über einen Kollektor der Türkensteuer, der die Partikularkräfte nach ihrem Verhältnis zu Kaiser und Papst in *devot, halbdevot und wenig oder gar nicht devot* klassifiziert.

279 Die Lieder des Archipoeta VI (IX) Kaiserhymnus 1.1 und 2.1.

280 Walther, Sozialdisziplinierung durch die gelehrten Rechte im Mittelalter, in: Gewalt und ihre Legitimation im Mittelalter. Symposion des Philosophischen Seminars der Universität Hannover vom 26. bis 28. Februar 2002, hg. von Günther Mensching (Contradictio – Studien zur Philosophie und ihrer Geschichte 1) Würzburg 2003, S. 26–47, S. 46 f.

281 Ebd. S. 47.

Die Einheit der westlichen Christenheit unter Kaiser und Papst

1   Zippelius, Staat und Kirche S. 59 sieht Augustin als Legitimation für den Vorrang des Papsttums, doch ist die Bipolarität in De civitate Dei klar spürbar. Zur Rezeption dieser Vorstellungen in der Renaissance vgl. Meredith J. Gill, Speaking books, moving images, in: The Renaissance World, ed. by John J. Martin, New York u.a.2007, S. 535–554.

2   Wipo, Vita Chounradi Prov. V, 3: *legem servare est regnare*. Vgl. auch Stollberg-Rilinger, Das Heilige Römische Reich S. 14.

3   Ottmann, Geschichte des politischen Denkens S. 2.

4   Mierau, Über den Umgang mit Normkonflikten.

5   Vgl. D H IV *313: *Iustitia est, qua suum cuique ius tribuimus*.

6   Augustinus, De civitate Dei IV, 15. Gegen einen militärisch agierenden, nicht auf Gerechtigkeit zielenden Kaiser konnte auch IV, 4 herangezogen werden.

7   Dante, Monarchia I, XI, 8.

Die Kaiser und Päpste in chronologischer Abfolge

Die Angaben zu den Amtszeiten bauen sich folgendermaßen auf: Eintritt ins Amt (bei den weltlichen Lenkern unterteilt in Antritt der Königsherrschaft und Kaisererhebung) – Ende der Amtszeit; es folgt gegebenenfalls ein vom Ende der Amtszeit abweichendes Todesjahr. Bei Unterbrechungen der Amtszeit, werden die Regierungszeiten jeweils einzeln ausgewiesen.

Die römischen Könige und Kaiser

○   nur *rex Romanorum*
*   König im Thronstreit
□   König/Caesar neben dem Vater

Konstantin d. Gr. (306-7/324–337)
Konstantius (337–361)
Julian (361–363)
Jobinian/ Jovian (363–364)
Valens (364–378)
Gratian (367–383)
Theodosius I. (379–395)
□Arkadios (383–408)
□Honorius (393–423)
Theodosius II. (408–450)
Valentinian (425–455)
Marcian (450–457)
Leo I. (457–474)
Leo II. (474)
Zenos (474–491)
Basilikos (475–476)
Anastasius (491–518)
Justin I. (518–527)
Justinian I. (527–565)
Justin II. (565–578)
Tiberios I. (578–582)
Mauritikios/Mauritius (582–602)
Phokas (602–610)
Herakleios (610–641)
Konstantin II. (III.) (641)
Heraklonas (641)
Konstans II. (641–668)
Konstantin IV. (668–685)
Justinian II. (685–695, 705–711)

Leontios (695–698)
Tiberios II. Apsimaros (698–705)
Philippikos Bardanes (711–713)
Anastasios II. Artemios (713–715)
Theodosios III. (715–717)
Leo III. (717–741)
Konstantin V. (741–775)
[Pippin (751–768)]
Leo IV. (775–780)
Konstantin VI. (780–790, 790–797, † 802)
Irene (790, 797–802)

Karl der Große (768/800–814)
Ludwig der Fromme (781/814–840)
Lothar I. (817/823–855)
Ludwig II. (850–875)
○ Lothar II. (855/- -869)
Karl der Kahle (875–877)
Karl der Dicke (876/881–887, † 888)
Arnulf (887/896–899)
○ Ludwig das Kind (900/- -911)
Wido von Spoleto (888/891–894)
Lambert von Spoleto (894–898)
Ludwig der Blinde (901–905 geblendet, † 928)
Berengar I. von Friaul (888/915–924)
○ Konrad I. (911/- -918)
○ Heinrich I. (919/- -936)

Otto I., der Große (936/962–973)
Otto II. (961/967–983)
Otto III. (983/996–1002)
Heinrich II. (1002/1014–1024)
Konrad II. (1024/1027–1039)
Heinrich III. (1039/1046–1056)
*Heinrich IV. (1056/1084–1105, †1106)
*○ Rudolf (1077/- –1080)
*○ Hermann von Luxemburg (1081/-
    –1088)
□○ Konrad (1087/- –1093, †1101)
Heinrich V. (1106/1111–1125)
*Lothar III. (1125/1133–1137)
*○ Konrad III. (1127)
○ Konrad III. (1138/- –1152)
□○ Heinrich- Berengar(1147/- –1150)
Friedrich I. Barbarossa
    (1152/1155–1190)
□Heinrich VI. (1169/1191–1197)
*○ Philipp (1198/- –1208)
*Otto IV. (1198/1209–1211, †1218)
*Friedrich II. (1212/1220–1245/1250)
□○ Heinrich (VII.) (1222/- –1235,
    †1242)

*○ Heinrich Raspe (1246/- –1247)
*○ Konrad IV. (1237,1250/- –1254)
*○ Wilhelm von Holland (1248/- –1256)
*○ Richard von Cornwall (1257/- –1272)
*○ Alfons von Kastilien (1257/- –1284)
○ Rudolf von Habsburg (1273/- –1291)
○ Adolf von Nassau (1292/- –1298)
○ Albrecht I. (1298/- –1308)
Heinrich VII. (1308/1312–1313)
*○ Friedrich der Schöne (1314/- –1330)
* Ludwig der Bayer (1314/1328–1347)
[Stefan Dusan (1346–1355)]
Karl IV. (1346/1355–1378)
○ Günther von Schwarzburg (1349)
○ Wenzel (1376/- –1400 abges., † 1419)
○ Ruprecht (1400/- –1410)
○ Jobst (1410/- –1411)
Sigismund (1410/1433–1437)
○ Albrecht II. (1438/- –1439)
Friedrich III. (1440/1452–1493)
Maximilian I. (1486/erw. 1508–1519)
Karl V. (1519/erw. 1520/1530–1556
    entsagt, † 1558)

Die Päpste

○   Papst im Schisma, heute offiziell anerkannt
□   Papst im Schisma, heute nicht offiziell anerkannt

Marcellus (306/7–308)
Euseb (310)
Melchiades/Miltiades (311–314)
Silvester I. (314–335)
Markus (336)
Julius (337–352)
○ Liberius (352–365)
□ Felix II. (355–358, † 365)
○ Damasus (366–384)
□ Ursinius (366–367, † nach 384)
Siricius (384–399)
Anastasius I. (399–401)

Innozenz I. (401–417)
Zosimus (417–418)
○ Bonifaz I. (418–422)
□ Eularius (418–419, † 423)
Coelestin I. (422–432)
Sixtus III. (432–440)
Leo I. d. Gr. (440–461)
Hilarius (461–468)
Simplicius (468–483)
Felix III. (483–492)
Gelasius I. (492–496)
Anastasius II. (496–498)

○ Symmachus (498–514)
□ Laurentius (498–506)
Hormisdas (514–523)
Johannes I. (523–526)
Felix IV. (526–530)
○ Bonifaz II. (530–532)
□ Dioskur (530)
Johannes II. (533–535)
Agapit I. (535–536)
Silverius (536–537)
Vigilius (537–555)
Pelagius I. (556–561)
Johannes III. (561–574)
Benedikt I. (575–579)
Pelagius II. (579–590)
Gregor I. d. Gr. (590–604)
Sabinian (604–606)
Bonifaz III. (607)
Bonifaz IV. (608–615)
Deusdedit (615–618)
Bonifaz V. (619–625)
Honorius I. (625–638)
Severinus (640)
Johannes IV. (640–642)
Theodor I. (642–649)
Martin I. (649–653, † 655)
Eugen I. (654–657)
Vitalianus (657–672)
(A)Deodatus (672–676)
Donus (676–678)
Agathos (678–681)
Leo II. (682–683)
Benedikt II. (684–685)
Johannes V. (685–686)
Konon (686–687)
□ Theodor II. (687)
□ Paschal (687, † 692/3)
Sergius I. (687–701)
Johannes VI. (701–705)
Johannes VII. (705–707)
Sisinnius (708)
Konstantin I. (708–715)
Gregor II. (715–731)

Gregor III. (731–741)
Zacharias (741–752)
Stephan II. (752–757)
○ Paul I. (757–767)
□ Konstantin II. (767–769)
□ Philipp 768
Stephan III. (768–772)
Hadrian I. (772–795)
Leo III. (795–816)
Stephan IV. (816–817)
Paschal I. (817–824)
Eugen II. (824–827)
□ Valentin (827)
Gregor IV. (827–844)
□ Johannes (VIII.) (844)
○ Sergius II. (844–847)
Leo IV. (847–855)
Benedikt III. (855–857)
(Johannes Anglicus nacione Maguntinus)
    Päpstin Johanna
□ Anastasius (III.) (855, † c. 880)
Nikolaus I. (858–867)
Hadrian II. (867–872)
Johannes VIII. (872–882)
Marinus I./Martin II. (882–884)
Hadrian III. (884–885)
Stephan V. (VI.) (885–891)
Formosus (891–896)
Bonifaz VI. (896)
Stephan VI. (VII.) (896–897)
Romanus (897)
Theodor II. (897)
Johannes IX. (898–900)
Benedikt IV. (900–903)
○ Leo V. (903, †905?)
□ Christopherus (903–904)
Sergius III. (904–911)
Anastasius III. (911–913)
Lando (913–914)
Johannes X. (914–928, † 929)
Leo VI. (928/9)
Stephan VII. (VIII.) (928/9–931)
Johannes XI. (931–935)

Leo VII. (936–939)
Stephan VIII. (IX.) (939–942)
Marianus II. (Martin III.) (942–946)
Agapit II. (946–955)
Johannes XII. (955–964)
Leo VIII. (964–965)
Benedikt V. (964, † 965/6)
Johannes XIII. (965–972)
□ Benedikt VI. (973–974)
□ Donus II. (974)
□ Bonifaz VII. (974, 984–985)
Benedikt VII. (974–983)
Johannes XIV. (983–984)
Johannes XV. (985–996)
○ Gregor V. (996–999)
□ Johannes XVI. (997–998, † 1001)
Silvester II. (999–1003)
Johannes XVII. (1003)
Johannes XVIII. (1003/4–1009)
Sergius IV. (1009–1012)
○ Benedikt VIII. (1012–1024)
□ Gregor VI. (1012)
Johannes XIX. (1024–1032)
○ Benedikt IX. (1032–1044, 1045,
      1047–1048, † 1055)
□ Gregor VI. (1045–1046)
□ Silvester III. (1045–1046, † 1063)
Clemens II. (1046–1047)
Damasus II. (1047–1048)
Leo IX. (1049–1054)
Viktor II. (1055–1057)
Stephan IX. (1057–1058)
□Benedikt X. (1058–1060, † nach 1079)
Nikolaus II. (1058–1061)
○ Alexander II. (1061–1073)
□ Honorius II., (1061–1064, † 1071/72)
○ Gregor VII. (1073–1085)
□ Clemens III. (1080–1100)
Viktor III. (1086–1087)
Urban II. (1088–1099)
○ Paschal II. (1099–1118)
□ Theodericus (1100, † 1102)
□ Albertus (1102)

□ Silvester IV. (1105–1111)
□ Gelasius II. (1118–1119)
□ Gregor VIII. (1118–1121, nach 1137)
Calixt II. (1119–1124)
○ Honorius II. (1124–1130)
□ Coelestin II. (1124–1125 resig., † 1126)
○ Innozenz II. (1130–1143)
□ Anakletus II. (1130–1138)
□ Viktor IV. (1138 resig.)
Coelestin II. (1143–1144)
Lucius II. (1144–1145)
Eugen III. (1145–1153)
Anastasius IV. (1153–1154)
Hadrian IV. (1154–1159)
○ Alexander III. (1159–1181)
□ Viktor IV. (1159–1164)
□ Paschal III. (1164–1168)
□ Calixt III. (1168–1178 resig.,
      † nach 1080)
□ Innozenz III. (1179–1180 gefangen)
Lucius III. (1181–1185)
Urban III. (1185–1187)
Gregor VIII. (1187)
Clemens III. (1187–1191)
Coelestin III. (1191–1198)
Innozenz III. (1198–1216)
Honorius III. (1216–1227)
Gregor IX. (1227–1241)
Coelestin IV. (1241)
Innozenz IV. (1243–1254)
Alexander IV. (1254–1261)
Urban IV. (1261–1264)
Clemens IV. (1265–1268)
Gregor X. (1271–1276)
Innozenz V. (1276)
Hadrian V. (1276)
Johannes XXI. (1276–1277)
Nikolaus III. (1277–1280)
Martin IV. (1281–1285)
Honorius IV. (1285–1287)
Nikolaus IV. (1288–1292)
Coelestin V. (1294, †1296)
Bonifaz VIII. (1294–1303)

Benedikt XI. (1303–1304)

Avignon

Clemens V. (1305–1314)

○ Johannes XXII. (1316–1334)

□ Nikolaus V. (1328-res. 1330, †1333)

Benedikt XII. (1334–1342)

Clemens VI. (1342–1352)

Innozenz VI. (1352–1362)

Urban V. (1362–1370)

Gregor XI. (1370–1378)

□ Clemens VII. (1378–1394)

□ Benedikt XIII. (1394, abges. 1409, 1417, † 1423)

□ Clemens VIII. (1423–1429, † 1447)

□ Benedikt XIV. (1425–1430)

Rom

○ Urban VI. (1378–1389)

○ Bonifaz IX. (1389–1404)

○ Innozenz VII. (1404–1406)

○ Gregor XII. (1406–1409/1415, † 1417)

Pisa

□ Alexander V. (1409–1410)

□ Johannes XXIII. (1410–1415, † 1419)

Rom

Martin V. (1417–1431)

○ Eugen IV. (1431–1447)

□ Felix V. (1439–1449, †1451)

Nikolaus V. (1447–1455)

Calixt III. (1455–1458)

Pius II. (1458–1464)

Paul II. (1464–1471)

Sixtus IV. (1471–1484)

Innozenz VIII. (1484–1492)

Alexander VI. (1492–1503)

Pius III. (1503)

Julius II. (1503–1513)

Leo X. (1513–1521)

Hadrian VI. (1522–1523)

Clemens VII. (1523–1534)

Bildnachweise

Abb. 1 aus: Recht und Gerechtigkeit im Spiegel der europäischen Kunst, hg. von Wolfgang Pleister und Wolfgang Schild, Köln 1988, S. 89, Abb. 141

Abb. 2a: Beuroner Kunstkarte Nr. 5976

Abb. 2b + c aus: Das Jahrtausend im Spiegel der Jahrhundertwenden, hg. von Lothar Gall, Berlin 1999, Abb. 3

Abb. 3 aus: Peter Partner, The Lands of St. Peter, The Papal State in the Middle Ages and the early Renaissance, Berkeley 1972, Abb. 3

Abb. 4: De Christofaro editione Nr. 17097

Abb. 5 aus: Max Seidel / Romano Silva, The Power of Images, the Images of Power. Lucca as an Imperial City: Political Iconography (Series of Kunsthistorisches Institut in Florenz, Max Planck-Institut 12), München u.a. 2007, S. 57, Abb. 46

Abb. 6: Max Seidel / Romano Silva, The Power of Images, the Images of Power. Lucca as an Imperial City: Political Iconography (Series of Kunsthistorisches Institut in Florenz, Max Planck-Institut 12), München u.a. 2007, S. 54, Abb. 43

Abb. 7 aus: Max Seidel / Romano Silva, The Power of Images, the Images of Power. Lucca as an Imperial City: Political Iconography (Series of Kunsthistorisches Institut in Florenz, Max Planck-Institut 12), München u.a. 2007, S. 56, Abb. 45

Abb. 8 aus: The Mystic Middle Ages / Mistyczne Średniowiecze, Skarby Muzeum, Muzeum Narodowe w Warszawie, Lesko o.J. S. 42–43, Abb. 17b

Abb. 9 aus: Franco Cardini, Europa 1492. Ein Kontinent im Aufbruch, München 1989, S. 122

Abb. 10 aus: Spektakel der Macht. Rituale im alten Europa 800–1800, hg. von Barbara Stollberg-Rilinger, Matthias Puhle, Jutta Götzmann und Gerd Althoff, Darmstadt 2008, S. 176, Abb. II.27

Abb. 11 aus: Die Kaisermacher. Frankfurt am Main und die Goldene Bulle 1356–1806, Frankfurt 2006, S. 512

Abb. 12 aus: Elemér Mályusz, Kaiser Sigismund in Ungarn, 1387–1437, Budapest 1990, Abb. 20

Abb. 13 aus: 1400. Elsaß und Oberrhein im gotischen Europa, Lyon 2008, S. 158

Abb. 14 aus: The Mystic Middle Ages / Mistyczne Średniowiecze, Skarby Muzeum, Muzeum Narodowe w Warszawie, Lesko o.J., S. 126, Abb. 97

Abb. 15 aus: Peter Partner, The Lands of St. Peter, Papal State in the Middle Ages and the early Renaissance, Berkeley 1972, Abb. 13

Abb. 16 aus: Spektakel der Macht. Rituale im alten Europa 800–1800, hg. von Barbara Stollberg-Rilinger, Matthias Puhle, Jutta Götzmann und Gerd Althoff, Darmstadt 2008, S. 153, Abb. 43

Abb. 17 aus: Spektakel der Macht. Rituale im alten Europa 800–1800, hg. von Barbara Stollberg-Rilinger, Matthias Puhle, Jutta Götzmann und Gerd Althoff, Darmstadt 2008, S. 83, Abb. I.20

Quellen- und Literaturverzeichnis

Eine vollständige Auflistung aller Forschungsbeiträge und Monografien sowie Hand- und Lehrbücher der europäischen Geschichtswissenschaft, die in den letzten Jahrzehnten das hier Dargestellte tangiert haben, kann an dieser Stelle nicht das Ziel sein. Die aufgeführten Studien und Überblicksdarstellungen sollen zum Weiterlesen anregen und den Einstieg in den Gang der Forschung ebnen. Zudem bieten folgende Handbücher und Reihen für das Thema relevante Einzelbände, die nur in Ausnahmefällen verzeichnet wurden: Enzyklopädie deutscher Geschichte – Forschungen zur Kaiser- und Papstgeschichte, Beihefte zu J. F. Böhmer, Regesta Imperii – Gebhardt Handbuch der deutschen Geschichte, 2. und 3. Auflage – Geschichte des Christentums – Gestalten des Mittelalters und der Renaissance – Handbuch der Geschichte Europas – Historische Studien – The New Cambridge Medieval History – Ökumenische Kirchengeschichte – Oldenbourg Grundriss Geschichte – Päpste und Papsttum – Pipers Handbuch der politischen Ideen – Propyläen Geschichte Deutschlands – Urban-Taschenbücher.

Für digitale Zugriffe auf zentrale Quellen der Kaiser- und Papstgeschichte sei verwiesen auf: www.mgh.de und www.regesta-imperii.de.

AQ – Ausgewählte Quellen zur Deutschen Geschichte des Mittelalters, Freiherr vom Stein-Gedächtnisausgabe, Darmstadt
AQGN – Ausgewählte Quellen zur Deutschen Geschichte der Neuzeit, Freiherr vom Stein-Gedächtnisausgabe, Darmstadt
DGQD – Deutsche Geschichte in Quellen und Darstellungen, Stuttgart
MGH – Monumenta Germaniae Historica, vgl. www.mgh.de
RI – Regesta imperii

Acta Concilli Constanciensis, hg. von Heinrich Finke in Verbindung mit Johannes Hollnsteiner, 4 Bde, Münster 1896–1928
Acta imperii inedita saeculi XIII et XIV. Urkunden und Briefe zur Geschichte des Kaiserreichs und des Königreichs Sizilien, ed. E. Winkelmann, 2 Bde Innsbruck 1885
Alexander von Roes, Memoriale, hg. von Herbert Grundmann/Hermann Heimpel (MGH Staatsschriften I, 1) Stuttgart 1958
Althoff, Gerd, Heinrich IV., Darmstadt 2006, 2. Aufl. 2008
–, Die Macht der Rituale, Darmstadt 2003
–, Die Ottonen, Königsherrschaft ohne Staat, Stuttgart 2000, 2. Aufl. 2005
Ando, C., Imperial Ideology and Provincial Loyalty in the Roman Empire, Berkeley 2000
Angenendt, Arnold, Das geistliche Bündnis der Päpste mit den Karolingern (754–796), in: Historisches Jahrbuch 100, 1980, S. 1–94
Baar, Piet A. van den, Die kirchliche Lehre der „translatio imperii Romani" bis zur Mitte des 13. Jahrhunderts (Analecta Gregoriana), Rom 1956

Backus, Irena, Historical Method and confessional identity in the era of Reformation (1378–1615) (Studies in Medieval and Reformation Thought 94), Leiden/Boston 2003

Bauch, Martin, Öffentliche Frömmigkeit und Demut des Herrschers als Form politischer Kommunikation. Karl IV. und seine Italienaufenthalte als Beispiel in: Quellen und Forschungen aus italienischen Archiven und Bibliotheken 87, 2007, S. 109–138

Bayer, Axel, Spaltung der Christenheit. Das sogenannte Morgenländische Schisma von 1054 (Beihefte zum Archiv für Kulturgeschichte 53), Köln u.a. 2002

Bellarmin, Robert, De Primatu Romani Pontificis, ed. Sebastian Tromp (Pontificia Universitas Gregoriana, Textus et Documenta 17), Roma 1935, S. 21–36

Bertelli, Sergio, Il Corpo del re. Sacralità del potere nell'Europa medievale e moderna, Florenz 1990, 2. Aufl. 1995

–, Rex et sacerdos: The Holiness of the King in European Civilisation, in: Iconography, Propaganda, and Legitimation, ed. by Allan Ellenius, Oxford 1998, S. 123–145

Beumann, Helmut, Nomen imperatoris. Studien zur Kaiseridee Karls des Großen, in: Historische Zeitschrift 185, 1958, S. 515–549

Biehl, Ludwig, Das liturgische Gebet für Kaiser und Reich. Ein Beitrag zur Geschichte des Verhältnisses von Kirche und Staat (Veröffentlichungen der Görres-Gesellschaft, Sektion für Rechts- und Staatswissenschaft 75) Paderborn 1937

Bischof Burchard von Worms 1000–1015, hg. von Wilfried Hartmann (Quellen und Abhandlungen zur mittelrheinischen Kirchengeschichte 100) Mainz 2000

Black, Antony, A World History of Ancient Political Thought, Oxford u.a. 2009

Bleicken, Jochen, Constantin der Große und die Christen (Historische Zeitschrift Beiheft 15), München 1992

Blumenthal, Uta-Renate, Gregor VII. Papst zwischen Canossa und Kirchenreform, Darmstadt 2001

Bölling, Jörg, Das Papstzeremoniell der Renaissance (Tradition – Reform – Innovation 12), Frankfurt 2006

Bösel, Richard/Klingenstein, Grete/Koller, Alexander, Kaiserhof – Papsthof 16.–18 Jahrhundert (Publikationen des Historischen Instituts beim Österreichischen Kulturinstitut in Rom 12), Wien 2006

Bogade, Marco, Kaiser Karl IV. – Ikonographie und Ikonologie, Stuttgart 2005

Bojcov, Michail A., Der Schirm des Papstes, der Sonnengott und die historischen Wege Russlands, in: Prozessionen, Wallfahrten, Aufmärsche. Bewegung zwischen Religion und Politik in Europa und Asien seit dem Mittelalter, hg. von Jörg Gengnagel u. a. (Menschen und Kulturen 4), Köln u.a. 2008, S. 163–203

–, Wie der Kaiser seine Krone aus den Füßen des Papstes empfing, in: Zeitschrift für historische Forschung 32, 2005, S. 163–198

Boniface VIII en procès. Articles d'accusation et dépositions des témoins (1303– 1311). Édition critique, introductions et notes par Jean Coste, Avant-propos d'André Vauchez (Pubblicazioni della Fondazione Camillo Caetani, a cura di Luigi Fiorani, Studi e documenti d'archivio 5) Roma 1995

Borgolte, Michael, Petrusnachfolge und Kaiserimitation. Die Grablegen der Päpste, ihre Genese und Traditionsbildung (Veröffentlichungen des Max-Planck-Instituts für Geschichte 95), Göttingen 1989

–, Christen, Juden, Muselmanen. Die Erben der Antike und der Aufstieg des Abendlandes 300 bis 1400 n. Chr. (Siedler Geschichte Europas), Berlin 2006

Borst, Arno, Der Streit um das weltliche und das geistliche Schwert, in: Staat und Kirche, S. 34–52, wieder abgedruckt in: Ders., Barbaren, Ketzer und Artisten. Welten des Mittelalters, München/Zürich 2. Aufl. 1990, S. 99–122

Brandmüller, Walter, Das Konzil von Konstanz, 1414–1418, 2 Bde., Paderborn u. a. 1991–1997

Brennecke, Hanns Christof, Heiligkeit als Herrschaftslegitimation, in: Sakralität zwischen Antike und Neuzeit, hg. von Berndt Hamm, Klaus Herbers und Heidrun Stein-Kecks (Beiträge zur Hagiographie 6), Stuttgart 2007, S. 115–122

Buisson, Ludwig, *Potestas* und *Caritas*. Die päpstliche Gewalt im Spätmittelalter (Forschungen zur kirchlichen Rechtsgeschichte und zum Kirchenrecht 2), Köln 1958, 2. Aufl. 1982

Burns, James H., Lordship, Kingship, and Empire, The Idea of Monarchy 1400–1525, Oxford 1992

Calasso, Francesco, I glossatori e la teoria della sovranità, 3. Aufl. Milano 1957

Carlen, Louis, Orte, Gegenstände, Symbole kirchlichen Rechtslebens. Eine Einführung in die kirchliche Rechtsarchäologie, Freiburg/Schweiz 1999

–, Zeremoniell und Symbolik der Päpste im 15. Jahrhundert (Freiburger Veröffentlichungen auf dem Gebiete von Kirche und Staat), Freiburg 1993

Caspary, Gundula, Späthumanismus und Reichspatriotismus. Melchior Goldast und seine Edition zur Reichsverfassungsgeschichte (Formen der Erinnerung 25), Göttingen 2006

Chadwick, Henry, Augustine of Hippo. A Life. Oxford u.a. 2009

Chazan, Robert, The Jews of Medieval Western Christendom (1000–1500) (Cambridge Medieval Textbooks), Cambridge 2006

Charles Quint et la monarchie universelle, ed. Annie Molinié-Bertrand et Jean-Paul Duviols (Iberica 13), Paris 2001

Cheneval, Francis, Die Rezeption der Monarchia Dantes bis zur Editio princeps im Jahre 1559. Metamorphosen eines philosophischen Werkes. Mit einer kritischen Edition von Guido Vernanis Tractatus de potestate summi pontificis (Humanistische Bibliothek I 47) München 1995

Classen, Peter, Karl der Große, das Papsttum und Byzanz. Die Begründung des karolingischen Kaisertums (1965/1968), erg. Wiederabdruck hg. v. Manfred Fuhrmann und Claudia Märtl (Beiträge zur Geschichte und Quellenkunde des Mittelalters 9), Sigmaringen 1985, 2. Aufl. 1988

Conring, Hermann, Der Ursprung des deutschen Rechts, übers. von Ilse Hoffmann-Meckenstock, hg. von Michael Stolleis (Bibliothek des deutschen Staatsdenkens 3) Frankfurt 1994

Das Constitutum Constantini (Konstantinische Schenkung) Text, hg. von Horst Fuhrmann, MGH Fontes 10, Hannover 1968

Cottrell, Alan, Auctoritas and potestas: a reevaluation of the correspondence of Gelasius I on papal-imperial relations, in: Mediaeval Studies 55, 1993, S. 95–109

Dagron, Gilbert, Empereur et prêtre: Etude sue le 'césaropapisme' byzantin, Paris 1996 = Emperor and Priest. The Imperial Office in Byzantium (Past and Present Publications) Cambridge 2003

Dante Alighieri, Monachia, hg. und übers. von Ruedi Imbach (Reclams Universal Bibliothek 8531), Stuttgart 2007

Deckers, Johannes G., Konstantin und Christus. Der Kaiserkult und die Entstehung des monumentalen Christusbildes in der Apsis, in: Costantino il Grande dall'antichità all'umanesimo. Colloquio sul Christianesimo nel mondo antico 1990, hg. von Giorgio Banamente und Franca Fusco (Università degli studi di Macerata, Facoltà di lettere e filosofia, Atti 21), Macerata 1992, S. 357–362

Demandt, Alexander, Der Fall Roms. Die Auflösung des römischen Reiches im Urteil der Nachwelt, München 1984

Deér, Josef, Die Vorrecht des Kaisers in Rom (772–800), in: Schweizer Beiträge zur allgemeinen Geschichte 15, 1957, S. 5–63

Deutsche Geschichte in Quellen und Darstellung: Band 1 – Frühes und hohes Mittelalter 750–1250, hg. von Wilfried Hartmann, Stuttgart 1995; Band 2 – Spätmittelalter 1250–1495, hg. von Jean Marie Moeglin und Rainer A. Müller, Stuttgart 2000

Die Deutschen Herrscher des Mittelalters. Historische Portraits von Heinrich I. bis Maximilian I. (919–1519), hg. von Bernd Schneidmüller und Stefan Weinfurter, München 2003

Deutschland und der Westen Europas im Mittelalter, hg. von Joachim Ehlers (Vorträge und Forschungen 56), Stuttgart 2002

Eckbert, Thomas, Nichthäretische Papstkritik in England vom Beginn des 14. bis zur zweiten Hälfte des 15. Jahrhunderts, in: AHC 23, 1991, S. 116–359

Eckermann, Karla, Studien zur Geschichte des monarchischen Gedankens im 15. Jahrhundert (Abhandlungen zur mittleren und neueren Geschichte 73), Berlin 1933

Edwards, John, The Spain of the catholic Monarchs 1474–1520, Oxford 2000

Ehlers, Caspar, Metropolis Germaniae. Studien zur Bedeutung Speyers für das Königtum 751–1259) (Veröffentlichungen des Max-Planck-Instituts für Geschichte 125) Göttingen 1996

Ekonomou, Andrew J., Byzantine Rome and the Greek Popes. Eastern Influences on Rome and the Papacy from Gregory the Great to Zacharias, A.D. 590–752, Lanham 2007

The empress Theophanu, Byzantium and the West at the turn of the first millennium, hg. von Adelbert Davids, Cambridge 1995

Enea Silvio Piccolomini. Pius Secundus Poeta Laureatus Pontifex maximus, a cura di Manlio Sodi e Arianna Antoniutti, Roma 2007

Engels, Odilo, Die Staufer (Urban-Taschenbücher 154), 7. überarb. Aufl. Stuttgart 1998

Ensslin, Wilhelm, Auctoritas und Potestas. Zur Zweigewaltenlehre des Papstes Gelasius, in: Historisches Jahrbuch 74, 1955, S. 661-668

Erdö, Péter, Geschichte der Wissenschaft vom kanonischen Recht. Eine Einführung (Kirchenrechtliche Bibliothek 4), Münster 2006

Erkens, Franz-Reiner, Herrschersakralität im Mittelalter. Von den Anfängen bis zum Investiturstreit, Stuttgart 2006

–, Sol iustitiae und regis regum vicarius – Ludwig der Bayer als Priester der Gerechtigkeit, in: Zeitschrift für bayerische Landesgeschichte 66, 2003, S. 795–818

–, Vicarius Christi – sacratissimus legislator – sacra majestas. Religiöse Herrschaftslegitimierung im Mittelalter, in: ZRG KA 89, 120, 2003, S. 1–55

Fasolt, Constantin, Council and Hierarchy. The Political Thought of William Durant the Younger, Cambridge UK 1991

–, The Limits of History, Chicago 2004

Felten, Franz J., Impero e papato nel XII secolo, in: Il secolo XII: la renovatio dell'Europa cristiana a cura di Giles Constable et. al. (Annali dell'Istituo storico italo-germanico in Trento, Quaderni 62), Bologna 2003, S. 89–129

–, Kommunikation zwischen Kaiser und Kurie unter Ludwig dem Bayern (1314–1347), in: Kommunikationspraxis und Korrespondenzwesen im Mittelalter und in der Renaissance, hg. von Hans-Dieter Heimann in Verbindung mit Ivan Hlaváček, Paderborn 1998, S. 51–89

–, Päpstliche Personalpolitik? Über Handlungsspielräume des Papstes in der ersten Hälfte des 14. Jahrhunderts, in: Historisches Jahrbuch 122, 2002, S. 43–86

Folz, Robert, L'idée d'empire en occident du Ve au XIVe siècle (Collection Historique) Paris 1953

Fried, Johannes, "Donation of Constantine" and "Constitutum Constantini". The misinterpretation of an early medieval fiction and its original meaning, Millenium Studies 3, Berlin 2007

–, Imperium Romanum. Das römische Reich und der mittelalterliche Reichsgedanke, in: Millenium 3, 2006, S. 1–42

–, Otto III. und Boleslaw Chrobry. Das Widmungsbild des Aachener Evangeliars, der Akt von Gnesen und das frühe polnische und ungarische Königtum, 2. erw. Auflage, Stuttgart 2001

–, Der Pakt von Canossa. Schritte zur Wirklichkeit durch Erinnerungsanalyse, in: Die Faszination der Papstgeschichte. Neue Zugänge zum frühen und hohen Mittelalter, hg. von Wilfried Hartmann und Klaus Herbers (Beihefte zur J.F. Böhmer, Regesta imperii 28), 2008, S. 133–197

–, Der päpstliche Schutz für Laienfürsten. Die politische Geschichte des päpstlichen Schutzprivilegs für Laien (11.–13. Jahrhundert), Heidelberg 1980

–, Papst Leo III. besucht Karl den Großen in Paderborn oder Einhards Schweigen, in: Historische Zeitschrift 272, 2001, S. 281–326

–, Zu Herkunft und Entstehungszeit des „Constitutum Constantini". Zugleich eine Selbstanzeige, in: Deutsches Archiv 63, 2007, S. 603–611

Friedberg, Emil, Die Grenzen zwischen Staat und Kirche und die Garantien gegen deren Verletzung, Tübingen 1872, ND Aalen 1962

Fuhrmann, Horst, Einfluß und Verbreitung der pseudoisidorischen Fälschungen. Von ihrem Auftauchen bis in die neuere Zeit, Schriften der MGH 24, 1–3, Hannover 1972–1974

–, Die Päpste. Von Petrus bis zu Johannes Paul II., München 1998

–, „Der wahre Kaiser ist der Papst". Von der irdischen Gewalt im Mittelalter, in: Das antike Rom in Europa (Schriftenreihe der Universität Regensburg 12, 1985), wieder abgedruckt in: ders., Einladung ins Mittelalter, 4. Aufl. 1989, S. 121–134

Fuhrmann, Manfred, Alexander von Roes: ein Wegbereiter des Europagedenkens? (Sb Akad Heidelberg 1994, 4) Heidelberg 1994

Funder, Achim, Reichsidee und Kirchenrecht. Dietrich von Nieheim als Beispiel spätmittelalterlicher Rechtsauffassung (Römische Quartalschrift – Suppl. 48), Freiburg 1993

Garfagnini, Gian Carlo, *Cuius est potentia, eius est actus*. Regnum e sacerdotium nel pensiero di Egidio Romano e Giovanni da Parigi, in: Filosofia e cultura, per Eugenio Garin, edd. Michele Ciliberto, Cesare Vasoli, Roma 1991, 1, S. 101–134

Gerbert l'Europén. Actes du colloque d'Aurillac, Clermont-Ferrand 1997

Girardet, Klaus M., Die Konstantinische Wende. Voraussetzungen und geistige Grundlagen der Religionspolitik Konstantins des Großen, Darmstadt 2006

–, Konstantin und das Christentum, – Die Jahre der Entscheidung: 310 bis 314, in: Konstantin der Große. Geschichte – Archäologie – Rezeption, S. 69–82

Görich, Knut, Die Ehre Friedrich Barbarossas. Kommunikation, Konflikt und politisches Handeln im 12. Jahrhundert (Symbolische Kommunikation in der Vormoderne), Darmstadt 2001

–, Otto III. Romanus Saxonicus et Italianus. Kaiserliche Rompolitik und sächsische Historiographie (Historische Forschungen 18), 1993

Goez, Elke, Papsttum und Kaisertum im Mittelalter (Geschichte Kompakt) Darmstadt 2009

Goez, Werner, Kirchenreform und Investiturstreit, 2. erw. Auflage 2008

–, Translatio imperii. Ein Beitrag zur Geschichte des Geschichtsdenkens und der politischen Theorien im Mittelalter und in der frühen Neuzeit, Tübingen 1958

Die Goldene Bulle. Politik – Wahrnehmung – Rezeption, hg. von Ulrike Hohensee, Mathias Lawo, Michael Lindner, Michael Menzel und Olaf B. Rader (Berichte und Abhandlungen der Berlin-Brandenburgischen Akademie der Wissenschaften Sonderband 12) Berlin 2009

Grass, Nikolaus, Königskirche und Staatssymbolik. Ausgewählte Aufsätze zur Rechtsgeschichte der abendländischen Capella regia, hg. von Louis Carlen und Hans Constantin Faussner, Innsbruck 1983

Gresser, Georg, Clemens II. Der erste deutsche Reformpapst, Paderborn 2007

Gross-Albenhausen, Kirsten, Imperator christianissimus. Der christliche Kaiser bei Ambrosius und Johannes Chryosostomus (Frankfurter althistorische Beiträge 3), Frankfurt 1999

Hack, Achim Thomas, Das Empfangszeremoniell bei mittelalterlichen Papst-Kaiser-Treffen (Forschungen zur Kaiser- und Papstgeschichte des Mittelalters, Beihefte zu J. F. Böhmer, Regesta Imperii 18), Köln u.a. 1999

Hageneder, Othmar, Das Sonne-Mond-Gleichnis bei Innozenz III., Versuch einer teilweisen Neuinterpretation, in: Mitteilungen des Instituts für Österreichische Geschichtsforschung 65, 1957, S. 340–368

Haller, Johannes, Das Papsttum. Idee und Wirklichkeit 2, 2. Aufl. Stuttgart 1951

Harke, Jan Dirk, Römisches Recht. Von der klassischen Zeit bis zu den modernen Kodifikationen (Grundrisse des Rechts), München 2008

Hartmann, Florian, Hadrian I. (772–795) (Päpste und Papsttum 34), Stuttgart 2006

Hartmann, Wilfried, Der Investiturstreit (Enzyklopädie deutscher Geschichte 21), 3. überarb. und erw. Auflage, München 2007

–, Kirche und Kirchenrecht um 900. Die Bedeutung der spätkarolingischen Zeit für Tradition und Innovation im kirchlichen Recht (MGH Schriften 58), Hannover 2008

Haverkamp, Alfred, 12. Jahrhundert, 1125–1198 (Gebhardt Handbuch der deutschen Geschichte 5) Stuttgart 2003

Heilig – Römisch – Deutsch. Das Reich im mittelalterlichen Europa, hg. von Bernd Schneidmüller und Stefan Weinfurter, 2006

Heinig, Paul-Joachim, Friedrich III. (1440–1493). Hof, Regierung und Politik, Bd. 1–3 (Forschungen zur Kaiser- und Papstgeschichte des Mittelalters 17), Köln u.a. 1997

Helmrath, Johannes, „Geistlich und werntlich". Zur Beziehungen von Konzilien und Reichsversammlungen im 15. Jahrhundert, in: Deutscher Königshof, Hoftag und Reichstag im späteren Mittelalter, hg. von Peter Moraw (Vorträge und Forschungen 48), Stuttgart 2002, S. 477–517

Henderson, Duane, „Si non est vera donatio ..." Die Konstantinische Schenkung im ekklesiologischen Diskurs nach dem Fälschungsnachweis, in: Nach dem Basler Konzil S. 283–305

Herbers, Klaus, Im Dienste der Universalität oder der Zentralisierung: Das Papsttum und die „Peripherien" im hohen Mittelalter – Schlussbemerkungen und Perspektiven, in: Römisches Zentrum und kirchliche Peripherie S. 323–343

–, Papst Leo IV. und das Papsttum in der Mitte des 9. Jahrhunderts. Möglichkeiten und Grenzen päpstlicher Herrschaft in der späten Karolingerzeit (Päpste und Papsttum 27), Stuttgart 1996.

– / Neuhaus, Helmut, Das Heilige Römische Reich. Schauplätze einer tausendjährigen Geschichte (843–1806), Köln 2005, UTB 3298, 2010.

Hergemöller, Bernd Ulrich, Cogor adversum te. Drei Studien zum literarisch-theologischen Profil Karls IV. und seiner Kanzlei (Studien zu den Luxemburgern und ihrer Zeit 7), Warendorf 1999

Hirsch, Hans, Der mittelalterliche Kaisergedanke in den liturgischen Gebeten, in: MIÖG 44, 1930, S. 1–20

Hoffmann, Hartmut, Die beiden Schwerter im hohen Mittelalter, in: Deutsches Archiv 20, 1964, S. 78–114

Huth, Volkhard, Reichsinsignien und Herrschaftsentzug. Eine vergleichende Skizze zu Heinrich IV. und Heinrich (VII.) im Spiegel der Vorgänge von 1105/06 und 1235, in: Frühmittelalterliche Studien 26, 1992, S. 287–330

Imperium Romanum – irregulare corpus – Teutscher Reichs-Staat. Das Alte Reich im Verständnis der Zeitgenossen und der Historiographie, hg. von Mattias Schnettger (Veröffentlichungen des Instituts für Europäische Geschichte Mainz Beiheft 57), Mainz 2002

Innocenzo III., urbs et orbis, hg. von Andrea Sommerlechner, (Miscellanea della Società Romana di Storia Patria 44), Roma 2003

Investitur- und Krönungsrituale. Herrschaftseinsetzungen im kulturellen Vergleich, hg. von Marion Steinicke und Stefan Weinfurter, Köln 2005

Der Investiturstreit. Quellen und Materialien (Lateinisch – Deutsch), hg. von Johannes Laudage und Matthias Schrör (UTB2769), Köln 2. völlig überarbeitete und erw. Aufl. 2006

Isenmann, Eberhard, König oder Monarch? Aspekte der Regierung und Verfassung des römisch-deutschen Reiches um die Mitte des 15. Jahrhunderts, in: Europa im späten Mittelalter. Politik – Gesellschaft – Kultur, hg. von Rainer C. Schwinges, Christian Hesse und Peter Moraw (Historische Zeitschrift, Beiheft 40), München 2006, S. 71–98

Jäschke, Kurt-Ulrich, Europa und das römisch-deutsche Reich um 1300, Stuttgart 1999

Jaspert, Nikolaus, Die Kreuzzüge (Geschichte kompakt) Darmstadt 5. Aufl. 2009

Johannes Quidort von Paris: Über königliche und päpstliche Gewalt (De regia potestate et papali), Textkritische Edition mit deutscher Übersetzung, hg. von Fritz Bleienstein, (Frankfurter Studien zur Wissenschaft von der Politik IV), Stuttgart 1969

Johrendt, Jochen, Papsttum und Landeskirchen im Spiegel der päpstlichen Urkunden (896–1046) (MGH Studien und Texte 22), Hannover 2004

Just, Patricia, Imperator et Episcopus. Zum Verhältnis von Staatsgewalt und christlicher Kirche zwischen dem 1. Konzil von Nicaea (325) und dem 1. Konzil von Konstantinopel (381) (Potsdamer Altertumswissenschaftliche Beiträge 8), Stuttgart 2003

Kablitz, Andreas, Lorenzo Vallas Konzept der Geschichte und der Fall der Konstantinischen Schenkung. Zur Modernität von De falso credita et ementita Constantini donatione, in: Historicization = Historisierung, hg. von Glenn W. Most (Aporemata 5), Göttingen 2001, S. 45–67

Kahl, Hans-Dietrich, Symbol- und ideengeschichtliche Grundlagen der Urform kirchlicher Kaiserkrönung, in: Festschrift für Helmut Beumann zum 65. Geburtstag, hg. von Kurt-Ulrich Jäschke und Reinhard Wenskus, Sigmaringen 1977, S. 57–79

Kaiser Friedrich II. (1194–1250). Begleitband zur Sonderausstellung „Kaiser Friedrich II. (1194–1250). Welt und Kultur des Mittelmeerraums" im Landesmuseum für Natur und Mensch, Oldenburg, hg. von Mamoun Fansa und Karen Ermete (Schriftenreihe des Landesmuseums für Natur und Mensch 55), Mainz 2008

Kaiser Friedrich II. Leben und Persönlichkeit in Quellen des Mittelalters, hg. von Klaus van Eikels u. Tania Brüsch, Düsseldorf/Zürich 2000

Kaiser Heinrichs Romfahrt. Die Bilderchronik von Kaiser Heinrich VII. und Kurfürst Balduin von Luxemburg (1308–1313), ed. Franz-Josef Heyen, Boppard 1965, dtv 1358, München 1978

Kaiser Ludwig der Bayer. Konflikte, Weichenstellungen und Wahrnehmung seiner Herrschaft, hg. von Hermann Nehlsen und Hans-Georg Hermann (Quellen und Forschungen aus dem Gebiet der Geschichte NF 22), Paderborn u.a. 2002

Kaiser und Papst im Konflikt. Zum Verhältnis von Staat und Kirche im späten Mittelalter, hg. von Jürgen Miethke und Arnold Bühler (Historisches Seminar 8) Düsseldorf 1988

Kaiser, Wolfgang, Authentizität und Geltung spätantiker Kaisergesetze. Studien zu den Sacra privilegia concilii Vizaceni (Münchener Beiträge zu Papyrusforschung und antiken Rechtsgeschichte 96), München 2007

Kampers, Franz, Die deutsche Kaiseridee in Prophetie und Sage, München 1896, ND Aalen 1969

Kantorowicz, Ernst H., Die zwei Körper des Königs. Eine Studie zur politischen Theologie des Mittelalters (The King's Two Bodies), übers. v. Walter Theimer, München 1990/Stuttgart 1992

Karl IV., Kaiser von Gottes Gnaden. Kunst und Repräsentation des Hauses Luxemburg 1310–1437, hg. von Jiří Fajt u.a., München/Berlin 2006

Karl V., Politik und politisches System, hg. von Horst Rabe, Konstanz 1996

Karl V. 1500–1558. Neue Perspektiven seiner Herrschaft in Europa und Übersee, hg. von Alfred Kohler, Barbara Haider und Christine Ottner, Wien 2002

Kaufhold, Martin, Gladius spiritualis. Das päpstliche Interdikt über Deutschland in der Regierungszeit Ludwigs des Bayern (1324–1347) (Heidelberger Abhandlungen zur mittleren und neueren Geschichte N. F. 6), Heidelberg 1994

–, Deutsches Interregnum und europäische Politik. Konfliktlösungen und Entscheidungsstrukturen 1230–1280 (MGH Schriften 49), Hannover 2000

Keller, Hagen, Ottonische Königsherrschaft. Organisation und Legitimation königlicher Macht, Darmstadt 2002

Kelly, S., The New Solomon. Robert of Naples (1309–1343) and Fourteenth-Century Kingship (The Medieval Mediterranean 48), Leiden/Boston 2003

Kempf, Friedrich, Papsttum und Kaisertum bei Innozenz III., (Miscellanea Historiae Pontificiae 19) Rom 1954

Kessler, Stephan Ch. SJ, Kirche und Staat im Leben und Werk des Johannes Chrysostomus: Ein Vater der Kirche im Spannungsfeld zwischen ekklesialer und politischer Macht, in: Väter der Kirche. Ekklesiales Denken von den Anfängen bis in die Neuzeit. Festgabe für Hermann Josef Sieben SJ zum 70. Geburtstag, hg. von Johannes Arnold u.a., Paderborn u.a. 2004, S. 257–282

Klausnitzer, Wolfgang, Der Primat des Bischofs von Rom. Entwicklung – Dogma – Ökumenische Zukunft, Freiburg 2004

Knabe, Lotte, Die gelasianische Zweigewaltentheorie bis zum Ende des Investiturstreits (Historische Studien 292), Berlin 1936

Koch, Klaus, Europa, Rom und der Kaiser vor dem Hintergrund von zwei Jahrtausenden Rezeption des Buches Daniel (Beiträge der Jungius-Gesellschaft), Hamburg 1997

Kölmel, Wilhelm, Regimen Christianum. Weg und Ergebnisse des Gewaltenverhältnisses und Gewaltenverständnisses (8. bis 14. Jahrhundert), Berlin 1970

König, Hans-Joachim, Monarchia Mundi und Res publica Christiana, Hamburg 1969

Konstantin der Große. Geschichte – Archäologie – Rezeption. Internationales Kolloquium vom 10.–15. Okt. 2005 am der Universität Trier zur Landesausstellung Rheinland-Pfalz 2007, Konstantin der Große, hg. von Alexander Demandt u. Josef Engemann, Schriftenreihe des Rheinischen Landesmuseums 32, Trier 2006

Konstantin der Große – das Bild des Kaisers im Wandel der Zeiten, hg. v. Andreas Glotz und Heinrich Schlange-Schöningen (Beihefte zum Archiv für Kulturgeschichte 66), Köln u.a. 2008

Konstantin der Große. Der Kaiser und die Christen – Die Christen und der Kaiser, hg. von Michael Fiedrowicz, Gerhard Krieger und Winfried Weber, Trier 2006

Kortüm, Hans-Henning, Gerbertus qui et Silvester. Papsttum um die Jahrtausendwende, in: Deutsches Archiv 55, 1999, S. 29–62

Krüger, Elmar, Der Traktat ‚De ecclesiastica potestate‘ des Aegidius Romanus. Eine spätmittelalterliche Herrschaftskonzeption des päpstlichen Universalismus (Forschungen zur kirchlichen Rechtsgeschichte und zum Kirchenrecht 30), Köln u.a. 2007

Krynen, Jacques, L'empire du roi, Paris 1993

Kunst und Kultur der Karolingerzeit. 799 Karl der Große und Papst Leo III. in Paderborn, Katalog zur Ausstellung in Paderborn 1999, Mainz 1999

Ladner, Gerhard B., Die Papstbildnisse des Altertums und des Mittelalters (Monumenti di antichità cristiana) Rom 1965

Landau, Peter, Sakramentalität und Jurisdiktion, in: Das Recht der Kirche II: Zur Geschichte des Kirchenrechts, hg. von H. R. Reuter und K. Schlaich, Gütersloh 1995, S. 58–94

–, Die Entwicklung des kanonischen Rechts für die Entwicklung einheitlicher Rechtsprinzipien, in: Schriften der Gesellschaft für Rechtsvergleichung 177, Baden-Baden 1996, S. 23–47

–, Der Entstehungsort des Sachsenspiegels. Eike von Repgow, Altzelle und die anglo-normannische Kanonistik, in: Deutsches Archiv 61, 2005, S. 73–101

Le Pogam, Pierre-Yves, De la «cite de dieu» au «palais du pape». Les résidences pontificales dans la seconde moitié du XIIIe siècle (1254–1304) (Bibliothèque des Écoles Françaises d'Athènes et de Rome 326), Roma 2005

Lenski, Noel, Failure of Europe. Valens and the Roman State in the Fourth Century A.D., Berkeley u.a. 2002

Levison, Wilhelm, Die mittelalterliche Lehre von den zwei Schwertern, in: Deutsches Archiv 9, 1952, S. 14–42

Liber Pontificalis, ed. Louis Duchesne, 2 Bde, Paris 1886 u. 1892 und hg. v. Theodor Mommsen, (MGH Gesta pontificum Romanorum). Hannover 1898

Lilie, Ralph-Johannes, Byzanz unter Eirene und Konstantin VI. (780 – 802) Mit einem Kapitel über Leon IV. (775–780) von Ilse Rochow (Berliner Byzantinische Studien 2), Frankfurt u.a. 1996

–, Einführung in die byzantinische Geschichte (Urban-Taschenbücher 617), Stuttgart 2007

Link, Christoph, Kirchliche Rechtsgeschichte. Kirche, Staat und Recht in der europäischen Geschichte von den Anfängen bis ins 21. Jahrhundert. Ein Studienbuch (Kurzlehrbücher für das juristische Studium), München 2009

Lupold von Bebenburg, De iuribus regni et imperii (Über die Rechte von Kaiser und Reich), hg. und übers. von Jürgen Miethke (Bibliothek des Deutschen Staatsdenkens 14), Frankfurt a. Main 2005

Maas, Michael, Exegesis and Empire in the Early Byzantine Mediterranean. Junillus Africanus and the Instituta Regularia Divinae Legis (Studien und Texte zu Antike und Christentum 17), Tübingen 2003

Maccarrone, Michele, Ubi est papa, ibi est Roma (1983); wieder abgedruckt in: ders., Romana ecclesia cathedra Petri (Italia sacra 47, 1.2) Roma 1991, S. 371–382

Die Macht des Königs. Herrschaft in Europa vom Frühmittelalter bis in die Neuzeit, hg. von Bernhard Jussen, München 2005

Maffei, Domenico, La donazione di Costantino nei Giuristi Medievali, Milano 1964

Magdalino, Paul, Church, Empire and Christendom in c. 600 and c. 1075: the view from the registers of popes Gregory I and Gregory VII, in: cristianità d'occidente e cristianità d'oriente (secoli VI-XI), Settimane di studio della fondazione centro italiano di studi sull'alto medioevo 51), Spoleto 2004, S. 1–30

Mályusz, Elemér, Kaiser Sigismund in Ungarn, 1387–1437, Budapest 1990

Mantey, Volker, Zwei Schwerter – Zwei Reiche. Martin Luthers Zwei-Reiche-Lehre vor ihrem spätmittelalterlichen Hintergrund (Spätmittelalter und Reformation, Neue Reihe 26), Tübingen 2005

Markschies, Christoph, Das antike Christentum. Frömmigkeit – Lebensformen – Institutionen, München 2006

Martin von Troppau, Chronicon pontificum et imperatorum Romanorum, hg. von Ludwig Weiland, in: MGH Scriptores 22, 1872, S. 377–475

Mayer, Theodor, Papsttum und Kaisertum im hohen Mittelalter. Werden, Wesen und Auflösung einer Weltordnung. Ein kritischer Überblick, in: Historische Zeitschrift 187, 1959, S. 1–53

Mazal, Otto, Handbuch der Byzantinistik, Graz 1989

Meier, Mischa, Das andere Zeitalter Justinians. Kontingenzerfahrung und Kontingenzbewältigung im 6. Jahrhundert (Hypomnemata 147), Göttingen 2003

Melve, Leidulf, Inventing the Public Sphere. The Public Debate during the Investiture Contest (c. 1030–1122), (Brill's Studies in Intellectual History 154.1–2), Leiden 2007

Meyer, Andreas, Felix et inclitus notarius. Studien zum italienischen Notariat vom 7. bis zum 13. Jahrhundert (Bibliothek des Deutschen Historischen Instituts in Rom 92), Tübingen 2000

Mierau, Heike Johanna, Das Bild Konstantins des Großen in der mittelalterlichen Tradition, in: Konstantin der Große – Historische Leistung und Rezeption in Europa, hg. von Klaus M. Girardet, Bonn 2007, S. 113–131

–, Die Einheit des imperium Romanum in den Papst-Kaiser-Chroniken des Spätmittelalters, in: Historische Zeitschrift 282, 2006, S. 281–312

–, Exkommunikation und die Macht der Öffentlichkeit: Gerüchte im Kampf zwischen Friedrich II. und der Kurie, in: Propaganda, Kommunikation und Öffentlichkeit vom 11.–16. Jahrhundert, hg. von Karel Hruza (Österreichische Akademie der Wissenschaften, Phil.-hist. Klasse, Denkschriften 307 – Forschungen zur Geschichte des Mittelalters 6), Wien 2002, S. 47–80

–, Gerüchte als Medium der Grenzüberschreitung – Der Prozeß gegen Papst Bonifaz VIII., in: Tagungsband zum 11. Symposion des Mediävistenverbandes (2005), hg. von Ulrich Knefelkamp und Kristian Bosselmann-Cyran, Berlin 2007, S. 109–121

–, Handschriftenliste zu den spätmittelalterlichen Papst-Kaiser-Chroniken (www.mgh. de/datenbanken/papst-und-kaiserchroniken)

–, Karl IV. im Zeichen des ‚wahren‘ Kreuzes: Konstantin als Vorbild für einen spätmittelalterlichen Kaiser, in: Konstantin der Große – das Bild des Kaisers im Wandel der Zeiten S. 109–138

–, Liste der Fortsetzungen zur Papst-Kaiser-Chronik Martins von Troppau und zu den Flores temporum (nach bekannten Enddaten) (www.mgh.de/datenbanken/papst-und-kaiserchroniken)

–, Das Reich, politische Theorien und die Heilsgeschichte: Zur Ausbildung eines Reichsbewußtseins durch die Papst-Kaiser-Chroniken des Spätmittelalters

–, Über den Umgang mit Normkonflikten im 15. Jahrhundert: Die Synodalentscheide der deutschen Diözesen im Vergleich zu den Dispensen der päpstlichen Poenitentiarie, in: Kirchlicher und religiöser Alltag im Spätmittelalter, hg. v. Andreas Meyer (im Druck)

Miethke, Jürgen, Die Arbor imperialis des Ramon Lull von 1295/1296, in: Arbor scientiae, der Baum des Wissens von Ramon Lull, hg. von Fernando Domínguez Reboiras u.a. (Instrumenta patristica et mediaevalia 42, Subsidia Lulliana 1), 2002, S. 175–196

–, Die Konstantinische Schenkung in der mittelalterlichen Diskussion. Ausgewählte Kapitel einer verschlungenen Rezeptionsgeschichte, in: Konstantin der Große – das Bild des Kaisers im Wandel der Zeiten S. 35–108

–, Kaiser und Papst im Spätmittelalter, Zu den Ausgleichsbemühungen zwischen Ludwig dem Bayern und der Kurie in Avignon, in: Zeitschrift für historische Forschung 10, 1983, S. 421–446

–, Kirchenstruktur und Staatstheorien im Zeitalter der Scholastik, in: Ordnungskonfigurationen im hohen Mittelalter, hg. von Bernd Schneidmüller u. Stefan Weinfurter (Vorträge und Forschungen 64), Ostfildern 2006, S. 127–151

–, De potestate papae. Die päpstliche Amtskompetenz im Widerstreit der politischen Theorie von Thomas von Aquin bis Wilhelm von Ockham (Spätmittelalter und Reformation, Neue Reihe 16), Tübingen 2000, nachgedruckt unter dem Titel: Politiktheorie im Mittelalter. Von Thomas von Aquin bis Wilhelm von Ockham (UTB 3059), 2008

–, Politisches Denken und monarchische Theorie. Das Kaisertum als supranationale Institution im späteren Mittelalter, in: Ansätze und Diskontinuität, hg. von Joachim Ehlers (Nationes 8), Sigmaringen 1989, S. 121–144

–, Rituelle Symbolik und Rechtswissenschaft im Kampf zwischen Kaiser und Papst. Friedrich Barbarossa und der Konflikt um die Bedeutung von Ritualen, in: „Ein gefüllter Willkomm", Festschrift für Knut Schulz zum 65. Geburtstag, hg. von Franz J. Felten u.a., Aachen 2002, S. 91–125

Millar, Fergus, A Greek Roman Empire, Power and Belief under Theodosius II, 408–450 (Sather Classical Lectures 64), Berkeley u.a. 2006

Millotat, Paul, Transpersonale Staatsvorstellungen in den Beziehungen zwischen Kirchen und Königtum der ausgehenden Salierzeit (Historische Studien 26), Rheinfelden u.a. 1987

Minnich, Nelson H., Councils of the Catholic Reformation. Pisa I (1409) – Trent (1545–63), Aldershot 2008

Moore, John C., Pope Innocent III (1160/61 – 1216) To Root Up and to Plant (The medieval mediterranean 47), Leiden u.a. 2003

Moos, von Peter, Krise und Kritik der Institutionalität. Die mittelalterliche Kirche als „Anstalt" und „Himmelreich auf Erden", in: Institutionalität und Symbolisierung. Verstetigung kultureller Ordnungsmuster in Vergangenheit und Gegenwart, hg. von Gert Melville, Köln u.a. 2001, S. 293–340

Morrison, K. F., The two Kingdoms. Ecclesiology in Carolingian Political Thought, 1964

Müller-Mertens, Eckhard, Römisches Reich im Frühmittelalter, kaiserlich-päpstliches Kondominat, salischer Herrschaftsverband, in: Historische Zeitschrift 288, 2009, S. 51–92

Muldoon, James, Empire and Order. The Concept of Empire, 800–1800 (Studies in Modern History), London 1999

Nach dem Basler Konzil, Die Neuordnung der Kirche zwischen Konziliarismus und monarchischen Papst (ca. 1450–1475), hg. von Jürgen Dendorfer und Claudia Märtl (Puralisierung und Autorität 13), Münster 2008

Nederman, Cary, J., Empire and the Historiography of European Political Thought: Marsiglio of Padua, Nicholas of Cusa, and the Medieval/Modern Divide, in: Journal of the History of Ideas 66, 2005, S. 1–16

New Constantines. The Rhythm of Imperial Renewals in Byzantium, 4th–13th centuries. Papers from the Twenty-sixth Spring Symposion of Byzantine Studies, St Andrews 1992, hg. von Paul Magdalino (Society for the Promotion of Byzantine Studies, Publications 2), Cambridge 1992

O'Callaghan, Joseph F., The Learned King. The Reign of Alfonso X of Castile, Pennsylvania 1993

O'Donnell, James J., Augustine. A New Biography, New York u.a. 2005

Die Ordines für die Weihe und Krönung des Kaisers und der Kaiserin, hg. von Reinhard Elze (MGH Fontes 9) Hannover 1960

Ordnungskonfigurationen im hohen Mittelalter, hg. von Bernd Schneidmüller und Stefan Weinfurter (Vorträge und Forschungen 64) Ostfildern 2006

Ottmann, Henning, Geschichte des politischen Denkens. Von den Anfängen bei den Griechen bis auf unsere Zeit, Band 2: Römer und Mittelalter, Teilband 2: Das Mittelalter, Stuttgart 2004

Pagden, Anthony, Lords of All the World. Ideologies of Empire in Spain, Britain, and France c. 1500 – c. 1800, New Haven 1995

Papauté à la Renaissance, ed. Florence Alazard et Frank La Brasca (Centre d'ètudes suérieures de la Renaissance. Le savoir de Mantice), Paris 2007

Das Papsttum in der Welt des 12. Jahrhunderts, hg. von Ernst-Dieter Hehl, Ingrid Heike Ringel und Hubertus Seibert (Mittelalter-Forschungen 6) Stuttgart 2002

Partner, Peter, The Lands of St. Peter, Papal State in the Middle Ages and the early Renaissance, Berkeley 1972

Pauler, Roland, Die Auseinandersetzungen zwischen Karl IV. und den Päpsten. Italien als Schachbrett der Diplomatie (Politik im Mittelalter 1) Neuried 1996

Pennington, Kenneth, The Prince and the Law, 1200 – 1600, A centennial book, Berkeley 1993

Peter von Andlau, Kaiser und Reich. Libellus der Cesarea Monarchia hg. von Rainer A. Müller (Bibliothek des deutschen Staatsdenkens 8), Frankfurt a. Main 1998

Petersohn, Jürgen, Über monarchische Insignien und ihre Funktion im mittelalterlichen Reich, in: Historische Zeitschrift 266, 1998, S. 47–96

Politica, retorica e simbolismo del primato: Roma e Costantinopoli (secoli IV–VII) Atti del Convegno Internazionale, (Catania 4–7 ott. 2001), Bd. 1, Catania 2002

Politische Reflexionen in der Welt des späten Mittelalters. Essays in honour of Jürgen Miethke, hg. von Martin Kaufhold, Leiden 2004

Posthumus Meyjes, Guillaume H. M., Jean Gerson – Apostle of unity: his church politics and ecclesiology (Studies in the history of Christian thought 94), Leiden u.a. 1999

Prodi, Paolo, Una storia della giustizia 2000, dt: Eine Geschichte der Gerechtigkeit. Vom Recht Gottes zum modernen Rechtsstaat, aus dem Italienischen von Annette Seemann, München 2003

Ramon Lull, Das Buch vom Heiden und den drei Weisen, übers. und hg. von Theodor Pindl, Reclam Universal-Bibliothek 9693), Stuttgart 1998

Rees, Wilhelm, Die Strafgewalt der Kirche. Das geltende kirchliche Strafrecht – dargestellt auf der Grundlage seiner Entwicklungsgeschichte (Kanonistische Studien und Texte 41), Berlin 1993

Regnum et Imperium. Die fränzösisch-deutschen Beziehungen im 14. und 15. Jahrhundert. Les relations franco-allemandes au XIVe et au XVe siècle (Pariser Historische Studien 83) München 2008

Reich, Regionen und Europa in Mittelalter und Neuzeit: Festschrift für Peter Moraw, hg. von Paul-Joachim Heinig, Sigrid Jahns, Hans-Joachim Schmidt, Rainer Christoph Schwinges und Sabine Wefers (Historische Forschungen 67) Berlin 2000

Reinhardt, Volker, Der unheimliche Papst. Alexander VI. Borgia 1431–1503, München 2005

Riché, Pierre, Gregor der Große, übers. von Stefan Liesenfeld, München 1996 / Franz. Orig. 1995

Ritter, Adolf Martin, „Kirche und Staat" im Denken des frühen Christentums. Texte und Kommentare zum Thema Religion und Politik in der Antike (Traditio Christiana 13), Frankfurt u.a. 2005

Römisches Zentrum und kirchliche Peripherie. Das universale Papsttum als Bezugspunkt der Kirchen von den Reformpäpsten bis zu Innozenz III., hg. von Jochen Johrendt und Harald Müller (Neue Abhandlungen der Akademie der Wissenschaften zu Göttingen 2), Berlin 2008

Rom und das Reich vor der Reformation, hg. von Nikolaus Staubach u. Jörg Bölling (Tradition – Reform – Innovation 7), Frankfurt 2004

Rosario, Iva, Art and Propaganda. Charles IV of Bohemia 1346–1378, Bury St Edmunds 2000

Rublack, Ulinka, Die Reformation in Europa, 2003

Rufinus, Übersetzung und Fortsetzung der Historia Ecclesiastica des Eusebius (Eusebius, Werke 2,2) (Die griechischen christlichen Schriftsteller N.F. 6) ND Berlin 1999

Sacerdozio e regno da Gregorio VII a Bonifacio VIII (Miscellanea Historiae Pontificiae XVIII), Roma 1954

Von sacerdotium und regnum. Geistliche und weltlicher Gewalt im frühen und hohen Mittelalter. Festschrift für Egon Boshof, hg. von Franz-Reiner Erkens und Hartmut Wolff, Köln u.a. 2002

Sachsenspiegel Landrecht, hg. von Karl August Eckhardt, MGH Fontes I, 1, Göttingen 2. Aufl. 1955

Sägmüller, Johannes B., Die Idee von der Kirche als Imperium Romanum, in: Theologische Quartalschrift 80, 1898, S. 50–80

Sakralität von Herrschaft. Herrschaftslegitimierung im Wechsel der Zeiten und Räume, hg. von Franz-Reiner Erkens, München 2002

Salisches Kaisertum und neues Europa. Die Zeit Heinrichs IV. und Heinrichs V., hg. von Bernd Schneidmüller u. Stefan Weinfurter, Darmstadt 2007

Schäufele, Wolf-Friedrich, „Defecit ecclesia". Studien zur Verfallsidee in der Kirchengeschichtsanschauung des Mittelalters (Veröffentlichungen des Instituts für Europäische Geschichte Mainz 213), Mainz 2006

Scheller, Robert W., Imperial themes in art and literature of the early French Renaissance, the period of Charles VIII, in: Simiolus. Netherlands quarterly for history of art, 12, 1981–1982, S. 5–69

Schieffer, Rudolf, Die Karolinger (Urban-Taschenbücher 411), 4. überarb. u. erw. Aufl. Stuttgart 2006

–, Die Entstehung des päpstlichen Investiturverbotes für den deutschen König, (MGH Schriften 28), Stuttgart 1981

–, Mediator cleri et plebis. Zum geistlichen Einfluß auf Verständnis und Darstellung des ottonischen Königtums, in: Herrschaftsrepräsentation im ottonischen Sachsen, hg. von Gerd Althoff und Ernst Schubert Sigmaringen 1998, S. 345–361

–, Motu proprio. Über die papstgeschichtliche Wende im 11. Jahrhundert, in: Historisches Jahrbuch 122, 2002, S. 27–41

–, Neues von der Kaiserkrönung Karls des Großen (Bayerische Akademie der Wissenschaften, Sitzungsberichte 2004, 2)

–, Die päpstliche Kurie als internationaler Treffpunkt des Mittelalters, in: Aus der Frühzeit europäischer Diplomatie. Zum geistlichen und weltlichen Gesandtschaftswesen vom 12. bis zum 15. Jahrhundert, hg. von Claudia Zey und Claudia Märtl, Zürich 2008, S. 23–39

–, Die Zeit des karolingischen Großreichs (714–887), Gebhardt, Handbuch der deutschen Geschichte, 10. völlig neu bearb. Auflage 2, Stuttgart 2005

Schilling, Heinz, Die neue Zeit. Vom Christenheitseuropa zum Europa der Staaten. 1250 bis 1750 (Siedler Geschichte Europas) Berlin 1999

Schimmelpfennig, Bernhard, Könige und Fürsten, Kaiser und Papst nach dem Wormser Konkordat (Enzyklopädie deutscher Geschichte 37), München 1996

–, Das Papsttum. Von der Antike bis zur Reformation, Darmstadt 1996, 6. Aufl. 2009

–, Utriusque potestatis monarchia. Zur Durchsetzung der päpstlichen Hoheit im Kirchenstaat mittels des Strafrechts während des 13. Jahrhunderts, in: Zeitschrift der Savigny-Stiftung für Rechtsgeschichte, Kanonistische Abteilung 105, 1988, S. 304–327

Schmidt, Hans Joachim, Kirche, Staat, Nation: Raumgliederung der Kirche im mittelalterlichen Europa (Forschungen zur mittelalterlichen Geschichte 37), Köln 1999

–, Die Vielfalt der Sprachen und die Sehnsucht nach der Einheit der okzidentalen Christen im Mittelalter, in: Saeculum 59, 2008, S. 227–251

Schmitt, Oliver Jens, Skanderbeg. Der neue Alexander auf dem Balkan, Regensburg 2009

Schmoeckel, Mathias, Fragen zur Konfession des Rechts im 16. Jahrhundert am Beispiel des Strafrechts, in: Kommunikation und Transfer im Christentum der Frühen Neuzeit, hg. von Irene Dingel und Wolf-Friedrich Schäufele, Mainz 2007, S. 157–191

Schneider, Wolfgang Christian, Die Generatio Imperatoris in der Generatio Christi. Ein Motiv der Herrschaftstheologie Ottos III. in Trierer, Kölner und Echternacher Handschriften, in: Frühmittelalterliche Studien 25, 1991, S. 226–258

Schneidmüller, Bernd, Außenblicke für das eigene Herz. Vergleichende Wahrnehmung politischer Ordnung im hochmittelalterlichen Deutschland und Frankreich, in: Das Europäische Mittelalter im Spannungsbogen des Vergleichs, hg. von Michael Borgolte (Europa im Mittelalter 1) Berlin 2001, S. 315–339

–, Die Kaiser des Mittelalters. Von Karl dem Großen bis Maximilian I. (Beck Wissen 2398), München 2006

–, Konsensuale Herrschaft. Ein Essay über Formen und Konzepte politischer Ordnung im Mittelalter, in: Reich, Regionen und Europa S. 53–87

–, Regni aut ecclesie turbator. Kaiser Heinrich V. in der zeitgenössischen französischen Geschichtsschreibung, in: Auslandsbeziehungen unter den salischen Kaiser, hg. von. Franz Staab, Speyer 1994, S. 195–222

–, Die Welfen. Herrschaft und Erinnerung (Urban-Taschenbücher 465), Stuttgart 2000

Scholz, Richard, Die Publizistik zur Zeit Philipps des Schönen und Bonifaz' VIII. Ein Beitrag zur Geschichte der politischen Anschauungen des Mittelalters (Kirchenrechtliche Abhandlungen 6/8), Stuttgart 1903, ND Amsterdam 1962

Scholz, Sebastian, Politik – Selbstverständnis – Selbstdarstellung. Die Päpste in karolingischer und ottonischer Zeit (Historische Forschungen 26), Stuttgart 2006

Schorn-Schütte, L., Die Reformation – Vorgeschichte, Wirkung, Verlauf Wirkung, München 4. Aufl. 2006

–, Karl V., München 3. Aufl. 2006

Schramm, Percy Ernst, Herrschaftszeichen und Staatssymbolik. Beiträge zu ihrer Geschichte vom 3. bis zum 16. Jahrhundert, 3 Bde (Schriften der MGH 13), Stuttgart 1954–1956

Schulze, Hans K., Grundstrukturen der Verfassung im Mittelalter, Bd. 3: Kaiser und Reich (Urban-Taschenbücher 463), Stuttgart 1998

Schwedler, Gerald, Herrschertreffen des Spätmittelalters. Formen – Rituale – Wirkungen (Mittelalterforschungen 21) Ostfildern 2008

Science politique et droit public dans les facultés de droit européennes (XIIIe–XVIIIe siècle), hg. von Jacques Krynen und Michael Stolleis (Studien zur europäischen Rechtsgeschichte 229), Frankfurt 2008

Seidel, Max/Silva, Romano, The Power of Images, the Images of Power. Lucca as an Imperial City: Political Iconography (Series of Kunsthistorisches Institut in Florenz, Max Planck-Institut 12), München u.a. 2007

Sieben SJ, Hermann Josef, Konzilsdarstellungen – Konzilsvorstellungen. 1000 Jahre Konzilsikonographie aus Handschriften und Druckwerken, Würzburg 1990

Sieber-Lehmann, Claudius, Um 1079. Warum es für das Verhältnis von Papst und Kaiser kein erfolgreiches Denkmodell gab, in: Die Macht des Königs. Herrschaft in Europa vom Frühmittelalter bis in die Neuzeit, hg. von Bernhard Jussen, München 2005, S. 150–164

Sigismund von Luxemburg. Ein Kaiser in Europa, Tagungsband des internationalen historischen und kunsthistorischen Kongresses in Luxemburg 2005, hg. von Michel Pauly und François Reinert, Mainz 2006

Sleidanus, Johannes, Zwei Reden an Kaiser und Reich, hg. von E. Böhmer (Bibliothek des litterarischen Vereins Stuttgart 145) Tübingen 1879

Somerville, Robert, Pope Urban II., The Collectio Britannica and the Council of Melfi (1089), in collaboration with Stephan Kuttner, Oxford 1996

Spektakel der Macht. Rituale im alten Europa 800–1800, hg. von Barbara Stollberg-Rilinger, Matthias Puhle, Jutta Götzmann und Gerd Althoff, Darmstadt 2008

Staat und Kirche im Wandel der Jahrhunderte, hg. von Walther P. Fuchs, Stuttgart 1966

Stadtwald, Kurt, Roman popes and german patriots. Antipapalism in the politics of the German humanist movement from Gregor Heimburg to Martin Luther, Genève 1996

Stefano Infessura, Diario della città di Roma, hg. von Oreste Tommasini (FSI V) Rom 1890

Stickler, Alfons M, Imperator vicarius papae. Die Lehren der französisch-deutschen Dekretistenschule des 12. und beginnenden 13. Jh. über die Beziehungen zwischen Papst und Kaiser, in: Mitteilungen des Instituts für Österreichische Geschichtsforschung 62, 1954, S. 165–212

–, Der Schwertbegriff bei Huguccio in: Ephemerides iuris canonici 3, 1947, S. 201–242

Stieber, J. W., Pope Eugenius IV, The Council of Basel and the Secular and Ecclesiastical Authorities in the Empire, Leiden 1978

Stockmeier, Peter, Leo I. des Großen Beurteilung der kaiserlichen Religionspolitik (Münchener Theologische Studien I, 14), München 1959

Stollberg-Rilinger, Barbara, Das Heilige Römische Reich deutscher Nation, München 2006

–, Knien vor Gott – Knien vor dem Kaiser. Zum Ritualwandel im Konfessionskonflik, in: Das Sichtbare und Unsichtbare der Macht. Institutionelle Prozesse in Antike, Mittelalter und Neuzeit, hg. von G. Melville, Köln u.a. 2005, S. 263–292

Struve, Tilmann, Kaisertum und Romgedanke in salischer Zeit, in: Deutsches Archiv 44, 1988, S. 424–454

Studt, Birgit, Papst Martin V. (1417–1431) und die Kirchenreform in Deutschland (Beihefte zu J.F.Böhmer, Regesta imperii 23) Köln 2004

Stürner, Wolfgang, Friedrich II., Teil 1: Die Königsherrschaft in Sizilien und Deutschland 1194–1220, Darmstadt 1992; Teil 2: Der Kaiser 1220–1250, Darmstadt 2000

Sudmann, Stefan, Das Basler Konzil. Synodale Praxis zwischen Routine und Revolution (Tradition – Reform – Innovation 8) Frankfurt/Main u.a. 2005

Tabacco, Giovanni, La relazione fra i concetti di potere temporale di potere spirituale nella tradizione christiana fine al secolo XIV (Univ. di Torino, Publ. II, 5), Turin 1950

Terlizzi, Francesco Paolo, La regalità sacra nel medioevo? L'Anonimo Normanna e la Riforma romana (secc XI-XII) (Centro Italiano di studi sull' alto medioevo, Studi 13), Spoleto 2007

Tewes, Götz-Rüdiger, Die römische Kurie und die europäischen Länder am Vorabend der Reformation, Tübingen 2001

–, Zwischen Universalismus und Partikularismus: Zum Raumbewusstsein an der päpstlichen Kurie des Spätmittelalters, in: Raumerfassung und Raumbewußtsein im späteren Mittelalter, hg. von Peter Moraw (Vorträge und Forschungen 49), Stuttgart 2002, S. 31–85

Theories of Empire 1450–1800, hg. von David Armitage, Aldershot 1998

Thorau, Peter, Von Karl dem Großen bis zum Frieden von Zsitva Torok, Zum Weltherrschaftsanspruch Sultan Mehmeds II. und dem Wiederaufleben des Zweikaiserproblems nach der Eroberung von Konstantinopel, in: Historische Zeitschrift 279, 2004, S. 309–334

–, Die Kreuzzüge, 2. Aufl. München 2005

Timpe, Dieter, Römische Geschichte und Heilsgeschichte (Hans-Lietzmann-Vorlesungen 5) Berlin 2001

Toch, Michael, Die Juden im mittelalterlichen Reich (EdtG 44) München 1998

Traeger, Jörg, Der reitende Papst. Ein Beitrag zur Ikonographie des Papsttums (Münchner Kunsthistorische Abhandlungen 1), München 1970

Trelenberg, Jörg, Augustinus Schrift *De ordine*. Einführung, Kommentar, Ergebnisse (Beiträge zur historischen Theologie 144) Tübingen 2009

Ullmann, Walter, Frederick II's Opponent, Innocent IV, as Melchisedek (1952), in: Law and Jurisdiction in the Middle Ages, hg. von George Garnett (Variorum Reprints – Collected studies series CS 283) London 1988, S. 53–81

–, Gelasius I. (492–496). Das Papsttum an der Wende der Spätantike zum Mittelalter (Päpste und Papsttum 18) Stuttgart 1981

Ulrich, Jörg, Die Anfänge der abendländischen Rezeption des Nizänums (Patristische Texte und Studien 39) Berlin/New York 1994

Unverhau, Dagmar, Approbatio – reprobatio. Studien zum päpstlichen Mitspracherecht bei Kaiserkrönung und Königswahl vom Investiturtreit bis zum ersten Prozeß Johanns XXII. gegen Ludwig IV. (Historische Studien 424) Lübeck 1973

Vacca, Salvatore, O.F.M. Cap., Prima sedes a nemine iudicatur. Genesi e sviluppo storico dell'assioma fino al Decrecto di Graziano (Miscellanea Historiae Pontificiae 61), Roma 1993

Vagedes, Arnulf, Das Konzil über dem Papst? Die Stellungnahmen des Nikolaus von Kues und des Panormitanus zum Streit zwischen dem Konzil von Basel und Eugen IV. (Paderborner Theologische Studien 11), Paderborn 1981

Valla, Lorenzo, De falso credita et ementita Constantini donatione, hg. von Wolfram Setz (MGH Quellen zur Geistesgeschichte des Mittelalters 10), Hannover 1976, 2. Aufl. 1986

La Vie culturelle, intellectuelle et scientifique a la cour des papes d'Avignon (Textes et ètudes du moyen âge 28), Paris 2006

Vom Umbruch zur Erneuerung? Das 11. und beginnende 12. Jahrhundert – Positionen der Forschung, hg. von Jörg Jarnut u. Matthias Wemhoff (MittelalterStudien 13), München 2006

Vones, Ludwig, Urban V. Kirchenreform zwischen Kardinalskollegium, Kurie und Klientel (Päpste und Papsttum 28) Stuttgart 1998

Wallner, Mathias, Zwischen Königsabsetzung und Erbreichsplan. Beiträge zu den Anfängen der kurfürstlichen Politik im 14. Jahrhundert (1298–1356) (Historische Studien 482) Husum 2004

Walter, Christopher, Papal Political Imagery in the medieval Lateran Palace in: Cahiers Archéologiques 20, 1970, S. 155–176 und 21, 1971, S. 109–136

Walther, Helmut G., Imperiales Königtum, Konziliarismus und Volkssouveränität. Studien zu den Grenzen des mittelalterlichen Souveränitätsgedankens, München 1976

Watt, J. A., The Theory of Papal Monarchy in the Thirteenth Century, Cambridge 1965

Weinfurter, Stefan, Canossa, Die Entzauberung der Welt, 2006

–, Jahrhundert der Salier (1024–1125), 2004

–, Das Reich im Mittelalter. Kleine deutsche Geschichte von 500 bis 1500, München 2008

–, Das Ritual der Investitur und die ‚gratiale Herrschaftsordnung‘ im Mittelalter, in: Inszenierung und Ritual in Mittelalter und Renaissance, hg. von Andrea von Hülsen-Esch (Studia humanioria 40) Düsseldorf 2005, S. 135–151

Weitz, Thomas A., Der Traktat des Antonio Roselli De conciliis ac synodis generalibus. Historisch-kanonische Darstellung und Bewertung (Konziliengeschichte Reihe B) Paderborn u.a. 2002

Werner, Karl-Ferdinand, Das hochmittelalterliche imperium im politischen Bewusstsein Frankreichs (10.–12. Jahrhundert), in: Historische Zeitschrift 200, 1965, S. 1–60

What is „Theology“ in the Middle Ages? Religious Cultures of Europe (11th–15th Centuries as reflected in their Self-Understanding, hg. von Mikołaj Olszewski (Archa Verbi, Subsidia 1), Münster 2007

Wiesflecker, Hermann, Neue Beiträge zur Frage des Kaiser-Papst-Planes Maximilians I. im Jahre 1511, in: MIÖG 71, 1963, S. 311–332

Wilhelm von Ockham, Texte zur politischen Theorie. Exzerpte aus dem Dialogus, hg. und übers. von Jürgen Miethke (Reclams Universal Bibliothek 9412), Stuttgart 1995

Willoweit, Dietmar, Deutsche Verfassungsgeschichte: Vom Frankenreich bis zur Wiedervereinigung Deutschlands. Ein Studienbuch, München 4. überarb. Aufl. 2001

–/Seif, Ulrike, Europäische Verfassungsgeschichte, München 2003

Wipo, Werke hg. von Harry Bresslau (MGH SS rer. germ. 61) Hannover 1915

Wirbelauer, E., Zwei Päpste in Rom. Der Konflikt zwischen Laurentius und Symmachus (498–514) (Quellen und Forschungen zur antiken Welt 16), München 1993

Wünsch, Thomas, Minister, executor, caput civile. Der Papst im Kirchenverständnis der Konziliaristen, in: Geist, Gesellschaft, Kirche im 13.–16. Jahrhundert (Colloquia mediaevalia Pragensia 1), Praha 1999, S. 53–79

Wyrozumski, Jerzy, Kaisertum und Souveränität der nationalen Staaten im Mittelalter. Das Beispiel Polen, in: Die Idee Europa in Geschichte, Politik und Wirtschaft, hg. von Heiner Timmermann, Berlin 1998, S. 25–30

Zechiel-Eckes, Klaus, Ein Blick in Pseudoisidors Werkstatt, Studien zum Entstehungsprozeß der falschen Dekretalen. Mit einem exemplarischen Anhang (Pseudo-Julius an die orientalischen Bischöfe, JK †196), in: Francia 28, 2001, S. 37–90

Zerbi, P., Papato, imperio e repubblica cristiana del 1187 al 1198, Mailand 1955

Zimmermann, Harald, Papstabsetzungen des Mittelalters, Graz u.a. 1968

–, Das Papsttum im Mittelalter. Eine Papstgeschichte im Spiegel der Historiographie, Stuttgart 1981

Zippelius, Reinhold, Staat und Kirche. Eine Geschichte von der Antike bis zur Gegenwart, (Beck'sche Reihe 1209), München 1997

Register

Da die Legitimationen der Lenker innerhalb der bipolaren Ordnung anders beurteilt wurden als heute, wird von den Konkurrenten als Papst im Schisma bzw. König oder Kaiser im Thronstreit gesprochen. Wertungen in Form von Papst und Gegenpapst oder König und Gegenkönig werden vermieden. Die Kaiser werden gemäß der Vorstellung von der *translatio imperii* geführt, d. h., dass die byzantinischen Kaiser nach 800 als solche besonders ausgewiesen werden.

Folgende Kürzungen werden verwandt: A – Apostel, B – Person aus der Bibel, Bf. – Bischof, byz. – byzantinisch, D – Dichter, Ebf. – Erzbischof, G – Gattin, Gf. – Graf, Gs. – Geschichtsschreiber, Hl. – Heilige(r), Hochm. – Hochmeister, Hzg. – Herzog, Hzgin. – Herzogin, K – Künstler, Kd. – Kardinal, Kf. – Kurfürst, Kg. – König in den europäischen *regna*, Ks. – Kaiser, Ksin. – Kaiserin, L – Literat, Mgf. – Markgraf, Pfgf. – Pfalzgraf, P – Papst, P i. S – Papst im Schisma, Patr. – Patriarch, R – Rechtsgelehrter, rex Rom. – rex Romanorum, S – Sohn, T – Tochter, i. T – im Thronstreit.

Anastasius I., P (399–401) 291

Anastasius II., P (496–498) 33, 165, 291

Anastasius, P i. S (855, † c. 880) 292

Anastasius III., P (911–913) 292

Anastasius IV., P (1153–1154) 86, 293

Anastasius I., Ks. (491–518) 32f., 82, 167, 173, 190, 290

Anastasius II. Artemios, Ks. (713–715) 290

Andreas, A 234

Andreas II., Kg. v. Ungarn († 1235) 90

Andreas v. Regensburg, Gs. († nach 1438) 171

Angelomus, Mönch († um 895) 209

Anna, T Wenzels v. Böhmen († 1313) 117

Anna v. Schweidnitz, Ksin. († 1362) 133, 138

Anna, Hzgin v. der Bretagne († 1514) 151

Anno, Ebf. v. Köln († 1075) 70f.

Anselm v. Laon, L († 1117) 209

Anselm v. Lucca siehe Alexander II.

Antonio de Rosellis, R († 1466) 176, 186

Antoninus, Ks. († 161) 114

Archipoeta, D († 12. Jh.) 248

Arduin v. Ivrea, Kg. v. Italien († 1012) 62, 64

Arius, Priester i. Alexandria († 336) 17

Arkadios, Ks. (383–408) 29, 215, 290

Arnulf, Ks. (887/896–899) 53, 290

Athanasios, Patr. v. Alexandria († 373) 26f.

Attila, Kg. der Hunnen († 453) 30

Augustin, Bf. v. Hippo († 430) 23, 27, 29f., 37, 115, 136, 163, 178f., 182, 185, 195, 202f., 251, 256

Augustus siehe Octavianus Augustus

Azo, R († 1220) 172

Balduin, Ebf. v. Trier († 1354) 113f., 118, 126, 129, 132

Balduin, Bf. v. Krakau († 1109) 242

Baldus de Ubaldis, R († (1400) 248

Baronio, Cesare, Kd. († 1607) 59

Bartholomäus v. Lucca, Gs. (1327) 108

Bartolus v. Sassoferrato, R († 1357) 172, 206

Basilikos, Ks. (475–476) 290

Beatrix, T Philipps v. Schwaben, G Ottos IV. († 1212) 90

Beatrix, T Philipps v. Schwaben, G. Ferdinands III. († 1235) 101

Beatrix, G Ludwigs des Bayern († vor 1324) 119

Bebel, Heinrich, D († 1518) 161

Belisar, Feldherr († 565) 36

Benedikt I., P (575–579) 292

Benedikt II., P (684–685) 40, 292

Benedikt III., P (855–857) 292

Benedikt IV., P (900–903) 292

Benedikt V., P i. S (964, † 965/6) 58, 293

Benedikt VI., P i. S (973–974) 293

Benedikt VII., P (974–983) 217, 293

Benedikt VIII., P i. S (1012–1024) 64f., 293

Benedikt IX., P i. S (1032–1044, 1045, 1047–1048, † 1055) 68f., 240, 293

Benedikt X., P i. S (1058–1060, † nach 1079) 293

Benedikt XI., P (1303–1304) 112, 293

Benedikt XII., P (1334–1342) 124f., 294

Benedikt XIII., P i. S (1394, abges. 1409, 1417, † 1423) 141–143, 294

Benedikt XIV., P i. S (1425–1430) 294

Benzo v. Alba, D († 1089/90) 199

Berardo de Castanea, Ebf. v. Palermo († 1252) 98

Berengar I. v. Friaul, Ks. (888/915–924) 54, 290

Berengar II. v. Friaul, Kg. v. Italien (950–961, †966) 54f., 57, 269

Berengoz v. Trier, D († 1125/26) 74, 184

Bernhard v. Clairvaux, Abt († 1153) 78, 80, 193f., 209

Berthold V., Hzg. v. Zähringen († 1218) 90

Heinrich, rex Rom. (1222/– –1235,
†1242) 92, 99, 291
Heinrich Raspe, rex Rom. i. T (1246/–
–1247) 97, 100, 291
Heinrich I., Kg. v. Frankreich († 1060) 69
Heinrich v. Virneburg, Ebf. v. Köln
(† 1332) 117f.,
Heinrich der Stolze, Hzg. von Bayern
(† 1139) 78–80
Heinrich der Löwe, Hzg. v. Sachsen
(† 1195) 80f., 84f., 89
Heinrich VI., Hzg. v. Kärnten († 1335)
117
Heinrich, S Heinrichs (VII.) († 1243/45)
99
Heinrich v. Cremona, L († 1. H. 14. Jh.)
195
Heinrich von Segusia siehe Hostiensis
Heinrich-Berengar, rex Rom. (1147/–
–1150) 81, 291
Helena, Ksin. († um 337) 16, 22, 39, 45,
86
Helmold von Bosau, Gs. († nach 1177)
229
Herakleios, Ks. (610–641) 39, 197, 199,
206, 290
Heraklonas, Ks. (641) 39, 290
Hermann v. Luxemburg, rex Rom. i. T
(1081/– –1088) 291
Hermann, Landgf. v. Thüringen († 1217)
97
Hieronymus, L († 419/20) 19, 37, 157
Hilarius, P (461–468) 34, 291
Hilarius, Bf. v. Arles († 449) 27
Hilarius, Bf. v. Poitiers († 367) 30
Hildebert v. Lavardin, Bf. v. Le Mans
(† 1134) 209
Hildebrand siehe Gregor VII.
Hinkmar, Ebf. v. Reims († 882) 182, 192
Homer, D 215
Honorius I., P (393–423) 290
Honorius II., P i. S (1061–1064,
† 1071/72) 71, 293

Honorius II., P i. S (1124–1130) 77f.,
293
Honorius III., P (1216–1227) 93f., 109,
293
Honorius IV., P (1285–1287) 109, 293
Honorius, Ks. (395–423) 290
Honorius Augustodunensis, D († vor
1150) 209
Hormisdas, P (514–523) 36, 292
Hosius, Bf. v. Cordoba († 357/58) 26f.
Hostiensis = Heinrich v. Segusia († 1270)
169, 196, 207
Hrabanus Maurus, Ebf. v. Mainz († 856)
191, 209
Hugo, Kg. v. Italien († 948) 54
Hugo v. St. Viktor, L († 1141) 185, 195,
209
Hugguccio, R († 1210) 170f.
Humbert v. Silva Candida, L († 1061)
184

Ignatios, Patr. v. Konstantinopel
(847–858,† 877) 191
Infessura, Stefano, D († um 1500) 155
Innozenz I., P (401–417) 29, 291
Innozenz II., P i. S (1130–1143) 78–80,
86, 293
Innozenz III., P i. S (1179–1180
gefangen) 85, 293
Innozenz III., P (1198–1216) 24, 87–93,
135, 175, 187, 120, 213f., 236, 293
Innozenz IV., P (1243–1254) 95f., 100,
108, 169, 196, 293
Innozenz V., P (1276) 108, 293
Innozenz VI., P (1352–1362) 294
Innozenz VII., P i. S (1404–1406) 142,
294
Innozenz VIII., P (1484–1492) 294
Irene, Ks. (790, 797–802, † 803) 42, 46,
290
Irmingard, G Ludwigs d. Frommen
(† 818) 48

Paschal II., P i. S (1099–1118) 75f., 242, 293

Paschal III., P i. S (1164–1168) 84, 293

Paul I., P (757–767) 292

Paul II., P (1464–1471) 148, 294

Paulus, B 11, 17, 25, 27, 30f., 63, 178, 187, 206, 208, 216, 220, 234

Pelagius I., P (556–561) 37, 292

Pelagius II., P (579–590) 292

Peter v. Aspelt, Ebf. v. Mainz († 1320) 118

Peter III., Kg. v. Aragon († 1285) 109

Peter v. Andlau, R († 1480) 205–207, 217f.

Petrarca, D († 1374) 130–133, 137

Petrus, B 11, 20, 24f., 27, 30f., 36–38, 40, 43f., 51, 53, 55–57, 61, 63, 78, 81, 83, 97, 100, 108, 134, 148, 155f., 169f. 173, 175, 180, 193f., 197, 201f., 206, 208, 211, 215f., 218, 220f., 234, 250

Petrus Crassus, R († E 11. Jh.) 199

Petrus Damiani, D († 1072) 183, 209, 211

Petrus Hispanus siehe Johannes XXI.

Petrus de Luna siehe Benedikt XIII.

Philipp, P i. S (768) 292

Philipp, rex Rom. i. T (1198/- –1208) 88, 90f., 97, 291

Philipp II. August, Kg. v. Frankreich († 1223) 238

Philipp III., Kg. v. Frankreich († 1285) 104

Philipp IV., der Schöne, Kg. v. Frankreich († 1314) 113f., 200

Philipp VI., Kg. v. Frankreich († 1350) 116, 127

Philipp, S Maximilians I. († 1509) 151, 153

Philipp, Landgf. v. Hessen († 1567) 159

Philippikos Bardanes, Ks. (711–713) 290

Phokas, Ks. (602–610) 38f., 290

Photios, Patriarch v. Konstantinopel († 891) 192

Pierre Dubois († nach 1321) 203

Pietro Philargi siehe Alexander V.

Pileus, Ebf. v. Genua († 1433) 25, 143

Pippin, Kg. (751–768) 48, 187, 206, 224, 290, Abb. 3

Pippin, S Karls des Großen († 810) 48

Pius II., P (1458–1464) 146f., 230, 294, Abb. 11

Pius III., P (1503) 294

Placidus v. Nonantola, D († 1. H. 12. Jh.) 209

Pollux siehe Kastor und Pollux

Poppo v. Brixen siehe Damasus II.

Raimundus Lullus († 1315/16) 189, 202

Rainald v. Dassel, Ebf. v. Köln († 1167) 84

Ratbertus Paschasius, D († 859) 209

Regino, Abt v. Prüm († 915) 166

Remus, Gründer Roms 31

Richard v. Cornwall, rex Rom. i. T (1257/- –1272) 101–103, 291

Richard Löwenherz, Kg. v. England († 1199) 89, 102

Richenza, Ksin. († 1141) 80

Richental, Ulrich, Gs. († 1436/37) 214

Ricobald v. Ferrara, Gs. († nicht vor 1318) 38

Robert II., Kg. v. Frankreich († 1031) 64

Robert der Weise, Kg. v. Neapel († 1343) 112, 114, 119f.

Robert Grosseteste, L († 1253) 194

Roger I., Kg. v. Sizilien († 1111) 73

Roger II., Kg. v. Sizilien († 1154) 79f., 83

Roger III., Kg. v. Sizilien († 1193) 88

Romanus, P (897) 292

Romuald v. Camaldoli, Asket († 1027) 61

Romulus, Gründer Roms 31

Rudolf v. Rheinfelden, rex Rom. i. T (1077/- –1080) 73, 283f., 291

Rudolf v. Habsburg, rex Rom. (1273/- –1291) 104–108, 116, 133, 140, 224, 253, 288, 291

Rudolf III. v. Burgund († 1032) 66

THOMAS FRENZ
DAS PAPSTTUM IM MITTELALTER
(UTB FÜR WISSENSCHAFT 3351 S)

Für die mittelalterliche Geschichte zählt die Geschichte des Papsttums zu den zentralen Inhalten in Studium und Lehre. Das vorliegende Studienbuch vermittelt eine kompakte und anschauliche Übersicht zu dem Gegenstand. Auf eine Darstellung der zeitlichen Abläufe folgen vier systematisch gegliederte Teile, die die Bereiche »Papsttum und Politik«, »Papsttum und Kirche«, »Der Papst als Bischof von Rom« sowie »Die römische Kurie und ihre Außenstellen« erörtern. Dabei werden nicht nur Standardthemen wie das Verhältnis zwischen Papst und Kaiser, der Kirchenstaat und die Papstwahl behandelt, sondern auch Aspekte wie die Kriegstätigkeit des Papstes, seine liturgischen Funktionen und seine Rolle als Kunstmäzen. Ausführlich dargestellt werden auch die römische Kurie und ihre Behörden. Eine kommentierte Auswahlbibliographie sowie eine Liste aller Päpste runden den Band ab.

2010. CA. 216 S. MIT CA. 30 S/W-ABB. BR. 120 X 185 MM.
ISBN 978-3-8252-3351-8

BÖHLAU VERLAG, URSULAPLATZ 1, 50668 KÖLN. T: +49(0)221 913 90-0
INFO@BOEHLAU.DE, WWW.BOEHLAU.DE | KÖLN WEIMAR WIEN

MAX KERNER / KLAUS HERBERS
DIE PÄPSTIN JOHANNA
BIOGRAPHIE EINER LEGENDE

Gab es die Päpstin Johanna? Wenn es sie nicht gab, dann hätte es sie geben sollen! Jedenfalls ist die Überlieferung zu Johanna so reich, dass es lohnt, auf dem Stand der Wissenschaft eine Einführung zur Legende der Päpstin Johanna zu geben, zur Biographie ihrer geschichtlichen Überlieferung.

Bei einem solchen Gegenstand können Historiker angesichts populärer Romane oder Filme leicht zum Spielverderber werden. Sie entmythologisieren. Den Autoren geht es darum, die Quellen, die von der Päpstin Johanna berichten, als eine Geschichte nachzuzeichnen, die ihrerseits eine faszinierende Wirklichkeit erschließt.

Die Geschichten rund um die Legende sind voll von überraschenden Wendungen und Einsichten. Sie hat stärker auf die Menschen gewirkt als viele der historisch nachweisbaren Päpste. Wenn also die Legende wie eine Lebensgeschichte ernst genommen wird, dann berücksichtigt dies auch Überlegungen der Geschichtswissenschaft, die Fiktionen als einen Teil der Wirklichkeit ernst nimmt.

2010. 173 S. MIT 52 S/W- UND FARB. ABB. GB. MIT SU. 135 X 210 MM.
ISBN 978-3-412-20469-3

BÖHLAU VERLAG, URSULAPLATZ 1, 50668 KÖLN. T: +49(0)221 913 90-0
INFO@BOEHLAU.DE, WWW.BOEHLAU.DE | KÖLN WEIMAR WIEN

ANDREAS GOLTZ
HEINRICH SCHLANGE-SCHÖNINGEN (HG.)
KONSTANTIN
DER GROSSE
DAS BILD DES KAISERS
IM WANDEL DER ZEITEN
(BEIHEFTE ZUM ARCHIV FÜR
KULTURGESCHICHTE, BAND 66)

Der römische Kaiser Konstantin (306–337 n. Chr.) ist eine der umstrittensten Gestalten der Weltgeschichte. Kein anderer Herrscher der Antike hat eine so kontroverse Wirkungsgeschichte vorzuweisen. Konstantin, mit dem das christliche Kaisertum beginnt, wurde oftmals als Muster eines Herrschers gefeiert, der dem Glauben dient. Doch Konstantin wurde auch vorgeworfen, durch die staatliche Förderung des Christentums die Kirche korrumpiert und das Römische Reich geschwächt zu haben. Und war seine Politik gegenüber Christen und Heiden nicht allein durch seinen Willen zur Macht bestimmt?

In Byzanz wie im westlichen Mittelalter, in der Frühen Neuzeit wie im 19. und 20. Jahrhundert haben sich weltliche Herrscher und kirchliche Würdenträger, Politiker und Historiker, Literaten und Künstler intensiv mit Konstantin auseinandergesetzt. So ist die Konstantinrezeption überaus vielgestaltig: Neben historiographischen, hagiographischen, politischen und philosophischen Texten stehen Kunstwerke, Theaterstücke, Filme und Dokumentationen, die modernen Printmedien und das Internet. Die Vielfalt dieser spannungsreichen Wirkungsgeschichte wird im vorliegenden Band von ausgewiesenen Spezialisten epochenübergreifend in den Blick genommen.

2008. VIII, 315 S. 22 S/W-ABB. U. 1 FARB. ABB. GB. MIT SU.
ISBN 978-3-412-20192-0

BÖHLAU VERLAG, URSULAPLATZ 1, 50668 KÖLN. T: +49(0)221 913 90-0
INFO@BOEHLAU.DE, WWW.BOEHLAU.DE | KÖLN WEIMAR WIEN

böhlau

böhlau

TOMAS HÄGG (HG.)
KIRCHE UND KETZER
WEGE UND ABWEGE
DES CHRISTENTUMS
AUS DEM NORWEGISCHEN ÜBERSETZT
VON FRANK ZUBER

Bereits in der Antike, mit der Etablierung als Staatsreligion, führte das Christentum Maßstäbe religiöser Rechtsgläubigkeit ein, die keine Abweichung duldeten. Die strenge Abgrenzung gegenüber Andersdenkenden unterschiedlichster Art wurde zur Regel. Mehr noch, die gesamte Kirchenlehre scheint sich in Opposition dazu entwickelt zu haben. Für die Geschichte des Christentums und damit für die Geschichte Europas sollte diese Denkweise prägend werden. Nicht zuletzt, da es stets die Machthaber waren, die im Zusammenspiel mit der Kirche bestimmten, was als Ketzerei zu gelten hatte. Von der Spätantike bis heute lässt sich dieser Konflikt zwischen Kirche und »Ketzern« verfolgen. Anhand zentraler Ereignisse aus fünfzehn Jahrhunderten Kirchengeschichte beleuchten die Autorinnen und Autoren dieses Buches Motive, Intentionen und Methoden der Kirche im Umgang mit Andersdenkenden. Sie vertiefen nicht nur unsere Kenntnisse über Häresiefälle der Vergangenheit, sondern zeigen auch, dass die »Ketzerrhetorik« noch in der Gegenwart eingesetzt wird.

2010. 298 S. MIT 18 S/W-ABB. GB. MIT SU. 155 X 230 MM.
ISBN 978-3-412-20465-5

BÖHLAU VERLAG, URSULAPLATZ I, 50668 KÖLN. T : +49(0)221 913 90-0
INFO@BOEHLAU.DE, WWW.BOEHLAU.DE | KÖLN WEIMAR WIEN

FORSCHUNGEN ZUR KAISER- UND PAPST- GESCHICHTE DES MITTELALTERS

BEIHEFTE ZU JOHANN F. BÖHMER, REGESTA IMPERII

Eine Auswahl.

Band 19: Rudolf J. Meyer
KÖNIGS- UND KAISERBEGRÄB- NISSE IM SPÄTMITTELALTER
VON RUDOLF VON HABSBURG BIS ZU FRIEDRICH III.
2000. 333 S. 72 Taf. mit 89 s/w-Abb. und Karten. Gb. ISBN 978-3-412-03899-1

Band 20: Harald Zimmermann (Hg.)
DIE REGESTA IMPERII IM FORTSCHREITEN UND FORTSCHRITT
2000. VII, 158 S. Gb.
ISBN 978-3-412-10899-1

Band 21: Gerrit J. Schenk
ZEREMONIELL UND POLITIK
HERRSCHEREINZÜGE IM SPÄTMITTELALTERLICHEN REICH
2003. 823 S. 24 Taf. mit 16 s/w-Abb. 6 Karten u. 2 Faltkart.. Gb. ISBN 978-3-412-09002-9

Band 22: Jörg Schwarz
HERRSCHER- UND REICHS- TITEL BEI KAISERTUM UND PAPSTTUM IM 12. UND 13. JAHRHUNDERT
2003. 510 S. Gb. ISBN 978-3-412-05903-3

Band 23: Birgit Studt
PAPST MARTIN V. (1417–1431) UND DIE KIRCHENREFORM IN DEUTSCHLAND
2005. X, 789 S. Gb.
ISBN 978-3-412-17003-5

Band 24: Karel Hruza, Paul Herold (Hg.)
WEGE ZUR URKUNDE – WEGE DER URKUNDE – WEGE DER FORSCHUNG
2005. 464 S. 9 Faks. Gb.
ISBN 978-3-205-77271-2

Band 25: Susanne Wolf
DIE DOPPELREGIERUNG KAISER FRIEDRICHS III. UND KÖNIG MAXIMILIANS (1486–1493)
2005. 676 S. 5 s/w-Abb. Gb.
ISBN 978-3-412-22405-9

Band 26: Wolfram Ziegler
KÖNIG KONRAD III. (1138–1152)
HOF, URKUNDEN UND POLITIK
2008. 962 S. Gb.
ISBN 978-3-205-77647-5

Band 27: Sonja Dünnebeil, Christine Ottner (Hg.)
AUSSENPOLITISCHES HANDELN IM AUSGEHENDEN MITTELALTER
AKTEURE UND ZIELE
2008. 472 S. 8 s/w-Abb. Gb.
ISBN 978-3-205-77643-7

Band 28: Wilfried Hartmann, Klaus Herbers (Hg.)
DIE FASZINATION DER PAPSTGESCHICHTE
NEUE ZUGÄNGE ZUM FRÜHEN UND HOHEN MITTELALTER
2008. 213. Gb. ISBN 978-3-412-20220-0

Band 29: Franz Fuchs, Paul-Joachim Heinig, Jörg Schwarz (Hg.)
KÖNIG, FÜRSTEN UND REICH IM 15. JAHRHUNDERT
2009. VIII, 396 S. Gb.
ISBN 978-3-412-20473-0

böhlau

RP468

BÖHLAU VERLAG, URSULAPLATZ 1, 50668 KÖLN. T: +49(0)221 913 90-0
INFO@BOEHLAU.DE, WWW.BOEHLAU.DE | KÖLN WEIMAR WIEN

JOHANNES LAUDAGE
MATTHIAS SCHRÖR (HG.)
DER INVESTITURSTREIT
QUELLEN UND MATERIALIEN
(LATEINISCH – DEUTSCH)
(UTB FÜR WISSENSCHAFT 2769 S)

böhlau

Klar, anschaulich und übersichtlich angeordnet vermittelt dieses zweisprachige Lese- und Arbeitsbuch die Geschichte des Investiturstreits aus erster Hand. Es enthält die wichtigsten Originaldokumente des 11. und 12. Jahrhunderts. Die Lektüre bietet einen ebenso plastischen wie spannenden Blick hinter die Kulissen des großen Kampfes um die Neuordnung Europas und der Christenheit. Das Quellenbuch eignet sich für Seminare und Übungen im Bereich der mittelalterlichen Geschichte und Theologie sowie für die Arbeit im Geschichtsunterricht an Schulen.

Auf der Plattform www.utb-mehr-wissen.de stehen umfangreiche Materialien zum Download bereit.

2. VÖLLIG ÜBERARBEITETE UND STARK ERWEITERTE AUFL. 2006.
245 S. MIT 8 S/W-ABB. UND 1 S/W-KARTE. BR. 120 X 185 MM.
ISBN 978-3-8252-2769-2

BÖHLAU VERLAG, URSULAPLATZ 1, 50668 KÖLN. T: +49(0)221 913 90-0
INFO@BOEHLAU.DE, WWW.BOEHLAU.DE | KÖLN WEIMAR WIEN

KLAUS HERBERS
HELMUT NEUHAUS
DAS HEILIGE RÖMISCHE REICH
EIN ÜBERBLICK
(UTB FÜR WISSENSCHAFT 3298 S)

Als Franz II. am 6. August 1806 die Kaiserkrone niederlegte und damit auch das Ende des Heiligen Römischen Reiches besiegelte, tat er dies in Wien. Gut 1000 Jahre zuvor hatte Karl der Große Aachen zu seiner Lieblingspfalz erkoren. Im Verlaufe seines Bestehens hatte sich offenbar das Zentrum des Reiches, das an antik-römische Traditionen anknüpfte, vom Westen nach Südosten verlagert. Dieses Alte Reich, zu dem lange Zeit auch Italien und Burgund gehörten und dessen Grenzen sich in Mittelalter und Früher Neuzeit mehrfach änderten, hat etwa ein Jahrtausend lang die kulturelle, soziale und politische Geschichte Europas maßgeblich beeinflusst.

Das vorliegende Studienbuch bietet die einzige sowohl Mittelalter als auch Neuzeit umfassende Darstellung dieses Herrschaftsgebildes. Darin werden die Entstehung und Entwicklung, aber auch das Ende des Heiligen Römischen Reiches anschaulich nachgezeichnet. Ergänzt wird der informative Überblick durch neues Kartenmaterial und Tabellen.

2010. 371 S. MIT ZAHLREICHEN KARTEN UND TABELLEN. 120 X 185 MM.
ISBN 978-3-8252-3298-6

BÖHLAU VERLAG, URSULAPLATZ 1, 50668 KÖLN. T: +49(0)221 913 90-0
INFO@BOEHLAU.DE, WWW.BOEHLAU.DE | KÖLN WEIMAR WIEN